中国社会科学院创新工程学术出版资助项目

马克思主义专题研究文丛

马克思主义无神论研究

（第3辑·2013）

习五一 ● 主编

中国社会科学出版社

图书在版编目（CIP）数据

马克思主义无神论研究. 第 3 辑, 2013 / 习五一主编. —北京：中国
社会科学出版社, 2017.1

（马克思主义专题研究文丛）

ISBN 978 - 7 - 5203 - 0544 - 0

Ⅰ.①马…　Ⅱ.①习…　Ⅲ.①马克思主义—无神论—研究
Ⅳ.①B91

中国版本图书馆 CIP 数据核字（2017）第 134058 号

出 版 人	赵剑英
责任编辑	田　文
特约编辑	徐　申
责任校对	张爱华
责任印制	王　超

出　　版	中国社会科学出版社
社　　址	北京鼓楼西大街甲 158 号
邮　　编	100720
网　　址	http://www.csspw.cn
发 行 部	010 - 84083685
门 市 部	010 - 84029450
经　　销	新华书店及其他书店

印　　刷	北京君升印刷有限公司
装　　订	廊坊市广阳区广增装订厂
版　　次	2017 年 1 月第 1 版
印　　次	2017 年 1 月第 1 次印刷

开　　本	710×1000　1/16
印　　张	25.5
插　　页	2
字　　数	418 千字
定　　价	95.00 元

前　言

以毛泽东、邓小平、江泽民为核心的党的三代领导集体和以胡锦涛同志为总书记的党中央始终高度重视党的理论工作，重视全党对马克思主义理论的学习和研究工作。十八大以来，以习近平同志为总书记的党中央更是把意识形态工作作为党的一项极端重要的工作来抓。

2004 年 1 月，《中共中央关于进一步繁荣发展哲学社会科学的意见》下发，并决定实施马克思主义理论研究和建设工程。为贯彻落实党中央关于把中国社会科学院努力建设成为马克思主义坚强阵地、党和国家的思想库智囊团（智库）、哲学社会科学的最高殿堂的要求，中国社会科学院采取了一系列重要措施。2009 年初决定把加强马克思主义理论学科建设与理论研究作为一项重要工作来抓，并成立中国社会科学院马克思主义理论学科建设与理论研究工程领导小组。领导小组成立后，一方面注重抓好马克思主义理论学科组织机构的建设，设立马克思主义理论类别的研究室和中心等；同时又注重马克思主义基础理论研究。

为了推进马克思主义基础理论研究，中国社会科学院决定从 2011 年开始编辑出版"马克思主义专题研究文丛"，每年收录全国范围内相关学科领域具有代表性的文章，集中展示相关学科研究的优秀成果。

中国社会科学院马克思主义理论学科建设

与理论研究工程领导小组

2015 年 1 月

目　录

特约文稿

科学无神论理论研究

坚持教育与宗教相分离

科学无神论与宗教研究

西方无神论思想史研究

破坏性膜拜团体(邪教)研究

科学无神论宣传教育工作

特约文稿

为什么不问苍生问鬼神？

——谈保持共产党人世界观的纯洁性

朱维群

当前，有一种怪现象，就是不少共产党员不坚持辩证唯物主义世界观，不坚持马克思主义无神论，特别是有的领导干部也搞起了迷信，不问苍生问鬼神，有的甚至动辄花大把的钱去咨询请教所谓的大师、算命先生，在社会上造成很坏的影响。这说明，坚持与宣传无神论，批判封建迷信思想在当前显得尤其重要。

我们为什么要坚持无神论？首先，因为我们党的世界观是辩证唯物主义和历史唯物主义，而无神论是这一世界观的重要内容。正是由于坚持无神论的世界观，我们党才能领导人民以自己长期、艰苦的探索和奋斗一步一步改变中国，实现中国人民的解放和富裕，而不是引领人民寄希望于神灵护佑，去追求虚幻的天国和来世；也正是由于坚持无神论的世界观，我们才能用科学理论武装全党的头脑，在90多年的实践中不断深化对中国革命和建设客观规律的认识，而不是乞灵于神的启示和主观主义的臆想。抽掉无神论这一思想基石，党的理论大厦就要垮塌，党的奋斗所取得的一切就都成虚妄。

其次，无神论是中国传统文化的基本精神。中国文化有着深厚而又极富特色的无神论传统，出过许多坚持无神论思想的儒者、大家。一代又一代无神论者以他们那个时代所能达到的思想高度，以他们特有的话语体系，引领当时中国人对哲学的根本问题进行理性的思考。他们的努力造就这样一个局面：中国历史上虽然活跃着多种不同宗教，但中国从来不是一个宗教国家，而是一个世俗国家；中华文化虽然含有宗教内容，但不是一种宗教文化。中国宗教本身也由此具有强烈的现实品格，较少神秘主义，较少狂热和极端，更未发生过全局性的宗教战争。有人测算过，全世界60多亿人中，宗教信仰者48亿人左右，不信宗教的约有13亿人，不信宗教的大部分在中国，显然，这与中国文化传统是分不开的。这一特点，是我们党作为无神论的党而能如此自然地从人民中生长起来，得到人民长期支持，取得胜利并长期执政的重要原因。然而，当前国内外一些人极力制造种种谬论，诸如"唯有神论才有信念、有文化、有道德，而无神论则导致社会物欲横流；今天中国道德水准下降的原因是中国人不信宗教特别是不信基督教；中国当务之急是对中国人进行宗教信仰补课"，等等。这些谬论完全不符合中国社会实际。我们要旗帜鲜明地指出：恰恰相反，无神论传统不仅是中国古老文明的重要内容，也是今天中国现代化建设包括道德提升的一大优势。我们当然要学习人类文明的一切优秀成果，但我们决不学习西方的迷信思想，决不放弃自己无神论的特点和优势。

最后，在今日中国，各式装神弄鬼的反科学反理性现象有愈演愈烈之势，危害人民，危害社会，需要从源头上即从世界观上予以清理。应当清醒地看到：一些地方人为助长宗教热，滥建大佛、寺庙，热衷于大规模宗教活动，中央屡禁而不能止；一些地方盖办公楼、装修办公室要请风水先生指点，立"转运石"、"靠山石"，甚至不惜破坏城市规划和环境；形形色色的"大师"、"神医"、"半仙"，你方唱罢我登场，搅起阵阵污泥浊水……而这些愚昧、反科学行为背后，又都有一些党员干部甚至领导干部在推波助澜。有的共产党员不讲科学搞迷信，见了神佛膝盖发软，带头崇拜各式怪力乱神，热衷于烧"第一炷香"、撞"第一声钟"，甚至一边拜神一边贪污，用贪污来的钱供神，从神的"庇佑"中获得贪污行为的精神支撑。这些已成为一道怪异的"风景"。我们不能说有神论世界观就一定导致这些现象发生，但这些现象的世界观根源一定出自对超自然力量的崇拜。我们的社会对这些乱象不是没有治理，但力度不够，迄今基本上限于戳穿一些具体骗局，而没有解决深层次的世界观上的病因。只要我们没有从哲学的高度予以清算，没有使无神论成为多数人至少是党员干部认识世界、改造世界的思想武器，我们就永远不可能建成一个科学昌明的现代社会。

坚持无神论，首先应当是执政党对自身建设的要求。党要不断对党员进行辩证唯物主义和历史唯物主义的教育，要求党员划清唯物主义与唯心主义、无神论与有神论的界限，坚决抵制各种腐朽思想对党的世界观的侵蚀、渗透，并提出纪律要求。这种教育不但要继续坚持，而且要不断加强。我们知道的一些党员干部搞封建迷信的案例，大都是在查处其经济问题时带出来的，很少有干部是因搞封建迷信而受到批评、查处的。因此，应当把无神论教育列入党的各项教育活动中。党员不仅要保持政治上、组织上、作风上的纯洁性，还应在世界观上保持纯洁性。这项要求看似简单，但实践起来并不容易。党如果不能坚持自己科学的世界观，就不可能保持住自己的事业。

坚持无神论，要善于做群众的教育和宣传工作。我们宣传无神论，不仅是为了坚持一种科学的学说，更是为了使群众掌握这种认识世界、改造世界的思想武器。只有这一科学学说真正为大多数群众所接受，这种宣传教育才有完全的意义。在《中华人民共和国宪法》中有明确条文规定，国家在人民中进行辩证唯物主义和历史唯物主义教育。我们应抛掉种种无所作为的观点和情绪，自觉主动地把宪法的要求与责任承担起来。无神论的教育，也要从青少年抓起，及早进课堂、进教材，进青少年头脑。

坚持无神论，要不断提升无神论教育者队伍的自身水平。作为社会科学的一门学科，无神论有着丰富的历史和哲学内涵，不是说一句"世界上没有任何神灵存在"的话，就可以了事的。无神论教育也需要随着社会的发展和变革，不断用科学的最新成果予以充实、完善、丰富，需要对今天世界范围内无神论与有神论各自发展与影响力的消长作出符合实际的分析。因此，无神论教育者需要有丰富的自然科学、人文科学知识，包括宗教学知识，有更为宽阔的世界眼光。

坚持无神论，要始终同坚持与宗教界的统一战线紧密结合。中国革命和建设的历史都充分表明，我们同信教群众在根本利益上的一致性是主要的，在世界观上的差异性是次要的，因此在党的正确的宗教方针政策的指引下，是完全可以做到"政治上团结合作，信仰上互相尊重"，共同致力于中国特色社会主义建设的大目标的。无神论教育、宣传绝不是制造信教与不信教群众的对立，而是要使更多的人学会正确看待宗教现象，理性选择自己的世界观，反对境内外一些势力利用信仰问题扰乱社会秩序，搞政治渗透与颠覆。上述种种社会乱象，对社会不利，对宗教也不利，因此我们在反对这些社会乱象的斗争中，完全可以同宗教界结成统一战线。要加强在高校、研究机构中的无神论学科建设，用辩证唯物主义的世界观和方法论科学地、理性地分析宗教现象，对宗教现象给予科学的有说服力的解释，把原则的坚定性同政策的准确性紧密结合起来，这样我们才能说服更多的人坚持科学的世界观，更好地坚持无神论。

（原载《求是》2013 年第 18 期）

继往开来，努力开创
科学无神论事业的新局面

——中国无神论学会第三届理事会工作报告

习五一

大家好！自 2005 年 11 月至 2013 年 8 月，中国无神论学会第三届理事会历时近八年。在此期间，中国无神论学会理事长任继愈先生、副理事长郭正谊先生先后因病逝世。对于这两位为中国科学无神论事业作出卓越贡献的前辈，我们表示深切的哀悼。

现在，我受第三届理事会的委托，向中国无神论学会第四届会员代表大会做工作报告。

一　当代中国科学无神论事业的历史进程

无神论是人类社会文明和思考的结晶。马克思主义无神论是科学无神论发展的高级形态。科学无神论不仅是一种世界观和思维方式，也是一种人生态度和生活方式。当前科学无神论事业的重心是推动"科教兴国"战略，让社会摆脱愚昧迷信的负担，家家过上健康、和谐、幸福的生活，每个人得到独立、自由全面的发展，用时尚的话说，让人人拥有中国梦。

科学无神论的研究和宣传教育工作，是中国共产党意识形态工作的重要组成部分。科学无神论是社会主义核心价值体系的哲学基础，是一种幸福的生活方式，也是构建和谐社会的重要途径。加强科学无神论研究和宣传教育，是中国共产党人的一贯方针。

（一）党中央高度重视加强无神论研究和宣传教育工作

十年来，党中央相继做出许多重要批示，发出许多重要文件。这是我们开展工作的尚方宝剑。

2003 年 8 月 15 日，时任中国社会科学院院长的陈奎元同志致函时任中共中央总书记的胡锦涛同志，转交中国无神论学会理事长任继愈先生等《关于进一步加强科学无神论研究和宣传教育的建议》。8 月 19 日，胡锦涛同志在陈奎元同志的信函上批示："关于无神论研究和宣传教育是一项长期任务，需纳入科学研究规划和宣传思想工作的总体部署，锲而不舍地进行。尤其是共产党员应牢固地确立唯物主义的世界观。这与贯彻党的宗教信仰自由政策并不矛盾。"时任中央政治局常委的李长春同志，时任中央政治局委员、中宣部部长的刘云山同志等分别批示，要求贯彻胡锦涛同志的重要指示。

为落实胡锦涛等同志的重要指示，2004 年 5 月 28 日，中共中央组织部、宣传部等六部委发出《关于进一步加强马克思主义无神论研究和宣传教育工作的通知》，提出"要加强马克思主义无神论学科建设和人才培养，办好无神论研究机构和高校有关专业，建立和培养一支用马克思主义武装起来的无神论研究工作队伍"。

2005 年 3 月 12 日，李长春同志在中国无神论学会理事长任继愈先生《关于创建无神论研究机构的建议》上批示："建议中国社科院加强对无神论的研究。"陈奎元同志批示："现在封建迷信泛滥、宗教传播深广，进行无神论的研究、宣传和教育的确是文明建设中不容忽视的任务。"

2009 年 1 月 14 日，陈奎元同志在中国无神论学会理事长任继愈先生的信函上批示："任继愈老先生为宣扬无神论奔走呼号，其精神令我们钦佩。中国社科院理应为研究、弘扬无神论做出贡献。这与落实'三个代表'重要思想和'科学发展观'是完全符合的。如果广大人民群众经常去跪拜神佛，'以人为本'岂不成了空话。"

2011 年 5 月 15 日，中共中央办公厅 18 号文件转发中央统战部、教育部等六部委《关于做好抵御境外利用宗教对高校进行渗透和防范校园传教工作的意见》的通知。文件要求"把马克思主义无神论教育作为抵御渗透和防范校园传教的基础性工作，在思想政治理论课和有关专业课程中充实内容，通过多种形式强化宣传教育"。"加强宗教学教学科研机构管理，把马克思主义无神论贯穿到学科建设和人才培养之中，坚持以马克思主义为指导深入开展宗教学研究工作。"这是前所未有的重要举措。可见，加强科学无神论学科建设，是抵御境外宗教渗透和防范校园传教工作的重要组成部分。

党的十八大以来，以习近平为总书记的党中央对加强意识形态工作，保持党的先进性、纯洁性作出进一步战略部署。习近平总书记从理想信念是否坚定、政治上是否可靠的高度，对有的干部不信马列信鬼神，从封建迷信中寻找精神寄托，热衷于算命看相、烧香拜佛，遇事"问计于神"，提出尖锐批评；并要求强化和落实意识形态工作的领导责任，确保主流思想和舆论占领意识形态阵地。

这些批示和文件表明，面临新时期中国社会更加复杂的局面，党中央高度重视加强科学无神论研究和宣传教育，将其纳入科学研究规划和宣传思想工作的总体部署中。在当代中国，科学无神论的研究和宣传教育工作，是建设社会主义核心价值体系的重要工作之一。

（二）当代中国科学无神论事业发展的两个重要历史机遇期

自改革开放以来，当代中国科学无神论事业的发展经历过两个重要历史机遇期。第一次是20世纪90年代末，第二次是2009年冬至2010年春。在这两个重要历史机遇期，中国无神论学会理事长任继愈先生带领各位志士同人，高举科学无神论的旗帜，做出了彪炳史册的卓越贡献。

我们大家都知道，1978年底，"文化大革命"刚结束，任继愈先生就创建了中国无神论学会。其后，由于种种原因，学会的工作曾一度沉寂。

20世纪90年代，打着"特异功能"旗帜的新有神论泛滥成灾，成为影响社会稳定发展的重要问题。1996年，在任继愈先生的倡导下，中国无神论学会恢复工作。1999年，在党中央的直接部署下，《科学与无神论》创刊。这是当代中国的无神论事业发展的第一个重要标志。十多年来，中国无神论学会和《科学与无神论》杂志为宣传科学精神，开展无神论教育，弘扬社会主义核心价值，为构建社会主义和谐社会做出了重要贡献。学会和刊物成为当代中国最重要研究宣传科学无神论的学术社团和学术阵地。在中央领导同志有关部门和中国社科院的大力支持下，中国无神论学会和《科学与无神论》杂志，凝聚了一批优秀的研究和宣传科学无神论的学者。

2009年冬至2010年春，科学无神论事业的发展迎来了第二个重要历史机遇期。2009年9月，中国社会科学院发布了《加强马克思主义理论学科建设与理论研究实施方案（2009—2014）》。在马克思主义理论学科建设方案中，将科学无神论作为濒危学科重点扶持，在马克思主义研究院组建"马克思主义无神论研究室"，同时成立中国社科院"科学与无神论研究中心"，挂靠在马研院。这是具有转折性的重要举措。此举不但组建了一个专业的科学无神论研究机构，有利于社会主义核心价值体系的建设，而且必将影响全国有关领域的思想趋势和学术结构向良性转变，对先进文化的建设和民族素质的提高，都能产生积极的作用。

2009 年 12 月 24 日，中国社会科学院批准成立"马克思主义无神论研究室"。这是自 20 世纪任继愈先生创建的"无神论研究室"被更名后，目前中国再次出现的实体性无神论研究机构。2010 年 4 月 20 日，中国社会科学院批准成立"科学与无神论研究中心"。这是当代中国第一个"科学与无神论研究"的社会平台。该中心的发展目标，不仅要成为马克思主义无神论的学术研究中心，开展科学无神论宣传、教育的基地，而且要成为针对宗教意识形态化、境外敌对势力利用宗教渗透的应对战略研究中心。

（三）马工程将科学无神论学科作为濒危学科重点扶持，学科建设已经迈开坚实的步伐

随着马克思主义理论学科建设与理论研究工程的推进，在中国社科院各级领导的支持下，中国无神论学会、《科学与无神论》杂志、中国社科院科学与无神论研究中心和马研院马克思主义无神论研究室四位一体，形成合力，联合社会各界有识之士，正在推动这个濒危学科的逐步复苏。

六年以来，中国无神论学会的会刊《科学与无神论》杂志，实现了由科普宣传性期刊向专业学术性期刊的转型。自《科学与无神论》创办之初起，就肩负着重要的社会使命。最初刊物的主要责任是针对"法轮功"等"特异功能"组织的泛滥成灾，向社会大众宣传科学精神，开展无神论教育。刊物刊登大量短小生动的文章，重点批判"法轮功"等新有神论组织，产生了积极的社会影响。自 2007 年 9 月起，《科学与无神论》杂志编辑部连续刊登征稿启事，说明自 2008 年第 1 期起，刊物将承担"更加深刻繁重的历史任务"，为建立无神论研究学科，重点转向科学无神论专业学术性期刊。正如征稿启事所指出的："没有这样一个学科，这样一支队伍，科学无神论的宣传教育就不能持之以恒、深入人心，马克思主义意识形态的指导地位就不免沦为空谈。"自 2008 年起至今，《科学与无神论》杂志已经出版 35 期，在专业研究队伍十分单薄的条件下，刊物在主编杜继文老师的带领下，积极寻找稿源，精心策划编辑，已经成为科学无神论专业研究的旗舰刊物。据我们统计，每年科学无神论专业论文大约有 70% 左右发表在《科学与无神论》杂志上。许多重要文章

思想深刻，旗帜鲜明。

比如，美国基督教学者罗德尼·斯达克（Rodney Stark）等撰写的《信仰的法则》一书近来在中国大陆走俏，该学说引入国内后，深得学界某些研究者的推崇。此书成为北京某著名大学"中美欧宗教学高级研讨班"重要参考著作，很快"成为近年来宗教学界的畅销书"，被视为一场"哥白尼式革命"。对于这部美国基督教学者推出的"宗教社会学"最新力作，《科学与无神论》率先撰文批判，指出它发现的"信仰法则"是：一神教最具竞争力，多神教软弱无能；"张力"和"排他性"是宗教得以强大的内驱力，宗教冲突特别是担当社会冲突的载体，是吸引教徒"委身"最有力的渠道。它把宗教的经济收益定为最高利益，鼓动社会一切领域都应该对宗教开放，自由竞争，蔑视民主宪政，抨击国家主导，属于宗教至上，宗教无政府思潮。其在中国是向依法治国的方针挑战，直接冲击"教育与宗教相分离"的国家立法。该书的指导性观念，是贬斥宗教对社会环境的适应以及与文化环境的融合，教唆宗教从社会动乱中横空出世，在"文明冲突"中寻求宗教振兴的契机。因此，鼓动宗教的排他性，打破既有的社会秩序和文化结构，抗拒国家宪法原则，就成了它的最大特色。这种批判性的研究在当前宗教学研究领域中独树一帜，引起广泛的关注。

五年以来，中国无神论学会的学术年会走出北京，到祖国各地举办，逐步扩大科学无神论的声音。由于种种条件的限制，五年以前，中国无神论学会的学术年会通常在北京举办，学会无力提供学者旅费，因此外地学者也很少参加。自2009年起，在学会各位同人的共同努力下，中国无神论学会的学术年会走出北京，到全国各地举办。2009年的学会年会由上海师范大学、上海社科院宗教研究所联合承办；2010年的学会年会由新疆社会科学院和新疆师范大学承办；2011年的学会年会由浙江师范大学承办；2012年的学会年会由陕西师范大学承办。走出京城，到大江南北举办中国无神论学会的学术年会，我们结识了一批支持科学无神论事业的朋友，有机会更加广泛地传播科学无神论的声音。

2007年10月，由中国科普研究所和中国无神论学会等单位与国际探索中心联合，在北京举办了"科学探索与人类福祉"国际研讨会。会议主题是"提升科学精神，建设和谐社会"。与会人士来自中国、美国、英国、法国、俄罗斯、挪威、巴西等国家，既有美国获得诺贝尔物理奖的科学家、中国科学院院士，也有当代中国大学生代表，大约有400位。中国无神论学会副理事长杜继文教授作大会报告。学会秘书长习五一主持了"科学与世俗人文主义"分场研讨。与会各国学者达成共识，即"理性与科学的思考是指导人类行为的最好方式，应当向大众传播"。这是一次具有开拓性的国际学术研讨会。

四年以来，中国社科院科学与无神论研究中心和马克思主义无神论研究室，承担起在马克思主义研究领域开拓科学无神论学科建设的艰巨任务。自2011年起，马克思主义理论研究与学科建设年鉴，在学科研究中，在原有的七个二级学科中，增加第八个学科科学无神论。我们已经连续三年为马年鉴的学科研究、热点聚焦、论文荟萃、著作选介等栏目，撰写文稿。科学无神论学科已经在全国的马克思主义研究领域发出自己的声音。

在中国社科院马工程工作领导小组的大力支持下，自2012年起，《马克思主义专题研究文丛》增加《马克思主义无神论研究》，每年选编本年度科学无神论专业重要论文汇编出版。该项目被列为中国社科院创新工程的学术出版资助项目。

在中国社科院马研院的支持下，中国社科院科学与无神论研究中心于2011—2012年承担中国社科院国情调研重点项目——"当代大学生信教群体状况调查：以北京大学为重点"。课题组对当代大学生信教现象展开多角度深入的调查研究。课题组成员相继深入北京大学、中国人民大学、北京师范大学、清华大学等多所高校，收集资料，发放问卷，考察访谈。不仅对大学生信教群体进行深入细致的田野考察，而且对形成大学生信教现象的校园和社会环境进行调查分析。课题组提出的防范境外宗教势力渗透的对策建议，获得新一届党中央政治局常委俞正声同志的重要批示。

作为科学无神论专业复苏的标志之一，近些年，有若干种著作相继出版。比如，中国无神论学会副理事长李申教授撰写的三卷本的《宗教论》，分别于2006年、2008年、2010年，由中国社会科学出版社出版。2006年，李士菊教授撰写的《马克思主义无神论的当代阐释》由人民出版社出版。2009年，孙倩主编的《青少年科学无神论教育的理论与实践》由中国社会科学出版社出版。2010年，王珍撰写的《东西方无神论哲学思想研究》由宗教文化出版社出版。2012年，习五一撰写的《科学无神论与宗教研究》，作为中国社科院科学与无神论研究中心策划的《科学与无神论》

研究丛书的第一种，由中国社会科学出版社出版。

二 当前科学无神论事业面临的形势和任务

在中华民族历史上，人文主义思想丰富多彩，儒释道多元兼容，宗教处于亚文化地带。在当今社会，社会主义核心价值体系日渐深入人心，但同时又受到国际国内各种极端宗教势力和思潮的严重挑战，迫使我们在思想文化领域必须挺身应对，加强科学无神论研究和宣传教育工作，迫在眉睫。

在党中央的领导下，随着社会主义事业和马克思主义思潮逐步走出低谷，我国的科学无神论事业正在出现喜人景象，但面临的形势不容乐观。主要问题和挑战如下：

（一）国际右翼宗教势力的文化渗透成为威胁我国文化安全的重要因素

"冷战"结束以来，在国际战略格局中，宗教的复兴和宗教的冲突，成为重要的社会现象。仔细分析这些社会现象，主要不是精神层面的有神论在起作用，而是宗教的社会性被人为地抬高和强化。宗教有神论被某些国家和某些利益集团，当作谋取政治势力和经济利益的手段。从科学无神论的视角考察，这种现象是历史进程中的曲折，急需我们进行研究，提出应对战略。当前利用宗教影响中国国家安全的突出问题主要有三个：即以达赖集团为首的"藏独"分裂势力；打着伊斯兰教旗帜的"东突"分裂势力；美国基督教新保守势力对华的扩张战略。在西方遏制中国的战略中，这些将成为敌对势力利用宗教因素的重要资源。

基督教新保守主义的全球扩张战略，成为美国霸权主义的工具。美国国会通过的《1998年国际宗教自由法案》，是以国家力量进行基督教全球战略扩张的工具。中国成为国际宗教右翼势力传播基督教福音的重点地区。自1999年以来，美国政府发布的历年《国际宗教自由报告》，均以数十页的篇幅，历数种种所谓"案例"，指责中国政府"严重侵犯宗教自由"。除了被其界定为"精神运动"的"法轮功"外，美国政府重点关注某些基督教新教的团体，包括"呼喊派"、"东方闪电"、"门徒会"等被中国政府依法治理的邪教组织。

境外宗教渗透成为威胁我国安全的最重要因素之一。其战略意图是改变中国意识形态和政治制度。应当重视境外基督教右翼势力的"合法渗透"。境外右翼势力推动基督教在我国传播，实质上是一种文化殖民和意识形态渗透。用资深传教士李提摩太的话说，文化传教是"抓住中国的脑袋和脊梁"。西方宗教右翼势力特别善于利用合法渠道，深入我国文化教育和学术研究阵地，培植力量，宣传他们的世界观、价值观和政治观，与我国主流意识形态对立。所谓"合法渗透"，主要形式是"文化交流"和"学术研究"。他们通过教育系统和研究机构，在青年知识分子中宣传基督教优秀论，将西方近现代文明归功于宗教信仰，诋毁中国的传统文化，贬低社会主义价值观。宗教渗透已经成为国外文化渗透的主要内容。而文化问题、宗教问题，以至意识形态问题，需要思想上的应对。我们应该掌握话语权，应该培植自己的学术优势。

2011 年 12 月，朱维群同志发表《共产党员不能信仰宗教》一文，旗帜鲜明地回应某些人要求中国共产党向宗教开放的呼喊。他指出，辩证唯物主义世界观是党制定和贯彻宗教信仰自由政策的基础，而共产党员不能信仰宗教是党的一贯原则，允许党员信教将侵蚀涣散党的肌体。他深入分析了如果允许共产党员信教的种种恶果：（1）就是允许党内唯心主义与唯物主义两种世界观并存，有神论和无神论并存，势必会造成马克思主义指导地位的动摇和丧失，在思想上、理论上造成党的分裂；（2）就等于允许一些党员既接受党组织的领导又接受各类宗教组织领导，势必会在组织上造成党的分裂；（3）信教的党员势必会成为某一种宗教势力的代言人，一些地方将会出现利用政府资源助长宗教热的现象，他们也不可能平等地对待每一种宗教，党的宗教工作将从根本上动摇。总之，如果允许党员信教，将使我们党从思想上、组织上自我解除武装，从一个马克思主义政党蜕变为一个非马克思主义政党，也就根本谈不上继续领导中国特色社会主义伟大事业。正义的声音振聋发聩！

中国无神论学会于 2012 年 2 月在京举办研讨会，探讨"文化传教"和"共产党员不能信教"问题。与会学者指出：文化传教是西方对中国的一种"巧"的策略。它试图首先占领某些高等院校和学术机构，通过某些文人来传播宗教及其意识形态。宗教的本质属性就是对鬼神和彼岸世界的信仰，信仰就应该归在信仰的位置上，成为公民个人的私事。事实上，让共产党员信教，正是美国文化传教策略的一个重要突破口。我们坚持共产党员不能信仰宗教，对于抵制境外宗教渗透具有重要的意义。

（二）坚持教育与宗教相分离，抵御境外势力利用宗教对高校进行渗透和防范校园传教，这是当前一项重要而紧迫的战略任务

坚持教育与宗教相分离，是近年来中国无神论学会持续关注的重要议题。学会同人为此曾多次召开研讨会。教育与宗教相分离是我国宪法和教育法明确规定的重要原则。当今世界实行"教育与宗教相分离"是现代化国家的普遍共识。新中国成立以后，中国政府将教会学校的教育权全部收归国有，建立了新型的现代教育制度，宗教完全退出国民教育体系。然而，近年来，在当代中国的公共教育领域里，"教育与宗教相分离"的原则，受到公开挑战。自20世纪90年代中叶以来，随着宗教热的逐渐升温，宗教在高等院校的传教活动逐渐由秘密转向公开，特别是基督教汉语神学运动，进入大学讲堂和国家研究机构。北京某著名大学，聘请外国神学家长期开课，讲授《圣经》。一些传教士以教授的身份登上大学讲台，组织出版传教著作。北京某著名大学翻译丛书，出版美国威廉·邓勃斯基的《理智设计论》，大力推销现代版的神创论——智能设计论。某些著名高校为传教士向大学渗透自觉不自觉地开启绿灯放行，高校与神学家联姻，成为西方基督教界向中国高等教育领域渗透的重要手段。

近年来，境外宗教势力为争夺我国思想阵地和青年学生，把高校作为渗透的重要阵地。在当代中国大学校园里，海外基督教教会成为传播福音的重要力量之一。通过一些境外传教士和高校境外信教师生，利用"英语角"、举办研讨会、学术交流、扶贫助学和互联网等多种方式和途径，不断加大渗透力度，发展学生教徒，进行非法宗教活动。校园基督教传播的组织形式是不断建立发展校园团契。而网络传教成为其重要的虚拟形式。校园基督教传播隐性方式是进入教学领域，进行文化宣教。很多调查研究表明，大学生的信教人数占学生总数的比例高于全国教徒占全国总人口的比例，而且呈逐年上升之势。当代大学生的健康成长，关系着我们国家和民族的未来，关系着社会主义建设事业的兴衰成败。大学生信教现象必须引起我们的高度重视。

我们反对宗教信仰向教育领域渗透，是顺应历史发展的趋势，不是对宗教信仰者的敌意。信不信教，应当完全成为公民个人的私事，宗教信仰是公民的权利，应当得到尊重和保护，但是在国家的决策上，没有上帝和神灵的位置。坚持"教育与宗教相分离"是国家三令五申的重要法规，在大学讲坛上利用公共教育资源传播宗教属于违法行为。我们认为，为从思

想文化上提供抵御境外宗教神学渗透的理论武器，应当大力加强科学无神论的学科建设。

就全国高校思想政治理论课而言，在全国《马克思主义基本原理概论（2008 年修订版）》中，已经增加了关于科学无神论的论述，也有部分高校思想政治理论课教师在课堂中进行科学无神论的宣传教育，特别在宗教极端势力比较活跃的边疆少数民族地区。如 2002 年新疆教育厅就下发文件，在新疆地区高校开设《科学无神论》课程，作为第三门公共政治理论课程，课时数不少于 36 学时。但是总体而言，科学无神论的声音在教育领域还是相当微弱。根据中央文件的精神，在大学校园里开展马克思主义无神论的教育，是抵御境外宗教势力渗透的基础性工作。同时，各级相关部门应采取积极有效的措施，贯彻《中华人民共和国教育法》的规定，坚持教育与宗教相分离的原则。

（三）为应对当前国内外严峻的时局，开展科学无神论学科的建设，势在必行

近年来，随着"宗教热"的兴起，一种"精心呵护"宗教文化的学术倾向也逐渐升温，使科学无神论成为濒危学科。某些举旗的学术权威大力倡导"文化神学"和"学术神学"，特别是"汉语基督教神学运动"，并积极推动其成为国家研究机构和高等院校的学术方向。这种思潮已经开始影响政策制定和舆论导向。某些号称研究马克思主义宗教观的权威人士，绝口不谈无神论，力图把无神论从马克思主义那里阉割出去。

在社会主义核心价值体系中，科学无神论的唯物主义世界观和积极人生观占有重要地位。党中央一再指出：要巩固马克思主义的指导地位，要增强社会主义意识形态的吸引力与凝聚力，科学无神论的作用不容忽视。一个时期以来，有种舆论力图把科学无神论从马克思主义宗教观和社会主义意识形态中剔除出去，这是危险的，既不符合人类的历史发展趋势和当代社会的世俗化潮流，也与中国的人本主义传统相悖。

在马工程的大力支持下，科学无神论的研究事业已经出现质的飞跃。但是，整体形势仍不容乐观。现实面临的问题异常严峻，理应承担的任务异常繁重，需要采取非常措施，特事特办解决，从根本上扭转多年来的被动局面。

——科学无神论专业研究机构匮乏

全国从中央到地方的各级党校、行政学院、高校及科研院所，几乎没

有专门设置科学无神论研究机构，因此而缺乏实体性的体制机制保障。只有高水平的科学无神论研究成果，才能为宣传和教育提供可持续的、与时俱进的智力支持。如果没有专门的研究机构以科研为龙头，以学科建设为中心，则难以推动科学无神论研究和宣传教育的整体工作全局。

2009 年 12 月，中国社科院批准成立"马克思主义无神论研究室"。此举如果能推动全国相关院校、研究机构设立此类专门机构，则我国的科学无神论研究事业将开创前所未有的崭新局面。

——科学无神论研究濒临绝学，后继乏人

十多年来，在党中央和中国社科院的大力支持下，中国无神论学会和《科学与无神论》杂志，凝聚了一批优秀的科学无神论研究学者。除社会科学工作者外，还有一些自然科学家、科普作家和新闻工作者等各界人士加盟无神论事业。但是随着时间的推移，这些学者们的年龄越来越大，退休和自然减员相当严重，后继人才培养问题日益紧迫。

更为严重的问题在于，无法"名正言顺"地培养科学无神论事业的接班人，因为现有的教育机制、学术研究机制没有相应的科学无神论学科建制。研究队伍长期以来处于一种自然减员、自生自灭的状态。

目前，中国社科院研究生院马克思主义研究系，已经在政治思想教育专业下，招收科学无神论教育专业方向的硕士生。如果国务院学位委员会能批准在马克思主义学科或哲学学科下，增设科学无神论专业方向的硕士点和博士点，那将逐步改变这个专业濒临绝学的局面。

——科学无神论研究的资金奇缺

近年来，为落实胡锦涛同志的重要批示，国家社科基金也增设了少量的科学无神论研究课题。但是，与国内外宗教组织等对宗教研究赞助的大量资金相比，科学无神论的研究资金极其有限。这对于当前严峻的局面和繁重的任务而言，可以说是杯水车薪。缺乏专项资金支持，这也是科学无神论学科长期得不到发展的重要原因。

建立科学无神论学科体系，开展应对战略研究，涉及的学术专业领域十分广泛，包括人文科学、社会科学和自然科学的许多相关学科。相对人文科学，收集文献、梳理思想、创新文化而言，社会科学要运用社会学、统计学等技术手段开展田野调查，所需要的资金数额较大。至于自然科学的实验手段，则需要更多的经费支持。

——科学无神论研究资料和现代化手段的缺乏是困扰学科发展的难题

至今，国内学术界缺乏科学无神论研究的基本资料库。前几年，我们曾选购当代西方新无神论思潮的代表性著作 12 种，计划系统翻译出版。据估算，这套译丛的翻译费、审校费、版权费、出版费等，合计需要 246 万元。终因人财两缺，得不到资助而作罢。

网络技术的兴起对于科学无神论传播和资料获取具有突破性意义。但囿于经费和人力，中国无神论学会、科学与无神论研究中心还没有自己的网站，没有建立自己的学术资源数据库，大大限制了国内外同行学者之间的信息沟通和专业交流。

总之，当前我国的科学无神论研究工作，主要问题在于研究力量严重不足，人才奇缺，缺乏必要的资金支持，缺乏整体系统的研究计划和发展纲要。为应对当前国内外严峻的时局，开展科学无神论学科的建设，势在必行。

三 当代科学无神论工作者的社会责任

各位理事，各位代表："沧海横流，方显出英雄本色。"当代科学无神论工作者肩负着历史重任，任重而道远。任继愈先生在中国无神论学会第三届代表大会开幕式上说："无神论学会责任重大，它关系到上层建筑问题，关系到国家兴亡问题。因为无神论是我们国家的立国之本。中国共产党领导人民群众进行革命和建设，把马克思主义思想作为指导思想，就是要劳动人民自己解放自己，创造幸福。如果无神论在我们国家站不住、立不稳，老百姓安身立命要靠求神，那么我们立国就失去了根本，就可能国家衰败。这是一个根本性问题。""我们无神论学会的命运和国家的命运紧紧地捆在一起，国家兴旺发达，我们就可以兴旺发达。"

在这里，我们想谈一谈作为一位科学无神论工作者的责任。

（一）加强科学无神论学科建设是长期的战略任务

无神论是劳动和人性自觉的产物，是人类文明和思考的成果。马克思主义无神论是科学无神论发展的高级形态。它继承了 17—18 世纪英国和法国唯物主义、19 世纪德国费尔巴哈人本主义等人类优秀成果，通过唯物主义历史观和剩余价值论的发现而展示出来。科学无神论作为马克思主义世界观的出发点和基石，由思想文化领域，进入科学社会主义运动的实践。

我们认为，马克思主义无神论的中国化形成两条基本原则：第一，保障宗教在信仰层面完全自由。在社会政治和经济层面，宗教必须适应中国人民的总体利益，适应社会发展的历史进程，不允许利用宗教威胁国家安全与民族团结，不允许利用宗教颠覆社会主义制度，从而把信仰问题与政治问题严格区分开来；第二，宗教有神论的观念是错误的，是与科学和唯物论相对立的，但它属于世界观思想问题，不能动用行政手段解决，只能采取说服教育，而且主要通过社会的实际变革，由信仰者自觉决定。

无神论的产生和发展与人类社会的历史进程紧密相连。在阶级社会中，统治阶级往往利用宗教势力来维护自己的统治，因此，要求变革社会制度的社会力量常常进行批判宗教神学的思想斗争。因此，无神论与有神论的论争常常具有相当浓厚的政治色彩。然而，从理论上对超自然主义现象的说明，比如，有无鬼神，上帝是否存在等，却是哲学问题，而且与自然科学密切相关。自然科学是无神论的重要基石。自然科学的发展推动着无神论哲学的发展。

除了社会因素外，有神和无神，还涉及人类精神生活领域，有认识的、心理的等许多复杂因素，有神论和无神论都将会在人类社会长期存在。从哲学范畴上讲，无神论和有神论是矛盾的共同体，相依而存。从哲学的逻辑性来看，无神论的哲学使命是批判宗教神学的虚幻、树立科学的人生观和价值观、推动人类社会的发展。作为抽象的哲学范畴，它将随着宗教的消亡退出历史舞台。

与科学无神论的宣传、教育工作相比，无神论研究的学术事业，处于更加弱势的地位。据我们的统计，学术著作和普及读物共计大约只有十几种。可以说，在当代中国学术界，科学无神论还没有形成独立的学科体系。只有形成系统的科学无神论理论体系，才能为应对战略和具体政策，提供坚实的思想理论基础。

为应对当前国内外严峻的时局，要树立战略眼光，建议设立"科学无神论学科建设创新工程"，以中国社会科学院为主管单位，整合全国多学科的研究力量，推动科学无神论研究事业的发展。这是一件功在当代、利在千秋的事业。

（二）培养高素质的专业人才，是当前科学无神论学科建设中最紧迫的核心环节

随着近年来马克思主义理论建设工程的不断推进，科学无神论的学术研究重新出现在学术研究领域，不仅在宗教研究领域浮出水面，而且更多

地出现在马克思主义研究的领域中。虽然科学无神论已经成为中国社科院马工程重点建设学科，但力量仍然十分薄弱。从学术研究领域来看，国内专业从事科学无神论研究的学者寥寥无几。尽管中国无神论学会努力发掘有志于献身科学无神论研究的青年学者，但数量依然十分有限。由于需要研究的理论和现实问题众多，而各种学术神学流派丛生，因此，目前少数从事科学无神论研究学者都忙于应对，努力在学术思想界发出自己的声音。而要想在意识形态领域里正本清源，必须展开系统的学术研究，队伍建设仍是关键的环节。无神论的学科建设，需要长期的战略布局。我们要联合全国一切有志于这一事业的学者共同奋斗，在建设社会主义核心价值体系的事业中，逐步将科学无神论学科建设起来。

当前，解决学术人才奇缺的问题，是最紧迫的核心环节。招聘和培养高水平的研究人员，是能否实现党中央领导战略部署的关键所在。我们真诚地希望，在座的各位理事和代表一起，积极寻找、推荐、培养有志于投身科学无神论学科建设事业的中青年人才，使我们顺利完成承上启下的历史使命。"长江后浪推前浪"，"江山代有才人出"，唯有青年英才不断涌现，我们的事业才能获得生生不息、持续发展的活力。

谢谢各位！

（原载《科学无神论》2013 年第 5 期）

开创科学无神论研究的新局面

朱晓明

党的十八大以来，习近平总书记在描绘实现中华民族伟大复兴的"中国梦"的时候，突出强调保持党的先进性、纯洁性和坚持共产主义理想信念对于实现"中国梦"的重要保障作用。应该充分肯定，我们大多数干部理想信念是坚定的。但同时，在我们的干部队伍中，也有人不信马列信鬼神，从封建迷信中寻找精神寄托，热衷于算命看相、烧香拜佛。理想信念是共产党人的精神上的"钙"，理想信念坚定，骨头就硬，没有理想信念，或理想信念不坚定，精神上就会"缺钙"，就会得"软骨病"。这些重要论述对我们开展无神论研究和宣传教育提供了重要的思想理论武器。

无神论植根于人的劳动和实践，是人类文明和思考的产物，是辩证唯物主义、历史唯物主义世界观的思想基础，是科学社会主义、共产主义信念的逻辑前提，是中国共产党人的精神底色。无神论事业重要，无神论现状堪忧。在新的形势下，中国无神论学会要秉持科学精神，深入开展科学无神论研究和宣传教育，承前启后，继往开来，求真务实，团结奋斗。

要疏通渠道，争取支持，创造更好的外部环境和条件，使无神论事业在党和国家的工作全局中得到应有的重视，纳入社会主义核心价值体系的研究和宣传教育之中，发挥更大的作用。

要制定学会工作规划，集中力量，明确重点，干成几件事。要通过多种方式在全国高校和哲学社会科学研究机构进行无神论教学科研人才"摸底"普查。协助有关部门落实把马克思主义宗教观与科学无神论纳入高校思想政治课和有关专业课程的要求，开展教材编写、师资培训和示范性教学工作。争取在有条件的高校和研究机构增加招收无神论专业方向硕士、博士研究生。推动无神论教育以灵活多样的形式进入义务教育体系，融入有关课程的教学实践。

要切实加强学科建设，争取在国家社科基金支持下推进无神论研究，面向全国进行课题征集和招标。组织翻译出版一批当代国外无神论研究专著，加强无神论研究领域的国际学术交流。

要用我们的努力，为抵御宗教渗透、抵制"文化"传教、铲除邪教根基、反对"藏独"、"疆独"提供有力的思想理论武器，创造社会舆论氛围。要改变一些领域和地方"有神论有人讲，无神论无人讲"的不正常状况。要"接地气、聚人气、鼓士气"，坚定不移、坚持不懈地推进马克思主义宗教观和科学无神论研究。

中国无神论学会是一面宗旨鲜明的旗帜，是一座便捷通达的桥梁，是一支薪火相传的力量。我们对学会的政治方位、学术导向和社会责任有着明确认知，对无神论研究和宣传教育面临的困难与挑战有着切身体会，我们要广泛团结联系本领域专家和学者，以学会为纽带，把全国的无神论研究者联系起来、联合起来，把无神论研究和宣传教育事业引向深入。大胆开拓，积极作为，以新的学术成果、学术活动，逐步提升无神论研究的地位、知名度和影响力，开创科学无神论研究和宣传教育事业的新局面。

（原载《光明日报》2013 年 10 月 12 日）

在中国无神论学会 2013 年学术年会上的总结发言

李　申

我受大会委托，作总结发言。

第一，关于新理事会。

这次年会也是换届的会，所以我要首先祝贺新一届理事会的成立。

新一届理事会补充了许多年轻的同志，这是无神论事业的希望。新一届理事会也具有更加广泛的代表性。从地区上讲，扩大到了东北、西北等边疆地区，特别是新疆、西藏都有同志参加；从行业上讲，也有新的发展，特别是有更多的部队院校同志加入，表明无神论事业得到了更加广泛的支持。

这次年会的重要成就之一，是得到了较多的党和国家领导机关的关心和支持。中宣部、统战部、教育部、宗教局都有负责同志参加我们的会议，特别是全国政协民族与宗教委员会主任朱维群同志参加会议并且作了重要报告，是对我们学会、对无神论事业的重要支持。会议的这项成就，与我们新任理事长朱晓明同志的影响和努力是分不开的。

我们学会成立于 1978 年年底，起初很红火，每年有一次年会，大多是各省宣传部支持，在外地召开的。但是没有多久，20 世纪 80 年代初，学会的发展就遭遇了困难。1986 年年会以后，学会的活动就基本停止了。这就是大家常说的"有神论有人讲，无神论无人讲"的时期。大约十年以后，在任继愈、杜继文、何祚庥等同志努力之下，重建了学会。这次学会实行了社会科学家和自然科学家的联合，理事会和顾问中，近一半都是中国科学技术协会或与这个协会相关的同志，其中许多都是反对伪科学的斗士。然而由于长期"无神论无人讲"的状况，重建的无神论学会力量非常薄弱。全国性的年会，出席者不到二十人，拍巴掌都拍不响亮。经费也非常困难，每年只有几千块钱。看到今天我们无神论年会的状况，不能不说，无神论事业这些年来虽然处境艰难，但还是有了很大发展。我相信，在新一届理事会的努力下，我们的事业还会有新的重大发展。

无神论学会成立以来，工作重点也经历了一些变化。起初主要是研究古代、特别是中国古代无神论的状况，以为今天的借鉴。后来遭遇"无神论无人讲"，这项研究也未能继续下去。1997 年重建以后，主要是反对以特异功能、伪科学为核心内容的新条件下的有神论形态。随着"法轮功"邪教的被粉碎，广大人民群众对以特异功能为特征的新有神论形态的认识逐渐深入，这种有神论形态已经不能再继续大规模地危害社会和人民群众的身心健康。近年来，学会的工作逐渐转向抵制传统有神论的大规模扩张，其中主要是国外传统有神论向我国的渗透、特别是向高校的渗透和传播。目前这项工作进行得还十分艰难，人手少，战线长，理论准备不足，深有孤军作战的感觉。希望新一届理事会能够使这种状况有所改变。

第二，关于上一届理事会。

上一届理事会首先要讲的，当然是任继愈先生。任继愈先生别的我就不讲了，讲一讲很少有人知道、或者知道了也很少认真思考的一件事，那就是他于 1978 年年底在无神论成立大会上，作了一个"儒教"问题的报告。儒教问题，和无神论，有什么关系呢？

从学术层面上说，儒教是宗教，乃是深入研究之后，对中国传统文化基本性质所作的总体性的判断。过去我们总是说，我们中国古代是无宗教国，有悠久的无神论传统，并且以此为自豪。现在任继愈先生说了，儒教，就是宗教。而只有认清这一点，在研究中国传统文化那些具体问题的时候，才能做出正确的结论。当时参加无神论学会的，许多是研究中国哲学的学者。对中国传统文化的性质做一个总体性的结论，也是当时学会工作方向顺理成章的发展。

更重要的是，儒教问题的提出，也是对"文化大革命"教训的重要总结。"文化大革命"中，把革命领袖当成神，一句顶一万句，句句是真理。因而盲目崇拜，遇事不独立思考，是造成许多灾难性后果的思想根源。这样的思想如果任其发展，就要危害我们民族的思想健康，阻碍我们国家的发展和进步。这和"五四"开始提倡的民主、科学精神，是相违背的。

"五四"提倡的民主、科学精神，其实是一个问题的两个方面。民主用于认识世界，就是科学精神。因为要判断一个结论"是真的吗"就不能盲从，就要采用各种手段把它弄清。而要弄清事实，只有依靠科学。尽可能完整地搜集材料，集思广益，允许批评和反批评，在实践中检验认识的正确性。科学用于政治生活，就是民主，不能一个人说了算。我国古代，唯圣人之言是从。圣人在，真理在圣人那里。只能相信，不能反对。"非圣无法"。圣人不在，真理在经书。经书上的话，就是真理。只能相信，不能反对，离经者即是叛道。这是什么精神？这是宗教精神。"五四"提倡民主和科学，就是要用科学精神，民主精神，去反对宗教精神。陈独秀说，今后"决疑"，不能再依靠经书，而要依靠科学。这是中国思想史最重大的转变。

儒教是如此，别的宗教也是如此。所有的宗教，信仰的神可能有许多区别，教义也可能有种种不同。但神的话，圣人的话，就是真理，只能相信，不能反对，则都是一样的。不冲破这样的思想牢笼，人类的创造力就无法充分发挥。数千年来人类社会只能缓慢发展，对神的信仰是重要的思想原因。我们不能信教，不能信神，就是不能把宗教经书上的话当成绝对真理。为什么？因为经书上的话不是绝对真理。为什么不是？因为神是不存在的，宗教经书上的那些话也不是神说的，而是当时某人、某神学家说的。他们的话，当时或许是先进的，但后来就不行了。宋代人说，用半部《论语》就可以治天下，或许有点道理，今天如果还这样讲，那就是忽悠人了。

任继愈先生发现，"文革"中的盲从、狂热，根源在传统，在儒家。加上他对于宗教问题的深刻理解，遂做出了儒教是宗教的判断。而在中国无神论学会上提出这个问题，也就是提醒中国人民，要从习惯于盲从的传统中解放出来，独立思考，发扬民主和科学精神，充分发挥自己的聪明才智，创造中华民族更加辉煌的未来。

当然，儒教是不是宗教？可以争论。但是不要宗教精神，而要科学精神和民主精神，在座的诸位应该都是一致的。

任继愈先生晚年，提出了"不仅要脱贫，而且要脱愚"的主张。盲从、不会质疑的宗教精神，就是愚昧最重要的特点，至少是最重要的特点之一。那些年，特异功能大师满天飞，对特异功能的崇拜，就像是发了疯。这种愚昧现象流行的结果，就是"法轮功"邪教组织的出现。这样的历史，不能再重演。当前和今后一个时期，我们更要努力奔走呼号，深入宣传无神论，告诉人们不能信神。无论是中国的神还是外国的神，都不能信。因为信神会造成对以神的名义说话的人的盲从，甚至威胁到国家安全。看看那些宗教极端主义支配下的恐怖行为，有谁会故意说"不明白"！

其次，我要讲一讲于光远先生。记得 1999 年在讨论"法轮功"问题的年会上，我接到于光远先生的一封信。信上说，我们无神论学会现在处境很困难。这种时候，特别需要互相鼓励。时至今日，我们无神论事业虽然有了很大发展，但是仍然未能摆脱处境困难的状况。所以在这种时候，我想讲几句鼓励的话。

如何鼓励？还是讲讲无神论事业的性质和前途。

神是不存在的，所以无神论是真理，而坚持真理是光荣的。这是要鼓励的第一句话。第二句话是，科学无神论的诞生，和科学的飞速发展，和民主制度的建立，是同步的。没有无神论，就不可能有科学的飞速发展和民主制度。第三句话是，宗教的衰落大势，是不可逆转的。可以有曲折，但大势不可逆转。基督教的本土欧洲，现在的信教人数不到一半。政教分离，宗教不得干涉教育等，使宗教从高居社会的顶巅跌落下来，而且再也回不到顶巅。刚才拿到一份材料，是英国前首相布莱尔和美国无神论记者希金斯的辩论，听众中，无神论的支持者和宗教的支持者大体为 7∶3，这也是目前发达国家的一般情况。美国比较特殊，过去说有 95% 的人信教，实际上这是被大大夸大了的数字。有神论观念必将一步步退出历史舞台，无神论观念必将一步步取得胜利。我们坚持的观念，是正确的，是于社会、于民族有益的。在我们国家，持无神论观念的，还是绝大多数。我们的党，是坚强的以马克思主义为指导思想的党。虽然现在许多人没有讲话，但他们心里并不糊涂。我们的工作，一定能得到最广泛的理解和支持。

不过由于种种原因，我们目前的工作还有许多困难。而且在短期内不会有根本改变。任继愈先生生前多次讲过，要我们坚守阵地。我们要有长期坚持的思想准备。坚守阵地困难，但也光荣。《上甘岭》电影中那个排长讲，他们的事写出来，一定世界闻名。我们的事，如果写出来，也一定会世界闻名。

任继愈和于光远先生之外，我还要讲一讲在座的、几位即将退出理事会的上届副理事长。我要颂扬一下他们。

首先是段启明同志，他原是国家宗教事务局政策法规司司长。是他经过长期调查，弄清了"法轮功"的情况，并起草了给中央的那个报告，使党中央及时了解了情况。其次是申振钰同志，她从耳朵认字事件开始，就协助于光远先生反对这些伪科学事件。所以在党中央需要的时候，她能代表学会撰写出从耳朵认字开始发展到"法轮功"的一系列大事记，呈送党中央。最后是龚学增同志，他是我们国家第一批无神论专业毕业的研究生，一直战斗在宗教学与无神论研究的第一线。现在他们要退出理事会领导岗位了，我代表新一届理事会，向他们为无神论事业作出的杰出贡献，表示深深的敬意和谢意。

第三，关于这次会议。

这次会议提到最多的一个词汇，就是"马克思主义宗教观"。什么是马克思主义宗教观，段启明同志已经给出了说明，我是同意的。简单说，就是用马克思主义观宗教，观察宗教问题，而不是用个什么观念来观察马克思主义。然而现在许多情况下，不少人却是在用他不知从哪里搞来的观念观马克思主义。这样的观法，叫作什么都可以，就是不能叫作马克思主义宗教观。

用马克思主义观宗教，如何观？田心铭同志讲，"科学无神论是马克思主义一切理论的前提"；朱晓明同志讲，"马克思主义的基础是无神论"。因此，用马克思主义观宗教，必须是站在科学无神论的立场上，或者说，是以科学无神论为出发点。其目的是促使无神论的、科学的世界观的形成和发展，而不是促使有神论发展，不是促进宗教发展。如果不是这样，那就不是马克思主义宗教观。

至于如何宣传或者传播无神论观念，具体问题很多，要按政策办事。比如不能到宗教场所向信教群众宣传无神论，宣传无神论要服从党的中心工作等，都是要十分注意的政策问题。但无神论的立场，促进科学无神论世界观的发展而不是促进有神论世界观的发展，是不能动摇的，否则就不是马克思主义宗教观。

用马克思主义观宗教，观出什么？这些年来，不少人爱讲宗教的"五性"，国际性、复杂性、长期性等。对不对呢，是对的。但宗教是不是仅仅有这五性呢？不是的，任继愈先生说，宗教观念，也就是有神论，还有虚幻性和荒谬性。只讲长期性、群众性等，不讲有神论的荒谬性和虚幻性，也不是马克思主义宗教观。

有人说，在社会主义条件下，宗教也变了。不错，是变了。但这是指宗教作为一个社会团体，指宗教信仰者，和国家的关系，是和过去不一样了。在政治上，宗教信仰者也是国家的公民，是我们的同志。但有神论的虚幻性和荒谬性，没有改变。同志之间，可以有思想分歧，相互尊重对方的信仰。但不能因为是同志，就美化甚至鼓励错误观念。

更为重要的是，我国宗教问题离不开国内外的大环境。国际敌对势力，无时无刻不在企图颠覆我们的红色政权。宗教问题，也是他们手中的一张牌。美国的那个"宗教自由委员会"，不过是假宗教之名，行干涉他国之实的机构。如果在这个问题上掉以轻心，现在在埃及等国发生的事情，未必就不会在我们国家发生。因此，我们的工作，也关系到国家的安全问题。结果如何，要看种种力量的博弈。在这个博弈中，我们的工作，也是维护国家安全的正能量之一。

最后，讲几个概念。一个是"信仰"这个词，现在大家都用了，也可以。不过我们要清楚，这是从传统、特别是从宗教观念中借用的词。我们作为无神论学会，心里应该清楚。在我们的语言和行文中，最好不用这个词。因为用这个词，容易和宗教观念混淆。还有"信仰危机"。原是西方指对基督教的信仰危机，因为欧洲信教人数越来越少。我们运用这个单词，也以谨慎为宜。其他，通俗宣传问题，无神论课程的开办和经验交流问题，大家都有很多很好的建议，希望会后能加强交流，把工作做好。

一个时期以来，我们较多关注了有神论在高校的传播状况，呼吁有关部门坚持宗教与教育相分离的原则。希望能形成几条具体意见，递交有关部门。使我们辛辛苦苦的工作，能有一个实际的成效。

最后还要强调的是，我们是无神论学会，不是无神论协会。我们的工作是学术工作、理论工作，是研究宗教，批判神学，也就是批判有神论，或者说是批判宗教中的有神论观念，而不是笼统地批判宗教。这一点，也希望同志们注意。至于马克思著作中提到的"批判宗教"，如果认真领会，也是指批判宗教观念。是否正确，大家可以认真考察。

（原载《科学与无神论》2013 年第 6 期）

科学无神论理论研究

"研究宗教"亟须拨乱反正
"批判神学"必须开展补课

——访中国社会科学院世界宗教研究所原所长杜继文

杜继文

▲（采访者简称▲，下同）：今年是毛泽东诞辰 120 周年，也是他批示建立世界宗教研究所 50 周年，值得我们纪念。您是继任继愈先生担任这个研究所的第二任所长，能否结合我国在宗教研究上的总体进展谈谈这个批示的意义及其实施的情况？

●（被采访者简称●，下同）：我的任期是 1985—1988 年，任所长的时间虽然不长，但一直没有离开宗教研究，因此，对全国的情况还是比较了解的。就全国而言，真是今非昔比。50 年前，专业宗教研究机构只此一家，今天可以说遍及全国，多数高等院校和社会科学研究单位设有宗教研究机构或专职的研究人员。各色宗教的原典到处流通，而且还有一个专门出版宗教图书的国家出版社，可以说是从空白走向了繁荣，所以有人把宗教研究赞之为"显学"。

▲：毛泽东是怎么批示的，今天的局面与此有关吗？

●：批示是这样讲的："对世界三大宗教，至今影响着广大人口，我们却没有知识。"——这个判断是基于中国站起来正在走向世界，需要全球战略而言的。我们面对至今影响着广大人口的三大宗教却没有知识，这种状况必须改变。我国对宗教的真正研究，实际就开端于毛泽东 1963 年 12 月 30 日的那个批示，今天的局面当然与此有关。但是，也不可否认，今天的宗教研究有许多人和机构走入了歧途，这个后面有机会再说。

▲：在毛泽东批示之后，我国对宗教"没有知识"这个问题是怎么解决的？

●：在任继愈先生领导世界宗教研究所期间，我所是做了很大努力的，包括主编《宗教词典》、《宗教大词典》，编撰陈述三大宗教的《佛教史》、《伊斯兰教史》和《基督教史》等，对我们认识宗教起了很大的作用；此后，还根据中央领导的指示，组织出版了有关三大宗教知识的普及读物，反响也比较好。与之同时，开始全面招收宗教研究生，并主导在北大哲学系开设宗教专业课，为全面深入地研究宗教培养骨干力量。不久，宗教研究和宗教教学就在许多高校和社科研究单位开展起来。

▲：从目前情况看，宗教知识短缺的问题已经基本解决了吧？

●：不能这么看，最近咱们无神论研究室在北京三所大学作了一个粗略的调查，初步统计显示，有个大学的学生信教人数高达 11％ 强；但大多数学生却不知道宗教为何物。为什么信教的学生那么多，宗教知识又那么短缺？我认为，主要与社会条件有了变化，宗教研究的知识性传播变异成了信仰性传播有关。随着市场经济的开放和扩大，在相当一部分人中，把宗教知识也当成了赚钱的工具，"创收"与"吃教"的价值法则日益支配着宗教研究的性质和倾向。经济利益导致宗教研究和宗教知识的普及对于宗教本身的依赖，"拿人钱财、为人消灾"的效果，很快显示出来：本应客观独立、力求把握宗教面貌的科学研究，不同程度地蜕变成了为宗教树碑立传，讴歌鬼神信仰的传教活动；有关宗教的科学知识，蜕变成了一些人的信仰对象。

▲：那么，用什么来确定宗教宣传和宗教研究的界限？

●：这个界限确实很难明确地划分，但绝非没有原则可循。1982 年中共中央印发的《关于我国社会主义时期宗教问题的基本观点和基本政策》（简称 19 号文件）就有许多权威性规定。有些历史档案也可以供我们借鉴，譬如清末制定的《学务纲要》，1922 年蔡元培发表的《教育独立议》，应该是这方面最有价值的文献。最近《科学与无神论》刊载北京师范大学师生写的《南京国民政府限制校园传教政策的研究》也很不错。

▲：如此说来，现在已经不是宗教知识短缺的问题，倒成了如何处理宗教知识问题了？

●：不。我的意思是，随着文化教育领域宗教传教势力的扩展，宗教的史实和事实被随意地作了增删或严重的扭曲，给予大众的宗教形象是错乱的、失实的，能够反映宗教实际的知识显得越发欠缺。我先讲几个有关宗教研究指导方针的论点，看看它们可能提供什么样的信息。

比较旧的一种论点是，对宗教没有信仰，就不能深入其中，研究就失去可能，好比你不是病人就不能成为医生。懂一点传统文化的论点是，研究宗教必须采取"'同情之默应'，'心性之体会'"的态度，否则就是"极左"。亲近西方的论点是，研究宗教就应该采取"西方宗教学"的"立场、观点、视角和方法"。这三种论点中的前两种，都设置了一个主观情感的前提，或者得先有信仰，或者心怀同情，由此提供的知识只能是经过他们的选择和过滤的；后一种比较时髦、洋气。所谓"西方宗教学"，实质上是诞生于麦克思－缪勒的一种基督教神学，它从宗教比较中推出，其他宗教都是有限的，只有上帝才是"终极"的"无限"，值得信仰。由此等宗教学发展出许多神学哲学，例如在中国风行的系统神学，宗教诠释学等。

▲：这些说法有些抽象，能否举几个具体事例？

●：就拿眼前人们的通识来说，认为宗教是劝人为善的，这话似乎不错，譬如禁止杀盗淫之类，但这只是教义的附属。引几句《圣经》的话："祭祀别的神，不单单祭祀耶和华的，那人必要灭绝。""灭绝"不仅仅是一种诅咒，而且有数不尽的宗教屠杀和宗教战争紧跟其后。又如，"信而受洗的必然得救，不信的必被定罪"。"定罪"的最高刑罚是打入地狱，即使灭绝了，也得受苦无穷。就是说，宗教赏罚的依据是对其神的信仰与否，信的言行就是善，不信的言行就是恶，按教义该杀的杀也是善。

有不少高官和大牌文人，把社会和谐、世界和平寄托在宗教身上。这作为一种良好的愿望和努力可以理解，但将其定为宗教的本然属性，距离事实就太远了。仍然引用《圣经》的话："我来，并不是叫地上太平，乃是叫地上动刀兵。因为我来，是叫人与父亲生疏，女儿与母亲生疏，媳妇与婆婆生疏。人的仇敌就是自己家里的人。"如果说，从这里能够读出和平与和谐来，不是撒谎，就是心理畸变。基督教中有个"感恩节"，"感恩"的语汇在全社会都流行，但完全抹去了它的反面："复仇"，复仇到连刚出生的男婴都要一个不留地杀掉，如此严重的教义在一般人中竟完全没有印象，这偏颇就出在将宗教布道伪装成宗教知识上。

▲：我们从媒体上经常可以看到国外发生的宗教之间的争斗，但我们国内的宗教之间或者说信教的和非信教的人还是比较和谐的，是吗？

●：这得先看看大家对"宗教"一词是怎样理解的。通常我们都说，中国有五大宗教，五大宗教就等于中国的宗教，就此而谈"宗教和谐"基本符合事实，因为它们都是合法的，受到国家法律的保护。但还有大量拒绝国家法律监督也不受法律保护的鬼神论团体存在，譬如地下教会、邪教、极端主义和恐怖主义分子等，都不在宗教主管机关的视野，可国内外有些势力则给以承认，诸如一度风行的"宗教市场论"就将中国宗教分为三色，鼓吹合法宗教、地下教会和邪教在同一个社会大市场中自由竞争；美国豢养但被我国取缔的邪教、地下教会以及他们支持的"藏独"、"疆独"，也都是在宗教名义下进行的。这些不是和谐，而是威胁。由此造成宗教概念的歧义，直接决定着有关宗教话语的实际含义。

▲：合法与不合法绝不相同，界限清楚，国家也各有专门机构主管，不应该有问题吧？

●：问题还是有的。问题之一就出在话语系统上。国家有关部门讲宗教和谐，社会有股力量也讲宗教和谐，但二者指谓的宗教不是一个概念。后者以宗教是个好东西，推动"三色"论宗教的扩展，也为"处境神学"开辟公共空间——这还属于宗教的外延问题，还有宗教的内涵问题。什么是宗教？权威专家说："宗教是文化"，风行一时——其实这是对宗教分类，而不是定义。宗教区别于其他文化现象的特征才是宗教的本质。什么才是唯有宗教才具有的特征？众所公认，那就是承认鬼神实有和信仰鬼神。突出宗教是文化，掩盖了宗教的鬼神论特性，令其与一般文化教育同格，得以流畅地进入高教和科研系统。我们无神论的任务之一，就是揭穿利用官方意义上的宗教和谐，叫卖宗教市场论中的宗教和谐；我们提出实施教育与宗教相分离，主要指的是学术传教；个别神职人员进入国家教育领域，推动者也不属合法宗教。因此说我们反宗教并特别限定在合法宗教上，这是一种离间手段，不是事实。

▲：您是说，虽然宗教研究有了进展，但在此后的演变中，失去了毛泽东要求的"马克思主义指导"，出现了偏差，所以还需要强化马克思主义的研究，还宗教的真相？

●：确实如此。不过近年来，由于中央对马克思主义指导的强调，所以在宗教研究中出现了"马克思主义宗教观"的提法。这表明风向有了变化，是件好事，然而什么是马克思主义宗教观又成了问题，因为它可以做两种解释：一种情况是，指研究马克思主义关于宗教的学说或观点，马克思主义宗教观是研究的对象，例如，有名为《马克思主义宗教观应该与时俱进》的文章，这个"马克思主义宗教观"是作者个人从"与时俱进"的视角进行研究的，所以其结论可以讨论；有人认为它实质是反马克思主义的。另一种情况是，把马克思主义宗教观等同于马克思主义关于宗教的学说，乃是研究宗教的指导思想，不容置疑，不容反对。这个差别如此巨大，如果混淆起来，学术问题可能变成原则问题。

▲：这个问题很新鲜，能否解释具体些？

●：这里讲一个比较完整些的表述："马克思主义宗教观是马克思主义思想理论体系的重要组成部分，也是马克思主义政党对待和处理宗教问题的指导思想"。简练些是："马克思主义宗教观是马克思主义政党对待和处理宗教问题的指导思想。"问题是，为什么不说"马克思主义思想理论体系是马克思主义政党对待和处理宗教问题的指导思想"，而非要费一番周折，再把"马克思主义宗教观"装进"马克思主义思想理论体系"里？这大概不是文字游戏。据称，"坚持和发展马克思主义宗教观"的目的，是"为加强和改进新形势下的宗教工作提供思想基础、方法基础和决策基础"。我们知道，所谓"新形势"一般是指改革开放以来的形势，上文提到的 19 号文件就是社会主义时期的指导性文件，现在要以"宗教观"的名义重新给党的宗教工作提供思想、方法和决策基础，是衔接还是取代？

▲：那您怎么看？

●：这需要比较，说来话长。我现在注意的是，已经被"宗教观"了的"马克思主义"是什么概念？你是研究马克思主义的，我引一句话请你看看："马克思主义宗教观是马克思和恩格斯等马克思主义经典作家……逐步形成和确立起来的。"马恩之后加个"等"是怎么回事？中共党史上称马克思主义经典作家是马恩列斯；自 20 世纪 60 年代起，斯大林被逐步淡化，但列宁的地位却从未动摇过。近年来，国内也有反列宁的声音，将这种倾向安置在给党和国家做"指导思想"里边，我认为就不是个小问题。有学者曾当面质问：所谓马克思主义宗教观，究竟是用马克思主义观宗教，还是在用宗教观马克思主义？问题提得很深刻。

马克思主义有三个来源和三个组成部分，这是常识，这个宗教观则据此将"马克思主义"确定为三个阶段："以启蒙和人本主义思想为武器对宗教进行哲学批判，以历史唯物主义和辩证唯物主义为武器对宗教进行政治批判。"马克思主义哲学就是辩证唯物主义和历史唯物主义，这也是常识，马克思主义对宗教批判的武器，怎么会变成启蒙运动的思想？辩证唯物主义和历史唯物主义对宗教的批判怎么又成了政治批判？如果连马克思主义的基本用语都说不准确，还硬要作"指导思想"，岂不滑稽？把马克思主义装到一个什么观的筐里去，好比把大地上生长的植物装到菜篮子里，能是一回事吗？至于如何解读，问题可能更多。

以对"历史唯物主义"的解读为例，眼下就有这样的阐释：社会存在决定社会意识，意即"社会不好"，故而产生"不好"的宗教；马克思主义从"不好的"宗教看到了当时欧洲"不好的"社会，这是"正确的"、"客观的"。宗教在今天的中国发展有"正常的"、"好的"、"积极的"方面，从"好的宗教"可知我们是"好的社会"。其结论不言而喻，对我国当前的宗教只能说"好"，不能说"不好"，否则就是说我们的社会不好。然而，这"宗教"正是含有歧义的词。像这样的阐释，与历史唯物主义有什么关系吗？按照这种推理，是否也可以这样说：马克思主义产生在不好的社会，所以是个不好的主义；马克思主义是个好的主义，所以产生它的社会是个好社会？可见这个逻辑是十分荒谬的。

总之，在响应毛泽东"研究宗教"方面，虽然取得一定的成就，但现在提供的大量宗教知识却是被扭曲的，需要正本清源；在提倡马克思主义指导上，也存在一些被妄解歪说的现象，需要拨乱反正。

▲：毛泽东在批示中还讲到要"批判神学"，现如今这方面我们做得怎么样？

●：毛泽东的原话是："不批判神学就不能写好哲学史，也不能写好文学史或世界史。"这句话给我的最初印象是很新奇，但好像只与史学有关系，是书斋中的事。所以早期的世界宗教研究所也注意不够，几乎没有什么成就可言。现在发现，这可能是我们的一个很大的失误。

▲：有这么严重吗？为什么这么说？

●：对神学的忽视，使我们失去在神学问题上的判断力和发言权，那后果就非常糟糕，远远超出学术的范围。像《中国大百科全书·宗教卷》、《不列颠大百科全书》、《西方哲学英汉对照辞典》等工具书对神学都有所解释，但含有评价的答案则趋向两个极端：一端是极度的轻蔑，一端是极度的赞美。

霍尔巴赫说，"有一门学问，其对象是无法理解的。和所有其余的科学根本相反，这门学问只研究人们的感官不可知觉的事物。霍布斯称之为'黑暗的王国'"，在这个王国里，"理性的规律原来是不正确的，而健全的思想则变成荒唐的思想。这门学问叫作神学，它不断地蹂躏着人类的理性"。恩格斯说，"宗教的第一句话就是谎话……宗教伪善，神学又是其他一切谎话和伪善的蓝本"。事实是否如此？且举个赞美者的实例。基督教有部名著《论基督的肉身》，内称"上帝之子死了，这是更加可信的，因为这是荒谬的。他被埋葬又复活了，这完全是无可置疑的，因为这是不可能的"。作者是号称"拉丁教父"的德尔图良。他认为神学就建立在"因为荒谬而可信"、"因其不可能而无可置疑"上，这是以反理性为荣。

毛泽东对宗教要求"研究"、对"神学"要求批判，态度之所以不一样，从上述简单的介绍中可知道大概。

▲：难道宗教不包括神学吗，为什么要单独提出来？

●：我以为，毛泽东作为高瞻远瞩的政治家，他首先考虑的是宗教在社会和历史中的地位和作用问题；对作为社会历史存在的宗教，若不了解就会在战略上陷入盲目。但他同时又是很灵敏的思想家，宗教教义充塞的是荒谬和愚昧，神学绝对不可以接受。实际上神学是各个不同宗教教派得以独立存在的灵魂，是它们各自区别开来的内在根据，也是吸引教徒，维护自身利益的精神支柱。世界三大宗教的发展变化，它们各自的不断分化、纷争甚或说不完的仇恨、冲突、战争，固然有社会的原因，内在的根底即是教义神学。当今世俗国家，大都遵从宗教信仰自由的原则，对神学的兴废、诠释或修正，视作教会和教徒的私事，国家给以法律的保护，一般俗众和相异的教派，不容妄加干涉。但若超出法律的界限，把属于信仰的私事，推向公共领域，当作公共话语到处宣扬，那不但国家要依法实行管理，公共舆论也有权提出不同意见，包括公开的批判。我所谓在"批判神学"上的失误，主要指向那些超出法律界限的神学布道，而不是指向教会神学。

▲：什么是"神学布道"？

●：大约有两种情况：一是向全社会高调地鼓吹神学，例如大批量地出版神学类论文和著作；二是进入高校和科研单位，开展神学教育，构建新的神学。这两种情况都很活跃，在某种意义上把持着所谓"宗教学"领域的主导权和话语权，由此形成的声势和获取的成果，说它震动西方基督教世界，并被当作改变中国文化面貌的重要力量，绝不为过。因为公众这方面的知识不足，一般人又不属于那个圈子，所以大都对其不甚了解，致使其泛滥成灾，譬如，你知道"文化基督徒"这个词吗？你知道有个"汉语基督教神学运动"吗？

▲：不清楚，请您作个简要介绍吧。

●："文化基督徒"这个称呼大约出现在 20 世纪 80 年代末，他们是否是受洗的基督徒不甚清楚，但都以文化人身份鼓吹基督教文化；其所鼓吹的不是基督教的组织层面而是精神层面，采取的也并非说教式的而是学究式的，这里且引一位学者对他们面貌的描述。

我们不能否认这位作者（文化基督徒）的大智慧，"但这是一种什么样的智慧呢？笔者记起伏尔泰对卢梭说的话：从来没有人用这么大的智慧想把我们变成野兽，读了阁下的书，我真想用四个脚走路了。如果套用一下伏尔泰的话就可以说：除利玛窦、龙华民等外国来华的传教士之外，从来没有中国人用这么大的智慧想把我们变成基督徒，读了阁下的书，我真想奔向十字架了"。这批人几乎都受过外国高级的神学教育，译著等身，外语尤佳，专家教授身份，占据显要职位，显得圣灵充满智慧。所以文化基督徒也可以戏称为以"大智慧"模样向国人传播基督教信仰的知识分子。

是什么因素导致这种现象出现在 20 世纪 80 年代？有位北大哲学系的博士生撰文分析，这与中国的"现代汉语语境"有关："在这种具有强烈无神论传统的人本主义语境中，坚守一神论信仰的基督徒首先面临的就是自己的身份认同问题"，文化基督徒就是为解决这个认同问题产生的。现在得先弄清楚他们所处的"语境"指什么，一句话："现代汉语思想界中启蒙主义的话语霸权与人本主义的理念诉求"。这一语境直接造成了基督教在中国传播的困境。对此语境，作者作了大量陈述，相当精彩，可惜这里不能一一复述。总其精要，是科学、理性、无神论、进化论、马克思主义，中国的人本主义传统，甚至"进步"的话语，都成了文化话语霸权和政治话语霸权的表现。在这样的"汉语语境"中，文化基督徒要担当什么角色？那就是在"对意识形态化的马克思主义的反思"过程中，"现代基督神学的涌入与传播，起了重要的作用"。

▲：对这种社会思潮没有人提出异议吗？

●：当前的舆论环境很宽松，言论自由，文化多元，即使有人提出不同意见，甚至相当尖锐，也很少见到反应。不过正统教会的反响可能不小，港台的教会人士称呼他们为"中国亚波罗"——似是而非的意思；大陆教会大约也不甚买账，我不大了解。总之，因为各种原因，"文化基督徒"这个名字越来越消退了，继之而起的则是"汉语基督教神学运动"。

▲：哦，那就请您谈谈目前这个运动的情况如何。

●：这像一出戏，我们只能看到有限的戏台和上演的部分戏文，对幕后的策划一概不知，即使戏文也是似懂非懂，有些干脆就没看到听到。其在国内外、境内外、党内外、教内外，上下四方的联结，加上身份之权贵，我们这个身份的人想摸到它的边际，那是妄想了。谈点皮毛印象吧。

"汉语基督教神学运动"的发起人就是文化基督徒，他们的骨干也无例外地属于这个圈子。但作为一个运动，第一，它有了策划和组织；第二，它有了可持续壮大的能力。

▲：它的策划和组织是什么？

●：最初的策划是在中国香港进行的：1992 年，以香港的某个"基督教丛林"为基地，与大陆在港的文化基督徒共同酝酿，从 1993 年开始，"使用这机构的设备和资源，试办了一系列的学术工程，借此加快推动这个渐见雏形的新学术思潮"。到 1995 年，设置了"'汉语基督教文化研究所'，期许更集中精力和资源以制定长远事工策略"——"我们称这个新兴学术思潮为'汉语基督教神学运动'"。"从分工的角度，大陆学人是这一运动的倡导者，研究所是这一运动的推动者，两者既分又合"，原则是："各自表述，各取所需，合分相济"。简单说，基地在香港，担任推动者角色，运动在大陆，担任提倡者角色，内容是发展一种以"汉语基督教"命名的神学。

都有些什么具体举措呢？这里只讲两项：首先是译介西方神学著作到大陆。主要是一些名牌大学的出版社和国家出版社，为他们出版了大量的基督教神学著作，而且多是成批地出版，一直到今天，连中国基督教两会在大陆已经于 2003 年陆续出版了汉译"基督教历代名著集成"系列，也由香港基督教的出版社"授权"给我们现在的国家出版社出版。这真是匪夷所思。与此并行，是内地凡挂基督教研究招牌的高校和社科研究单位，竞相派人到香港这个基地参观、培训、做课题，全部免费接待，而且还另有奖金。到了 2008 年，基地的头面人物就兴高采烈地宣布了："经过各方学界多年耕耘，今天'汉语基督教神学运动'的参与学人由原来只有几位核心人物而增长成一个颇为可观的学术群体，其中新生代的年轻学人不断涌现，表现出这个新兴学术思潮的顽强生命力和可持续性。"

我认为，他们这样宣示的根据是充分的，因为这个运动发展的规模已经大大超出香港基地的预想范围，它的"推动"作用功不可没，而它为这一运动规定的任务，一直在无声地进展，逐步渗进我们的宗教教学、学术研究，旁及与西方有关的所有学科，一直影响到我们管理层面的头脑，在宗教学界形成几乎是压倒性舆论优势。

▲：他们还规定了任务？是些什么？

●：在他们要解决的基本问题中，关键是两个：第一，"教制外的知识人和教制内的平信徒，他们如何革新教会的神学传统，甚至引发一次又一次的神学转捩点"。第二，"汉语的丰富思想资源与基督教这外来思想资源相遇后，将如何承载、转化和创造新的思想，从而丰富汉语自身的思想传承"。上述引号里的是原文，我得作点解释。

先解释第一个。文化基督徒以重建汉语基督教神学为使命，是针对大陆既有的教会神学而言的。所谓"教制"即指国家合法教会，其外的"知识人"即文化基督徒，"制内的平信徒"则指排除了国家教会领袖之外的一般神职人员。把这两种人联合起来，就是这一"运动"的依靠力量，目的是"革新教会的神学传统"，不间断地引发"神学转捩点"——"转捩"就是革命吧。这个运动为什么把转捩国家教会的神学作为首要任务？前述北大博士生的文章一语道破："为了拒斥所谓神学的本色化或中国化"，"从本色化或中国化的思维架构中走出来，直接面对基督事件"。其实"本色化"和"中国化"并不完全相同，后者强调，不仅在教会的职位和经费上要从西方控制下解脱出来，而且也要在神学上适应中国的土壤，摆脱"洋教"的偏颇，彻底实现"基督教中国化"；所谓"直接面对基督事件"，属于基督教原教旨主义，实为美国基督教右派——福音派信奉的神学，其在中国的表现，是宗教信仰高于世俗理念，圣经高于宪法，因此，教会和教徒只能服膺宗教信条，即"中国基督教化"。究竟是"基督教中国化"，还是"中国基督教化"，一直是中国基督教面临的严重问题。

▲：都有些什么表现？

●：那就先介绍一点"非教会"神学同我国"教会神学"的异同吧。

既然都是神学，二者的内涵应该是相同的，像非教会神学正在构建的一种"神学"命题目录有："神论"、"基督论"、"圣灵论"、"人性论"、"救赎论"、"创世论"、"末世论"、"教会论"、"圣事论"等，其与教会神学没有任何区别。即使着力于构建对中国现代化"具有多方面意义"的神学，所谓"原罪观"、"拯救观"、"超越观"、"终极观"、"普世观"等，也没有超出教会神学的范围。但为什么他们不认可教会神学，必须与之分道扬镳？举例来说，西方神学中有个命题，叫"因信称义"，意思是说，人只要信仰上帝就可以成为"义人"；中国教会神学认为这个命题要慎用，因为绝大多数中国人并不信仰基督这个神，不能说这样的中国人中就没有"义人"。也就是说，为社会做好事，应该同样是"称义"的。这其实对扩大基督教的影响是非常有利的。但这不行，需要革掉，回到基本教义上去。

其实问题的实质是，中国基督教是否需要建立在中国的土壤上，坚持爱国主义立场。"爱国爱教"是中国教会创建和阐释神学教义的根本原则，是基督教得以在中国生存绵延的基础，也反映着广大教徒的心声。这个原则经过几代教会爱国领袖的努力，才使这个扮演侵略工具角色的基督教在中国扎下根来，但却一直受到国内外某些势力的恶毒攻击。

汉语神学运动标榜自己是非教会的性质，指向正是"爱国爱教"，但话说得没有那么粗鄙，举一段话看："'爱国爱教'且'爱国'在先、'爱教'在后乃成为中国内地几十年来宗教存在与发展的一种定式。在今天'全球化'宗教跨国界、跨民族、跨地域的普世性诉求中，虽然不少国家和地区仍会靠其宗教来维系、保护其'国'之生存和发展，但同样也有不少国家和地区出现了以'普世信仰'支持的'爱教'淡化、架空或放弃'爱国'的迹象和动向"，意谓"全球化"带来的是人的"普世性"、教徒的"普世信仰"，"爱教"已经将"爱国"淡化、架空或放弃了。接着一转："在趋于越来越民主、自由和平等的当代社会，'政教关系'已多元嬗变、日益复杂，中国以往以'政'主'教'，或靠'政'定'教'的局面正受到挑战。"这好像又在给当局支招。对此，我想再讲两句。

"民主自由平等"是终结神权专制、争取和完善宪政制度的口号，反映在宗教问题上，一是确立政教分立的国家原则，二是确立宗教信仰自由的公民权利。实施的结果，除梵蒂冈以外，欧美诸国无不出现了"以'政'主'教'，或靠'政'定'教'的局面"。为什么事实与汉语神学的武断恰恰相反？因为这个运动对政教分离和宗教信仰自由作了它们自己的诠释。

宗教信仰自由的实质，是使宗教信仰"成为公民的私事"，这是宪政国家的通例；据此而不允许宗教干预国家事务，则是政教分离的实质。宗教信仰自由之作为公民的一项权利，国家必须保护；宗教作为社会的一种组织存在，必须服从国家管理。像汉语神学那样把政教分离诠释为分庭抗礼，互相制约，以至对抗，这是西方中世纪的社会制度。

▲：所谓推动汉语基督教神学运动要解决的第二个基本问题，说得也很晦涩，能否也作个解读？

●：解读出来，也就知道他们真正的意图了。比方它的第一句话"汉语的丰富思想资源与基督教这外来思想资源相遇后"——这是讲形势的：此话引人注意的是给基督教的定位为"外来的思想资源"，明显把当前的中国教会排除在外；在"外来"之前加上"这个"定语，除了特指这个运动带来的汉语神学之外，是否还指地下教会，发自境外的邪教，就不清楚了。那么之"后"如何？于是有了第二句话：看中华文化"将如何承载、转化和创造新的思想，从而丰富汉语自身的思想传承"。解决这个问题有个专门学问，叫"融贯神学"。这门神学分为两派：一派我称之为取代派，对中国文化从古至今一否到底，因为中国传统上没有上帝和原罪感，从根上就不可能接受基督教信仰，所以只能取而代之。另一派可以称作贴靠派，根据上帝全知全能的本事和基督教自称普世宗教的性质，中国岂能没有聆听福音的可能？如将 God 译作中国的天主、上帝，论证中国的性善说与基督教的原罪说可以协调互补等，然而这一切都是为了让中国文化去"承载、转化和创造"基督教神学的"新思想"。说这是用来"丰富"汉语自身的思想传承，是过分谦虚了。

▲："过分谦虚"是什么意思？

●：香港可能只是西方基督教登岸大陆的一个桥头堡，而西方殖民主义动用基督教作为文化侵略的急先锋，由来久矣。当基督教"骑着大炮"进入中国，从不断制造教案到八国联军血洗北京，美国就特别看好文化传教的优势，如经营出版和创办学校之类，着力于抓住中国人的"脊骨"和"脑袋"。到了 20 世纪初，发起了"基督教占领中国运动"，遂成了美国对华的长期战略，至今更上升为美国的一项国策——集中反映这一国策的是它的《1998 年国际宗教自由法案》以及历次颁布的《国际宗教自由报告》。香港推动的"汉语基督教神学运动"实是"基督教占领中国"的继续，只说"丰富"，是因为不那么坦诚。

▲：这仅是您个人的推论吧？

●：让我再举几个实例。就在香港推动这个运动略见成效之际，2003年一个名为"关于中国处境神学的中国—北欧会议"在芬兰举行，议题是如何在"中国处境"下开展"基督教神学建设运动"。这个"中国处境基督教神学建设运动"与"汉语基督教神学运动"有什么差别？唯一的差别是地点从中国香港移到了欧洲，一举而从偏隅主导的运动升格为"国际"主导的运动。再看看那阵势：出席的中方代表有北大、清华、（中国）人大、中央民大、复旦、中国社科院宗教所，大多数是有关学科系所的头面人物；西方出席的有芬兰赫尔辛基大学、芬兰、挪威、丹麦、瑞典、英国以及美国等多个神学院的清一色神学家，此外还有美国基督教机构、俄罗斯东正教机构，以及世界新义宗联会、新加坡三一神学院等机构人员出席。香港也有两所大学，大陆的驻港个别官员和中国基督教两会的牧师等也被邀参加，大约是一种点缀。像这样专门为中国高教和科研单位文化人举办的会议，集中讨论"基督教神学建设"在中国当前处境下如何发展问题出谋划策，是破纪录的事件，当然不是孤立的。他们挑选的代表，为什么会那么准确地切合会议的主题，那么安排次序发言？事实上，这类海外的国际会议还有不少，在国内举行的更多，人们都当作常态了。

美国福特当政期间，从越南撤军，这大约影响到美国对武器决定论的迷信。1977 年卡特上台，正式成立"美国维真大学"，有可能标志美国对宗教战略的进一步强化。这所大学自称为"基督教思想和行动的世界中心"；目标是为全球"培养事业有成，并具备基督教思想武装的领导俊才"，现拥有来自 57 个国家 4000 名本科生和研究生，万余毕业生分布在世界各地。"使命是将基督教教义与世界一流教育合在一起。"不论是否偶然，香港及欧洲在中国高校系统和社科单位推动的神学建设运动，都与这座大学的"使命"一致。但从公开的信息中，我们没有发现一例有中国人与这所大学有关联。然而在北美有所同名的神学院，却是除香港以外汉语基督教神学运动光顾最频繁的另一个基地，这就是"加拿大维真学院"，专门设有"中国研究部"，主要任务是招收和接纳中国大陆有不同背景的各类学者到那里参观访问或接受培训，凡参加北欧那次处境神学会议的名牌大学和研究所，没有派新进学人到此处开眼受训的大约很少。据说，现在国内已经与这个学院断绝了联系。

▲：这类情况我们确实不大了解。

●：细节我也不了解，我讲的都是触到眼皮上的事。再讲点触到眼皮上的事，那就是西方基督教为占领中国下的本钱。2007 年年初网上公布了一则消息，略谓："在过去 20 年，西方资本主义在中国取得很大进展，但西方社会的哲学基础却极少得到探讨。加尔文学院从约翰－邓普顿基金会得到一笔新资助，有望改变这一现状。"这笔资金是 200 万美元，实施的是个名为《科学、哲学和信仰：中国者计划》的项目，由"在加尔文的纳格尔世界基督教研究所负责具体运作"，计划三年内完成。目标是"用以训练学者，强化对中国大学生的教育，并维持和深化在中国的调研"——此处要给中国提供的"哲学基础"，就是基督教神学。为什么项目名称要由"科学"打头，很有点名堂，因为在他们看来，科学在中国人心目中的地位至高无上，目前"科教兴国"又深得民心，所以基督教神学向中国开拓第一个需要清除的障碍就是科学，而启用科学的名义也会大大减弱大众对传播神学的敏感性。至于实施的具体措施和步骤，计划是这样的："将邀请 24 位中国研究生和 9 名博士后在贝勒大学、圣母希望大学和加尔文学院访问学习"，"在中国召开一系列讲座和研讨会，由基督教哲学家协会选派 12 位学者轮流执教。于 2008 年夏季，在加尔文学院为 24 位选定的中国学者举办密集研讨会，与在此领域的一些西方顶级专家座谈"；"2009年夏，计划在北京大学召开一个重要学术会议，届时将有基督教哲学家协会成员到场，介绍和讨论新的工作"；会议论文将由北大出版社出版，并"将作为教科书广泛采用。"总之，让中国"知识分子认识到他们的国家迫切需要找到确定的方法，用以整合文化，为社会提供公共规范"。实施的细节我就不谈了。而像约翰－邓普顿基金会这样慷慨资助的机构，仅美国就有不少，而它们的目标，都是高校和科研单位的文化人。

▲：为什么毛泽东说不批判神学就写不好哲学史、文学史、世界史？

●：因为神学作为一种意识形态，最突出的功能是能够深入到文化的骨髓。我们且不谈哲学史上的具体问题，但就全国高校哲学系纷纷挂上"宗教学系"的牌子就令人感悟不浅。至于神学渗透到了哲学史、文学史和世界史，早已不是新闻了，新兴的社会学、法学，有些就在用神学诠释我们的社会和宪法。

▲：为什么说神学是一种意识形态？

●：这当然与神学承载的世界观和价值观有关。但即使如此，如果属于纯粹的私人信仰问题，我们也决不会如此关切；现在的问题是，神学宣传和神学构建从教会搬到国家教育系统和社科研究机构，就不得不加注意了。无神论学会和我们的杂志，近几年不断地呼吁落实"教育与宗教相分离"的国家立法，不能把宪法和法律当成纸上的摆设，即有鉴于此。但也不仅如此。

▲：请问，他们宣称自己鼓吹的神学是"为学术而学术"，您怎么看？

●：这纯粹是自欺欺人。他们自己就宣称"学术目标在于学术之外"。针对外来神学渗入中国的现实，汉语神学叫作"处境神学"，这种神学冠以文化的名义，又叫"文化神学"，为了便于在学术殿堂活动，也叫"学术神学"。"学术"是他们最常打的旗子，但目的绝非止于学术，尽管他们有人自称是"为学术而学术"，是"价值中立"。那么，神学之外的目标在哪里？比较精确的答案是"当今中国社会的公共处境和问题"。"社会的公共的处境"是什么？"问题"又是什么？是经济结构，政治制度，文化形态，人民群众？此中可解释的空间无限大，但就是不能限制在基督教范围。相反，"处境"恰是神学需要考察的对象；"问题"则是需要神学提出并给以答案的议题。所以强调："中国的基督教研究，包括汉语神学，理应针对这种处境提出基督教的解释和主张"。基督教的解释和主张是什么？他们每个人各有各的背景，也各有各的表演。我的一次发言，有幸被发表过四次——因为其中有段话被删而几年后又被补进去。这段话颇能说明一派人对基督教的"解释和主张"，所以不妨再复述一次："最近看到一位自称是中国人的先生向美国总统献策，其中有言：'里根总统因为埋葬了苏联东欧的共产制度而成为美国历史上最伟大的总统之一。帮助中国发生这样的变化，也许是上帝给总统先生的历史使命。'为什么要美国总统帮助中国完成这样的'历史使命'？这位先生说：因为这'既符合上帝的公义，也符合美国的国家安全'。"迄今我们还不知道汉语基督教神学运动中的人物是否有幸被美国总统接见，但在国内表达类似"主张"的汉语神学家却是人所共知的，而他们中另一些人物对当前中国处境的"解释"，或许就是这类"主张"提出的逻辑前提。

当然，我没有说这个运动中所有人都是反体制的，但说他们热衷于从政应该符合事实。他们普遍认为，中国合法教会只关注宗教信仰和教会自身的活动，所以讥讽教会神学是"自说自话"。"汉语神学"绝不会"自说自话"，而是要"带着异质性张力，在现实的语境中表达出自身价值的针对性意义"。例如，中国"现实的语境"有"以人为本"，基督教提倡"信神为本"；建立在神本基础上的价值观，对于人本的价值观就是"异质"的，也就具有了贬斥"人本"的"针对性意义"。明确些的说法是："神学必须对现代人的普遍处境作出诠释，而不能'将宗教语言减损为自我封闭的语言游戏'。"为了实现"处境神学"的这些任务，于是"催生出所谓的'公共神学'"："其话语模式可以被教会以外的人所理解、论说和尊重"——照直说，就是以神学形式进入社会公共领域宣教布道的方式。其中的重点是"让神学进入人文学领域"——"当代基督教思想只有走向'公共领域'进行人文关怀，才能具有意义的结果，也是人文学科解决当代遇到的重重困惑和难题的必然进路"。"神学如果不去关注、解决尘世的问题，也无法体现神爱世人的精神"——从这类表述看，汉语基督教运动也是一场社会政治运动，他们的骨干成员，也从学者面目变得越来越像是政治活动家。

▲：如此看来，毛泽东提出研究宗教，批判神学，在当前更加迫切了？

●：咱们社科院把无神论作为"濒危学科"抢救，我感到蕴意很深，因为科学与无神论是神学的天敌。马研院对无神论学科建设的扶植，虽是初步，却大有成效。在党的十八大精神指引下，一定会有更大的进展。

（原载《马克思主义研究》2013 年第 5 期）

"无神"是马克思主义一切理论的前提

田心铭

我们所要坚持和发展的无神论，是马克思主义无神论。马克思主义是无产阶级完备而严整的科学世界观。"马克思主义无神论"这个名称表明，它是这一世界观中的构成部分。在马克思主义的创立者马克思和恩格斯的著作中，"无神"思想是以什么形式表达出来的？它在马克思主义的科学思想体系中处于什么位置？这是坚持马克思主义无神论不能不回答的问题。笔者认为，"无神"是马克思主义一切理论的前提。

一 马克思和恩格斯是坚定的无神论者和唯物主义者

1871 年，恩格斯在一封信中说："要知道，马克思和我本来差不多就像巴枯宁一样早就是坚定的无神论者和唯物主义者。"[1] 这里把"无神论者"和"唯物主义者"并列，表明对马克思主义者来说，无神论和唯物主义是相互关联、不可分割的。这里宣示的"坚定的无神论者和唯物主义者"的立场，贯穿在马克思和恩格斯的全部著作之中。这既表现在他们创立了同有神论和唯心主义根本对立的辩证唯物主义和历史唯物主义哲学，又表现于他们对宗教神学和唯心主义的批判。我们可以通过研读他们的代表性著作来探讨这个问题。

1844 年，马克思和恩格斯在他们合著的第一本著作《神圣家族》中批判了青年黑格尔派和黑格尔的唯心主义，揭露了"思辨结构即黑格尔结

---

[1] 《马克思恩格斯文集》第 10 卷，人民出版社 2009 年版，第 362 页。

构的秘密"①。与此同时，他们赞扬"18世纪意义上的第一个哲学家"皮埃尔·培尔证明了"由清一色的无神论者所组成的社会是能够存在的，无神论者能够成为可敬的人"，"他宣告了不久将要开始存在的无神论社会的来临"。②

在写作于1845年至1846年的《德意志意识形态》中，马克思和恩格斯从直接生活的物质生产出发阐述现实的生产过程和整个历史过程，揭示了"不是意识决定生活，而是生活决定意识"③，创立了唯物主义历史观。他们批评德国唯心主义哲学"把宗教幻想推崇为历史的动力"，"用宗教的幻想生产代替生活资料和生活本身的现实生产"。④这部标志着唯物史观诞生的巨著表明，在马克思和恩格斯那里，唯物主义和无神论从一开始就是不可分离的。

恩格斯晚年曾指出，他在《反杜林论》和《路德维希·费尔巴哈和德国古典哲学的终结》"这两部书里对历史唯物主义作了就我所知是目前最为详尽的阐述"。⑤这两部系统论述历史唯物主义的代表作，也鲜明地表现出无神论的立场。在《反杜林论》中，恩格斯运用历史唯物主义阐明了"一切宗教都不过是支配着人们日常生活的外部力量在人们头脑中的幻想的反映"⑥，从对于宗教的这一基本观点出发，他预言"当谋事在人，成事也在人的时候"，现在还在宗教中反映出来的最后的异己力量将会消失，"因而宗教反映本身也就随着消失"。⑦宗教终将消失的论断无疑是无神论立场的明确宣示。在《路德维希·费尔巴哈和德国古典哲学的终结》中，恩格斯在阐述思维和存在的关系问题、提出划分唯物主义和唯心主义的标准时，把批判的矛头直指"中世纪的经院哲学"和"教会"关于"世界是神创造的"的观点，把黑格尔的唯心主义同基督教的"创世说"联系在一起，指出它们一起"组成唯心主义阵营"。⑧恩格斯对费尔巴哈的评论以双重的形式表达了鲜明的无神论立场。他热烈地赞扬费尔巴哈的《基督教

---

① 《马克思恩格斯文集》第1卷，人民出版社2009年版，第276页。
② 同上书，第330页。
③ 同上书，第525页。
④ 同上书，第546页。
⑤ 《马克思恩格斯文集》第10卷，人民出版社2009年版，第593页。
⑥ 《马克思恩格斯文集》第1卷，人民出版社2009年版，第546页。
⑦ 《马克思恩格斯文集》第9卷，人民出版社2009年版，第334页。
⑧ 《马克思恩格斯文集》第4卷，人民出版社2009年版，第278页。

的本质》揭示了"我们的宗教幻想所创造出来的那些最高存在物只是我们自己的本质的虚幻反映","它直截了当地使唯物主义重新登上王座",以至于"我们一时都成为费尔巴哈派"了①；与此同时，他又批评费尔巴哈把性爱和性关系"尊崇为'宗教'"，这就等于把现代化学当作真正的炼金术，"如果无神的宗教可以存在，那么没有哲人之石的炼金术也可以存在了。"②

恩格斯的《自然辩证法》是阐述自然界固有的辩证规律的重要著作。在这本著作中，恩格斯严厉地谴责宗教裁判所对自然科学家的迫害，赞扬哥白尼以自己不朽的著作"向自然事物方面的教会权威提出了挑战"，"从此自然研究便开始从神学中解放出来"，宣布了自然研究的独立。③ 他以辛辣的笔调描述了"上帝在信仰上帝的自然科学家那里的遭遇"。牛顿虽然把"第一推动"留给上帝，"但是不允许他对自己的太阳系进行别的任何干预"。赛奇"把上帝完全逐出了太阳系"。"在科学的推进下，一支又一支部队放下武器，一座又一座堡垒投降，直到最后，自然界无穷无尽的领域全都被科学征服，不再给造物主留下一点立足之地。"④ 即使在批评毕希纳等"庸俗的唯物主义通俗化者"时，恩格斯也对他们的无神论予以肯定。恩格斯说，如果他们不去大肆谩骂给德国带来荣誉的哲学家、不妄图用他们的理论改良社会主义，而只是去"教给德国庸人以无神论"，那也不失为"虽然狭隘但尚可称道的职业"。⑤

1875 年，马克思在《哥达纲领批判》中写下了一段文字："资产阶级的'信仰自由'不过是容忍各种各样的宗教信仰自由而已，工人党则力求把信仰从宗教的妖术下解放出来。"⑥ 马克思在这里是与德国工人党的领导人讨论党的纲领问题，所以他的批判表现出"无情的尖锐性"和"严厉性"⑦。"把信仰从宗教的妖术下解放出来"，以最尖锐的形式表明了马克思彻底无神论的立场。

---

① 《马克思恩格斯文集》第 4 卷，人民出版社 2009 年版，第 275 页。
② 同上书，第 288 页。
③ 《马克思恩格斯文集》第 9 卷，人民出版社 2009 年版，第 410 页。
④ 同上书，第 462 页。
⑤ 同上书，第 453 页。
⑥ 《马克思恩格斯文集》第 3 卷，人民出版社 2009 年版，第 448 页。
⑦ 同上书，第 423 页。

二 马克思和恩格斯致力于向前推进无神论

研读马克思和恩格斯的著作，不难体味到其中始终如一的"坚定的无神论者和唯物主义者"的立场，但同时我们也感受到，同关于宗教的本质、根源、社会作用等方面的论述相比，他们的著作中难觅关于"无神"的正面阐述和论证，也罕用"无神论"这个概念来宣示自己的观点。我们在 1842 年 11 月马克思致卢格的信中还看到，他反对"炫耀'无神论'招牌"。马克思写道："如果真要谈论哲学，那么最好少炫耀'无神论'招牌（这看起来就像有些小孩向一切愿意听他们讲话的人保证自己不怕鬼怪一样），而多向人民宣传哲学的内容。"① 笔者认为，这丝毫不意味着马克思和恩格斯不愿意公开或软化自己的无神论立场，而是体现了他们不愿意踏步不前地重复关于"无神"的阐述，着重致力于向前推进无神论。注意到这一点，对于我们深入理解和自觉坚持马克思主义无神论是十分必要的。

列宁在《唯物主义和经验批判主义》中曾经通过分析马克思、恩格斯的学说与费尔巴哈的关系指明了他们哲学思想的一个特点，即致力于向前推进唯物主义。列宁说："马克思和恩格斯的学说是从费尔巴哈那里产生出来的，是在与庸才们的斗争中发展起来的，自然他们所特别注意的是修盖好唯物主义哲学的上层，也就是说，他们所特别注意的不是唯物主义认识论，而是唯物主义历史观。因此，马克思和恩格斯在他们的著作中特别强调的是辩证唯物主义，而不是辩证唯物主义，特别坚持的是历史唯物主义，而不是历史唯物主义。"② 无神论与唯物主义本来就是不可分的，所以马克思、恩格斯与费尔巴哈之间的关系，在无神论和唯物主义这两方面的情形是完全一致的。列宁的论述对我们理解马克思和恩格斯的无神论具有重要方法论启示。笔者认为，马克思和恩格斯的无神论与费尔巴哈相比，同样也具有"特别注意""修盖好"其"上层"的特点。

马克思 1845 年春写下的《关于费尔巴哈的提纲》，是"包含着新世界

---

① 《马克思恩格斯文集》第 10 卷，人民出版社 2009 年版，第 4 页。
② 《列宁专题文集·论辩证唯物主义和历史唯物主义》，人民出版社 2009 年版，第 115—116 页。

观的天才萌芽的第一个文献"。① 它标志着马克思通过对费尔巴哈的批判超越了费尔巴哈，开始创立自己的新世界观。马克思的无神论超越费尔巴哈而向前推进的特点，在这个《提纲》中已经明显地表现出来。

《提纲》第四条中说："费尔巴哈是从宗教上的自我异化，从世界被二重化为宗教的、想象的世界和现实的世界这一事实出发的。他做的工作是把宗教世界归结于它的世俗基础。他没有注意到，在做完这一工作之后，主要的事情还没有做。"② 费尔巴哈揭示了，是人按照自己的形象创造了上帝，上帝的一切特性都是从人那里来的。所以他给自己的哲学提出的任务，"是将上帝现实化和人化"。③ 完成这样的任务，就是把上帝还原为人，证明事实上"无神"。而在马克思看来，做完这件事后，"主要的事情还没有做"。所以，马克思不是重复费尔巴哈"把宗教归结于它的世俗基础"来论证"无神"的工作，而是把费尔巴哈的终点当作自己的起点，超越它去做"主要的事情"。

第一，就对宗教本身的认识来说，马克思和恩格斯的宗教思想远远地超越了费尔巴哈。马克思在《提纲》第四条中说："世俗基础使自己从自身中分离出去，并在云霄中固定为一个独立王国，这一事实，只能用这个世俗基础的自我分裂和自我矛盾来说明。因此，对于这个世俗基础本身首先应当从它的矛盾中去理解，然后用消除矛盾的方法在实践中使之发生革命。"④ 既然宗教是从世俗世界即人类社会中产生的，那么就应该通过分析人类社会的矛盾去探寻宗教产生和存在的根源，宗教的本质和发展规律，以及使宗教随着社会的变革和发展归于消亡的现实途径。所以我们看到，在马克思和恩格斯的著作中，关于宗教的思想主要是由这些方面的论述构成的，而关于"无神"的论证则被当作早在费尔巴哈那里就已经基本完成了的任务不再作专门阐述。因此，马克思主义无神论并不等同于"无神"思想，它是包含但不限于"无神"思想的内容丰富、深刻得多的无神论。"无神"思想以不言而喻的形式"无声"地存在于马克思主义关于宗教的全部理论之中。

---

① 《马克思恩格斯文集》第4卷，人民出版社2009年版，第266页。
② 《马克思恩格斯文集》第1卷，人民出版社2009年版，第504页。
③ 费尔巴哈：《费尔巴哈哲学著作选集》上卷，生活·读书·新知三联书店1959年版，第122页。
④ 《马克思恩格斯文集》第1卷，人民出版社2009年版，第504页。

第二，马克思和恩格斯超越了对宗教的批判进入了更加广阔的思想理论领域。1859年，当马克思在《政治经济学批判》（第一分册）中首次发表自己新创立的政治经济学的成果时，他在序言中回顾了自己思想发展的历程，其中写道："为了解决使我苦恼的疑问，我写的第一部著作是对黑格尔法哲学的批判性的分析，这部著作的导言曾发表在1844年巴黎出版的《德法年鉴》上。"① 我们翻开这篇《〈黑格尔法哲学批判〉导言》，劈头第一句话是："就德国来说，对宗教的批判基本上已经结束；而对宗教的批判是其他一切批判的前提。"② 这就清楚地告诉我们，当马克思为探索新的世界观写自己的第一部著作时，他就认定"对宗教的批判基本上已经结束"，所以他从一开始就以此为前提，超越宗教批判而进入到对黑格尔法哲学即对国家与法的批判，"向德国制度开火！"③ 他写道："对天国的批判变成对尘世的批判，对宗教的批判变成对法的批判，对神学的批判变成对政治的批判。"④ 对黑格尔法哲学的批判使马克思认识到，国家与法根源于物质的生活关系，而对物质的生活关系的解剖应该到政治经济学中去寻求。从此，马克思开始了政治经济学的批判，并把政治经济学研究即《资本论》的写作当作自己毕生的主要工作。马克思在对政治经济学以及历史与现实社会的研究中发现了人类社会历史的规律，创立了唯物主义历史观。这是他一生的两个伟大发现之一。唯物主义历史观在《德意志意识形态》中成熟，在《共产党宣言》中昭告于世。马克思在《〈政治经济学批判〉序言》中对它的基本原理作出了精辟的经典性表述，他称之为"我所得到的，并且一经得到就用于指导我的研究工作的总的结果"。⑤ 唯物史观和剩余价值学说一起，使社会主义从空想变成了科学，实现了人类科学思想史上最伟大的变革。因此我们看到，马克思主义的哲学辩证唯物主义和历史唯物主义，马克思主义的政治经济学，科学社会主义，成为马克思主义的三个主要组成部分，与其他多方面的思想一起，构成了一个极其完备而严整的科学世界观。马克思主义的宗教理论是这个整体中不可缺少的一部分，但不是它的主要组成部分。我们以马克思主义科学世界观的整体

---

① 《马克思恩格斯文集》第2卷，人民出版社2009年版，第591页。
② 《马克思恩格斯文集》第1卷，人民出版社2009年版，第3页。
③ 同上书，第6页。
④ 同上书，第4页。
⑤ 《马克思恩格斯文集》第2卷，人民出版社2009年版，第591页。

为背景，超出宗教理论范围来看宗教理论和其中的"无神"思想，可以获得更加全面、深入的理解。

第三，马克思和恩格斯超越了思想批判领域，进入到社会实践领域。实践性是马克思主义最显著的特点之一。在《提纲》第十一条中，马克思说："哲学家们只是用不同的方式解释世界，而问题在于改变世界。"[①] 在《德意志意识形态》中，马克思和恩格斯指出，青年黑格尔派尽管满口讲的都是"震撼世界"的词句，但他们不过是为反对"词句"而斗争，并不是反对现实的现存世界，而"对实践的唯物主义者即共产主义者来说，全部问题都在于使现存世界革命化，实际地反对并改变现存的事物"。[②] 马克思和恩格斯不是书斋里的学者，他们集科学家、理论家和革命家于一身，毕生致力于无产阶级解放和人类解放的伟大事业，既创造了博大精深的科学理论，又创建了无产阶级的政党共产主义者同盟和国际工人协会，领导了无产阶级的革命斗争，把科学理论与工人运动的实践紧密结合起来。因此，马克思和恩格斯坚持无神论、反对有神论的斗争也同无产阶级的革命实践结合在一起。如前所述，马克思在《提纲》中已经提出，对于宗教的世俗基础，应该"用消除矛盾的方法，在实践中使之发生革命"。而恩格斯在《反杜林论》中论述宗教的"消失"时也强调，"为此首先需要有某种社会的行动。当这种行动完成的时候，当社会通过占有和有计划地使用全部生产资料而使自己和一切社会成员摆脱奴役状态的时候"[③]，宗教才会消失。

由此看来，同包括费尔巴哈在内的旧的无神论相比，马克思主义不仅在宗教理论方面超越了"无神"的论证而揭示了宗教的本质、根源、社会作用和宗教发展、消亡的规律，也不仅仅超越了宗教批判而进入到包括哲学和经济、政治、文化、社会的广阔的思想理论领域，更重要的是，超越了一切思想理论领域而进入现实的社会实践。这样，他们就把无神论同马克思主义完整的世界观联系在一起，把"坚持无神论、反对有神论"的斗争融入争取工人阶级解放和人类解放的宏伟事业之中，把科学理论同革命实践统一起来，推进到了一个全新的境界。

---

① 《马克思恩格斯文集》第 1 卷，人民出版社 2009 年版，第 506 页。
② 同上书，第 527 页。
③ 《马克思恩格斯文集》第 9 卷，人民出版社 2009 年版，第 334 页。

三 准确把握"无神"思想在马克思主义中的位置

探讨马克思和恩格斯如何向前推进了无神论，可以更清楚地认识"无神"思想在马克思主义中的位置。笔者认为，马克思在《〈黑格尔法哲学批判〉导言》开头写下的"对宗教的批判是其他一切批判的前提"这句话启示我们，"无神"思想在马克思主义中处于"前提"的位置：它是马克思主义一切理论的前提。

其一，从历史的视角看，马克思是在"对宗教的批判已经基本结束"的条件下开始创立自己的新世界观的。因此，对宗教有神论的批判不是马克思理论工作的主要着力点，在马克思的理论著述中不占有太重要的位置；但是作为宗教批判成果的"无神"思想为马克思所从事的"一切批判"，即全部理论创造提供了不可缺少的前提。没有这个前提，就不会开启其他方面的理论批判和理论创造，就没有马克思主义新世界观的创立。

其二，从逻辑的视角看，"无神"思想在马克思主义理论体系中处于逻辑前提的地位。一方面，它不构成马克思主义理论的主体，不是其中的主要组成部分。如果仅仅确立了"无神"的思想，那还远没有弄懂马克思主义。另一方面，"无神"思想又是马克思主义世界观中其他一切理论的逻辑前提。如果不排除神、造物主和一切超自然神秘力量对物质世界和人类社会的"干预"，就不可能按照世界的本来面目去认识世界。没有"无神"思想这个前提，就没有马克思主义。否定这个前提，就抽掉了整个理论大厦最底层的基石，将导致否定马克思主义的一切理论。如果轻视或忽视这个前提，就不能真正理解和自觉坚持马克思主义。

总之，"无神"思想在马克思主义的历史发展中处于起点的位置，在马克思主义的逻辑建构中处于底层的位置。它是位于马克思主义理论大厦底层的基石，是马克思主义其他一切理论的前提。

"无神"，即世界上根本不存在什么神、上帝、造物主以及任何超自然的神秘力量。确认这一事实，是一切无神论的共同特征。"无神"思想既是以往一切无神论所固有的，也是马克思主义所坚持的，因而既不是旧无神论所专有的，也不是马克思主义所特有的，这正如物质决定意识是一切唯物主义的共识，而不是旧唯物主义哲学或马克思主义哲学所特有的观点一样。不同的是，对于以往的理论来说，它可能处于光辉的顶点，而对于马克思主义来说，它处于理论建构的起点、理论体系的底层。我们看到，在哲学争论中，有些论者把坚持物质决定意识的观点贬斥为旧唯物主义的陈词滥调，主张抛弃物质本体论而代之以"实践本体论"，以为这样才超越了旧唯物主义。同样地，在宗教理论论争中，也有些论者或明或暗地把"无神"的思想贬斥为过时的观点，轻蔑地抛在一旁。事实上，马克思主义哲学辩证唯物主义和历史唯物主义是对一切旧唯物主义的超越，但它不是否定而正是彻底坚持了一切唯物主义的基本前提，如恩格斯所指出的那样，"第一次对唯物主义世界观采取了真正严肃的态度，把这个世界观彻底地（至少在主要方面）运用到所研究的一切知识领域里去了。"① 把物质本体论当作旧唯物主义，是把"唯物主义这种建立在对物质和精神关系的特定理解上的一般世界观"② 同这一世界观在旧时代的特定表现形式混为一谈，否定了马克思主义必须坚持一切唯物主义的基本前提。同样地，如果因为"无神"是旧无神论固有的思想而贬损或抛弃它，那就抛弃了包括马克思主义在内的一切无神论所共有的基本前提，这不是"超越"旧无神论向马克思主义宗教观前进，而是离开无神论向有神论倒退。

"无神"思想在马克思主义中的"前提"地位表明，从一定意义上说，它是马克思主义中最不重要的思想。因为马克思主义其他理论都超越它而大踏步地前进了，固守它是远远不够的。从另一意义上说，它又是马克思主义中最重要的思想，因为马克思主义其他理论都以它为前提，依存于它，所以忽视或否定它就有颠覆整个理论大厦的危险。我们由此可得出一个在宗教理论和无神论领域区分马克思主义与非马克思主义、假马克思主义的方法：坚持"无神"思想，未必是马克思主义；不坚持"无神"思想，肯定不是马克思主义；抛弃"无神"思想而又自称为马克思主义，必定是假马克思主义；只有坚持而又超越"无神"思想，用马克思主义科学世界观去揭示宗教的本质、根源、社会作用和发展、消亡的规律，才是马克思主义。

例如，有论者在论述"宗教的文化战略意义"时说，"没有信仰、宗教的文化乃是一种空洞、虚弱、失魂的文化"，这样的文化"没有可持续发展的动力及能力，使我们的社会缺少潜在的精神力量"。"信仰问题已经

① 《马克思恩格斯文集》第 4 卷，人民出版社 2009 年版，第 297 页。
② 同上书，第 281 页。

成了制约当前中国可持续发展的关键问题之一。"这里把"信仰"和"宗教"并列，视为同一个东西，说成是"可持续发展的动力"和社会发展不可或缺的"精神力量"。对"信仰"和"宗教"的这种看法，显然并不以"无神"思想为前提。我国公民都享有宪法赋予的宗教信仰自由，论者当然有权发表这类表达自己宗教信仰的观点，但如果用"当代马克思主义理论发展"将其包装起来，绝不是诚实的态度，如果以"贯彻党的十八大精神"的名义宣传这样的观点，那是对党的十八大精神的偏离和曲解。党中央一贯强调："我们中国共产党人是无神论者，不信仰任何宗教。"① 党的十八大报告指出："对马克思主义的信仰，对社会主义和共产主义的信念，是共产党人的政治灵魂，是共产党人经受任何考验的精神支柱。"② 那种把"信仰"与"宗教"等同起来当成社会发展动力的观点，显然与党中央申明的中国共产党人的"信仰"、"信念"、"政治灵魂"毫不相干，不应该用它冒充"当代马克思主义理论"和"党的十八大精神"。离开"无神"这个前提去谈"宗教的文化战略意义"，谈论传承中国宗教文化、满足人民宗教信仰需求、用宗教"重建精神家园"，就从根本上离开了马克思主义。

四　把坚持无神论、反对有神论放在应有的位置

"无神"思想在马克思主义中的位置，反映了无神论与有神论的对立和斗争在社会实际生活中的位置；反过来，它要求我们在运用马克思主义指导实践时，把坚持无神论、反对有神论的斗争摆在其应有的适当位置。既不能夸大它，也不能缩小和否定它。一方面，不能把无神论同有神论的对立和斗争提到首位，而应该使其服从于现实政治的、经济的目标和任务；另一方面，又必须始终坚持无神论的研究、宣传和思想教育，在世界观上同有神论和唯心主义划清界限。

马克思和恩格斯在第一国际中同巴枯宁主义、布朗基主义的斗争为我

---

① 胡锦涛：《在全国统战工作会议上的讲话（2006 年 7 月 10 日）》，《十六大以来重要文献选编（下）》，中央文献出版社 2008 年版，第 554 页。

② 胡锦涛：《坚定不移沿着中国特色社会主义道路前进，为全面建成小康社会而奋斗——在中国共产党第十八次全国代表大会上的报告（2012 年 11 月 18 日）》，人民出版社 2012 年版，第 50 页。

们提供了典范。他们创立国际工人协会的目的，是实现各国工人阶级的联合。马克思起草的《国际工人协会共同章程》在第一条中规定了成立协会的目的。恩格斯说："我们的力量就在于我们用以说明章程第一条的那种广泛性，这就是说，一切被接受加入协会的人都竭力谋求工人阶级的彻底解放。"① 为了在"谋求工人阶级的彻底解放"这一共同点上把各国工人团体联合起来，避免协会变成宗派而走向灭亡，马克思坚决反对巴枯宁拼凑起来的纲领"以无神论作为会员必须遵守的信条"②。恩格斯也指出，如果按照巴枯宁主义者的意见，把"无神论和唯物主义"当作"必须遵守的义务""列入我们的纲领，那就等于排斥我们广大的会员，那就等于分裂、而不是联合欧洲无产阶级"。③ 另一方面，正是在这同一篇书信中，恩格斯又毫不含糊地申明："马克思和我本来差不多就像巴枯宁一样早就是坚定的无神论者和唯物主义者，差不多我们所有的会员也都是这样的。"④ 恩格斯批评说，布朗基主义者"把无神论宣布为强制性的信条"，这是"在我们的时代唯一能替神帮点忙的事情"⑤，同时他又指出，"在欧洲各工人政党中无神论已经成为不言而喻的事"，德国绝大多数的社会民主党工人"已经不只是在理论上，而且在实践上根本不相信神了；他们干脆把神打倒"。⑥ 恩格斯反对杜林的斗争是又一个范例。他批评杜林"反对一切宗教"，"唆使他的未来的宪兵进攻宗教，从而帮助它殉道和延长生命期"⑦；与此同时，他又深刻地分析了宗教产生的根源以及宗教随着社会的变革和发展而消失的规律，他还指出："只有对自然力的真正认识，才把各种神或上帝相继从各个地方撵走"。⑧

列宁的理论和实践，体现了同马克思、恩格斯实质上完全一致地对待无神论和宗教的正确态度和科学精神。列宁坚决反对把同宗教的斗争当作工人政党的政治任务，"向宗教宣战"，反对把宗教上的分野而不是政治上的分野提到首位，反对把群众的注意力吸引到宗教方面，使他们不去关心

① 《马克思恩格斯文集》第 10 卷，人民出版社 2009 年版，第 362 页。
② 同上书，第 368 页。
③ 同上书，第 362 页。
④ 同上。
⑤ 《马克思恩格斯文集》第 3 卷，人民出版社 2009 年版，第 362 页。
⑥ 同上书，第 361 页。
⑦ 《马克思恩格斯文集》第 9 卷，人民出版社 2009 年版，第 334 页。
⑧ 同上书，第 356 页。

真正重要的和根本的经济问题和政治问题。他要求无神论的思想宣传服从实现经济、政治目标的斗争，并且明确提出"方针是不要突出同宗教斗争的问题"。① 列宁指出，资产阶级唯物主义者提出"打倒宗教，无神论万岁，传播无神论观点是我们的主要任务"，"这是一种肤浅的、资产阶级狭隘的文化主义观点"，它"不是用唯物主义的观点而是用唯心主义的观点来说明宗教的根源"。② 另一方面，列宁又强调，马克思主义完全继承了"绝对无神论的、坚决反对一切宗教的唯物主义的历史传统"，"我们应当同宗教作斗争。这是整个唯物主义的起码的原则，因而也是马克思主义的起码原则。"③ 他要求《在马克思主义旗帜下》"这个杂志应该是一个战斗的无神论的刊物"，"必须不倦地进行无神论的宣传和斗争"。共产党员"要善于唤起最落后的群众自觉地对待宗教问题，自觉地批判宗教"。④

既始终要求在思想宣传上坚持无神论、反对有神论，又明确反对把它当作政治任务提到首位，这种"工人政党对宗教的态度"，与马克思、恩格斯的思想是一致的。研读列宁的著作可以看到，他是在深入、系统地研究和阐述马克思和恩格斯著作的基础上提出自己的主张的。但是，有些论者把列宁和马克思、恩格斯的思想对立起来，分别称之为"温和的无神论"和"战斗的无神论"，反对列宁的"战斗的无神论"。这里不应该忽视的是，列宁倡导的"战斗"，是就马克思主义者主办的杂志和出版物的思想宣传而言的，严格限制在思想领域，而决不是要求在政治上同宗教"战斗"，他要求"用纯粹的思想武器，而且仅仅是思想武器，用我们的书刊、我们的言论来跟宗教迷雾进行斗争"。⑤ 这同他强调在政治上团结信教的和不信教的群众是统一而不可分的两个方面。近年来，党中央强调大力加强无神论的研究和宣传教育，指出这与贯彻党的宗教信仰自由政策并不矛盾，也正是体现了这样的精神。

同马克思、恩格斯相比，列宁更加强调坚持无神论、反对有神论的思想宣传，这是由具体的历史条件决定的。列宁曾经就此分析了西欧和俄国

① 《列宁全集》第41卷，人民出版社1986年版，第256页。
② 《列宁专题文集·论无产阶级政党》，人民出版社2009年版，第175页。
③ 同上书，第171、174页。
④ 《列宁专题文集·论辩证唯物主义和历史唯物主义》，人民出版社2009年版，第324—325页。
⑤ 同上书，第221页。

的不同历史条件。第一，反宗教的斗争是革命资产阶级的任务，西欧的资产阶级在他们的革命时代已经完成了这个任务，而这个任务在俄国完全落到了工人阶级的肩上。欧洲资产阶级反宗教的传统导致无政府主义者、布朗基主义者在反宗教斗争中的革命的空谈达到了登峰造极的地步，而俄国的情况与此不同。第二，在西欧，反宗教的斗争已经被资产阶级反社会主义的斗争排挤到次要的地位，所以资产阶级政府故意用反教权主义运动来转移群众对社会主义的注意力，而俄国无产阶级及其政党应当成为资产阶级民主革命包括反宗教斗争的领袖。此外，1905 年革命失败后，俄国社会上出现了攻击唯物主义和无神论、宣扬唯心主义和宗教的思潮，俄国社会民主工党内出现了主张把马克思主义与宗教调和起来的"造神说"。这也是列宁特别强调对宗教有神论的思想斗争的重要背景。列宁一贯主张对具体情况做具体分析，他认为这是马克思主义的活的灵魂。列宁和马克思、恩格斯在宗教和无神论论述中的不同，不是理论原则上的区别和对立，而是不同的历史条件下具体针对性和侧重点的不同，体现了从实际出发对同一思想理论体系的不同运用。这也正是今天我们学习和运用马克思主义无神论和宗教理论时应该坚持的科学方法。

（原载《科学与无神论》2013 年第 5 期）

让什么主宰中国命运：
是鬼神信仰还是科学理性

杜继文

一　问题的提出

在咱们中国，鬼神之说古已有之，而且资源丰厚；科学理性好像是近现代才流行开来的，但其作为包含"无鬼论"和"神灭论"在内的实事求是精神，也早已深蕴于我们民族文化的传统中。鸦片战争将西方的鬼神论和"洋烟"一起输入中国，使鬼神之说与科学理性的内涵有了现代性质，二者的对立有了全新的意义——伴同正确路线的确定，中国的前途、民族的复兴，是依靠鬼神信仰，还是依靠科学理性，就成了一个现实问题。

这个问题在知识界，较早是"五四运动"前后明确提出来的。"甲午战争"和"戊戌变法"相继失败以后，中国之命运问题进一步尖锐化了。辛亥革命给出了一个方向性回答，"五四运动"则开始上升为全国人民的自觉。就在这个运动的前夜，1918 年年初，上海成立了一个"灵学会"，出版《灵学丛志》，设"盛德坛"扶乩，请孟子为坛主，给鬼照相，领袖是筹建中华书局的俞复和陆费逵，给以思想支持的是《天演论》译者严复，都应该属于当时的"新派"。1920 年，北京成立另一个灵学组织"悟善社"，创《灵学要志》，建"广善坛"，以"孚佑帝君"为坛主，领袖是被视为白莲教残党的唐焕章，一个典型的封建余孽——其所以也用"灵学"的名称，是在追随上海的新潮，而这一新潮与会道门封建迷信的唯一差别，是多了一层"科学"的包装。"灵学会"的中心口号是"鬼神之说不张，国家之命遂促"；"悟善社"的中心口号是"借神道之糟粕，挽末流之颓靡"，"以神仙之妙用，补人事之不足"，两家的主张完全合拍。这股新旧势力联合兴起以"鬼神救国"为宗旨的灵学思潮，带动了全国会道门的大猖獗，是继清末后党引导神拳"扶清灭洋"之后，第一次由文化人打出鬼神旗帜，将国家命运系于鬼神信仰的社会活动。

"五四运动"本是一场爱国主义运动，同时启发了以"科学与民主"为主题的新文化运动。这一爱国与启蒙密切结合的特色，贯彻在我国此后的全部文化历史中，最后溶解在"民族的、科学的、大众的"文化主流里，成为我们今天文化大发展、大繁荣的基础。我们不能说，科学与民主的口号，只是针对灵学的，但灵学是当时新文化鞭挞最现实的靶子，绝对没有问题。《新青年》给我们留下了当时的记录，鲁迅为我们留下了犀利的杂文。不久，1920 年，《灵学丛志》停刊，灵学会寿终正寝。北京的《灵学要志》及其"悟善社"，则直到北伐的大扫荡才得以溃散。

到 1923—1924 年，文化界又爆发了"科学与玄学"的论战。这次论战的中心议题是围绕人生观问题开展的。如果人生观只限在个人范围，也许争论不会那么激烈和广泛，但作为一般原则，国人应该具有什么样的人生观，塑造何种国民性，与国家教育方针联系起来，同样会牵涉到国家命运，民族前途，所以参与讨论的文化人更多。其中，科学能否进入人生观领域，甚或树立科学的人生观，是问题的焦点，所以不可避免地又涉及鬼神信仰和科学理性的问题。

玄学派领袖张君劢，将科学定性为"客观的"，基于"论理"（逻辑），思维特点是"分析"的、受"因果律所支配"，从"自然界变化现象的统一性"掌管物质世界；人生观与之相反，它是"主观的"，"起于直觉"，思维是"综合的"，"自由意志的"，"起于人格之单一性"而掌管精神世界。关于此等分类是否妥当，此处不论。但就玄学派拒绝"人生观"接受科学和理性，而必须由"直觉"和"自由意志"掌控，就为鬼神信仰在人生观中开辟了莫大的空间。他反复引证西方某些学者的观点，强调科学是有限的，需要以"哲学、美术、宗教三者为辅佐"；"求真"之途，除理智之外，还有宗教。他特别把反进化论的神学当作权威，谓："科学家于神造之说则深恶而拒之，然其不能谓为既已解决则显然无疑。或者永非人力所能及亦未可知。"如此一来，鬼神不单是信仰的对象，而且鬼神信仰成了追求真理的途径；科学的有限性，必须由宗教的完善性补救。

所谓"直觉"，是来自柏格森哲学，专用于非理性的；所谓"自由意志"既有柏格森也有康德哲学，二者都是用来对抗科学规律，也都符合玄学的定义：

"玄学之名，本作为超物理界、超官觉解释"，"新玄学之特点，曰人生之自由自在，不受机械律之支配；曰自由意志说之阐发；曰人类行为可以参加宇宙实在"。

其中，"超物理界"就是超自然界，"超官觉"就是"超感觉"，总起来是堵塞认识通达客观世界的道路，断绝理智的思考，由此保障"意志"的"自由"驰骋，实现"人生在宇宙间独来独往的价值"。以此施之于教育，宗教须三分天下有其一。针对"科学在于求真"的论点，"依吾观之，最终之真者为何，终非人所能解决"。这样就为宗教进入国民教育体系找到了理由。

对玄学的批判，实是五四精神的继续和深入。首举批判大旗的是地质学家丁文江。陈独秀和胡适则是批判阵营中的理论代表，他们在捍卫科学理性的价值上一致，也都为《科学与人生观》一书作序。陈独秀的序说：

"我们还在宗教迷信时代；你看全国最大多数的人，还是迷信巫鬼符咒算命卜卦等超物质以上的神秘；此多数像张君劢这样相信玄学的人……像丁在君这样相信科学的人，其数目几乎不能列入统计。现在由迷信时代进步到科学时代，自然要经过玄学先生的狂吠。"

胡适接续陈独秀批评丁文江将宇宙的未知部分"存疑"而让给了玄学家解释，进一步发挥说：

"在19世纪的英国，在那宗教的权威不曾打破的时代，明明是无神论者也不得不挂一个'存疑'的招牌，但在今日的中国，在宗教信仰向来比较自由的中国，如果我们深信现有的科学证据只能叫我们否定上帝的存在和灵魂的不灭，那么，我们正不妨自居为'无神论者'。"

他欣赏吴稚晖对玄学鬼的抨击，尤其是这几句话：

"那种骇得煞人的显赫的名词，上帝啊，神啊，还是取消了好。""开除了上帝的名额，放逐了精神元素的灵魂。"

实际上，这已经是从科学对玄学的论战，变成科学理性对鬼神信仰的全盘厌弃了。问题似乎解决了。

然而超出历史和逻辑，问题远没有结束。公元进到1978年以后，我国社会的发展正在经历又一次伟大的飞跃，抛弃了"无限崇拜，无限信仰"，科学理性高扬。先是确立了"科学技术是第一生产力"的认识，继之是进入"科教兴国"战略实践，最近十年又制定了"以人为本"，"科学发展"的指导方针，推动着经济、民生、国防等一直走在高速行进的轨道上，展望未来，国强民安，前途似锦。就在这个过程中，前20年出现了用"科学革命"和"第二次文艺复兴运动"装饰起来的伪科学思潮，用反对西方科技和逻辑的名义，反对近现代科学，反对思维理性，同我们国家的走向背道而行，最后是随着邪教的取缔而失势。这段丑闻，大家相当熟悉。此处要谈的是新近十多年来的又一番现象。

从全国声讨邪教之初就有种舆论，认为"邪教"之兴在于"正教"不强，甚或认为，执政党从根本上就应该强化鬼神对人的控制，扶植宗教的扩展。2001年发表的《马克思主义宗教观必须与时俱进》是这类主张中最有代表性的观点，由于署名者用了"国务院经济体制改革办公室"的官衔，一时影响巨大。

此论有两个突出的论点：一是鬼神之说有特别的效用：

"人从动物演化而来，包含着野蛮、自私的本性，仅靠人性的自觉，不足以约束其行为。出于恐惧，人要借助神的威力来规范自身，这就是宗教道德功能存在的依据。"由此我们知道，宗教之所以具有道德功能，原来是为了对付那些"野蛮自私"非"人性"的人的。

二是科学理性有局限：

"宗教属于价值信仰，科学属于工具理性，二者的关系既有冲突，也可相互促进……爱因斯坦与牛顿都信教，他们早知道月球上没有上帝，之所以信教，是把宗教伦理作为自己的行为准则与探索动力。"

说爱因斯坦"信教"没有根据，但他不信上帝并且劝告宗教放弃上帝，却有他自己的言论为证。至于将科学定为"工具理性"，把宗教归为"价值"的载体，是拾人牙慧，也是玄学的继续，都算不上新颖。然而它从上述两个基本点中得出了一个上下五千年的中国似乎从未有过的结论，却起了大作用：

"一个民族的精神产生于文化，文化的灵魂体现于道德，道德的支撑在于信仰，而一个没有信仰的民族不可能自立于世界民族之林，中国更是如此。"

据此，"信仰"就成了民族的命根，民族得以发展的源泉和力量。我们正在从事中华民族的伟大复兴，驱逐科学，弘扬信仰，应该成为头等大事——尽管此处并没有指明这信仰是宗教，但全文的论题只有宗教，并不含糊。不久，网上又流行了一位将军的大作《宗教信仰与民族命运》，说得更坦率：

"民族性就是道德。宗教决定了文化，文化决定了民族的性格，民族的性格决定了民族的命运。"

此处是用"宗教"替换了"信仰"，话是说得更直白了，但又进了一步，是中国的宗教根本不行——中国有佛、道、儒三教，"历史证明，这三个教根本无法振兴中华"。为什么？因为：

"中国人心中没有永恒的神的位置，再说深一点，就是没有终极性的文化精神追求！这种人是不会把自己的关心范围扩大到家庭，甚至个人以外的。如果扩大出去，一定就是伤害别人。这样的民族怎么能不是一盘散沙？

千年来，东方和西方的竞争中，西方胜利了；东方宗教和西方宗教的竞争中，西方宗教胜利了。宗教的胜利是什么样的胜利？我认为是一种精神上的胜利。没有信仰，就没有精神上的力量。中国人所缺少的，正是西方人所拥有的。"

结论是如此斩钉截铁，给我们民族指定的出路只有一条，那就是接受西方的"永恒的神"，用基督教信仰改变我们的"民族性"。

此类高论，从"五四"前后迄于今天，每到一个历史转折阶段总会有一些人拿出来渲染一番，一群人实践一番，所以有必要作为一个问题提出来讨论讨论。

二　宗教学界当前的更新趋向

从我国社会前进的大局、执政党主导的发展方向、劳动人民关注和从事的各种事业来看，相比于科学理性牢不可破的主流地位而言，召唤鬼神信仰之声，微不足道。然而若聚焦在所谓"宗教学"及其影响范围上，情况就不同了，文化传教就是一个很大的问题。它冲破了宪法关于宗教信仰自由的规定，令《中华人民共和国教育法》宣布的"国家实行教育与宗教相分离"失去效用，堂皇地进入了高教系统和科研单位，并成为向社会公众领域传播鬼神信仰最具影响力的平台。这当然不是小事。最近，"文化传教"又一次变脸，一是直接走上社会，张扬"宗教"必须全面介入社会生活，作为政治力量发挥作用；一是改"宗教"为"信仰"，"为民族的复兴提供坚实的价值支撑"。前者有在天津某大饭店举办的"渤海视野"，发表"五十人高层论坛"的《倡议书》；后者有上海某刊物刊发向国家进言的《信仰中国》。二者南北呼应，都提到国家"战略"高度喊话，引起网络的相当关注，即使"脱敏"到了全麻程度，人们也不能不有所回应了。

据《倡议书》称，参加"渤海视野"研讨会的"高层"成员"不仅包括对宗教和文化发展素有研究与关切的著名学者、教界代表、商界成功人士，也包括部分社会贤达及文化精英"。这确实有摆脱高教和科研的体制限制，走上社会大舞台的气势，尽管看看名单似乎并没有那么多著名人士、贤达或精英，但他们要求"我们"从"宗教与文化战略视野"考虑的问题，确实有点"高端"：

"意欲统合古今中外之视野，以包容、开放的胸襟，为宗教与中国文化之战略发展把脉，为中华文化复兴中宗教之独特价值和使命张目。"

这独特的价值和使命是什么？倡议者如是说：

"使社会文化在精神动力和精神支撑上有更明智、更有利的选择和取向，努力把宗教从社会存在、文化意义、精神影响和政治归属上全面纳入我们社会的整体建构和一统体系，使宗教作为政治力量，成为我们国家自身政治力量的有机组成部分；宗教作为灵性信仰，成为我们重建精神家园的重要构成。"

如果说，宗教是一种"社会存在"，具有特定的"文化意义"和"精神影响"，在有些情况，有些教派，带有特定政治倾向，都不是问题，因为现实就是如此，"我们社会的整体"也不例外。但要把宗教的本质属性从鬼神信仰改变为"政治力量"，而且是"国家政治力量的有机组成"，那首先得改变我们的国家性质，或实行中世纪的政教对立之合一，或像美国一些政治人物宣称的那样，宗教立宪，宗教建国。这种"选择和趋向"是否"更明智、更有利"？且不说我们"国家"的态度如何，恐怕广大的教徒也不一定赞同：你不让他去享受宗教信仰自由的权利，硬要他撇开他的信仰或利用他的信仰去充当什么"政治力量"，他自愿么？教徒和非教徒，同属中华人民共和国公民，他的政治诉求就在于他的公民身份，为什么要把属于私人信仰的事当作公共的政治工具？这是要把宗教信众抬举成社会上的特殊群体，还是实行宗教歧视，认为他若参政只能启用教徒的身份？

至于让"宗教作为灵性信仰"来"重建"我们的"精神家园",为"社会文化"承担"精神动力和精神支撑"的功能,以迫使"放弃单一价值定位",用"开放'灵性'和优秀资源"以填充之,这类话题有机会可以专题讨论。此处得先弄清所谓"灵性信仰"是种什么信仰。将宗教信仰更换为"灵性信仰",这"灵性"是个什么东西?近来是"灵性教育"、"灵性生活"、"灵性世界",以至"灵气"、"灵修",触目多多,但却看不到一个认真而明确的界定——按"高层"的一贯说法,《圣经》是基督徒必读之书,是教徒"寻觅信仰的真谛,获取灵性生活的依据";像《基督教文化丛书》就是"再现其灵性、灵气和灵修对世界文化发展的启迪及感染"的论著。据此,"灵性"就是取自《圣经》,"灵性信仰"等于基督教信仰。

如此看来,《倡议书》对宗教信仰的召唤,仍然是"汉语基督教神学运动"的基调。从麦克斯-缪勒的比较宗教学立场,给中国的土教一个地位是合适的,也符合"宗教学"的立场、观点和方法。但表达的语气有了不同:明显地增强了一神教的"张力"和"排他力"。此前只劝说国人在宗教问题上"脱敏",现下却要"打破学术界之狭隘阈限","改变国人长期以来对于宗教之偏颇理解"的禁忌了——在国人正在讨论中国特色社会主义价值体系和落实科学发展观之际,得优先决定"宗教的合理定位与优先价值";在推动"放弃单一价值定位"中,第一个点名须要放弃的是对"科学技术精神的过度推崇"。在有关机构正在贯彻执行"教育与宗教相分离"的关键时刻,必须"开放探讨宗教信仰在中国社会的认知与认同,对宗教信仰知识的通识教育"。为什么突然如此霸气起来?

上海的《信仰中国》与渤海的《倡议书》是声气互通。但侧重于发掘鬼神信仰资源,解决如何使之能够成为政治力量的问题。其为国家设想之周到,尤为感人。总其中心主张,是运用"国家力",建构"信仰中国",以改变西方的"无神论中国"和"迫害宗教"的形象,化消极为积极,使"信仰中国"之友遍天下,无往而不利。它的《提要》说:

"中国国家力对'信仰中国'的积极叙述、塑造与展示,不仅将为民族复兴提供坚实的价值支撑,也将对中国国家主权和利益的维护与拓展产生积极意义。"

现就几个问题,看它的一些理论能否成立。

第一,对国内外宗教形势进行评估,是一切鬼神信仰提倡者的立论前提。就世界言，他们普遍断定全球正处在一个宗教复兴时期，《信仰中国》称之为"全球宗教复兴和世界性非世俗化趋势"，时间定在20世纪70年代，尤其是"9·11"事件以来，"使宗教从所谓'威斯特法利亚的放逐'回归国际关系的中心，并且成为国际舞台上冲突各方争抢的资源"——如果宗教确实成了国际冲突的"资源"，是广大宗教信徒的悲剧，不是宗教的常态，加以讴歌和利用，是火上浇油，很不道德，也缺乏责任心。

但据欧美另一些组织的统计，全欧以至加拿大、日本等发达国家，宗教势力如日薄西山，科学普及和世俗化进程在很大程度上已将鬼神驱除出日常生活，一些宗教节日正在习俗化。说它们的宗教在复兴，出现了"非世俗化趋势"，缺乏共识。很早就有人把苏东解体归功于宗教之力，因此还导致西方统治力量将宗教渗透当作颠覆"共产制度"的法宝；"9·11"以及"反恐战争"，激发了亚伯拉罕一神教世界以及与其他宗教民族和国家的多重冲突，宗教对抗波及全球，从而造成宗教"复兴"的假象，实际上并没有根本改变宗教版图及其消长的大趋势。由于宗教战争和宗教极端主义带来的人际仇恨和无尽灾难，反而推动了人们对宗教功能的反思，西方"世俗人文主义"的持续发展和"新无神论运动"的兴起，以及有关无神论和非宗教性影视和著作的大量面世，就是显著的信号。最新的统计显示，即使在美国，宗教信仰的人数也不是在增加，而是在减少（见2012年11月2日《中国社会科学报》）。

至于说"中国国内宗教信仰的复兴"，那得看在什么意义下讲。我国进入近代以来，宗教极少有如此高速的发展，而且没有出现强力的反对之声，尤其与新中国成立以来相比，这确实是一种"复兴"。但现下公布的教徒人口为1亿左右，只占总人口的1/13，称之为"信仰中国"有点儿名不副实。《信仰中国》宣称："各种权威数据均表明，中国不仅是传统而且是新兴'宗教大国'，主流宗教的增长、新兴宗教的崛起以及民间信仰的复兴相互交织。"糟糕的是，它宣称的"各种权威数据"一个也没有公布，更不知其"权威"在哪里。据此而定中国为"宗教大国"，显得轻率。事实是，迄今为止，全球还没有一个宗教统计的"权威"标准。假若从多神主义考察，我国信教的人口可能与日本相似，当会超过其全国人口的总数；但从一神教的标准看，说中国是无神论国家也很恰当。《信仰中国》指谓的"新兴宗教"是什么货色，也没有任何交代。最新有一个叫"宗教共同体"的，赫然出现在国家宗教局的网站上，提倡"诸神同一、诸教融合"，还特别声明它不是"新兴宗教之一"，但给人的直觉却是"此地无银三百两"。因为这类教派，世界上有，我国也不短缺，前述的"悟善社"别名就叫"世界六圣宗教大同会"。从这里看，确定何者为"新宗教"，也不那么简单。美国就把中国取缔的"邪教"当作新宗教豢养。如果连中国宗教的 ABC 都不了解，所谓统计只能姑妄听之。

在对待形势的判断上，尤其是引用数据，必须拿出根据来。否则信口开河，随愿估算，既自损学术的严肃，也令人怀疑那判断或是别有用心。

第二，"无神论"给中国国家安全和民族复兴造成"局限"。这个判断是构建"信仰中国"的主要理由：

"中国国内宗教信仰的复兴与国际上根深蒂固的'无神论中国'印象之间的认知差距，恰恰反衬出了中国宗教在海外投射力上的限度，以及中国在建构与展示较'无神论中国'更为真实的'信仰中国'以及宗教自由政策方面的能力不足。"

据我所知，美国给我国的称号之一是"共产主义无神论中国"，而"共产主义"在它的主导意识形态中是什么用意，大家都知道。至于其与中国人在"认知"上有如此巨大的"差距"，我以为"反衬"出来的不是我国"宗教信仰自由政策方面的能力不足"，而是包括无神论在内的我国话语权在"海外投射力的限度"。按作者的论证，我们已经是"宗教大国"，而美国则认定我们是"无神论国家"，那真正的原因何在，作为西方基督教神学的专家理应知道。从西方基督教看，中国只有偶像崇拜和迷信，连"神"都没有，哪来的"宗教"？说我们是"无神论"国家也是一种"僭越"。当前的一类专家官员要中国人自认"蛮夷"，以引进西方的"神文明"，根子也在这种"认知差距"上。因此，无论儒、释、道和民间的宗教资源如何深厚，信仰如何自由，对他们来讲，全是废话。他们推进的是基督教对中国的全盘占领，这是他们唯一的兴奋中心。这个大方向的最新制定也不下百年了，论者不能装作全然不知。

从字面看，"信仰中国"的本意是要替换"无神论中国"。为什么要如此改旗易帜？理由很多：

"部分国家尤其是海外华人"，"对中国的宗教生态与政教格局存在疑虑"，削弱了他们"对中国的好感度与向心力"。

"在中国和平发展的宏观背景下，与其他国家及其普通民众在宗教信仰上的隔阂，已然成为制约中国树立文化大国形象的现实瓶颈。"

"国际社会在对于中国是否和平崛起的解读中，宗教信仰状况正在成为一项重要的参数。"

据此而罢黜"无神论中国"应该是逻辑的必然。然而结论却是这样的：

"一百多年来，中国以'富强'（分别对应了经济与军事实力）为依归的国家发展目标，由于缺乏在文化和宗教信仰等精神层面的观照，无论就对内还是对外而言，都已呈现出其明显的局限性。"

原来罪在以"'富强'为依归的国家发展目标"，而不是"无神论"。为了换取海外华人对中国的好感度和向心力，解除国际社会对中国和平崛起的疑虑，树立文化大国的形象，必须打掉"富强"这个中国人的梦和国家的发展目标。驱逐无神论不过因为它是个软柿子。

第三，建构"信仰中国"的好处太多了，"至少从国家安全、经济发展、国际形象、国家统一等四个方面对中国国家主权和利益的维护和实现产生潜在的积极意义"。这里只讲中国的"国际形象"，尤其是在美国心目中的形象：

"自冷战结束以来，西方国家尤其是美国对中国宗教问题的'政治化'手法（如所谓'中国宗教自由问题'）以及政治（主权）问题的'宗教化'和'国际化'运作（如西藏问题），不仅形成对中国的国家主权与安全的挑战，也强化了国际社会对中国的'制度偏见'。面对此种局面，我们与其在宗教问题上不断面临外交的被动卷入，不如正视和顺应全球宗教复兴与国际关系'宗教回归'的大趋势，积极寻回我国外交中的宗教因素。如何把宗教从中国国际战略中的'负资产'转变为'软权力'，在国际宗教舞台上化被动为主动，已日益成为我国需面对的一项迫切的战略选择。"

作者被认为也是研究安全问题的专家，但出的这个主意很馊。明明知道给中国制造"宗教问题"或挑动我们国内的宗教事端，是出于外国的"政治化手法"：将事涉我国家主权的政治问题"宗教化"，将西藏等国内问题"国际化"，"尤其是美国"干的，那么，按一般逻辑，对这种"政治化"的"运作"，就应该据实揭露，依理驳斥，外交抗议，并采取实际措施，以应对其"对中国的国家主权和安全的挑战"，纠正其向国际社会散布"对中国的'制度偏见'"。然而令人意外的是，作者反转回头来要我们国家"正视和顺应全球宗教复兴与国际关系'宗教回归'的大趋势，积极寻回我国外交中的宗教因素"。而要寻回的这一因素看来就是"信仰中国"。——这真有点基督精神了：人家打我的左脸，干脆，我把右脸也让给你打。你不是说我"宗教自由"度不够吗，那我就建个"宗教国家"给你看。这是一种什么国民品格？不说了。

三　鬼神信仰为什么不能维系国运民魂

一方面是无中生有："信仰危机"、"信仰空白"；一方面证明信仰资源丰厚，力挺"信仰中国"。前后对照，为何变调？同时比较，对立明显。然而论者毫不避讳这类错乱，一心用在将信仰定为国运民魂所系的主题上。现在就让我们看看这一建构的愿景。

在我国大众的语境中，"信仰"一词的含义可以《辞海》的解释为代表："信仰"是"对某种宗教，或对某种主义极度信服和尊重，并以之为行动的准则"。

这一界说是陈述性的，词语本身并不含褒贬之义。美钞上印有"我们信仰上帝"，连钱都显得虔诚，令人钦佩；我们国人相信"钱能通神"、能使"鬼推磨"，所以信仰"财神"，司空见惯。此中"信仰"的内涵，就是"极度的信服和尊重"云云，中美没有高下区别。

在我们前边提到"五四"人物反对玄学鬼神论当中，都宣称"无神论"是他们的"信仰"。陈独秀说：

"什么神灵与上帝，我们已无疑可存了。说我们武断也好，说我们专制也好，若无证据给我们看，我们断然不能抛弃我们的信仰。"

他的无神论信仰是从"唯物的历史观"得出来的。胡适则随顺陈独秀的"无疑可存"，以"现有科学"为依据，自居"无神论者"。就此而言，"信仰"表示的是坚信不疑、不可动摇的态度。像这类话语，我们也经常在革命人物的传记里读到，如说"我们信仰共产主义"，表示立场坚定，大义凛然。

但是，在西方文化背景中，"信仰"不单是一种态度和立场，更多的是与理性对立的一种思维模式。

我们且看《不列颠百科全书》：

"信仰，在无充分的理智认识足以保证一个命题为真实的情况下，就对它予以接受或同意的一种心理定式（或态度）。相信某人或相信某件事，与信仰某一命题是真实的，这完全是两回事。"

《不列颠百科全书》又引洛克在《人类悟性论》中的话：

"信仰是一种关于同意和信念的永恒不变的确定原则，它不允许任何怀疑和犹豫。"

《西方哲学英汉对照词典》说，"信仰"一词源自拉丁文，指：

"自愿地把某些一直没有或不能得到理性或经验支持的观点作为真理，特别与对宗教信条的信奉有关。因此，信仰是相对哲学和科学知识而言的。从中世纪哲学以来，如何协调信仰和知识之间的张力，一直是主要的课题。对康德来说，信仰就是接受先验理念、上帝、自由和灵魂不朽。它们超越了经验的王国，不是理论知识的对象，但它们在道德事务中起着重要作用。"

《东西方哲学大辞典》：

"信仰（Faith）的一般含义指相信不能被证明的东西。古希腊哲学家认为，只有理性才能决定什么是可信的。与此相反，德尔图良提出，'正因为它荒谬，所以我才相信'，把理性与信仰对立起来。"

以上四个说法，只有一个说法中的一半与我们的习惯用法比较一致，那就是"不允许任何怀疑和犹豫"。其余说法都是把"信仰"作为与"理性或经验"等对立的概念使用。其所以如此，与西方长期处于基督教的文化专制相关，那就是把信仰的"不思考当成一种美德"。此处提到的德尔图良应该是这一美德的奠基人——他大约生活在2—3世纪，号称"拉丁教父"，他的神学与希腊哲学的"爱智"、"求真"精神极端相反，认为人的知识，不论是感性的还是理性的，都是"有限的"，因为《圣经》记载的神和神迹，只能靠信仰掌握。他在《论基督的肉身》一文中说：

"上帝之子死了，这是完全可信的，因为这是荒谬。他被埋葬又复活了，这一事实是确定的，因为它是不可能的。"

于是信仰就成了对"荒谬"的"确信"，对"不可能"的"确定"。引申出来，就是反理性，不思考。

在当前中国学界走红的"信仰"，就属西方这个门类。1992年出版的《人类信仰论》认为，"信仰是人类掌握世界的一种单独而永恒的方式"，当前有学者论证马克思也把宗教视作"人类掌握世界的一种方式"，那含义其实就蕴藏在德尔图良的神学里。不过一旦改作"掌握世界的方式"，就让信仰超越了宗教的范畴，而宗教问题泛化成了信仰问题，有助于改变中国人对宗教"狭隘偏颇"的认识。作者断定"信仰是比宗教更为根本的东西",这个"根本"就在于把宗教的外在形式转化为神学的内在内容,方便其作为一种"世界观和价值观、人生观"混入文化教育和社会文化领域。

2006年又有《信仰的智慧——信仰和科学信仰研究》出版,更着力将"信仰"推进国家的意识形态和政治教育领域,其对信仰的释义,也大量采用了基督教背景的材料。例如《圣经》说,信仰是:

"对看不见然而却渴望求得到的东西的信念。"

"保罗主张信仰是上帝的礼物,这种观念在奥古斯丁和阿奎那那里得到很大的发展。"

作者将此类解说的"信仰",界定为"统摄整个价值观念的核心问题,因而也是世界观和价值观、人生观的集中体现"。由此也使我们见识了它"集中体现"的特点:是基于"一种本能、一种情感冲动、不含有知识和理性成分,非逻辑、非理性的情感方式、思维方式",而"信仰的客体一定得具备'超验性'、理想性和终极性"。"由此导向的生活方式和思维方式,崇尚神圣,获得自我的提升和人格的完善,一种对世界爱的方式,使人们的生活转向了崇高的精神目标。"

显然,这是把基督教信仰注入了世界观和价值观以及用以支配思维方式和生活方式了。现在的问题是,既然信仰是如此非理性、反知识,为什么还能保障国家安全、民族复兴、经济繁荣、人格提升?最近某个"智库"的《高层内参》中有篇大文,给出了答案。此文说,"中国社会文化的重要任务是召回被逐的精神",因为"精神是文化的灵魂,一个社会如果没精神,必然走向崩溃",而"宗教在人类历史中,始终是价值和精神的集中载体"。此话我们可能很熟悉了,现在即以发财致富为例感受一下:

武汉有条汉正街,一批"聪明"人在改革开放之初"创造了大量财富",但"他们后来都完了"——"原因是什么?很简单,他们的发财致富没有一个神圣的观点","加尔文教的重要性就在这里",它所显示的"精神,就是受一种观念的影响:要工作,要刻苦勤奋,同时目的不是在活动本身,有一个神圣的目标,你本来是向天国,但是没想到导致世俗世界的发展",譬如说,"人是猿变过来的,那最早变成人的,肯定是喜欢异想天开,眼睛老盯着天空的猿;而老是盯着脚底那片土地的猿还是猿。如果你总盯着天上,无意中就导致了人间的繁荣"。

加尔文教是基督教新教的一个派别；美国加尔文学院还是使用邓普顿基金会的美金扶持在中国"文化传教"的一个据点。它这派的信仰就有让你发财和变人的魅力。

"中国人通常富不过三代，而犹太人富甲天下至少有 2000 年。宗教因素无疑起着决定性作用"；因为"在犹太人看来，积聚财富是为了彰显神的荣耀，所以只信奉一部《圣经》，传世已有 2000 年"。

不止如此，信仰还能令人成才：

"一个人如果彻底相信有一种超自然的力量主宰着生活的一切，他（她）将有可能释放出巨大的潜能。"为什么？因为"当人相信宗教的时候，生活的一切将变得简单和明确。因为生活中存在着一种'绝对真理'，你不需要去思考，也不必去判断，信得越虔诚，你的苦恼就越少。"

这个"智库"提供的此类内参，并未署名，但考其来源，当是出自名牌大学的教授专家，还有什么"中国体改会"的特约研究员。所以可以再引一点，以见共鸣者之多：

"信仰宗教的民族与中国人思维上最大的差距在于，他们从根本上说不是在'审时度势'，他们完全不必在战略决策上浪费时间，《圣经》上已经把事情交代好了，剩下的事只有执行！"

"当人完全依靠自己的理性分析、判断和抉择时，他（她）必将承受极大的心理压力，在反反复复的情绪纠缠中，将自己搞得筋疲力尽。"

质言之，不思考、不判断，是信仰的要求。信仰是相信《圣经》提供的世界，并规定了掌握世界的方式。此亦谓之灵性。由此可知，鬼神信仰的必然导向是愚昧。用信仰"教授"我们的大学生，按此方式"改革"我们国家"体制"，甚或将导者定为构建马克思主义关于宗教"理论体系和指导思想"的"首席专家"，封之为"权威学者"，我们的国运民魂如何，也就不言而喻了。

鬼神信仰在变中国为愚昧，科学理性才是文明大道。

从历史上说，西方的文艺复兴，中国的鸦片战争，开启了科学理性的现代文明之路。在今天的中国，对于民族复兴的道路之选择，以人为本、科学发展的方针，以及科教兴国的战略决策，就是科学理性的时代体现，我们因此已经取得全球瞩目的伟大胜利，它们也正在指引我们民族走向灿烂的未来。

我们所谓的"科学"包含"技术"；从"科学技术是第一生产力"来

讲，没有科技的独立发展和创新，就不可能有完全意义上的民族独立，我们向往的中华民族的伟大复兴，更难以实现。西方想方设法向我们输出的是宗教，所以有《国际宗教自由法案》之向我们立法，有《国际宗教自由报告》对我们的压迫，有金钱的收买，有对"藏独"、"疆独"、邪教的扶植和基督教的渗透。但与此并行的，是竭尽其力地对我国实行高科技封锁，动辄以间谍罪惩处科学技术的自由交流，垄断人类的文明成果。两相比较，意图非常明显。回头来看，连我们一些党员学者和党政干部也加入对鬼神信仰的推崇行列，同样地伴以轻蔑科学、反对科学、加罪科学，这算是什么现象？是同气相应，内外呼应吗？

我们这里所谓的"理性"就是"思考"。从一定意义上说，知识即源于思考，而"知识就是力量"。我们的教育，主要任务就是传授知识，学习思考。思考是创新的前提，也是做人报国，利益人民和奉献国家的前提。让鬼神信仰侵占教育体系和科研结构，令我们的未来一代缺失知识，不会思考，那叫愚民。教育者应该首先受教育，教人愚昧的教育者首先应该接受启蒙教育，从"鬼神"、"灵性"中醒悟过来。

（原载《科学与无神论》2013 年第 1 期）

无神论是"脱愚工程"的重要思想基础

李　申

一

我们这次会议的主题，是讨论教育与宗教相分离。教育为什么要与宗教分离？这要从教育的目的谈起。

教育，是人类传递知识的渠道。教育的产生，可以追溯到高级动物。低等动物只能把获得的知识转化为本能，通过繁殖代代相传。高级动物在生活实践中获得的知识，就需要通过教育来传递。没有教育，它们就会失去觅食、生存的本领。这种教育只能通过亲身传授，效率很低，所以绝大多数动物虽然比人类产生得早，在地球上生活的时间比人类要长，但是它们的智力一直停留在比较低的水平。

人类的教育起初也是亲身传授的形式，在产生之后最初的几十年甚至上百万年时间里，发展很慢。人类智力的加速度发展，从创造文字开始。这样，人类可以把在实践中获得的知识积累起来，代代相传。后来者就不必把所有的知识都亲自从头再来一遍，而是从前人已经达到的高度开始，去获得新的知识。于是人类所能掌握的知识也就越来越多，直到今天所谓"知识爆炸"，一个人至少要用 10 年时间，去掌握最基本的必须掌握的知识。如果要掌握更多，就需要花费更多的时间。和人类以外的高级动物相比，人类花在教育上的成本是最大的，当然收益也是最高的。

通过教育获得知识，其过程的性质，如果概括为一句话，那就是"脱出愚昧"。脱出愚昧，人就变得聪明。正是在这个意义上，才有"没有文化的军队是愚蠢的军队"，"落后就要挨打"等格言的出现。没有文化，指的就是缺少知识；所谓"落后"，也就是文化落后，知识不如人。所谓

"科技是生产力"，也就是知识是生产力。古希腊著名哲学家亚里士多德说过，人们探讨哲理，目的就是"脱出愚昧"。我们还可以扩大到所有的知识，而不仅是哲理。也就是说，人们求知就是为了"脱出愚昧"。

随着人类社会的进步，体力在人类竞争中所发挥的作用越来越小，几乎可到忽略不计的程度。人类的智力在竞争中的作用日益凸显。如果说在古代确有"逐于智谋"的时代，也仅仅是政治军事方面的谋略，最后也要靠所谓"气力"即国力的强弱来决定胜负。现在智力的竞争不是仅仅发生在政治军事领域，而是贯穿、渗透在各个领域。我国近年来的发展，国力的强盛，其根本原因，就是改革开放政策最大限度地调动了人们创造财富的积极性，最大限度地发挥了知识的作用。

二

随着社会的发展，知识量的增大，一个人想要掌握人类创造的全部知识，至少是大部分知识的时代，已经一去不复返了。如果说在古代，就存在"圣人有所不知"的情况，那么，在今天，所有的"圣人"，也就是所谓权威、大师、泰斗等，都只能是某一方面的专家。在他的专业领域之内，他是专家，是聪明人，是智者。在他的专业之外，他就是知识的缺乏者，是个"愚人"，甚至还不如一个普通人。这种情况，在古代也是存在的。古代的书生往往被嘲笑为"书呆子"，也就是指在他的专业之外知识缺乏，甚至不如常人的情况。

一般说来，这样的情况是社会发展的必然，无论对于个人还是对于社会，也都没有什么害处，反而有益。但是，当事者如果不懂得这一点，就有可能做出傻事、蠢事，危害社会，也危害自己。

在这一方面，最深刻的教训，就是发生在数十年前的所谓"特异功能热"。什么叫"特异功能"？用某个特异功能支持者，也是我国最著名的科学家的解释，就是"超出我们日常认可的人体功能"。所谓"超出我们日常认可的人体功能"，说穿了，就是超自然力。比如我们日常认可，竞技运动员可以跳高二三米，举重数百斤，这都是日常认可的。如果说一个筋斗能翻过十万八千里，念一念咒语就能移动一座山，这就是超自然力，也就是特异功能。所以当时杜继文先生就指出："所谓'特异功能'，就是赤裸裸的宗教神迹；……佛教僧史中这类史料，多得不可胜数。"可是就是这种神迹，竟然被许多著名的科学家当成最新的科学：人体科学。这是什么现象？只能有一个回答：愚昧现象。

值得关注的是，这样的现象，在当时的中国，不是个别的。相信或者支持，甚至鼓吹特异功能的著名科学家，在当时的中国形成了一个相当庞大的群体。而在世界上，也不是孤立的。大家熟知的恩格斯的《神灵世界中的自然科学》中提到的华莱士、克鲁克斯等，是我们知道的在近代社会中把神迹当成科学的最早的、也是最著名的例子。历史的经验，现实的教训，都向我们说明，那些被认为最聪明、最智慧、知识最多的人，在他的专业领域之外，也可能，甚至说，必然也是，愚昧的人。因此，脱出愚昧的工作，不仅是对于文化水平低，也就是受教育程度不高的人说的，那些受教育程度很高的人，同样有需要脱出愚昧的问题。

正是鉴于这种情况，任继愈先生在1999年指出，不仅要脱贫，而且要脱愚。

当新中国刚刚成立的时候，毛泽东主席就指出，旧中国留给我们的，是一个烂摊子，其特点是"一穷二白"。如果说"脱贫"是消除贫穷的措施，那么"脱愚"就是消除文化落后、知识落后的措施。

一位著名的学者说过，人类的知识，就像一个球，它的体积越大，接触未知的领域也就越大。未知的领域，也就是人类存在愚昧的领域。今天的人类比起古代的人类，知识不知增加了多少倍。然而今天人类求知的欲望和求知的行为，丝毫也没有停止的迹象，反倒是越来越加快了求知的脚步。从今天看以后，人类求知的行为，一天也不会停止。也就是说，人类寻求摆脱愚昧的过程，也就永远没有穷尽。谁能在求知脱愚的进程中走在前面，占领制高点，谁就能走在世界的前列，领导世界的潮流，为人类作出较大的贡献。

因此，任继愈先生提出的"不仅要脱贫，而且要脱愚"的口号，不仅是我们国家目前面临的严重任务，也是我们国家长远的战略目标。

三

人类求知的过程不是平坦的。人类在求知过程中获得了极为丰富的知识，所以这个来到地球上几乎最晚的动物，如今却成了地球的主宰。同时，人类在求知的过程中，也犯下了各种各样的错误。

人类在认识道路上所犯的最重大的错误，就是认为自然界的许多现象，都是某种动物弄出来的，因而把它们当成神。后来又进一步扩大到自身，认为人类的吉凶祸福，社会的治乱，也都是由神祇主宰。这个认识错误由于得到了占据统治地位的社会力量的系统的、有组织的支持，因而得到不断的巩固和加强，特别难以纠正。如果说人类在其他领域的认识错误，通过认识的发展可以得到纠正，那么，认为是神祇主宰世界的错误，单凭认识的发展，就不足以消除。因为在神祇观念背后，是阶级和社会团体的利益。

然而神祇是不存在的。一部神祇观念的发展史，既是神祇观念的更新史，也是对旧的、传统神祇观念的否定史。从古印度、古希腊的文献，以及从中国记载古代传说的《山海经》等文献看，人类最早信奉的第一批神祇就是动物。迄今为止，这样的神祇形象还在各国民间流传，而有的国家仍然把某些动物，比如猴子，当作神祇尊敬。我们把这样的神叫作"动物神"。动物神之后，是变形的动物神。特别是将动物的器官和人的器官拼合起来的神祇，我们把这样的神祇称为"魔神"。魔神，也是各国、各民族早期神话中最重要的角色之一。

继魔神之后出现的，是人神。人间的英雄，包括古埃及的法老，古希腊、古罗马的国王，中国的皇帝，甚至古希腊某些哲学家，也都曾经被尊或者自称为神。古希腊神话奥林匹斯山上的神祇，中国古代神话中撞倒不周山的共工，补天的女娲，就是这一类人神。在人们的观念中，他们并不是纯粹的精神性存在，而是有血有肉的存在。奥林匹斯山上的神祇们，也结婚生子，也会受伤。用现代的话说，就是个超人。

当人神出现以后，动物神，包括魔神，也就逐渐退出历史舞台，并且不再被称为"神"，而被称为"魔鬼"或者"妖魔"。它们是神的世界中战败的、被历史淘汰的对象，就像人间战败的强盗和被历史淘汰的人物一样。人神的出现，否定了动物神和魔神。所以在稍后一个时期就有中国的孔子不语"怪力乱神"，古希腊的苏格拉底不谈论蛇发女妖之类的事。在这样的时代，动物神、魔神，已经成为被否定的对象。

从否定传统神祇一面说，这样的思想是无神论的。然而他们在否定旧的神祇的同时，却创造了新的神祇。苏格拉底说，他不信当时国家的神，他相信的是自己的神。孔子不语"怪力乱神"，但是他相信天和天命，相信泰山神山川之神，推崇尧的"则天"行为，赞赏大禹"菲饮食而致孝于鬼神"。从他们相信新的神祇的角度看，他们又是新神的拥护者甚至创造者，是新的有神论者。

神祇观念的发展，到世界宗教产生的时期达到新的阶段。以基督教为代表，把神祇定义为纯粹精神的存在。同时，它们激烈地批判、否定旧的神祇。那些传统的神祇，都被它们视为偶像崇拜，只要有条件，基督教还有伊斯兰教，都要消灭被他们认为是偶像崇拜的神祇。这也是古希腊、古罗马在今天看来许多是优秀艺术品的作品被消灭的基本原因。由于对传统神祇的否定，基督教曾经被称为"无神论者"。历史上，"无神论"的称号，可能最早就是古罗马人送给基督教的。基督教著名的护教士游斯丁连续发表文章，激烈反驳对基督教的"污蔑"。和苏格拉底一样，游斯丁宣布基督教不是无神论者。他们只是不信罗马国家的神，他们有自己的神。

基督教和伊斯兰教，在否定传统神祇方面是最彻底的，这也是他们的教义。基督教到中国，不仅否定佛教的神，也否定儒教的神。利玛窦儒服传教，把天主教的"陡斯"，也就是英文的"God"译为"上帝"，不过是策略而已。这样的策略，直到今天，也没有得到罗马教廷的承认。从否定传统神祇这一方面说，基督教、伊斯兰教，都是无神论者。然而，他们谁也不会承认自己是无神论者，他们实际上也不是无神论者。他们有自己的神。

从基督教和伊斯兰教的立场来看，传统的神祇，都是不存在的，只有他们相信的神，才是存在的。现在的问题是，伊斯兰教，特别是基督教，他们相信的神，是不是存在。

这个问题至少在基督教世界曾经引起过重大的争论，以致基督教历史上不断出现著名的证明上帝存在的哲学论题，著名的神学家、哲学家，安瑟伦、托马斯·阿奎那，还有笛卡儿等，他们关于上帝存在的哲学论证，永远都是哲学史的重要事件，是人类精神劳作的重要成果。然而在基督教世界，从17世纪到18世纪，从英国的哲学家霍布斯，到18世纪法国的百科全书派，都彻底否定了基督教上帝的存在。这些论证不仅本身就是不自洽的，而且难以阻拦日益发展的、人类对于世界的正确认识。基督教的上帝也被否定了。

如果说霍布斯和狄德罗等都是唯物主义者，是反基督教的人士，那么基督教自己又如何呢？不久前中国大陆和台湾流行一时的基督教新教哲学家蒂利希的《系统神学》指出，关于上帝存在的论证本身就是荒谬的，因为论证的前提，就是不相信上帝是存在的。所以他否认此前关于上帝存在的一切论证。他的结论是，不能说上帝存在，也不能说上帝不存在。上帝是存在本身，是存在的基础。那么，存在本身是什么？存在的基础又是什么？就连在基督教新教哲学家内部，这也都是难以理解的断语，我们更可以置之不理。不过我们从中看到的是，在蒂利希看来，我们一贯讨论的、基督教纯粹精神的上帝是不存在的。至少可以说它是不存在的。

因此，到今天为止，我们可以说，神祇不存在，不是现代无神论者武断的结论，而是神祇观念发展的历史所表明的事实。或者说，一部神祇观念发展的历史，就是不断否定神祇存在的历史。尽管现代的基督教世界或者其他宗教，自身都不会否认自己所信仰的神，但是基督教既然带了头，把他们的上帝仅仅说成是个没有任何内容的"存在本身"，那么按照黑格尔的《逻辑学》，没有任何规定性的"有"，其实就是个"无"。

神祇观念发展的历史，也是人类思想史的重要组成部分，同样也是人类不断脱出愚昧的历史。从把动物当成神，到认为神不过是空洞的、毫无内容的所谓"存在本身"，就是人类精神由低级向高级，逐渐变得聪明和明智的历史。只是囿于各方面的利益关系，才使那些明知神祇为无，却又要千方百计地维护它的存在的神学家，用各种各样似是而非的语言，来维护这个可以说是不存在的"存在"。不过到了这个地步，离全人类彻底否定神祇的存在，摆脱束缚人类精神数百万年的愚昧基础，已经不太远了。

四

神是不存在的，然而人们却给予了这个并不存在的对象无限的崇拜，寄托了无限的希望，甚至甘心情愿地把自己最美好的东西，从食物，到自己的青春或者一生，献给它，以祈求某种成功，甚至永生永福。

如果一个人用泥巴捏一个鸭子或者什么动物，把它当成神来崇拜，请求它赐给自己财富和平安，保佑自己健康和婚姻美满，在古代，可能会是一件神圣的事；在今天，几乎无人不认为那个人是精神出了问题。然而，当人们不断地变换花样，赞美那些比木雕泥塑精致的神祇的时候，却往往会引起不少人的同情和赞美，甚至会加入到信仰者的队伍中去。对于这种现象，我们应该怎么评价它呢？只能说，这是一种愚昧。

或者说，信仰神祇，并不仅仅是祈求幸福，而是寄托自己的心灵。那么，在现实中，寄托一件物品，或者寄托一件心愿，被寄托者总要是一个存在的对象。由于人们认识不清，可能会所托非人。所谓"非人"，就是说，该人并不能完成或者实现你的寄托，但是这个被寄托者本身，还是存在的。然而，假如被寄托者压根就是不存在的东西，那又会怎么样呢？如果一个人把自己的行李扔在一座空屋子里，认为一定不会丢，这个人也会被认为是精神出了问题。然而，一个人把自己的心灵，这种最宝贵、最美好的东西，扔给一个并不存在的对象，我们又该如何评价他的行为呢？只能说，这是一种愚昧。

谈到这里肯定有人会说，不对，怎么能说信仰神祇就是愚昧呢！因为他见到许多信仰神祇的人，都非常聪明。有的还是科学家，甚至是伟大的科学家，难道能说他们愚昧吗？

是的，许多信仰神祇的人，从一般的社会标准看，他们并不愚昧，甚至可说是非常聪明的人。那么，为什么说信仰神祇是愚昧呢？

要注意，我们这里说的是"信仰神祇"是愚昧的，不是说"信仰神祇的人"是愚昧的。任何一个正常的人，都有自己的聪明之处和愚昧之处，就像世界上光明总是和黑暗或者阴影同时存在一样。前面说了，专家、科学家，在他们的专业领域之内，都是聪明者，而且是极端的聪明者。但在他们的专业领域之外，就不一定了。前些年陈景润的故事可以说是家喻户晓。在数学领域，他是伟大的数学家，是绝顶的聪明者。但在日常领域，却常常显得很愚。作家徐迟的报道说，陈景润一次去买东西，回家后发现营业员少找了5分钱，于是他花了1角钱坐公共汽车回去讨要。据说陈景润否认有这样的事。但不论这件事有没有，陈景润在日常生活中常常显得很愚，则是事实。我们的科学家，在他的领域里，他是聪明者，是王者。但是如果他信仰神祇，那么，在这个问题上，他就是愚昧者。他的信仰神祇的行为，就是愚昧的行为。就像我们当年许多科学家，甚至是顶尖级的科学家都相信特异功能一样。在这些问题上，你能说他们不是愚昧吗？

五

不仅信仰神祇是愚昧，那些所谓神祇的教导，也是要人们愚昧，而不是要人们聪明的。

人类的教育，虽然本质上就是要让人有知识，从而变得聪明。但是自古以来，关于是要人们愚昧还是要人们聪明的问题，在思想家们中间，发生着持续不断的争论。比如在中国，老子就主张愚民。他说："古之善为道者，非以明民，将以愚之。"为什么呢？因为"民之难治，以其智多"。孔子也有类似的主张。孔子说："民可使由之，不可使知之。"至少是说，有些事，是仅仅可以让百姓们去做，而不能告诉他们为什么这样做。至于教育，近代学术界多推崇孔子的"有教无类"，其实孔子更重要的教育思想是重德不重才：

> 子曰：弟子入则孝，出则悌，谨而信，泛爱众，而亲仁。行有余力，则以学文。

> 子夏曰：贤贤易色；事父母，能竭其力；事君，能致其身；与朋友交，言而有信。虽曰未学，吾必谓之学矣。（《论语·学而》）

虽然这里的解释存在着一些小的分歧，但是儒家的教育偏重的是德行，甚至认为有了好德行，知识是次要的，一直贯穿着独尊儒术以后的教育思想。特别是当宋代理学成为统治思想以后，所谓"终日无事谈心性"，也贯穿到了教育之中。这样虽然培养出了许许多多忠实可靠的良民，却遏制了治国安邦、使国家富强的人才的发展。到龚自珍所生活的时代，甚至成为"朝无才相，野无才偷"的人才缺乏的局面。所以近代那些向西方寻求救国之路的志士们，才主张教育救国，主张开发民智。

在西方，也是一样。基督教的《圣经》，就是一部反对智慧的宣言书。在基督教看来，人类的一切罪过，都源于他们的老祖母吃了智慧果，知道了什么是羞耻，因而犯下了永远也无法偿还的"原罪"。

六

正因为这样，所以近代要实行教育与宗教相分离的制度。不然的话，至少宗教会要求受教育者要把理解宗教的经典——其中有的知识也是过时的、数千年前的知识——作为受教育的主要内容。16世纪，荷兰籍神父伊拉斯谟作《愚人颂》，他抨击基督教的教育是把"目不识丁看作一种圣绩"。由于他为改革教育所做的贡献，近年来欧盟设立了以他的名字命名的、旨在吸引外国学生的奖学金。

出于培养管理社会人才的需要，传统的教育也要传授知识，不论这教育是在什么宗教控制之下。但同样重要的是，任何宗教，也都要把自己的教义作为教育的重点。而教义的核心，则是关于神的观念。因此，这一部分教育，也不可避免地带有愚昧性。而且由于宗教的目的，是为了信仰。比如基督教，其最高目的，是要人们在所谓末日审判时能得到一个好的结果，也就是中国普通人理解的死了可以上天堂。因此，传授知识，使人脱出愚昧，对它来说，是不必要的，至少是不重要的。

　　然而近代教育和古代教育最重要的区别，就在于近代教育必须把传播知识、使人脱出愚昧，作为最重要的内容。思想品德的教育，特别是爱国主义以及社会公德的教育，是也要进行，并且是十分重要的，但是既不会像中国古代让学生一天到晚去反省自己是否在某一时刻偏离了忠孝的轨道，也不会像中世纪基督教世界去讨论他们《圣经》中的某个词句或者相关的某个问题，比如"一个针尖上到底可以站立几个天使"。

　　中国的现代教育如果从创办京师大学堂开始，则大学堂章程的重要一条，就是聘请的洋教习不得教授基督教教义。而随后成立的中华民国，其教育部则又取消了学校中的所谓"尊孔读经"，也就是取消了儒教的教育，而只把儒教的，包括佛教和道教的内容，作为传统文化的内容，供少数学者们学习和研究。

　　实行政教分离的好处是，第一，有神论组织不得利用教育去满足自己小集团的私利，从而危害全国或全民族的根本利益；第二，有神论组织不得用自己的教义，即列宁所说的"九分无用，一分歪曲了"的知识，把学生束缚于愚昧之中。一个最明显的例子，就是不得在学校教授"上帝创造世界和人类"的学说。这一点，也是美国一些宗教家数十年来与进化论争地位的基本战场。

　　这样，实行教育与宗教相分离，就是贯彻人类教育的"脱出愚昧"的目的的必要步骤，是人类脱出愚昧工程的重要组成部分。

　　然而这些年来，有神论向我国学校的渗透，已经到了非常严重的地步。各种各样的有神论组织，都把在我国学校中传播他们的观念，作为自己活动的重要目标，并且都有相当的成效。而我们的有关部门，甚至有关负责人，却往往是视而不见，甚至认为是一种正常的现象。如果听任发展，闹出像"法轮功"，甚至更严重的事件后再来平息事态，所造成的损失，也就难以估量了。

七

　　愚昧是认识问题，或者说是知识缺乏的问题。因此，对待愚昧，唯一的办法，就是帮助愚昧者提高认识，增加知识，即用任继愈先生提出的"脱"的办法，就像帮助贫困者脱出贫困一样。在这里，不能反对，因为反对也没用，就像反对贫困不能使人富裕一样，反对愚昧也不能使人变得聪明；也不能批驳，因为愚昧不是错误。虽然愚昧者常常会在愚昧之处犯错误，但愚昧本身不是错误。而要使愚昧者不犯由于愚昧而犯的错误，唯一的办法，就是教给他们相关的知识，就像教给农民如何科学种田，教给一般人如何科学养生一样。在世界是有神还是无神的问题上，脱愚的内容和办法，只能是进行科学无神论的教育和宣传。用列宁的话说，就是要用各种生动的事例，告诉人们，为什么神是不存在的。

　　学校是教育基地，使受教育者脱出愚昧，是教育的基本目标。因此，在学校里，不允许作为人类愚昧主要指标的有神论有传播的自由。而有神论对于学校的渗透甚至入侵，应该引起有关部门的严重注意，并采取切实有效的办法，包括进行科学无神论的宣传教育，保证学校使人"脱出愚昧"这个目的的圆满实现。

（原载《科学与无神论》2013 年第 6 期）

只有坚信科学唯物论，
才能坚持科学无神论

杨明伟

一 必须站稳立场

当前我国思想理论界以至社会生活中，最令人担忧的一个现象是思想理论基石动摇、信仰缺失。根本的原因是对马克思主义理论的科学性和共产主义事业的必胜前途产生了怀疑、失去了信心。信仰出现了问题，必然导致立场出现偏差！偏到哪里去了呢？一个突出的表现是偏到唯心主义那里去了，偏到宗教神学那里去了，偏到有神论的队伍里去了。因此，我个人认为，探讨科学无神论的问题，首先要站稳立场，立场问题是前提。其次要看清形势。

我国的宪法明确规定，中国各族人民是"在中国共产党领导下，在马克思列宁主义、毛泽东思想、邓小平理论和'三个代表'重要思想指引下"来走社会主义道路、建设社会主义国家的。历史和法理的依据决定了，指导我们事业的理论基础和立命基石，首先是马列主义。

而马克思主义的基本前提是什么呢？当然是科学的唯物论，即辩证唯物论和历史唯物论。科学唯物论讲求的是一切从客观实际出发，实事求是，按客观规律办事，人民群众是历史的创造者，等等。应该说，这些观点在以马克思主义为指导的国度里本来是不存在任何问题的。然而，时代不同了，问题也就随之出现。当前，随着我国经济的快速发展和社会多元化的趋势，在我们的现实生活中，常常会看到一些人违背客观规律，说话和办事习惯于从主观愿望出发，从一时感觉出发，从庸俗感情出发，等等。唯物的意识、求实的立场越来越被淡化和虚化，甚至丧失殆尽。在一些人的思想和行为中，越来越习惯于一切从唯心的角度或唯意志论的观点出发。在社会生活中，唯心的意识、求神的意识越来越浓烈。

一段时间以来，社会上这种唯心主义或唯意志论的观点和做法甚至影响了一些地方和部门的决策。我们常常会在经济社会生活中看到或感受到超越时间、地点、条件和客观可能的"大干快上"；一些领域的热火朝天局面，类似于当年"大跃进"时期"人有多大胆，地有多大产"，出现了盲目冒进的现代翻版。当我们还在批评甚至嘲笑当年卷入"大跃进"的那一辈人的主观唯意志论的时候，我们当下的人却又不由自主甚至自觉地堕入现代版的"大跃进"中，堕入唯心主义的泥潭。

还有一类比较典型的例子，即当前社会生活中出现的信仰缺失现象。突出的表现是"有神论有人讲，无神论无人讲"。甚至在一些共产党员当中，崇高、远大的理想和马克思主义的科学无神论早已遗失，取而代之的是不知不觉中形成的一种崇尚鬼神、迷信宗教的气候。还有相当一些人在理想信念和精神追求方面出现了严重的偏差，他们不相信社会主义，不相信共产党。一些共产党员也闭口不谈马克思主义和共产主义理想信念，开口便讲神灵仙境。他们的共同特点是抛弃唯物主义，迷信各种宗教鬼神，导致宗教迷信活动畅通无阻。更令人惊奇和忧虑的是，一些党员干部包括一些领导干部，口头上讲"科学发展"，但在信仰问题上却忘记了科学的世界观和人生观，置真正的科学于不顾。在他们的思想深处和行动中，奉行的是"以神为本"，相信宗教迷信，不相信活生生的社会实践展现出来的人民群众的伟大力量，宁可让"神灵"来主宰自己的命运。这些，显然是唯心主义和唯心历史观的现代翻版。

因此，从根本上讲，要坚持科学无神论，必须首先坚持马克思主义的科学唯物论。我们研究思想理论问题、宗教问题、教育问题、信仰问题，前提就是牢固树立马克思主义的核心观点，站在彻底的、科学的唯物主义的立场上，才能得到科学的观点和方法。马克思主义的科学唯物论，要求我们在任何时代背景下，在任何社会条件下甚至社会动荡变化中，都遵循一切从实际出发、实事求是的原则，遵循彻底的唯物主义准则。正如列宁所指出的："马克思的哲学是完备的哲学唯物主义，它把伟大的认识工具给了人类，特别是给了工人阶级。"① 毛泽东也明确表示过："唯物史观是

---

① 《列宁选集》第2卷，人民出版社1995年版，第311页。

吾党哲学的根据。"① 在新的历史时期，邓小平也多次强调："二十年的历史教训告诉我们一条最重要的原则：搞社会主义一定要遵循马克思主义的辩证唯物主义和历史唯物主义，也就是毛泽东同志概括的实事求是，或者说一切从实际出发。"② 他还说："实事求是，一切从实际出发，理论联系实际，坚持实践是检验真理的标准，这就是我们党的思想路线。"

社会上许多人为什么会偏离科学唯物论而遵奉各种宗教唯心论？根本的问题还是思想和信仰的基石发生了动摇。列宁曾经分析过，失去了唯物主义立场的人，自然会倒向"僧侣主义"。他在《谈谈辩证法问题》这篇哲学笔记中，就把唯心主义思想同"僧侣主义"联系起来。列宁认为，当唯心主义把认识的某一特征、某一方面、某一侧面片面夸大、无限膨胀以致脱离了物质、脱离了自然，变成神化了的绝对时，"唯心主义就是僧侣主义"。他还说："哲学唯心主义是经过人的无限复杂的（辩证的）认识的一个成分而通向僧侣主义的道路。"列宁在这篇哲学笔记中甚至用了这样的等号："僧侣主义＝哲学唯心主义"。③ 可见，一个人如果偏离了科学唯物论的立场，失去了彻底的唯物主义的思维视角，各种唯心主义的基因和元素，自然会侵蚀他的思想和灵魂。所以坚信科学唯物论，彻底站稳唯物主义的立场，具有极端的重要性。

二　必须看清形势

那么，解决了立场问题，是不是就可以高枕无忧了呢？不是的，立场问题主要还是在理论和思想指导的层面上起作用。而在现实生活中主导人们行为的，往往是对形势和客观事物发展变化的认识和判断。这就是唯物主义强调的存在决定意识的道理。因此，坚持科学无神论，不仅要解决立场问题，还要学会正确认识社会发展的规律，学会正确判断社会发展的辩证法。最基本的是要看清社会发展的大背景和大趋势。

当前最需要我们看清的形势，一是我们坚持走中国特色社会主义道路所取得的举世瞩目的成就，这可以坚定我们对马克思主义和社会主义事业

---

① 《毛泽东文集》第 1 卷，人民出版社 1993 年版，第 4 页。
② 《邓小平文选》第 3 卷，人民出版社 1993 年版，第 115、118 页。
③ 《列宁全集》第 55 卷，人民出版社 1990 年版，第 311 页。

的信心；另一个重要的形势，是国际金融危机下世界范围内的马克思主义的回归。

自马克思主义诞生时候起，这一科学的思想理论就是在与宗教神学相对立和相抗争中发展起来的，"共产主义的幽灵"始终承载着与宗教神学和教会势力相抗衡的任务。《共产党宣言》第一段话就表明了这种在基本立场和观点上的对立："一个幽灵，共产主义的幽灵，在欧洲游荡。为了对这个幽灵进行神圣的围剿，旧欧洲的一切势力，教皇和沙皇、梅特涅和基佐、法国的激进派和德国的警察，都联合起来了。"这里面所指的"教皇"，就是反马克思主义和共产主义的先锋。然而，经过100多年的曲折过程，在"共产主义的幽灵"的带动下，践行马克思主义的历史运动始终与宗教势力相对而行，其中起伏跌宕，既有成功也有失败，但她的科学内涵和顽强生命力是经过实践充分检验了的。

20世纪80年代末90年代初，在"冷战"结束之际，日裔美籍学者弗朗西斯·福山曾经写了《历史的终结》的文章和著作，那时他匆忙地作出过这样的结论：随着"冷战"的结束，一个特别的历史时期也将结束，资本主义已彻底战胜社会主义，成为人类历史的最终结局，这也是人类思想进化史的终结。他认为人类历史进程的方向不是马克思主义指向的共产主义，而是西方的自由民主制度。然而，刚过去了一二十年，尤其是这次由美国次贷危机引发世界金融危机以后，世界形势却发生了诸多与福山的预言恰恰相反的变化。迫使福山反省和修正他的认识，改变他的结论。2011年，弗朗西斯·福山在与美国全球发展中心主席南希·伯索尔合著的《金融危机后发展方面的新思想》一书中，一方面批评资本主义模式，称赞中国社会主义体制等的优越性；一方面却提出了另一种新的"终结论"。他们认为，如果说这场全球金融危机让一些发展模式受到审判的话，那就是自由主义市场或新自由主义模式。他们由此提出："这场金融危机是美国在全球事务中占据经济主导地位的终结。"①

在这场危机中，国际社会一些有识之士大量批评资本主义制度存在的问题。究其根本问题，其实是这种制度背后所依附的唯心主义哲学和宗教

① 见美国《外交》双月刊2011年3、4月号，美国斯坦福大学高级研究员弗朗西斯·福山和美国全球发展中心主席南希·伯索尔合著的新书《金融危机后发展方面的新思想》的节选文章《后"华盛顿共识"——危机之后的发展》。

神学。所以我们只要看清了这后面的两种思想斗争的背景和形势,也就自然而然地清楚了科学唯物论和科学无神论的地位和命运。

经济领域的较量,必然反映在思想层面。在金融危机背景下,国外人士包括一大批西方学者,重新认识和评估马克思主义与社会主义的科学性及生命力,开始重新找回马克思和马克思主义。

一些美国本土学者的观点就颇具代表性。不久前,一位美国著名经济学家在接受《国际商业时报》采访时,曾高度评价马克思对资本主义经济危机剖析的正确性。此人名叫努里尔·鲁比尼,曾经担任过美国白宫经济顾问委员会国际事务高级经济学家、美国财政部政策制定与评估办公室主任,现在纽约大学担任经济学教授。努里尔·鲁比尼说:从当前美国经济危机的延续情势来看,马克思关于资本主义的经济危机理论是正确的,它对分析目前美国及资本主义社会经济危机的本质及根源依然具有现实意义。

而美国的另外两名经济学家、马萨诸塞大学经济系教授斯蒂芬·雷斯尼克和理查德·沃尔夫,也运用马克思主义来解读当今的世界经济危机。他们认为:马克思主义对资本主义经济危机有自己的解释和解决方案。马克思主义理论致力于探寻资本主义的危机与其独特的阶级结构(特别是资本家占有和分配工人创造的剩余价值的特殊结构)的内在关联,并在此基础上得出了有别于新古典主义和凯恩斯主义的结论。简言之就是:由一个阶级结构过渡到另外一个截然不同的阶级结构,是有效解决资本主义危机的必然要求。这是因为,无论是加强管制还是放松管制,只要资本主义根本制度不改变,它的阶级结构都会系统地、周期性地加剧资本主义的危机。这就是马克思主义不赞成新古典主义和凯恩斯主义对待资本主义的保守主义传统的原因所在。①

不仅在美国,整个西方世界在对这场危机的反思中,重新燃起了对马克思和马克思主义的兴趣。

瑞士银行资深经济顾问乔治·马格努斯,向人们提出了"能否用卡尔·马克思来挽救资本主义"的问题。他认为,马克思切中了资本主义的病根。他在一篇文章中说:对于努力要理解金融恐慌、各种抗议和其他影

① 斯蒂芬·雷斯尼克、理查德·沃尔夫:《经济危机:一种马克思主义的解读》,《重思马克思主义》(*Rethinking Marxism*),2010 年 4 月号。

响世界的种种弊病的决策者来说，研读一下早就离世的经济学家卡尔·马克思的著作大有好处。这位瑞士银行家明确表示：在金融危机和接下来的经济萧条中，马克思的"幽灵"已经从"坟墓"中复活。①

法国学者科琳娜·蒙塞尔则在一篇题为《马克思在进攻》的文章中，分析了"马克思主义在西方重现活力"的现象。文章说：自柏林墙倒塌和苏联体制崩溃以后，马克思和他的理论在西方曾经"名誉扫地"。但是现在，包括英国《金融时报》、美国《时代》周刊、法国《问题》周刊等长期以来批评马克思及其思想的西方媒体，已在报刊头条上频繁出现马克思的浓密大胡子。这场危机仍然在撼动全球的时候，马克思回来了。在顽固坚持自由主义的美国，在危机肆虐之时，人们在华尔街前举起标语："马克思说对了！"还有那些大资本家，例如法国亿万富翁、拉加代尔集团的总裁阿诺·拉加代尔也说："人们几乎要喊出来：'马克思，回来吧！'这些人疯了！"马克思回来了，有关马克思著作和思想的研讨会越来越多。书店里塞满了马克思著作的再版，尤其是最重要的《资本论》，尽管这是一部整整四大卷的艰深作品，重新被人阅读并谈论。科琳娜·蒙塞尔还指出：老实说，马克思主义思潮从未在批判性研究中绝迹。在西方主流思想的蔑视下，研究和信奉马克思主义的人，仍在继续探索马克思主义的一套概念工具，目的是为了从细微处解密和更好地解构资本主义的剥削体制。马克思不能面面俱到，更不能预测我们这个时代的嬗变；但他与恩格斯在《共产党宣言》中，几乎完美地描述了资本主义全球化，只懂得追求利润最大化的金融资本的统治，获利者依赖全世界被剥削者的剩余劳动而生活的体制的矛盾激化。所有证据显示，人们需要马克思来理解当前的世界经济危机，并设计一种模式，这种模式应该是最终能够终结剥削以创造一个更好的世界。科琳娜·蒙塞尔断言：当今世界的许多新问题（尽管有的问题马克思时代不存在、或者他没有时间和兴趣思考、或者被他放弃），人们都能在或远或近地受马克思主义启发的思想中找到答案。②

另一位法国学者，马恩河谷大学教授让·克洛德·德洛奈也认为，尽管自20世纪80年代以来，当代资本主义发生了许多新的变化，但是，资

---

① 乔治·马格努斯：《卡尔·马克思能挽救资本主义吗》，《悉尼先驱晨报》2011年8月29日。

② 科琳娜·蒙塞尔的文章发表在法国出版的《非洲-亚洲》月刊2010年9月号上。

本主义的本质并没有改变。资本与劳动的对立不仅没有消失,反而更加剧烈了,而且扩大到了全世界。因此,从理论上看,马克思主义用以说明资本主义剥削的劳动价值理论和剩余价值理论并没有过时。①

英国《卫报》2012 年 7 月 4 日发表了该报专栏作家斯图尔特·杰弗里斯撰写的一篇文章,专门剖析"为什么马克思主义再次兴起"。他列举了近一个时期以来世界许多国家的人们重新对马克思和马克思主义思想感兴趣的例子。他说:"马克思最杰出的政治经济学著作《资本论》的销量自 2008 年以来一直激增,《共产党宣言》和《政治经济学批判大纲》也是如此。卡尔·马克思这位革命理论家,最近被开姆尼茨的德国储蓄银行的顾客从一份 10 位竞争者的名单中选中,出现在新发行的万事达信用卡上面。显然,在柏林墙倒塌之后 20 多年,前东德并没有将自己过去的马克思主义历史用喷枪喷掉。"斯图尔特·杰弗里斯还引用路透社的报道说:2008 年,对原东德人进行的一项民调显示,52% 的人认为自由市场经济是"不适宜的",43% 的人说,他们想要恢复社会主义。"虽然卡尔·马克思已经死去并葬在海格特公墓,但在德国人当中,他却活着,而且活得很好。"②

日本共产党前主席不破哲三不久前专门撰写了一本颇有影响的著作《马克思仍然活着,而且活得很健康》。他明确表示,希望读者能用马克思主义的历史分析方法来审视当今的世界。他认为,马克思对经济学的研究,其主要课题之一就是经济危机问题。马克思认真分析了他所经历的那几次危机,解释了资本主义体系和爆发危机的内在机制,并发现了资本主义周期性泡沫的原因。不破哲三提出,对于当今资本主义社会和整个世界存在的一些重大问题,都可以从马克思的理论观点中得到帮助。③

国际社会之所以在这次全球金融危机、经济危机以至社会危机中重新认识马克思和找回马克思主义,除了"马克思是正确的"以外,还有一个重要原因,就是资本主义制度自身固有的矛盾和潜藏的问题在这场危机中充分暴露出来,这些深层的矛盾和问题是它自己无法解决的。正是在这样的困境下,国外许多学者和政要进一步思考资本主义向何处去的问题,寻

---

① 让·克洛德·德洛奈是在应邀到中国参加"纪念恩格斯逝世 110 周年国际研讨会"时说这番话的,见中央编译局:《国外理论动态》2005 年第 10 期。

② 《为什么马克思主义再次兴起》,见新华社 7 月 10 日《参考消息》。

③ 不破哲三:《马克思仍然活着,而且活得很健康》,东京平凡出版社 2009 年版。

找化解的答案。从美国白宫出来的经济学家努里尔·鲁比尼在分析解决资本主义经济危机的出路时甚至提出：从根本上说，消除资本主义经济危机的根本出路在于废除资本主义剥削。对于资本主义危机的受害者而言，反对资本主义制度的时刻也许已经来临，探讨废除资本主义制度本身以消除资本主义危机的最佳方案的时刻已经来临。①

这位专门为美国政府提供决策咨询的经济学家得出的结论，与国际上一些左翼人士的观点如出一辙。比如，美国共产党经济委员会委员瓦蒂·哈拉比在谈到当前国际金融危机的时候，就直接地说："是资本主义制度出了问题。"法国共产党认为："此次金融危机不仅是新自由主义以及金融业遭遇的危机，更是资本主义全球化走向成熟的条件下其自身体制机制的危机。"西班牙共产党说："国际金融危机宣告了资本主义主导模式的失败。"许多国家共产党组织则提出："新自由主义的破产，不仅仅体现出资本主义管理政策的失败，而且是资本主义制度本身的失败，这更加确定了共产主义理念和事业的优越性。"②

与这些国际有识之士重新找回马克思和马克思主义相应的国际情势是，社会主义运动重新在一些国家蓬勃兴起，尤其在拉美地区不断涌现出社会主义的活力。不久前，美国社会学家彼得·菲利普斯写了一篇题为《知识分子与菲德尔·卡斯特罗：古巴，社会主义的潜力》的文章。文章披露，2012 年 2 月 10 日，在古巴召开的一次研讨会上，来自加勒比、美洲大陆和非洲地区几十个国家的大约 120 名作家、教授和记者与菲德尔·卡斯特罗齐聚一堂，在 9 个小时的座谈中讨论了世界和平、全球生态、新自由主义资本主义和社会主义可持续性等重要话题。这篇文章还专门分析了社会主义在拉美等地区展现潜力等问题。③

上述这些，也只是我们今天坚定马克思主义信念和指导思想的一部分社会前提和实践基础。当我们在讨论坚信科学唯物论和坚持科学无神论的时候，国际社会更看重这样的基本事实：在当今社会主义的中国，沿着中国特色社会主义道路进行改革开放和社会主义建设，取得了举世瞩目的巨大成就。这种持续的成就及其越来越显现出来的社会主义制度的优越性，

① 斯蒂芬·雷斯尼克、理查德·沃尔夫：《经济危机：一种马克思主义的解读》，《重思马克思主义》（*Rethinking Marxism*），2010 年 4 月号。

② 2008 年 11 月，第十次世界共产党、工人党圣保罗会议所发表的共同声明。

③ 该文发表于 2012 年 2 月 29 日阿根廷"南方与南方"网站。

使得国际社会在把目光聚焦到中国的同时，进一步重新认识社会主义，重新评价社会主义的生命力。在这样的历史大势面前，我们有什么理由不坚定我们的信念，有什么理由不坚持科学唯物论和科学无神论的指导地位呢？

（原载《科学与无神论》2013 年第 2 期）

宗教、有神论、无神论、 共产主义与人的彻底解放

——马克思《1844 年经济学哲学手稿》相关论述

王　珍

马克思的学说，是关于人如何获得自身解放的学说，是关于人如何获得全面自由发展的学说。马克思并不是专门的宗教理论家，他主要是在迈向自己理论旨归、寻找自己理论实现的现实道路中涉及宗教问题时，才对此展开研究。即便如此，关于宗教的论述在马克思一部部的著述中仍然着墨不多，特别是关于宗教、有神论、无神论与人自身解放之间关系的论述更是如此。然而，《1844 年经济学哲学手稿》（以下简称《手稿》），有部分内容涉及了宗教、有神论、无神论与共产主义之间的关系，其他任何地方都没有像在这部著作中描述得如此具体、如此深入。因此，对这一著作中相关问题的探讨，就成为理解马克思相关思想的重要内容。

一　宗教、有神论、无神论、共产主义概念辨析

1. 宗教、有神论。在马克思语境中，宗教（religion）有本义与引申义之别，这两层含义也可称为马克思宗教概念的狭义和广义。马克思认为宗教是人与自身相异化的产物，同时又是"这个世界的总理论"。这两方面并不是毫无关系，马克思认为，宗教的异化主要是发生在意识领域、观念领域、理论领域。由于宗教的这两个特性，宗教的异化在马克思那里常常被看作人与自身异化的集中表现。显然，这是马克思主要是对西方基督教文化发展的总结，也发展了黑格尔、青年黑格尔派特别是布鲁诺·鲍威尔的思想。基于基督教传统表现形态而对宗教的基本描述，可以成为马克思语境中"宗教"的本义。除此之外，马克思也在引申的意义上用"宗

教"，例如马克思曾阐述政治异化："在人民生活的各个不同环节中，政治国家即国家制度的形成是经历了最大的困难的。对其他领域说来，它是作为普遍理性、作为彼岸之物而发展起来的……政治制度到现在为止一直是宗教的领域，是人民生活的宗教，是同人民生活现实性的人间存在相对立的人民生活普遍的上天。"① 还有在《手稿》中的表述："费尔巴哈的伟大功绩在于：（1）证明了哲学不过是变成思想的并且经过思考加以阐述的宗教，不过是人的本质的异化的另一种形式和存在方式；从而，哲学同样应当受到谴责。"② 把"政治"异化领域和旧哲学也称为宗教，是对"宗教"（基督教）原义的引申。这里主要是在宗教异化的宽泛意义上使用。对宗教的辩护性理论阐述可以称为神学，马克思认为，"思辨的神学仍然是神学"，"批判的神学家仍然是神学家"，这也是在引申的意义上使用"宗教"、"神学"。

关于有神论，《手稿》并未把"宗教"与"有神（论）"做明显区分，而是在大致相同的含义下对两者进行使用，如"无神论作为神的扬弃就是理论的人道主义的生成……无神论是以扬弃宗教作为自己的中介的人道主义。"③ 这种用法在《手稿》中并不少见。

2. 无神论。"共产主义一开始就是无神论，而无神论最初还远不是共产主义；那种无神论毋宁说是一个抽象。所以，无神论的博爱最初还只是哲学的、抽象的博爱，而共产主义的博爱则从一开始就是现实的和追求实效的。"④ 这里阐述了无神论的两个层次：抽象的无神论与共产主义的无神论。

抽象的无神论具有哲学的（当然是指马克思所说的旧哲学）、理论的性质，甚至具有"宗教的"性质（因为宗教是世界的总理论），这些看似矛盾的概念在马克思那里却是有机的统一体。它是对有神论的否定和扬弃，是人解放自身的一个中介、一个环节，具有片面性、不完全性。例如，《手稿》写道："关于某种异己的存在物、关于凌驾于自然界和人之上的存在物的问题，即包含着对自然界和人的非实在性的承认的问题，在实践上已经成为不可能的了。无神论，作为对这种非实在性的否性，已不再

---

① 《马克思恩格斯全集》第 1 卷，人民出版社 1960 年版，第 283 页。
② 《马克思恩格斯全集》第 42 卷，人民出版社 1979 年版，第 158 页。
③ 同上书，第 174—175 页。
④ 同上书，第 121 页。

有任何意义，因为无神论是对神的否定，并且正是通过这种否定而肯定的存在"①，"无神论作为神的扬弃就是理论的人道主义的生成"②。甚至恩格斯在 1884 年 7 月给伯恩施坦的一封信中写道："无神论单只是作为宗教的否定，它始终要谈到宗教，没有宗教，它本身也不存在了，因此它本身还是一种宗教"③，也可以认为在这种意义上使用的。

抽象的无神论作为神的扬弃是"理论的"人道主义的生成，既然是"理论的"，那么它本身还缺少"实践的"品格，它还是停留在理论层面，无神论虽然是对有神论的否定，但它仍然有着与有神论相同的前提——神，无神论无非是预先设定了一个"神"，然后再把它否定掉，所以它仍然是通过一个中介来承认人的存在。正像有神论是通过"神"这个中介来达到对人的承认一样，无神论是通过否定"神"来达到对人的承认。换言之，在这里，无神论还是通过一个中介来达到对人自身进行肯定，只不过通过否定这个中介进行肯定而已。抽象的、理论的无神论还有待于进一步扬弃，进入实践的层面。

共产主义的无神论具有实践的性质，它是人解放自身的状态描述，具有全面性、彻底性，抽象的无神论是对有神论的否定和扬弃，而共产主义的无神论则实现了对二者的超越。例如《手稿》写道："无神论、共产主义……是人的本质的现实的生成，是人的本质对人说来的真正的实现，是人的本质作为某种现实东西的实现。"④

3. 共产主义，人的解放。《手稿》对共产主义积极形态的描述也是在两个层次上进行，但都与人的解放相关联。第一，共产主义作为人的解放的实践领域，与理论领域相对，是人自身解放的一个环节。例如，"共产主义是作为否定的否定的肯定，因此它是人的解放和复原的一个现实的、对下一历史发展说来是必然的环节。共产主义是最近将来的必然的形式和有效的原则。但是，这样的共产主义并不是人类发展的目标，并不是人类社会的形式。"⑤ 共产主义作为人解放的状态和目标，是理论的实现，也是对理论的超越。第二，共产主义是人解放自身的状态和目标。例如，上面

---

① 《马克思恩格斯全集》第 42 卷，人民出版社 1979 年版，第 131 页。
② 同上书，第 174 页。
③ 《马克思恩格斯全集》，第 1 版第 36 卷，第 187 页。
④ 《马克思恩格斯全集》，第 1 版第 42 卷，第 175 页。
⑤ 同上书，第 131 页。

对共产主义的无神论的引述说明了这一点，还有另一段描述：共产主义"是人和自然界之间、人和人之间的矛盾的真正解决，是存在和本质、对象化和自我确证、自由和必然、个体和类之间的斗争的真正解决。它是历史之谜的解答，而且知道自己就是这样解答。"①

但共产主义的第二层含义，《手稿》有时也用"社会主义"来描述，例如：社会主义已经不再需要无神论这样的中介来肯定人，它是从把人和自然界看作本质这种理论上和实践上的感性意识开始的。② 在此不再展开。

二　有神论和无神论之间的关系

首先，在马克思那里，有神论是无神论产生的必要前提，积极的人道主义以此产生。"无神论是以扬弃宗教作为自己的中介的人道主义。只有通过扬弃这种中介——但是这种中介是一个必要的前提——积极地从自身开始的积极的人道主义才能产生。"③ 积极的人道主义是从无神论产生的，无神论是对有神论的扬弃，即有神论——无神论——积极的人道主义。可以看出，在时间顺序上，有神论就成为积极的人道主义的一个必不可少的"前提"和"中介"。

其次，无神论是对有神论的扬弃，因此有着比有神论更为丰富的内容。无神论并不是对有神论的简单否定，而是对它的超越。无神论吸收了有神论的积极因素，克服了有神论的消极因素。关于无神论与有神论之间的关系，马克思认为是"扬弃"。"扬弃"不是简单的、机械的否定，而是辩证否定或者辩证肯定。"无神论作为神的扬弃就是理论的人道主义的生成……无神论是以扬弃宗教作为自己的中介的人道主义。"④ "作为神的扬弃"，就是对有神论的扬弃；而"宗教"则是指西方有神论的宗教。如果可以这样理解的话，那么马克思上面前两句话应该表达的是同一个意思，即无神论是对有神论、对宗教的扬弃。所谓"扬弃"，在黑格尔那里是指"使外化返回到自身的、对象性的运动"，即内化对象的性质的过程，也是既克服又保留，吸收积极因素，抛弃消极因素。所以"无神论作为神

---

① 《马克思恩格斯全集》第 42 卷，人民出版社 1979 年版，第 120 页。
② 同上书，第 131 页。
③ 同上书，第 174—175 页。
④ 同上书，第 174—175 页。

的扬弃"，说明无神论并不是对有神论的简单的否定，并不是说，凡是有神论赞成的都是无神论所反对的。无神论是克服有神论中的糟粕，保留了它的精华，本身包含了有神论中的合理成分。

马克思坚决反对把无神论、有神论简单地对立起来，他说："无神论决不是"让人类"返回到违反自然的、不发达的简单状态中去的贫困"。这种"违反自然的、不发达的简单状态"的贫困，至少包含了类似于有神论产生之前、人类还未产生神的观念时的生存状态。这种状态只能是人类尚未有自我意识的野蛮和不文明的"贫困"状态。无神论者不需要这样的"贫困"，而是克服了有神论的富有。

最后，有神论是人本质的异化，无神论是人本质的真正实现。人类在蒙昧的时代并没有神的观念、也没有宗教，如果说有神论、宗教的产生是人类文明进程中的一个必然结果，那么它本身表明了人类文明的进步。在这种意义上，有神论丰富了而不是削弱了人与自然、人与人、人与自身之间的联系，提高了而不是降低了人对自然、对人、对自身的认识。无神论不是有神论中积极因素的否定，而是它的积极因素的实现，这一观点在马克思那里晦涩地表述道："无神论……决不是人所创造的对象世界的即人的采取对象形式的本质力量的消逝、抽象和丧失……相反地，它们才是人的本质的现实的生成，是人的本质对人说来的真正的实现，是人的本质作为某种现实的东西的实现。"①

三 有神论、无神论和共产主义之间的关系

马克思认为人的现实是普遍异化的现实，宗教、有神论是这种异化现实的表现。现实中的异化分为意识领域的异化和现实生活的异化两个方面，这两个方面通过相应的形式表现出来：宗教的异化发生在意识领域；经济的异化发生在现实生活领域。异化是人自我的外化和丧失，因此人的进一步发展必定是异化的扬弃。异化扬弃必定导致宗教的消亡。

宗教是人的异化，是外化的人的自我意识，那么"作为宗教中得到确证的不是我的自我意识，而是我的外化的自我意识"，这样就会得出一个必然结论：人知道他自身的、属于其本质的自我意识，不是在宗教中，而

---

① 《马克思恩格斯全集》第 42 卷，人民出版社 1979 年版，第 175 页。

恰恰是在宗教的消灭和扬弃中得到确证。① 这样，有神论必然导致无神论，无神论又是共产主义的基础和前提。"共产主义一开始就是无神论，而无神论最初还远不是共产主义；那种无神论毋宁说是一个抽象概念。所以，无神论的博爱最初还只是哲学的、抽象的博爱，而共产主义的博爱则从一开始就是现实的和追求实效的。"②

马克思认为，"神"、宗教是人的异化，无神论是对"神"和宗教这种异化形式的克服，而克服异化（异化扬弃）与人的自我解放走的是同一条道路，人的自我解放就是人的复归。也就是说，在马克思那里，人的自我解放走的是这样一条道路：有神论（宗教）——无神论、共产主义——人的自我解放。如上文所述，马克思认为有神论、宗教有积极性，但还要经由无神论来扬弃，最后经由共产主义，达到人的自我解放。

在无神的、共产主义的人类联合体中，不是由于缺少了宗教有神论所提供的"神圣"而显得卑俗，相反，在这里，人类真正的崇高精神才最为直接地、不需要任何外在设定地建立起来：在共产主义阶段，"人与人之间的兄弟情谊在他们那里不是空话，而是真情，并且他们那由于劳动而变得结实的形象向我们放射出人类崇高精神之光。"③

四　相关思考

马克思在《手稿》中对宗教、有神论、无神论与共产主义的关系做了极为深刻的阐述。但需要指出的是，在西方文化背景中，把宗教，尤其是传统宗教理解为有神论是顺理成章的事情，而谈到有神论者，传统上也一般都是进教堂、做礼拜的。但是联系中国传统文化却未必完全如此。在中国，宗教未必是"有神论"，比如，道教、佛教很难说有一个像西方那样不同于人的、从人的本质异化出来的、与人相对立的、控制人的、遥遥在彼岸的"神"。儒家的"六和之外，存而不论"；佛教的"天上天下，唯我独尊"，④ 都拒绝了造物主、救世主。

---

① 《马克思恩格斯全集》第42卷，人民出版社1979年版，第172页。
② 同上书，第121页。
③ 同上书，第140页。
④ 这里"独尊"的并不是狭隘自私的小"我"，而是深广无私的大"我"，因为它的下文就是"三界皆苦，吾皆安之"。

释迦牟尼是人，道教、佛教中所谓的神也不过是人的不同层次、不同修次而已。所以不少学者认为道教、佛教都是无神论，并不是没有道理。在这种意义上，可以认为，中国文化有宗教，但没有西方意义上的"神"，或没有产生在西方背景中的"无神论"中的"神"。由于中国传统文化中没有西方所谓的"神"，所以也就没有关于这种有神论的认识传统，而对这种有神论的积极性的弘扬以及消极性的批判，在西方到马克思时代为止已经进行数千年了。西方整个社会传统由于是一神论长期占统治地位，所以对它的积极性论述可谓汗牛充栋。在这种情景之下，马克思专门论述无神论对有神论否定的那一方面毫不奇怪。但传入中国后就发现，当中国传统文化在今天想坚持西方土壤中产生的马克思主义的"无神论"的时候，感到怎么也不能很好地把到无神论的脉搏、抓住它的精华。殊不知，这是它没有占有西方一神论历史传统的缘故，待真正了解了它，发现它本身在很大程度上就是西方无神论意义中的精华。

在西方，自从"诸神"、"上帝"之观念在人类历史上诞生以来，"唯一的上帝"是"诸神"的"劫数"，因为它宣布了诸神的无效，使人类从多神步入了一神时代。然而，"唯一的上帝"在西方也是历经"磨难"。先是耶稣以成就律法的名义或者实质，表面上或者实质上批驳了或者革除了旧的律法，以"道成肉身"的形式宣布了上帝的存在；再是马丁·路德，以反对罗马教皇的权威的形式把"外在的上帝拉入了人的内心"；再是马克思，要把"人内心的上帝"打碎，让人成为真正的人、富有的人、强大的人，这是理论的宣言，真正的实践出乎意料地在中国。中国，自古以来在表现形式上都一反西方一神的传统，也许这个几乎从其文明伊始都反对"神造人"的国度才是"唯一的上帝"的真正"劫地"。但是，因为当一件事物在人世间的"劫数"到了真正归于消亡的时候，也是它的一定时期内的积极性发挥完全了、完成（finished）了的时候，所以也许正因如此，"劫地"恰恰成了它的"福地"。

（原载《马克思主义宗教观研究》2013 年第 7 期）

新无神论是科学无神论

方舟子

　　我刚才进来的时候看到墙上贴了这些图，其中有一张图引起了我的注意。那是 2012 年全球各国人口宗教信仰比例分布图，颜色越红表明那个国家信宗教的人口比例越低。从图上看，我们中国是最红的，至少跟北欧的比例差不多，信宗教的比例只有 20% 到 30%。这是不是值得骄傲呢？这说明我们中国信宗教的比例是最低的，能不能反过来说我们中国无神论者比例是最高的？不能，因为中国的所谓无神论者相当大的一部分不是自觉的无神论者，严格地说不算无神论者，他们只是因为还没有接触宗教，没有碰到传教，没有思考过神的有无的问题。他们还是白板一块，从来就没有自觉地、有意识地去思考过这个问题。就像动物一样，就像阿猫阿狗一样，你说它们信不信宗教？信不信神？不信。你因此能说阿猫阿狗也是无神论者吗？

　　所以我们说的无神论者，应该是自觉的无神论者，应该是经过思考而有意识地作出选择的。这样的无神论者自古以来就有，不是说现在才有的。无神论可能已经有几千年的历史了。但是无神论和无神论者之间不一样，他们有一个共同的特点，都不信神，都认为上帝不存在。但是他们获得这个结论的思考过程未必一样，根据思考过程我们可以把无神论分为以下几类。

　　第一类是经验的或者是直觉的无神论，是通过生活经验觉得上帝是不存在的。比如我从来没碰到过神，从来没见到神向我显灵，从来没遇到过那种灵异的现象，所以我不相信上帝是存在的。大家有没有读过马尔克斯的《百年孤独》？里面就描述了一位这样的无神论者，他拿到了一个相机，然后就四面八方拍了一遍，把照片洗出来一看，找不到上帝，他就说上帝是不存在的。但这种验证、思考的过程是非常粗糙的。普通的相机能拍到的跟我们人眼看到的是没啥区别的，眼睛看不到，普通的相机也不会照出来有一个神在里头。这种证明是没有什么说服力的，没准上帝躲在哪个角落没被你拍到。所以这种靠经验来得出的结论，是非常不可靠的。如果哪一天他像马云一样不断地碰到所谓的"大师"，他也许就信了世上是有神仙的，是有上帝的。或者他在生活中碰到什么挫折、创伤，需要心理安慰的时候，或者出现了幻觉，做了白日梦看到上帝在那里，他可能就信了。经验虽然有一定的价值，但是是靠不住的。

第二种无神论是思辨的无神论，这个也是自古以来就有的。自古以来就有哲学家在思考这个问题，从逻辑上反复推敲，神究竟存不存在。这个实际上是针对有神论提出的论证，对他们这些所谓的证据或者是逻辑进行反驳，来否定、推翻他们提出的论证。这方面我觉得古希腊的哲学家做得很漂亮，其中最著名、我最喜欢的一个推理是伊壁鸠鲁提出来的。他说，"如果上帝想要阻止邪恶而阻止不了，那么说明上帝是无能的。如果上帝有能力阻止邪恶，却不去阻止，那么说明上帝是坏的。如果上帝他既不能阻止邪恶，也不想阻止邪恶，那就说明上帝是既无能又坏的。如果上帝既想阻止邪恶又能阻止邪恶，那么世间为什么充满了邪恶？"这就是逻辑的力量，他从逻辑上驳倒了一个命题，就是上帝是全能、全知、全善的。这是基督教上帝的概念，当然那时候还没有基督教，这个上帝的概念是后来被基督教剽窃过去的，把上帝描绘成全能、全知、全善。他从逻辑上驳斥了这种上帝的存在。但是这种驳斥有一个缺陷，你没法阻止人家去相信一个邪恶的上帝，或者一个无能的上帝，或者一个又坏又无能的上帝，比如基督教《圣经》里面的那个上帝。虽然基督教一直说上帝是全能、全知、全善，但是如果仔细看基督教《圣经》的话，就知道它描绘的上帝是既无能又邪恶的，跟魔鬼没啥区别。所以这种思辨的无神论是有它的局限性的。

还有一种无神论是我们今天要提倡的，那就是科学的无神论，是建立在科学基础上的无神论。现代科学的发展为无神论提供了依据，现代科学的发现完全符合无神论的预测。第一个发展是天文学和宇宙学的发展。它让我们了解了地球在宇宙中的地位。在古人的心目中地球当然是世界的中心，是宇宙的中心。地球外面有一个天包着，天上面有神仙、有上帝在管着。天管地，顺理成章，想起来很合情合理，因为我们地球是世界的中心嘛。但是天文学、宇宙学告诉我们地球甚至连太阳系的中心都不是，而太

阳系也只是在银河系的边缘，连银河系的中间都不是，银河系又只是我们
这个宇宙八百亿个星系当中普普通通的一个。我们的地球只是宇宙中一粒
很小很小的微不足道的尘埃，位于一个非常偏僻的角落。现在天文学家还
观察到了在太阳系之外也存在很多很多行星，甚至是和地球类似的行星。
那么问题就来了。如此浩瀚的宇宙上帝管得了吗？他为什么要在这样一粒
尘埃，这么一个非常偏僻的角落里头来展现他的神力，要把他的儿子派到
地球上来，我们地球有什么值得骄傲的地方？有什么特殊之处？他何必
呢？所以了解到了我们地球不是宇宙的中心，甚至连靠近中心都不是，没
有任何特殊的地方，那么就没有必要去想象说天上有上帝在管着我们这个
地球，管着我们人类。所以这是天文学、宇宙学的贡献。

　　第二个贡献是来自于进化生物学，来自于进化论的。以前的无神论
者，哲学的思辨的无神论者，大家很困惑的问题就是要怎么解决生物的起
源问题，人类的起源问题。很多人就在这一步没法思辨下去了，因为生物
的结构是这么的复杂，不像是自然而然产生的，看上去像是要有高级智能
把它设计出来。人当然更加复杂。从前要比较两种说法，生物或者人类
是自然产生的，还是被智能设计出来的，是很难取舍的。所以一些学者就
选择了相信后者。当然，进化论已经解决了这个问题，特别是自然选择理
论解决了这个问题，告诉我们说再复杂的生物结构都不用用到什么智能设
计这样一个假设，所有的生物包括人类都是自然而然经过自然选择进化而
来的。而且在生物的结构上面有很多的特征表明它是违反智能设计的，我
在文章里面举过一些这方面的例子，比如我们眼睛的设计是非常不完美的
愚蠢的设计，那是在进化的路上进行了一番修修补补才导致了我们很愚
蠢、很容易受伤的眼睛的设计。又比如我们的脊椎很不适合直立行走，很
多的疾病都是因为这个愚蠢的设计造成的。所以说真的有一个上帝在设计
生物的话，他是没脑子的，没脑子的上帝跟自然选择有啥区别？没有
区别。

　　所以这是进化论的一个贡献，它解决了生物的由来、人类的由来的问
题。同时进化论还有一个贡献，它告诉我们人类跟其他的动物，特别是跟
类人猿，没有实质的区别，人类并不是万物之灵。在地球历史上，人类的
出现只是一瞬间，只有几百万年的历史。按照宗教的说法，只有人能够认
识神，只有人是能够跟神交流的，只有人是能够祈祷的。那么在没有人之
前的地球，在四十多亿年的漫长地质时间内，上帝是不是太寂寞了？所以

从这个角度来想的话，上帝的假设也是靠不住的。

第三个贡献是来自于进化心理学的。我刚才说进化生物学让我们了解了生物的起源、人类的起源、人类在自然界的位置。进化心理学则解决了另一个问题，精神层面的问题，那就是人的道德的起源、人性的起源。刚才前面有一位网友讲到爱是人性，而爱、道德、人性一直是被宗教当作上帝存在的一个依据，没有上帝存在的话，这些道德、这些人性、这些爱是哪来的？他们说这些东西不是科学能够解释的，只能是从天上掉下来的。进化心理学就从生物进化的角度解释了这个问题，告诉我们道德、人性、爱也是进化而来的。进化心理学有的研究是很有争议的，但是进化心理学对道德的由来的研究是最没有争议的，我觉得是最可靠的，证据是非常充分的。

第四个贡献是神经生物学的贡献。神经生物学的研究让我们知道了宗教信仰实际上是一种生理的、病理的现象。有个研究很有意思，发现颞叶癫痫的患者更容易信教，更容易产生一种超越感，更容易相信上帝。所谓癫痫就是民间俗称的抽羊角风，有些人发病了以后突然之间觉得自己一下子超越了自我，有了强烈的宗教情怀，从这点来看可以说宗教信仰其实就是一种病理的现象。有一个科学家发明了一个能够对大脑进行电磁刺激的头盔，戴上它，加上变化的磁场刺激以后有很多人就出现幻觉，发现某种不存在的东西，看到神出现了，所以有人叫这个头盔是上帝头盔。但不是所有人都有这样的反应。著名的无神论者道金斯去试过，他戴上这个头盔后并没有看到上帝，只是感到有点儿不舒服。去年还有个研究，如果右顶叶，也就是右耳朵上方大脑的一个区域，受损就容易产生宗教的情怀，就很容易相信神。受损越厉害，信仰上帝就越虔诚。从这个角度看，可以说信仰宗教实际就是一种"脑残"行为。

根据这几方面的科学的研究结果，我们可以得出这样一个结论，上帝这种假设不仅是没有必要的，而且是荒唐的。历史上有一个故事，拿破仑时代著名天文学家拉普拉斯构建了一个天文模型，拿破仑说你的天文学里面为什么没有上帝的位置。拉普拉斯回答说他不需要上帝的假设。后来的科学研究基本上遵循这一条路子来的，在做科研时不做、不信上帝的假设。但是现在的这些科学的研究结果可以说明，我们不仅不需要上帝的假设，而且我们认为这种假设是荒唐的，是荒谬的。我们不仅不相信上帝的存在，而且相信上帝不存在。

我们的这种信念有科学的基础，所以就会特别地自信。在历史上，包括到现在，有很多的大学者，他们虽然不信神，但是他们不说自己是无神论者，而说自己是不可知论者，甚至达尔文、爱因斯坦、罗素有时候也这么说。也就是说，他们不相信存在上帝，但是他们不排除这个存在的可能性，就是给上帝留一个余地，我现在不信，但是如果以后有人能够证明上帝存在，那我再来相信。这就给有神论留了一个余地。所以不可知论就是一种懦弱的、胆小的无神论，不敢真正面对自己的信仰。那也是因为局限于当时的科学研究水平，不敢把话说死。我们现在已经有这么充分的科学证据能够说明，认为上帝存在是荒谬的，那我们为什么不敢大胆地说我就是无神论者，我不仅不相信上帝的存在，而且相信上帝是不存在的？

所以建立在科学基础上的无神论，首先让我们的态度非常鲜明，其次让我们的信念非常坚定。因为你想通了，这个信念是有可靠的基础的，那就是科学基础，世界上没有什么东西比科学更可靠。既然科学的发现已经说明了宗教信仰只是一种病理的现象，是一种脑残的现象，我们当然没有必要去相信，所以会特别地坚定。经常有一些信神的人，一些基督教徒跟我争论的时候说，你现在不明白，以后你也会像我一样从无神论者变成有神论者，去相信上帝的。有一些华人基督徒确实以前是不信神的，去美国后遇到传教士传教，信了。但是他们忘了一个区别，就是他们以前当无神论者的时候是跟阿猫阿狗一样的，处于一种无知的状态，而我当无神论者是经过思考的、自觉的行为，有可靠的科学基础的，除非说我上面列举的四条科学的理由被以后的科学发展推翻了，我才会说神的确可能存在，我以前错了。但是这些科学的成果是不可能被推翻的，因为它们是一些基本的科学事实，特别是天文学、宇宙学、生物学这些基本知识，在我看来是不可能被推翻的，那么我就不可能以后会突然之间变成了一个有神论者。如果我哪一天突然变成有神论者，突然忏悔了，那大家记住，一定是我脑残了，我那个时候说的话是不算数的。

文人很喜欢宗教，不仅中国的文人，国外的文人也都很喜欢宗教，原因是他们觉得信了神才让这个世界变得有意义，这个宇宙才有意义，宇宙是执行上帝的计划的，然后人生才变得有意义。他们不喜欢天文学、宇宙学，尤其不喜欢进化论，因为他们认为进化论把世界描绘得冷冰冰的，描绘得特别机械，让宇宙、世界变得没有意义了。他们说如果宇宙没有意义，人生也就没有意义。宇宙的确没有意义，但是宇宙有没有意义和人生有没有意义有什么关系？宇宙没有意义，人生可以有意义。很多的不可知论者，很多的无神论者，他们都度过了充满意义的一生，没必要从宗教里面去寻找人生的意义。有的人就认为你把宇宙描绘得冷冰冰的，不仅让人生没有了意义，而且让人间失去了温暖，没有了一个老大在罩着。宇宙的确是冷冰冰的，但是在这个冷冰冰的宇宙里，可以有、也应该有充满温暖的人间。

他们那些宗教信徒很善于抱团，抱团取暖。例如上教堂、一起祈祷、在某些方面互相支持。这些很值得我们学习的。他们作为信徒能抱团取暖，我们作为无神论者为什么不能抱团取暖？我们同样可以相互支持、相互鼓励、相互帮助对不对？我们现在开这种会，也是抱团取暖的行为。去年开第一届的时候，参加者只有四十多个人，今年来了一百多个人，以后这个团会越来越大，说不定有几百人、上千人参加，不得不找个更大的地方，到一个大礼堂做报告。最后我要告诉大家的话就是，让我们无神论者也抱团取暖。

（此文是作者在 2013 年 7 月 20 日科学公园第二届中国无神论者论坛上的演讲，

来源：http://www.scipark.net/archives/9562）

坚持教育与宗教相分离

宗教教义宣传不得进校园

——试论"实行教育与宗教相分离"的一项基本要求

田心铭

《中华人民共和国教育法》第八条规定："国家实行教育与宗教相分离。任何组织和个人不得利用宗教进行妨碍国家教育制度的活动。"如何理解并在教育实践中遵循法律明确规定的"教育与宗教相分离"原则？如何分清人们的行为是符合还是违反了这一原则？这一原则可否细化为学校教育中应当遵循的若干规范性要求？这是需要联系实际从多方面深入探讨的问题。本文从教育的视角，就其中一个问题作一些探讨。笔者认为宗教教义宣传不得进入校园，应当是坚持教育与宗教相分离的一项基本要求。

一 从一本高校演讲集谈起

理论研讨可以用解剖麻雀的方法，结合个案分析展开。为了避免空泛的议论，本文从一本由高校出版的著作谈起。笔者认为，这本书的内容特别是它的由来，向我们提出了一些坚持教育与宗教相分离的原则需要研究的问题。

这本书是《科学与宗教：21 世纪的对话——英美四名家复旦演讲集》①。根据书中的"编著者简介"，该书的 4 位撰稿人中包括"英国目前最杰出的宗教哲学家"和"美国目前最杰出的宗教哲学家"。该书的"内容提要"说："本书汇集了英美四位顶尖哲学家与科学家对于宗教与科学关系问题的真知灼见。""演讲者反复申明了这样一个观点：有神论不仅完全可以和各种

---

① 徐英瑾、梅尔威利·斯图尔特：《复旦演讲集》，徐英瑾、冷欣译，复旦大学出版社 2008 年版，第 1 页。

科学理论（如宇宙发生、量子力学、进化论等）彼此相容，而且还能帮助人们理解宇宙和人生的根本意义，提供一个科学无法提供的思想框架。"

阅读全书可以看到，这个"思想框架"的核心是：上帝是存在的，世界是上帝设计和创造的。全书共12讲，4位作者每人3讲，各自构成一组，分别从不同角度紧紧围绕着这个核心思想展开。第一组是从"是什么使得一个科学理论具有成真概率"（第一讲标题）切入的，先作"从自然法则出发的对于上帝的论证"（第二讲标题），证明"有神论的理论具有了很高的成真概率"①，再作"从精确调谐出发的对于上帝的论证"（第三讲标题），论证"'精确调谐'又大大提高了上帝存在的概率"②。第二组从生物学的角度，着重讨论"达尔文进化论对神学的贡献"③，论证"作为至高无上的造物主的上帝的运作方式就是进化"④，所以"进化论是'达尔文献给神学的厚礼'"⑤。第三组的作者以生物学家的身份阐述自己提出的"进化论的创世观"，论证进化论的祖先同源论和自然选择"并未排除（甚至还强调了）上帝创造活动的真实性"⑥，因而"在进化论科学与基督教信仰之间并没有什么真正的冲突"⑦。第四组的作者是"美国目前最杰出的宗教哲学家"，他从解释"科学和宗教：争论何以还在继续"（第十讲标题）入手，论证了无论是按照旧的拉普拉斯—牛顿式的科学图景或新的量子力学的科学图景，"科学都不会和神的特殊行动（包括奇迹）相冲突，甚至也不会产生任何疑问"⑧，那么，"冲突"在哪里呢？作者通过一番量化的演算得出结论："的确存在一种宗教与科学的冲突，但它并不发生在基督教信仰与科学之间——它其实发生在自然主义与科学之间。"⑨ 而"自然主义是这样一种观点：不存在人格神或任何像神一样的东

---

① 徐英瑾、梅尔威利·斯图尔特：《复旦演讲集》，徐英瑾、冷欣译，复旦大学出版社2008年版，第43页。

② 同上书，第65页。

③ 同上书，第85页。

④ 同上书，第8页。

⑤ 同上书，第9页。

⑥ 同上书，第14—15页。

⑦ 同上书，第16页。

⑧ 同上书，第240页。

⑨ 同上书，第260页。

西"。① 总之，与科学发生冲突的不是有神论，而是不承认神的"自然主义"。

通读全书可以看到，这本 20 多万字的著作，虽然不乏科学的术语和逻辑的推论，但它通过烦琐的论证企图提供给读者的"思想框架"其实非常简单，这就是：世界是由上帝设计和创造的（毫无疑问，这是基督教最根本的教义），所以唯有有神论才能"帮助人们理解宇宙和人生的根本意义"，而科学是"无法提供"的。

显然，这是一本自始至终竭尽全力宣扬宗教教义的演讲集。

更值得注意的是这本书的由来。根据主编者在书中的介绍，这本书来自 2006 年 11 月 14 日至 12 月 22 日在复旦大学哲学学院举办的"科学与宗教"系列讲座。它"吸引了大量的复旦哲学学院（以及该校其他院系）的师生前来聆听讲座"。"主要举办地点就是光华楼西楼哲学学院 2501 教室。讲座进行时，教室内每每座无虚席，甚至室外走廊内也常常站满了觅不到座位的听众。"② 为了提高对听众的吸引力，每次讲座都在光华楼底楼张贴宣传海报，在哲学学院的各个楼层张贴数张副本，在"日月光华"BBS 上积极发帖，广作宣传。讲座得到美国邓普顿（Templeton）基金会的资助。对讲座有兴趣者"可免费获取由讲座举办者与基督教哲学协会提供的相关读物"。③ 按照主编者的描述，讲座获得了成功，并安排了多次"庆功晚宴"。在最后一场晚宴上，"我们充分领略到了学生回报给此系列讲座的巨大热情，其情其景，实在令人难以忘怀。"④

关于讲座后本书的出版，主编者告诉我们："通过纸媒的传播，我们希望从复旦校园光华楼 2501 室传出的声音能够被更多的中国听众听到。"⑤"本书的出版工作得到了美国 Templeton 基金会的资助。本书的编译过程所涉及的研究工作得到了全国优秀博士学位论文作者专项资金资助项目（编号 200701）的资助。"⑥

可见，这个系列讲座是在外国基金会资助下，在我国一所著名高校的

---

① 徐英瑾、梅尔威利·斯图尔特：《复旦演讲集》，徐英瑾、冷欣译，复旦大学出版社 2008 年版，第 241 页。

② 同上书，第 1 页。

③ 同上。

④ 同上。

⑤ 同上书，第 26 页。

⑥ 同上书，第 262 页。

讲坛上，面向该校师生所作的公开的教义宣传。这本书是在外国基金会和国内教育专项资金共同资助下，由高校出版社出版的校内演讲集，它旨在"通过纸媒的传播"让外国演讲者在中国高校教室内发出的传播基督教教义的声音"能够被更多的中国听众听到"。

由此，笔者想到了以下需要探讨的问题。

二 宗教教义宣传能不能进入中国校园

《复旦演讲集》首先向我们提出了这样一个问题：如何看待宗教教义（在这一具体事例中，是基督教教义）宣传进入了中国高等学校校园这个事实？学校是专门从事教育的场所，是国民教育最重要的基地。因此，从理论上说，这个问题是关于教育与宗教的关系问题。

研究教育与宗教的关系，必须坚持正确的方法论原则。从根本上说，这就是必须坚持以马克思主义为指导，从中国实际出发。各国有不同的国情。比如，《复旦演讲集》的4位作者来自英美两国，而这两国的法律对于宗教与国民教育的关系就各有不同的规定。在美国，按照法律规定，实行政教分离，公立学校不准进行宗教教育，私立学校允许进行宗教教育；而英国则规定基督教圣公会为国教，公立学校必须进行宗教教育，中小学必须教授宗教课。① 离开不同国家的国情谈论教育与宗教的关系是没有意义的。我们所要讨论的，是在当代中国发生的教育与宗教的关系问题。

从教育的视角看宗教应当在什么位置，或者说，在我国教育中宗教是否应当占有一席之地？讨论这个问题，必须以中国基本国情及由此决定的中国教育的根本目的和培养目标为出发点。《中华人民共和国宪法》规定了我国人民民主专政的国体，规定了我国社会主义的政治制度和经济制度，规定了国家的指导思想是马克思列宁主义、毛泽东思想、邓小平理论和"三个代表"重要思想，规定了"国家的根本任务是，沿着中国特色社会主义道路，集中力量进行社会主义现代化建设"。"中国特色社会主义"是13亿中国人民正在走的道路，正在从事的事业是中国人民共同的根本利益所在。这就是当代中国最基本的国情。我国的教育及其与宗教的关

---

① 刘金光：《世界各国对宗教的立法及实践》，《宗教与世界》2011年第10期。

系，必须置于这一背景之下来认识。

教育是培养人的事业。教育的根本问题是培养什么人、如何培养人的问题。我国的教育事业是建设中国特色社会主义事业的一个组成部分。党和国家对教育根本问题的回答集中体现在我国的教育方针之中。我国的教育方针是："坚持教育为社会主义现代化建设服务，为人民服务，与生产劳动和社会实践相结合，培养德智体美全面发展的社会主义建设者和接班人。"① 按照这样的规定，我国为什么要办教育，为什么要培养人？"为社会主义现代化建设服务，为人民服务。"这就是教育的根本目的。我国的教育要培养什么人？"培养德智体美全面发展的社会主义建设者和接班人"，这就是教育的培养目标。在中国，讨论任何关于教育的问题，都必须以教育方针规定的教育目的和培养目标为出发点。

按照这样的教育目的和培养目标，我国的教育应该用什么思想去教育学生，"帮助人们理解宇宙和人生的根本意义"呢？

我国宪法第二十四条规定："国家提倡爱祖国、爱人民、爱科学、爱社会主义的公德，在人民中进行爱国主义、集体主义和国际主义、共产主义的教育，进行辩证唯物主义和历史唯物主义的教育，反对资本主义的、封建主义的和其他的腐朽思想。"这一规定为我们讨论思想教育所应有的内容、辨析不同观点的是非曲直提供了最根本的法律依据。对于我国国民教育中思想教育的内容，随着社会实践和理论的发展，党的几代领导人以及党和国家的各种重要文献中作过大量阐述。党中央关于"社会主义核心价值体系"的论述，是对思想教育内容的一次重要的概括、整合。2006 年10 月，党的十六届六中全会通过的决定提出："坚持把社会主义核心价值体系融入国民教育和精神文明建设全过程、贯穿现代化建设各方面。"这一决定把应当融汇在我国国民教育全过程中的思想教育的基本内容整合成了"社会主义核心价值体系"这一概念，并且明确概括了这一体系的四个方面的基本内容，这就是："马克思主义指导思想，中国特色社会主义共同理想，以爱国主义为核心的民族精神和以改革创新为核心的时代精神，社会主义荣辱观。"② 这里所说的"社会主义荣辱观"，按照胡锦涛同志的

---

① 胡锦涛：《推动教育事业科学发展》，《十七大以来重要文献选编》（中），中央文献出版社 2011 年版，第 877 页。

② 《十六大以来重要文献选编》（下），中央文献出版社 2008 年版，第 661 页。

阐述，其主要内容是"八荣八耻"，其中包括"以崇尚科学为荣、以愚昧无知为耻"。①

社会主义核心价值体系是一个以马克思主义指导思想为灵魂、以中国特色社会主义共同理想为核心的有机整体。因此，把社会主义核心价值体系融入国民教育全过程，要求我们始终坚持用马克思主义的科学世界观去教育学生。这一科学世界观的哲学理论基础，就是载入了我国宪法的辩证唯物主义和历史唯物主义。这是一个彻底唯物主义的、决不同任何唯心主义、任何有神论相妥协的科学世界观。马克思、恩格斯创立的科学社会主义的基本原理，始终是建立在辩证唯物主义和历史唯物主义的基础之上的。离开这一哲学世界观基础，就没有科学社会主义基本原理同中国实际、时代特征相结合的中国特色社会主义。离开辩证唯物主义和历史唯物主义哲学世界观的教育，就不能培养出中国特色社会主义的合格建设者和可靠接班人。

由上述可见，在我们这个以马克思主义为指导思想的社会主义国家，为了服务于建设中国特色社会主义的大业，为了培养德智体美全面发展的社会主义建设者和接班人，国民教育必须与宗教相分离。除宗教组织依法依规举办的宗教院校外，学校教育和社会公共教育不仅不能容纳宗教教义的宣传，而且应该大力传播在世界观上与之根本对立的辩证唯物主义和历史唯物主义思想，大力传播崇尚科学的精神。对此，国家宪法和法律已有明确规定，党的理论和政策作了充分阐述和论证。因此，宗教教义宣传不能进学校、进课堂，是"国家实行教育与宗教相分离"的重要体现，是坚持这一原则的一项基本要求。在外国资助下，利用国家教育资源，在我国高校开设系列讲座，在"理解宇宙和人生的根本意义"的名义下向师生大力推销宗教教义，又以高校为基地向社会传播，这种做法，于理无凭，于法无据，既悖于理，又违于法，是同我国教育的根本目的、培养目标相背离的，是同党和国家的政策、法规明确规定的教育方针相背离的。

但是，社会生活是复杂的，不同事物之间是相互关联的。讨论教育与宗教的关系问题，不能不涉及它们同文化的关系。从文化的角度看，宗教是否可以进入校园呢？本文以下就此作进一步的讨论。

---

① 胡锦涛：《牢固树立社会主义荣辱观》，《十六大以来重要文献选编》（下），中央文献出版社 2008 年版，第 317 页。

三 教育、宗教与文化

近年来，宗教在一些地方是顶着文化的名分，以宗教文化的名义进入学校的。这一值得注意的现象，为我们深入理解教育与宗教相分离的原则、认识和处理教育与宗教的关系提出了一些新的问题。

"文化"是一个多义词，在不同场合有不同的用法。毛泽东在《新民主主义论》中概括了马克思主义关于经济、政治与文化关系的理论。他指出，一定的文化是一定社会的政治和经济的反映，又给予伟大影响和作用于一定社会的政治和经济。1997年，党的十五大将党的基本路线在经济、政治、文化等方面展开，论述了建设有中国特色社会主义的经济、政治、文化的基本目标和基本政策，构成了"党在社会主义初级阶段的基本纲领"。① 由此可见，在我们党的基本理论中，"文化"是同经济、政治相对应的范畴，是指社会的精神生活及其产物。我们应该在这个意义上来讨论文化与教育、宗教的关系。

按照这样的理解，宗教虽然不只是文化，但它确实是一种文化现象，文化中包括了宗教，因而我们需要从文化的视角去考察宗教。在我国，法律规定了教育与宗教相分离，但并没有、也不会规定文化与宗教相分离的，而教育又是同文化不可分的，学校是文化研究和传承的重要场所，那么，宗教是否可以用文化的名义进入学校呢？

"宗教是文化，文化应当进学校，所以宗教应当进学校。"这是一些人自觉或不自觉地表现出来的思维逻辑。如果这样的逻辑成立，那么，按照它去看宗教与教育的关系，一切宗教都将能以文化的名义进入学校，学校就会成为宗教讲习所，"国家实行教育与宗教相分离"的法律规定就成了一纸空文，甚至成了有悖于理的不应该作出的规定。显然，这种用"文化"把宗教包裹起来送进校园的逻辑是站不住脚的。那么，它究竟错在哪里呢？

这个问题涉及教育、宗教和文化三个相互关联又相互区别的领域。如果我们以发展中国特色社会主义教育为旨归，从教育的视角来看文化与宗教的关系，那么，以下几个问题是应该值得研究的。

———————————

① 《十五大以来重要文献选编》（上），人民出版社2000年版，第19页。

（一）对文化必须作具体分析

如前所述，文化是社会生活的一个领域，即同经济、政治相区别、相对应的领域。我们看到，在这一领域存在着多种多样不同性质、不同作用的精神因素、社会意识现象。虽然构成文化的各种要素并非全都属于意识形态范畴，但一定的文化就其总体而言属于社会的意识形态，其性质归根到底取决于经济基础的性质，同时受到政治的强烈影响，其作用终究取决于它为什么样的经济、政治服务。由此就决定了，各种文化有先进、落后与腐朽之分，对社会发展分别起着或积极或消极的不同作用，促其前进或使其倒退。文化作为软实力是一种向量，既有量的大小，更有方向的不同，是一定的向与量的统一体。当代世界各国之间的竞争，包括文化软实力的竞争。文化软实力在综合国力竞争中的地位和作用日益凸显出来。各国文化在交流中既有交融，又有交锋。这种交锋，已经使维护国家安全成为一项艰巨的任务。①

因此，我们不能笼统地谈论文化的传播和发展。党和国家历来强调坚持社会主义先进文化方向，要求培养高度的文化自觉和文化自信，坚持中国特色社会主义文化发展道路，建设社会主义文化强国。当代中国的先进文化，就是"中国特色社会主义文化"，它是中国的，又是社会主义的，是这二者的统一。高校作为我国重要的文化基地，必须按照党和国家的要求，自觉地运用马克思主义指导思想、社会主义核心价值体系引领社会思潮和文化发展。因此，我们应该科学分析复杂的社会文化现象，辨析不同性质、不同指向的文化，区别对待，特别是要自觉划清社会主义思想文化同封建主义、资本主义腐朽思想文化的界限，大力发展先进文化，支持健康有益文化，努力改造落后文化，坚决抵制腐朽文化。

那种以文化的名义为宗教教义宣传进校园辩护的观点之所以不正确，首先就在于它抹杀了不同文化在性质和社会作用上的区别乃至对立。如果把"文化"当成一个什么都可以装的"筐"，把良莠不齐的各种思想、观点包括宗教教义统统装进筐里，不区分筐内不同的货色，堂而皇之地一起包装起来，请进学校，兜售给学生，再利用学校的资源和名义向社会散发，这是同坚持社会主义先进文化前进方向的方针相背离的。

（二）对宗教与文化的关系必须深入分析

从教育的视角看宗教与文化的关系，有两方面的情况是不能不注

---

① 田心铭：《文化软实力是向与量的统一》，《红旗文稿》2012 年第 2 期。

意的。

其一，宗教作为文化包含着多方面复杂的内容

宗教是以有神论为核心观念的意识形态，但宗教之所以成为值得珍惜的、应当给予批判继承的文化，并非是因为它的有神论虚幻观念，而是因为它包含着广泛的思想文化内容。社会意识的各种形式并非是分别以单纯的形态彼此孤立地存在的，它们相互关联、相互渗透，你中有我，我中有你，交错并存，构成了社会的文化。宗教作为人类历史上最先产生的意识形式之一，尤其如此。宗教曾经"是这个世界的总理论，是它的包罗万象的纲领"。① 尤其在欧洲中世纪，如恩格斯所言，"中世纪的历史只知道一种形式的意识形态，即宗教和神学"，"中世纪把意识形态的其他一切形式——哲学、政治、法学，都合并到神学中，使它们成为神学中的科目。"② 宗教，无论从其文献典籍、文物遗存或人们头脑中的观念来看，也无论从其历史发展或现实状况来看，都包含着极为丰富的文化内容，如政治法律思想、哲学、道德、文学、艺术，等等。它们同宗教的观念、理论浑然并存，因而宗教及其文化不仅影响了世界的历史，也关联着人与社会的未来，应当给予重视和研究。批判地继承其中一切有价值的思想文化，而不能用历史虚无主义的态度全盘否定、简单抛弃。但是，这种批判继承，应是如毛泽东所指出的，将其分解为精华和糟粕，剔除其糟粕，吸收其精华，而不能生吞活剥、兼收并蓄。当然更不能专拣其中的有神论教义加以传播。毛泽东特别论述过对宗教的研究。他说："对世界三大宗教（耶稣教、伊斯兰教、佛教），至今影响着广大人口，我们却没有知识。"为此，他要求创办"由马克思主义者领导"的研究机构和刊物，要用历史唯物主义的观点写文章。他还提出要"批判神学"，指出："不批判神学就不能写好哲学史，也不能写好文学史或世界史。"③

在我国高校中以宗教文化的名义开设的讲座，如果不批判神学，也不去讨论、阐释包含在宗教中的有价值的思想文化和曲折地反映在宗教文化中的社会历史，而是专门为上帝创造世界的教义作论证，那就曲解了"宗教是文化"，把它当成了宣传教义的借口，用宗教教义绑架了文化，把文

① 马克思：《〈黑格尔法哲学批判〉导言》，《马克思恩格斯文集》第 1 卷，人民出版社 2009 年版，第 3 页。

② 《马克思恩格斯文集》第 4 卷，人民出版社 2009 年版，第 289、310 页。

③ 《建国以来毛泽东文稿》第 10 册，中央文献出版社 1996 年版，第 470 页。

化当成了在学校宣教、传教的护身铠甲。

其二，宗教并非仅仅属于文化

"宗教是文化"并不意味着它是一种单纯的文化现象。宗教经过长期的历史发展，已成为一种复杂的综合性的社会现象。它不仅有宗教教义、宗教理论等意识形态的属于文化的因素，还是具有各种组织、教职人员和信众的社会群体。而宗教组织、宗教群体除了思想信仰外，还有其宗教仪式、传教活动等组织活动、宗教行为，有其利益诉求。宗教作为一种包含着多方面因素的社会力量出现在社会的政治、经济、文化等各个领域，有些发展成为具有广泛国际联系的世界宗教。因此，对于宗教教义宣传进入校园这一现象，不能仅仅从文化的视角去认识。除了辨析它是否符合先进文化的前进方向外，还应当联系宗教的其他方面来全面考察其社会意义。从文化视角看，基于正确世界观的科学的宗教研究和基于宗教有神论的教义宣传，所体现的是文化发展中先进与落后的差别和对立。而对于宗教来说，教义宣传则是其宗教活动的组成部分，是其中一个不可缺少的重要环节，是它争取信众、扩大影响、发展自我、影响社会、实现自身利益的活动。因此，它只能在国家有关法律、法规规定的范围内进行。同其他文化活动相比，它不能不限定于一定的场所。我国法律关于教育与宗教相分离的规定，是对教育、更是对宗教的一种限制。任何公民和组织，既不能在宗教场所进行无神论的宣传，也不能在宗教活动场所以外布道、传教，宣传有神论，散发宗教宣传品。

由于宗教与文化之间并无绝对分明和固定不变的界限，二者部分地交叉重叠，既是非此即彼的，又是亦此亦彼的，所以现实社会生活中的宗教活动和文化活动之间有一个亦此亦彼、交叉重叠的地带。有些活动既具有宗教的内容，又具有文化活动的形式。这就使宗教借文化之名传播，即文化宣教或文化传教成为可能。

文化宣教、文化传教的现象对我们坚持教育与宗教相分离的原则提出了新的问题、新的挑战。近年来，宗教以文化的名义向高校的渗透，包括境外势力主导的宗教文化宣传，已经成为不争的事实，一种值得引起高度重视的现象。① 我国高校中宗教影响的扩大，大学生中信教人数的增加，同文化宣教这种形式密切相关。对处于宗教与文化交叉重叠地带的各种现

---

① 左鹏：《宗教向高校渗透的隐性形式：文化宣教》，《科学与无神论》2010 年第 6 期。

象，应当作具体分析，不能一概而论。对校园中的这一类活动，需要通过仔细分析分别找出其主导的方面，根据主导方面辨明其基本性质，分清哪些是包含宗教内容的文化活动，哪些实质上是顶着文化名分的宗教活动，区别对待。没有分析、没有区别，就没有政策。我们应该通过总结实践经验，细化坚持教育与宗教相分离的政策法规，应对文化传教的挑战。校园中那种专事论证上帝创世说的讲座和现场免费散发"基督教哲学协会提供的相关读物"的行为，不能不说具有明显的宗教活动的性质，背离了"教育与宗教相分离"的原则。

（三）将学术研究与教义宣传区分开来

科学研究是一项重要文化活动。从教育的视角看文化与宗教的关系，不能不讨论关于宗教的学术研究与教义宣传的关系，将学术研究与文化传教区分开来。

发展科学文化是我国高等教育的一项重要任务，国家依法保障高等学校中科学研究的自由。宗教作为重要社会历史现象无疑也是学术研究的对象之一，高校根据国家、社会和人才培养的需要及自身条件设立相关机构、研究宗教问题是开展学术研究、发展科学文化的题中应有之义。此外，我们又看到，宗教教义宣传也以学术研究、学术讨论的名义出现在高校的论坛和出版物中，由它们发出的文化宣教的声音，影响了学生，也影响着社会。这是当前坚持教育与宗教相分离的原则不能不面对的一个现实问题，需要深入研究、认真对待。这里谈两点看法。

第一，高校中的宗教研究不能成为宗教的教内研究

对宗教的研究，无论从研究主体、研究的立场和方法、研究的目的和侧重点来说，都包括不同情形，可以从多个角度去划分。从教育和学校科学研究工作的角度看，有一种区分是不能忽视的，那就是宗教研究包括宗教的教内研究和教外研究。

我国宪法第三十五条规定了公民有宗教信仰自由，包括信仰宗教和不信仰宗教的自由。宪法第四十七条又规定了公民有进行科学研究和其他文化活动的自由。因此，有关宗教的学术研究，无论是在宗教内或宗教外、无论是基于信仰宗教或不信仰宗教的立场进行的，都是公民依法享有的自由。宗教组织举办宗教院校和研究机构，教职人员和宗教信徒开展宗教研究，包括论证和维护其教义，都是他们享有的自由权利。但是，这种教内研究，作为宗教活动的一部分，应该按照国家法律规定，遵守教育与宗教

相分离的原则。我国"高等教育法"第十条在规定国家依法保障高等学校中的科学研究和其他文化活动中的自由的同时，又规定："在高等学校中从事科学研究、文学艺术创作和其他文化活动，应当遵守法律。"这当然包括遵守"教育法"关于教育与宗教相分离的规定。因此，按照我国宪法和法律的精神，高等学校中的宗教研究，不能是教内研究，只能是教外研究。宗教组织及其研究机构不得以科学研究自由的名义进入学校，传播教义。专为宗教教义作论证、作辩护的教内研究，虽然具有文化活动的形式，但按其实质来说是宗教活动的构成部分，因而必须与教育相分离。宗教学术研究的自由，不能被当作在高校中以学术研究的名义宣传宗教教义的依据。

第二，宗教研究应服务于教育的根本目的和培养目标

如前所述，党和国家的教育方针规定了我国教育的目的和培养目标，包括科学研究在内的高等学校的一切工作，都应当围绕着培养中国特色社会主义的建设者和接班人展开。高等学校中的宗教研究同样如此。

高校中的宗教研究应当贯彻党中央《关于进一步繁荣发展哲学社会科学的意见》的精神，坚持马克思主义的指导地位，把马克思主义的立场、观点和方法贯穿到研究工作中，运用辩证唯物主义和历史唯物主义去观察、分析问题。党中央历来重视关于无神论的研究和宣传教育，要求把它当作一项长期任务，纳入科学研究规划和宣传思想工作的总体部署，锲而不舍地进行。为了贯彻落实党中央的精神，中组部、中宣部、教育部等部门在 2004 年 5 月联合下发的《关于进一步加强马克思主义无神论研究和宣传教育工作的通知》中提出，各级各类学校是进行马克思主义无神论宣传教育的重要阵地，要把马克思主义无神论宣传教育列入政治理论课、思想品德课和有关专业课程的教学大纲，开展宣传教育，落到实处；深入开展马克思主义无神论研究，是繁荣哲学社会科学的一项重要任务，要在课题指南等导向性文件中涉及无神论研究方面的内容，给予立项资助；要加强马克思主义无神论学科建设和人才培养，办好无神论研究机构和高校有关专业，建立和培养一支用马克思主义武装起来的无神论研究工作队伍。

显然，按照党和国家的要求，我国高等学校的宗教研究，决不能成为传播宗教教义的场所，相反，应当成为马克思主义无神论研究、宣传、教育的思想理论阵地和学术园地，成为马克思主义无神论研究人才的培养基地。只有这样，才能帮助学生牢固树立正确的世界观、人生观、价值观，

才能服务于中国特色社会主义教育的根本目的。

综上所述，我们应该结合对现实问题的研究，总结实践经验，将教育与宗教相分离的法律原则细化为学校教育中应该遵循的若干规范。在笔者看来，宗教教义宣传不得进入学校，应该是其中一项不可缺少的基本要求。面对当前一些高校出现的文化宣教现象，明确规定宗教教义宣传不得进入校园，具有现实的必要性、重要性和紧迫性。

（原载《科学与无神论》2013 年第 1 期）

恭喜关于"教育与宗教相分离"调研中的新成果

杜继文

这是中国社会科学院科学与无神论研究中心成立几年来，在习五一同志的率领下，由三位新毕业的博士负责生产出来的第一个产品，令人高兴，令人欣慰。科学无神论是启明的事业，前途无量，因为它符合人类文明发展的大道，适应科教兴国的迫切需要，要为实现民族伟大复兴的中国梦，艰难而坚实地一步步开路。

为什么对研究科学无神论稍有进展就喜出望外？现在就从一个侧面来讲讲。《吉米·卡特总统的回忆录》，记载了他在任期间与邓小平同志在一次宴会桌前的谈话，其中卡特"很风趣地谈到了我孩提时代就很感兴趣的基督教传教士的传教计划，他（邓）不无勉强地承认也有些好的传教士到过中国，但是他又坚持说有许多传教士到中国去，只是要改变东方的生活方式，使之西方化——他极力反对恢复外国传教士传教计划，并说中国基督徒也同意他的看法"。

卡特这里所说的"传教计划"是什么，邓小平为什么"极力反对"？《回忆录》没有说明。但我知道确实有这么一个，说起来有上百年了，那就是在 1894 年的一次基督教国际会议上以美国基督教领袖约翰穆德为首提出的"为基督征服世界"。1913 年这个约翰穆德在中国召集基督教各个差会的领导人开会，发起了"基督教占领中国运动"；其活动之一，是从 1918 年开始开展"对中国基督教现状和有关中国国情"的全面调研，1922 年完成，并以 The Christian Occupation of China 和《中华归主》英中两种文本出版。也就在 1922 年 4 月初，他在清华学校（清华大学前身）召开了世界基督教学生同盟第 11 次大会，旨在我国推动"基督教学生运动"和"普世教会运动"，控制我们民族发展的未来，由此触发了中国"非基督教学生同盟"的成立和全国性的"非基督教运动"的开展。这是继五四运动的又一次全国性的爱国主义运动。它的意义和影响也异常深远，直到1949年新中国成立，才使这个占领中国的传教计划，彻底失败，一方面是教育权完全收归国有，另一方面是中国基督教有了自己独立的教会，使外国势力插手我国教育和教会的事几乎成为不可能。中美建交，是外交史上的大事，凭借卡特在中国人心目中比较良好的印象，他向邓小平再次提出美国的基督教传教计划，并受到"极力反对"，也是情理之中的事。

　　然而，"基督教占领中国运动"实际上已经成了美国对华的一项持久的战略，并没有因为总统的定期更迭而有根本性变化。早在卡特接任总统的福特任上，即1977年，美国在弗吉尼亚注册成立了"维真大学"（regen university），据这个大学自称，它的性质是"作为基督教思想和行动的世界中心"；"使命是将基督教教义与世界一流教育界合在一起——致力于将高质量教育与圣经教育结合在一起"；任务是"在世界范围"，培养"具备基督教思想武装的领导俊才"。简言之，这所大学的成立，完全是"为基督征服世界"培训骨干力量，特别是在各国一流教育界进行"思想和行动"的。它的规模，在公布这个信息的那年，"共有4000个本科生及硕士、博士生在弗吉尼亚校本部和网上在线学习。学生来自世界57个国家。在世界范围，约有10000毕业生正在各方面起着重要作用"。它在中国的情况不明，但加拿大有个"维真学院"（Regent College）则与中国"一流的教育界"——包括"社会科学院界"的关系异常密切，几乎有关基督教研究和教学的新手，大都被派往这里培训或"学习"过，只要问问有关的院校和研究机构，没有去过的可能非常稀罕。据这个学院的自我介绍，它"是一所国际性的基督教福音派神学教育、研究机构，位于加拿大卑诗省温哥华市卑诗大学校园内。维真成立于1968年，除了训练神职人员，也为平信徒提供研究所程度的神学训练"。"香港是继学院坐落在温哥华后，全世界第二多校友的城市。"如此说来，"维真学院"很可能是"维真大学"的范本，而香港则是它的第二个基地。维真学院的中国部主任加籍华裔神学家许志伟就是香港大学的兼职教授，他的神学著作获香港"道风学术奖"，更是中国大陆的常客。他被北京大学、复旦大学和四川大学聘为兼职教授，并专为"中国学术界基督教研究领域的新生代"主编了"维真基督教文化丛书"；他本人的著作《基督教神学思想导论》则由世界宗教研究所所长作序。

　　一般认为，卡特当选总统有20世纪70年代的基督教复兴运动"耶稣运动"的背景，所以在他执政期间，将"人权"宣布为美国外交的基石，宗教自由被列为最重要的人权。它的意义，从蔡元培时代认定"宗教是违反人权的"可知，时空的演化令文明的尺度有了多么巨大的变化。到了克林顿任总统时期，更颁布了《1998年国际宗教自由法案》，直截了当地把宗教自由规定为美国对外关系的基石了。然而令人惊异的是，这个法案及其连带公布的《国际宗教自由报告》，同它的"人权报告"一样，对美国本国一律无效，是专为世界其他国家的立法。由此也可以知道这些法案和报告的虚伪性和欺诈性。按美国官方解释，"宗教自由"是美国的"建国之本，生存基础"，"最首要的自由"，从而把"为基督征服世界"的传教计划提高到美国得以生存和维护自身自由的高度，于是开动全部国家机器和组织各种非政府机构全力推行基督教的对外战略，到了空前的程度。

　　中国的宗教状况，在美国每期的《人权报告》和《国际宗教自由报告》中都是被泼污和攻击的对象。它的公共效用之一，是涂改宗教自由的内涵，制造混乱。这也像它的人权一样，"人权"高于"主权"，它的宗教自由，同样高于国家宪法和国家主权。这是美国之所以拒绝"人权"和"宗教自由"在其本国实行，而专用于其他国度的根本原因。但这对我们国内的影响却非同小可，那就是将宗教自由解读为宗教无政府主义或宗教世界主义，据此而诋毁和要求修改我国宪法之声屡有所闻，《教育法》明确规定"国家实行教育与宗教相分离"，即使在有关当局似乎也置若无物。听说党的19号文件太"左"了，一些权威专家正在试图用什么"宗教观"取而代之。很多同志感到目前国内的宗教乱象很多但又说不清楚，要害之一，是让外国人的话语垄断把是非弄颠倒了。

　　里根当政时期，正值苏东瓦解，社会主义运动陷入低潮；那些原有的社会主义国家，尤其是东欧部分，都有历史久远的宗教传统，西方反共势力给予这些宗教以特定的政治含义，起了一定的作用，由此引起一些政客和神学家的兴奋，似乎是宗教因素导致了这一历史性的剧变。所以有位"中国人"把里根描绘成将"上帝的公义"同"美国的国家安全"熔铸在一起，把"埋葬共产制度"当作上帝赋予的"历史使命"而成为"美国历史上最伟大的总统之一"，以致当面劝告小布什总统也"帮助中国发生这种变化"，于是"基督教占领中国运动"，就直接转化成抹黑和颠覆人民政权的政治活动——我们国家就称这类活动为"宗教渗透"。

中央对"宗教渗透"早有觉察。1990 年 4 月，陈云同志给江泽民同志写信，略谓：

"最近看到几份有关宗教渗透日益严重，特别是在新形势下披着宗教外衣从事反革命活动日益猖獗的材料，深感不安。利用宗教，同我们争夺群众尤其是青年，历来是国内外阶级敌人的一个惯用伎俩，也是某些共产党领导的国家丢失政权的一个惨痛教训。现在是中央应该切切实实地抓一抓这件大事的时候了。在这方面务必使它不能成为新的不安定的因素。"

江泽民同志立即将此信批转中央其他几位领导同志阅看，并指出：

"陈云同志提出的问题很重要，确实需要引起各级党委和政府重视和警觉，千万不能麻痹大意，要及早采取有力措施，否则会酿成严重后果。"

然而为什么 20 多年来实际成效并不那么显著？原因可能是多方面的，我这里只讲点认识上的问题：第一，人们对"宗教"的认识不一致；第二，人们对"宗教渗透"的认识也不一致。

在对于宗教的认识上，能够左右全国局面的观点大约有两种，一种以《马克思主义宗教观必须与时俱进》为代表，包括某些党政干部提倡利用宗教以巩固执政党地位，以及海内外反体制的宗教势力宣扬宗教为西方文明和道德的载体，力主用宗教填补当代中国的"信仰危机"或"精神空白"。这二者看来立场相反，但思路高度一致，就是开放宗教，扶植宗教，把宗教当救命法宝似的供奉和粉饰。另一种是提出为"教徒群众"服务，鼓励发挥宗教的"积极作用"，一心设想宗教和谐的蓝图，有意或无意地掩饰宗教矛盾和宗教冲突在全球的蔓延。于是，我国宪法规定的宗教信仰自由，也就被人为地与美国的《国际宗教自由法案》挂起钩来，似乎也是只承认信教有自由，没有不信教的自由；而且一旦"自由"，就可以目无国法，成为不可限制的权力；与此相应，无神论则被定为破坏社会稳定、反对宗教自由的"极左"思潮，多方打压，令人不知现在是什么时代，身在何方域中。

在这类属于认识领域的话语背后，实际存在一个极普通的逻辑问题，我认为应该澄清，那就是，"宗教"作为一个概念，在严肃的思想交流中存在歧义；"宗教渗透"作为一个判断，在执政党的成员之间存在不同的理解。

人所共知，我们国家法律上承认、保护和管理的宗教，一直是佛教、道教、伊斯兰教、基督教和天主教这五个在国家注册的宗教团体。与这五个宗教有关的话语，多是积极、和谐、尊重、服务等，这无疑反映了这些宗教团体的历史和现实的真实一面；但在学术研究领域，往往并不限于这个范围，例如将民间信仰称作民间宗教，把会道门称作秘密宗教是常有的事，一度还发生过迷信与宗教有无区别的学术争论，然而这都没有发展成观念和政策性的对立。近几十年就不同了，譬如说，杨凤岗多年以中国人民大学为基地经营和推销"宗教市场论"，将中国的宗教分为"三色"，把国家明令取缔的邪教，处于非法状态的各种教会，统统囊括在"宗教"这个概念里，从而鼓动它们与国家承认的"宗教"在同一个社会大市场中自由竞争，并且提出一个越强势，越排他，也就越能够壮大起来法则——这个"宗教"概念，与我们国家法定的就很不相同了，但同美国观察和裁决中国的"宗教"则完全一致。所以美国可以用"宗教"自由的名义，收容邪教，储备邪教，推动邪教捣乱，为家庭教会撑腰，扶植地下教会扩展，而我们在反制美国人权报告或宗教自由报告时，屡屡表明我国宗教信仰是充分自由的，甚至可以历数我们这方面取得的进展，但是，这全没有用，因为我们指谓的宗教与美国指谓的宗教不论在内涵和外延上都不是一回事。这种概念上的歧义，在我们国内不同人群中也极其常见，甚至同一个人在不同的场合所指谓的宗教，也不一定是一个概念。例如，一些反体制的主张，可以大讲宗教的积极作用，斥责无神论的邪恶，从而为某些党政领导喜爱和接纳，其实，那些言论中的"宗教"绝对不限于五大宗教，或许主要不是指五大宗教。我们科学无神论所揭示与抨击的鬼神论，从来没有针对合法宗教及其信仰活动，而是指宗教渗透势力及其向党政机关和文化教育领域的侵入，以及他们力挺"宗教"占领社会公共资源，违犯国家《宪法》和《教育法》的言行。但在反无神论的各色专家那里，我们就变成了反对我国合法宗教和广大信徒的恶势力。与此类似，有些官员和学者宣称我国的宗教是和谐的，它们可以发挥积极作用；从事宗教渗透的活动分子也说宗教是和谐的，可以起积极作用，好像英雄所见略同，走的是一条路，从来没有人揭示，此二者使用的"宗教"并不是一个概念。有人或许是真糊涂，有人肯定是装糊涂。真糊涂遇见装糊涂，问题就大了。毛泽东曾要求党的干部学点逻辑，我们今天用语，不仅要知道它的语源和本义，而且还要知道它的内涵和外延；人云亦云，丧失了主体性，进入他人的话语圈子，做长辈的误人误己，掌权的误国误民。

类似的问题还有"宗教研究"。现在的许多专家研究宗教，不称"宗教研究",而称"宗教学"研究。北大哲学系挂上另一个招牌就叫"宗教学系",而不称宗教研究系。为什么？据说这是为了表明宗教是一个独立的"学科",而不是宗教团体或神学院。按照这个标准,中国社会科学院的世界宗教研究所就应该改称"世界宗教学研究所"了。只要做点调查就会发现,这"宗教学"确实是一个学科,但它的起源和从事的恰恰是基督教神学并多出在宗教机构里,是一个标准的神学学科。这个学科得到了很大的发展,它有自己独特的立场、观点和方法、成果；现在它包容的范围越来越大,马克思主义宗教观有幸也变成了它的一支；陈垣、汤用彤也都成了宗教学家,于是宗教学的势头大涨,据说已经超过哲学,所以要从哲学的二级学科的地位解放出来,上升为一级学科了；而无神论则被安排在宗教学之下作它的附属学科,接受宗教学的审判、丑化、攻击和遮蔽。

总之,由于宗教的概念不清,于是也就有了对"宗教渗透"的歧解。譬如我们认为,"文化传教"就是最露骨最猖獗的宗教渗透。历史上,帝国主义侵略大都是文化先行,基督教在中国特别着力办出版,办学校,就是围绕"抓脑袋"、"抓脊背"、"控制中国舆论"来做的,所以一般史学家称基督教对中国的传教为"文化侵略"。现在有权威专家把"宗教是文化"当作新发现了,于是"宗教文化"就成了好东西,如果不让宗教走上宽阔的社会公共领域,进入大学和科研机构,如何实现它那么多的"积极"作用？什么道德教化、社会和谐,填补信仰空白,导向精神归宿——而当前宗教渗透最普遍的表现,恰在基督教以文化和学术的形态,用我们熟悉或不熟悉的概念或命题当成时尚传播开来,并让我们的一些当权者和学者误作是一种正常的,理所当然的现象接纳和盲从。此中最有代表性并形成规模的是"汉语基督教神学运动"。关于这个运动的一些情况,《科学与无神论》零碎地提到一些,但并不系统。按这一运动的初衷及其全部活动看,它依然是基督教占领中国的继续,但它的深度和广度,以及会如此之一路顺风,不仅没有遭到阻拦,而且步步高升,连他们海外的策动者和活动家也是喜出望外——这次习五一他们在首都几所大学的调研,很可能触动这一运动的边缘。但还需要韧力,打破砂锅问到底；边做边学,在调研过程开眼界、长知识、做学问、成人才。

我这里讲点题外话。台湾有位"大师",监修《中国佛教经典宝藏精选白话版》丛书130余种,特别组织大陆的学者为之撰稿,用美元支付稿费。这套丛书的《编序》,传达"大师发了两个大愿力——一是将'文化大革命'浩劫断灭将尽的中国佛教命脉唤醒复苏，二是全力扶持大陆残存的老中青三代佛教学者之生活生计"。写这序文的时间大约在1996年，到了去年，这位大师为挽救中国佛教命脉和救济大陆佛教学者残生的宏愿效果就显示出来了：北京大学请他去向莘莘学子宣讲"禅文化"，训以"禅人生"，并因此而被聘为北大的"荣誉教授"云云。两岸统一是全体中国人的期望，这位大师在"统一"中起过什么作用，熟悉的人大约都知道。但由于他讲的是佛教，属于中国的传统文化；他又承认"九二共识"，总比"台独"要好，所以倍加礼遇可以理解，但就此可不顾其他了？且不说他那"宏愿"，一批文人忍下了，但北京大学当局就不知道"国家实行教育与宗教相分离"应该遵守？有些单位，为了完成本单位的某项任务，有时会把宪法和《教育法》等抛在脑后，至少客观上助长了非法传教活动的气焰。北京大学有了"宗教学系"的招牌就可以享有聘任外国传教士和神学家做什么教授的特权？这特权是谁给的？北大历来以蔡元培担任过校长，实施"兼容并蓄"的办校方针为骄傲，但他却异常地强调，学校绝对不能容忍宗教神学教学和宗教职业者参与，这点常识也不知道？

在海外操作的宗教渗透中，出版界是一大领域，这也是基督教占领中国运动最惯用的手段。汉语基督教神学运动充分发挥了这一手段的功能，译介西方的基督教神学论著进入大陆，成了它迈出的第一步，而且是最可持续的一步。因此，我们可以看到北京大学出版社出版"基督教文化译丛"12种，中国人民大学出版社出版《历代基督教经典思想文库》12种，中国社会科学出版社出版"维真基督教文化丛书"8种，它们几乎同时运作起来。

之后就多了，多到难以枚举。这里只举几个读者可能感到惊讶的例子："中央编译出版社"于2005年出版了"清华哲学翻译系列"，其中的"北美宗教文化专集"共收4种译籍：《理智设计论》、《福音派与基督教的未来》、《认识美国基要派与福音派》、《上帝与理性》。其中第一种即是通称的"智能设计论"，是美国宗教势力力图进入国民教育系统以对抗科学进化论而最终失败的名著。接着，2006年该社又被"授权"出版了中文简体本《"审判"达尔文》，第二次印刷发行了《达尔文的黑匣子》——"清华哲学翻译系列"是什么性质且不说了，这个出版社的性质却是人所共知的，现在竟转在用心传播基督教神学上，特别用在攻击进化论和新无神论运动上。

　　最新令人惊讶的是"宗教文化出版社"堂堂皇皇地出版"基督教历代名著集成系列"。版权页上特别注明"香港基督教文艺出版社授权",并在其 1954 年《编译基督教历代名著序言》明确地说明,这是"金陵神学院托事部"从 1941 年开始组织翻译的一套神学丛书。大陆解放后,1951 年托事部(基金会)决定在美国设立翻译所,继续编译,并特别标明编译此系列的目的:"自'道成肉身'以来,世界充满了一种新生力量。本丛书即所以指出二千年来这一力量在人类生命中怎样工作,并将这种力量,就是那不能动摇的信仰所发出的力量,带给中国读者。"1964 年,最后定稿的章文新在《中世纪灵修文学选集序》中说:在此书里,"我们不但可以觉得中世纪的献身行为,且更由此而习知怎样在今日实践我们生活于基督的灵中"——这两个序言彰显的动机非常清楚,非常现实,也带有非常激进的传教性质。但作为一套完整的丛书出版,大约是 1973 年以后,总计三部,三十二种(卷)——大约自 2003 年开始,则由中国基督教两会在大陆出版,"可以通过适当渠道邮购",并未对社会公开发行。到了 2010 年,为什么又要由香港的基督教文艺出版社授权给宗教文化出版社对社会公开发行?按这个出版社的性质,它是应该知道如何依法处理宗教宣教出版物的。

　　汉语基督教神学运动中的大牌学者,得到政界和学界的倚重和热捧,他们究竟干了些什么?倒是教界比较敏感,听说曾经提出质疑,但遭受冷遇。于是就出现了一种很滑稽的现象:一方面是竭力维护和支持爱国教会,并致力于促进中国本色基督教神学的建设;另一方面是依重汉语基督教神学家,或封之为"权威",或邀之参与宗教问题的决策,而这些专家学者正在构建的汉语神学即号之为"非教会神学",质言之,正是与爱国教会的神学唱对台戏的神学。

　　话归正传。我的意思是,一方面,一定要认识到美国的"基督教占领中国",不是出于哪位总统的一时兴奋,而是一个源远流长的对华战略。他们对上帝的使命感和宗教道德律的驱使,不但让亨廷顿写出了《文明冲突》,而且还写出了《我们是谁》——盎格鲁 – 基督教的苦恼也正在折磨着、考验着日益多样化的美国,而我们也要从思想文化战略上采取有力的实际可行的措施加以应对。建设科学无神论学科就是投资小、价值高、意义深、影响广、持续久远,并最具可操作性的举措。另一方面,对当前的某些"文化"动态、"学术"观点,要关注,要清醒,要思考,不能脱敏，不能跟风，不能想当然。一种战略，一种渗透，主要不是看不到、摸不着的秘密存在，它们的最终实现，必须通过最经常、最普通的活动，也就是在我们触目可见的活动中。当前对某些大学和科研、出版单位做些典型的实事求是的调研，不只对于抵御海外宗教渗透、应对西方传教计划是有力的阻击，而且对于真正贯彻"国家实行教育与宗教相分离"，依法治国，依法办教育，也大有裨益。从认真贯彻国家的教育方针，全面提高民族素质来讲，更是百年大计。我们希望，这样的调研，还需要继续全面深入，也不要停留在学术评价上。

历届中央都强调无神论的宣传教育和科学研究的重要性。特别提出，无神论研究和宣传教育是一项长期任务，需纳入科学研究规划和宣传思想工作的整体部署，锲而不舍地进行。这实际上就是要求我们把无神论的科学研究和宣传教育作为长期战略来对待。中国无神论学会作为一个群众团体，中国社会科学院科学与无神论研究中心作为一个科研机构，责无旁贷地要响应中央的号召，参与这个启蒙的事业。就像这次调研一样，由点到线，从线到面，不但把基本情况弄清，而且要在理论上有所建树。同时呼吁，有更多单位和志愿者参加进来，共同推动和建设这个学科。

（原载《科学与无神论》2013 年第 6 期）

宗教神学应当进入大学校园吗

习五一

"教育与宗教相分离"，是近现代教育制度发展的必然趋势。新中国成立后，政府将教会学校的教育权全部收归国有，建立了新型的现代教育制度，宗教完全退出国民教育体系。然而，近年来，随着"宗教热"渗透到大学校园，"教育与宗教相分离"的原则，受到公开挑战。宗教在高等院校的传教活动逐渐由秘密转向公开，特别是基督教汉语神学运动，进入大学讲堂和国家研究机构。这样扩张态势的传教中，大学生基督教徒出现比较快的增长趋势。利用公共教育资源传播宗教，属于违法行为。我们要大声疾呼，切实落实"教育与宗教相分离"，依法抵制校园的宗教渗透。

一 教育与宗教相分离是历史发展的大趋势

教育与宗教相分离的原则，是西方国家在近现代化发展的历史进程中逐步形成的。众所周知，中世纪的欧洲社会，基督教占据主导地位，上层建筑，当然包括教育体系，是在基督教的统领下生存的。这就是西方发达国家的著名大学基本上源于教会大学的历史背景。随着现代化的历史进程，大学校园中思想自由发展日益蓬勃，要求摆脱神学统治的呼声日益强烈。随着西方国家政教分离的体制逐步建立，教育与宗教相分离的原则，逐步成为历史发展的主流。当今世界，西方发达国家的著名大学都已经实现世俗化。

在近代中国，教育与宗教相分离的问题，主要是针对西方来华传教势力兴办的基督教教会学校。在近代中国新式教育体制的建设中，世俗化国立大学占据主导地位。国立大学中没有宗教神学的位置。

从宏观角度考察，如果说，西方基督教大学世俗化的动力中，自由思想家的作用比较突出的话；那么，近代中国基督教教会学校世俗化的因素，更多地来自社会变革运动的冲击。在这些波澜壮阔的社会运动中，有三大高峰，即：第一次高峰是现代教育体制的确立与五四新文化运动；第二次高峰是民族主义高涨中的非基督教运动；第三次高峰是矛头直指基督教教会学校的收回教育权运动。

在20世纪20年代的非宗教运动中，现代教育必须与宗教分离成为重要的议题。封建帝制崩溃后，思想界充满春天的生机，新型的知识分子趋向科学和理性的价值观。这种潮流导致了近代中国思想启蒙运动的兴起。大多数知识分子倾向无神论，否认存在超自然的现象，有非宗教的倾向。他们认为科学和理性可以使人们摆脱宗教的束缚，增加人类利用和控制自然的能力，从而增进人类的福祉。

1922年4月9日，在世界基督教学生同盟大会闭幕的当天，非宗教大同盟在北京大学召开第一次大会，北京大学校长蔡元培发表演说，从信仰自由的角度，阐述教会学校"诱人入教"是侵犯"人权"。他指出：

"因为现今各种宗教都是拘泥着陈腐主义，用诡诞的仪式、夸张的宣传，引起无知识人盲作的信仰，来维持传教人的生活。这完全是用外力侵入个人的精神世界，可算是侵犯人权的。我尤其反对是，那些教会的学校的青年会，用种种暗示，来诱惑未成年的学生去信仰他们的基督教。"

在演说中，蔡元培重申日前发表的《教育独立议》一文的主张，提出教育与宗教相分离的三项措施：（1）大学中不必设神学科，仅于哲学科中设宗教史、比较宗教学等；（2）各学校中均不得有宣传教义的课程，不得举行祈祷式；（3）以传教为业的人，不必参与教育事业。

就现代教育制度而言，"教育与宗教相分离"，是历届国民政府教育部一贯坚持的原则。在非宗教运动舆论的强大压力下，1925年11月16日，北京政府教育部颁发《外国人捐资设立学校请求认可办法》，明确规定"学校不得以传布宗教为宗旨"；学校的课程设置必须符合部颁标准，不得以宗教科目为必修课。收回教育权运动要求教会学校必须向中国政府注册立案，遵守中国相关教育法令。

南京国民政府成立后，加强对私立学校的管理。1929年，教育部颁布《私立学校章程》。章程规定学校要以教育为主。只准许自愿性性质的宗教活动。根据这个章程，教会学校要向政府注册，必须符合两个条件：一是"不得以宗教科目为必修科目"；二是"以中国人担任校长"。

经历非基督教运动和收回教育权运动，外国传教士控制教会大学的局面逐步被打破。30 年代，大多数教会大学向国民政府注册。教会学校不再是外国传教士掌控的培养宣教人才的基地。多数教会大学校长由中国人士担任。教育成为学校的主要目的，废除学生必须参加礼拜的规定，《圣经》课程只能是选修科。正如一位研究教会大会的学者所指出的：神学教育从基督教大学"核心位置转向边缘位置"，"从王子转变成为贫儿"。

教育与宗教相分离是现代教育制度的基本原则。公立学校内不得进行传教活动，课程与教材不得含有传教性倾向，任何组织和个人不得利用宗教进行妨碍国家教育制度的活动，这些理念自启蒙运动后逐渐为世界各国所普遍接受。

中国共产党人继承了五四新文化运动"科学与民主"的传统。新中国成立以后，政府将教会学校的教育权全部收归国有，建立了新型的现代教育制度，宗教完全退出国民教育体系。改革开放以来，中国共产党人提出科教兴国战略，推动了国家繁荣兴盛的大发展。

二　应当重视当代中国大学校园中的宗教现象

自 20 世纪 90 年代中叶以来，随着宗教热的逐渐升温，宗教在高等院校的传教活动逐渐由秘密转向公开，特别是基督教汉语神学运动，进入大学讲堂和国家研究机构。一些权威人士大力倡导"文化神学"，并积极推动这种"文化神学"成为国家研究机构和高等院校的学术方向。这种思潮已经开始影响政策制定和舆论导向。

自 2011 年至 2012 年，我和我的同事们承担了中国社科院国情调研重点项目，对北京大学等高校校园中的宗教现象，深入地进行了调查研究。近期，课题组正在撰写调研总报告。近年来很多调查研究表明，大学生的信教人数占学生总数的比例高于全国教徒占总人口的比例，而且呈逐年上升之势。当代大学生关乎我们国家和民族的未来，关乎社会主义建设事业的兴衰成败，大学生信教现象必须引起我们的高度重视。

当前高校内宗教因素与宗教氛围的日益浓厚很大程度上是各种宗教向高校校园的不断渗透的结果，显然已与《教育法》规定背道而驰。各种宗教势力，特别是海外基督教势力向高校校园不断渗透的趋势，不能不令我们对教育与宗教相分离政策的贯彻和落实心生疑虑，更为大学生世界观与人生观的养成深感担忧。

随着各种宗教传教事业大量资助宗教研究，"精心呵护"宗教的学术倾向成为学术界的主流声音。还有一些人士极力推崇基督教文化，将其诠释为"道德的源泉"、"民主的根基"，甚至是"科学的前提"。海外基督教右翼势力的"合法渗透"，主要形式是"文化交流"、"学术研究"。他们通过教育系统和研究机构，在青年知识分子中宣传基督教优秀论，将西方近现代文明归功于宗教信仰，诋毁中国的传统文化，贬低社会主义价值观。

校园基督教传播隐性方式是进入教学领域，进行文化宣教。根据我们的调查，在大学讲坛上，有些教师罔顾宗教赖以产生的社会历史基础、宗教的有神论本质及其消极性，片面强调科学的局限与宗教的优长，忽视马克思主义与科学无神论思想的教育，不利于培养学生客观理性认识宗教问题。宗教类课程任课教师在授课过程中往往带有某种宗教倾向性。例如，在一门关于基督教概论的通选课中，教师将"圣弗兰西斯的祈祷词"作为重要参考材料下发，强调"宗教不仅是一种信仰、一种价值观、一种生活方式本身，宗教更是一种文化、一种人类对世界乃至自身的理解和解说方式"，甚至是"一种人类内在的精神特质"，将基督教鼓吹为"西方世界社会群体的美善之源和精神之基"。

在学术研究中，有些高校学者以吸收当代西方最新学术观点为名，宣扬西方神学思想。比如：北京大学历史系某教授在其关于中世纪天主教教会的著作中，鼓吹天主教教会法是统合正义与仁慈之爱的法律，极力宣扬教会法相对于世俗法律的优越，其褒扬声调之高，遭到网民的严厉谴责。

在正式课程之外，海外宗教组织的奖励资助在高校也颇为盛行，加剧了高校教学过程中宗教因素的影响。北京一所著名高校，聘请外国神学家长期开课，讲授《圣经》。一些传教士以教授的身份登上大学讲台，组织出版传教著作。

海外基督教势力是如何在我国高等学府制造话语权的呢？我们可以举一个实例说明。当代国际基督教势力组织雄厚的资金，建立基金会和研究所，如：英国的天普敦基金会（John Templeton Foundaiton）和美国的发现研究所（Discoverry Institute）这样的机构，促进科学与宗教的对话，旨在调和两者的冲突，为现代宗教罩上科学的光环。天普敦基金会以数百万美元的奖励，吸引人们从事"科学与宗教合作"的研究。天普敦奖年度奖金高达 100 万美元以上，相当于宗教神学研究的诺贝尔奖。这种国际基督教势力制造的"没有基督教就没有现代科学"的思潮，已经登上中国著名高等院校的讲台。

自 2002 年以来，在约翰·邓普顿基金资助下，以北京大学为代表的国内一些著名大学连续举办"科学与宗教"系列讲座，邀请国外学者发表演讲。2002 年 5 月 10 日，在约翰·邓普顿基金资助下，由中国社会科学院世界宗教研究所与美国神学与自然科学研究中心主办、北京大学等协办的"科学与宗教"国际论坛在北大召开。据称会议成果"表明在学术层面需要重新认识科学与宗教的复杂关系"。此后，有关科学与宗教关系的讨论会在北大几乎每年都举行，并很快扩散到国内其他著名高校。2004 年，第十届中美哲学与宗教学研讨会，美国当代著名神学家普兰丁格教授发表了题为《进化与设计》的报告，从智能设计论的角度对进化论进行批判。

在英国天普敦基金会的资助下，2007 年《科学与宗教的对话》一书，收入北京大学宗教学文库，由北京大学出版社出版发行。该书汇集四位美国基督教学者在武汉大学的演讲。他们利用"基督教信仰三个传统——罗马天主教、东正教和新教"、"丰富的基督教信念"向中国青年学子说明："上帝创造了物理规律"，"宗教信念可以为科学发展提供哲学基础"等。这个系列讲座被编辑为《科学与宗教的对话》一书。这种"科学与宗教"的系列讲座，不仅在武汉大学，而且在北京大学、复旦大学等高校持续地举办，并陆续出版各种演讲集。它在高等院校产生的影响值得深入调查研究。

这种思潮已经转化为中国学者的声音。2007 年 12 月 30 日，在首都科学讲堂上，北京大学的某位教授演讲《近代科学的起源》。他声称："基督教为近代科学的兴起提供了强大支持，可以说没有基督教就没有现代科学。"

在美国基督教组织资助下，2004 年清华大学翻译出版美国威廉·邓勃斯基的《理智设计论：科学与神学之桥》。该书的作者大力推销现代版的神创论——智能设计论。作者指责进化论是一种"排外且独断的生物学研究纲领"，声称要"发表一种忠于基督教传统、坚决拒斥自然主义且促进当代科学和哲学发展的对创世的一般说明"，明确主张"上帝创造世界的行动是一切理智行为（创造性和非创造性）的典范"。如此明显的宣教、护教类神学书籍，竟被收入"清华哲学翻译文丛"之中，实在让人有些匪夷所思。

与此同时，很多具有明显宣教倾向的西方神学书籍不断以"文化研究"的名义翻译引入国内。2003 年，北京大学出版社推出"基督教文化译丛"丛书，到 2005 年年底已经出版了 12 种。该译丛从基督教的经典《圣经》与核心人物耶稣基督、基督教的历史、基督教的教义与神学思想，乃至基督教与西方文化的关系等方面，比较全面地介绍了"基督教的正统思想"，"它们既是一定程度的学术著作，同时又能够被一般受过教育的读者所理解"。

2004 年，鼓吹"宗教市场论"的代表著作《信仰的法则——解释宗教之人的方面》在中国人民大学出版社翻译出版。该书倡导宗教至上和宗教无政府，以利益原则为动力，鼓动宗教组织不择手段地无限膨胀。正如一位评论者所说：其观点"客观上则是推动宗教排他、制造文明冲突和社会动乱"，同时"为邪教撑腰，给地下教会开路，对合法教会进行打击"。然而，在境外基督教势力的资助下，此书成为中国人民大学"中美欧宗教学高级研讨班"重要参考著作，并"成为近年来宗教学界的畅销书"。

宗教因素在教学领域中的渗透，另一个重要标志是宗教相关学位论文数量不断攀升，不少论文表现出明显的亲宗教倾向。据课题组统计，自 1992 年至 2010 年，北京大学宗教类研究生学位论文共 180 篇，占哲学、宗教类论文总量的近 1/4。在宗教相关学位论文中，基督教类论文数量最多，占总量的 43% 以上。佛教类论文数量约占 17%，道教与伊斯兰教类数量较少，不足 1%。从时间上来看，1999 年以前宗教类学位论文每年数量都较少，1999 年有 5 篇，此后数量大幅上涨，2002 年达到 11 篇，2003 年增至 18 篇，2005 年 21 篇。近几年数量持平，每年基本稳定在 15—20 篇。

值得注意的是，不少论文表现出明显的宗教倾向。有的论文依据西方现代神学思想对近代哲学家们的宗教批判进行回应与反批判。在一篇研究休谟反神迹的博士学位论文中，作者认为休谟的反神学名著《论神迹》"仅仅强调了'违反自然律'这个要素，而没有涉及'神圣者的干涉'这个要素"，"休谟的自然主义并不能为其经验推理提供恰当的形而上学解释，休谟的经验推理仍然面临着形而上学基础迷失的困难"。"休谟传统"中的后继哲学家坚持"科学的自然主义"，都未能解决休谟论证的困难，而西方当代神学家斯文伯恩与普兰丁格在有神论基础上才有效地避免了休谟论证中存在的问题，因而才真正走出了"休谟的迷局"。

在一篇关于当代神学家孔汉思（Hans Kung）的学位论文中，作者盛赞孔汉思的神学思想"不仅有力地回击了各种无神论思潮及虚无主义对上帝信仰的攻击和否定，而且从人的实存出发，重建了信任实在、信仰上帝，最终信仰耶稣基督之上帝的合理性，对现代以来的上帝问题作出了清晰、完整的回答"。

这些学位论文的基督教神学立场极为鲜明，与神学院培养的神学家毫无二致。人们不禁要问这样的神学论文能够出自公立世俗大学吗？这些论文中体现出来的宗教神学倾向与"研究宗教、批判神学"的宗教学研究目的背道而驰，竟能在世俗公立大学中顺利通过评审与答辩，不能不让人对当前高校的宗教学教学与研究工作产生疑虑与困惑。

在当代中国大学校园里，海外基督教教会成为传播福音的主要力量。校园基督教传播的组织形式是不断建立发展校园团契。而网络传教成为其重要的虚拟形式。这样扩张态势的传教中，大学生基督教徒出现比较快的增长趋势。有些博士成为职业传教士，还有北京某名牌大学的副教授担任家庭教会的长老，建设与三自爱国教会分庭抗礼的神学思想。

近日，北京一所著名高校的教授竟向中央主管部门建议，开放国家重点大学，与神学院合作，培养神职人员。培养神学人士是神学院的职责。站在国立大学的讲坛上，利用公共教育资源，传播宗教，属于违法行为。

三 切实贯彻"教育与宗教相分离"

教育是文明的摇篮，承担着未来的希望。国民教育系统肩负着培养青少年一代的重任。培养科学无神论的世界观，是全民族的素质教育工程。然而，近年来，在当代中国的公共教育领域里，"教育与宗教相分离"的原则，受到公开挑战。从"人体特异功能"的盛行一时，到今天设置神学讲坛、校内传教，对国民教育体系造成前所未有的冲击，这是有目共睹的事实。

与此同时，科学无神论的话语和声音却逐渐淡出大学校园。在全国高校思想政治理论课中的通用的教材中，科学无神论仅占有微乎其微的比例。除了在极端宗教势力比较活跃的边疆少数民族地区外，科学无神论教育工作根本不受重视。"研究宗教、批判神学"的无神论著作，在宗教学课程教学中更是难觅踪影。

以马克思主义与无神论为指导的宗教类研究著作在课程参考书目中甚为鲜见。国家社科规划办六五重点项目曾出版两部无神论史，即陈麟书编著的《西方无神论史》（华中师范大学出版社 1993 年版）与牙含章、王友三主编的《中国无神论史》（中国社会科学出版社 1992 年版）。这两部著作编写出版后，1988 年通过国家教育委员会鉴定，1989 年正式批文作为全国高等院校文科教材。然而，在这些著名大学本应以"研究宗教、批判神学"为宗旨的宗教类课程中，却看不到这类无神论著作的身影。

坚持"教育与宗教相分离"，是国家三令五申的重要法规。1995 年颁布的《中华人民共和国教育法》明确规定："教育活动必须符合国家和社会的公共利益。国家实行教育与宗教相分离。任何组织和个人不得利用宗教进行妨碍国家教育制度的活动。"教育与宗教相分离，主要是指宗教组织或者个人不得非法干预国民教育领域内的学校及其他教育机构的教育教学活动及管理事务，任何组织或者个人不得利用宗教进行妨碍国家教育制度的非法活动，不得在学校及其他教育机构内传播宗教、举行宗教仪式，也不得利用学校对在校学生灌输宗教思想，发展宗教教徒。

进入 21 世纪后，中央有关部门更加注重科学无神论的研究和宣传教育工作。2004 年 5 月 28 日，中共中央组织部、宣传部、中央文明办和中央党校、教育部、中国社会科学院联合发出《关于进一步加强马克思主义无神论研究和宣传教育工作的通知》。文件强调指出：要以普及唯物论的基本观点和自然科学基本常识为重点，以破除愚昧迷信为着眼点，围绕宣传科学思想、弘扬科学精神、普及科学知识、传播科学方法的主题来进行；各级各类学校是进行马克思主义无神论宣传教育的重要阵地，坚持教育与宗教分离的原则，把马克思主义无神论宣传教育列入政治理论课、思想品德课和有关专业课程的教学大纲，切实保证教学内容和教学要求落到实处；要加强马克思主义无神论学科建设和人才培养，办好无神论研究机构和高校有关专业，建立和培养一支用马克思主义武装起来的无神论研究工作队伍。

2007 年 11 月 20 日，中共中央统战部、教育部、公安部、国家宗教事务局联合下发了《关于教育引导大学生正确认识和对待宗教问题的意见》（即 16 号文件），提出要坚持教育与宗教相分离的原则，坚决抵御境外敌对势力利用宗教进行的渗透活动，培养学生树立正确的世界观、民族观、宗教观。

　　特别值得我们高度重视的是，2011 年，党中央《关于做好抵御境外利用宗教对高校进行渗透的重要文件》。我认为，其中有三句话特别醒目。第一句是"抵御境外利用宗教对高校进行渗透和防范校园传教是一项重要而紧迫的战略任务"。第二句是"要毫不动摇地坚持教育与宗教相分离的原则"。第三句是"把马克思主义无神论作为抵御渗透和防范校园传教的基础性工作"。这是前所未有的重要举措。可见，抵御境外宗教渗透和防范校园传教工作，已经作为重要而紧迫的战略任务，提上当前的工作日程。

　　当宗教的声音在高校校园内越来越响亮之际，科学无神论的声音却令人遗憾地衰微了。科学无神论的宣传教育是中国共产党意识形态工作的重要组成部分，也是社会主义核心价值观的世界观起点和基石，对于培养青少年形成科学的世界观和人生观具有极为重要的意义。然而，目前国内高校对大学生无神论教育的紧迫性和必要性普遍存在认识不足、重视不够。无神论教育投入严重欠缺，管理机制诸多不顺，本应承担科学无神论教育重任的思想政治课在任课教师素质、教学方式、教学理念与内容等都存在突出问题。特别需要指出的是，已经步入成年的大学生作为公民享有宗教信仰自由的权利，而宗教信仰自由的权利同时也包含选择不信宗教的自由。当科学无神论的声音在高校完全缺失之时，供大学生自由选择的选项事实上已经变得不充分、不对称了。因此，即便出于尊重公民信仰自由的考量，高校也亟待重视和加强科学无神论的宣传教育工作。总之，依法抵制校园宗教渗透，切实加强科学无神论教育，刻不容缓，势在必行。

　　我们反对宗教信仰向教育领域渗透，是贯彻"政教分离"的国家法律，是顺应历史发展的趋势，不是对宗教信仰者的敌意。信不信教，应当完全成为个人的私事，信仰是公民的权利，应当得到尊重，但是在国家的决策上，没有上帝和神灵的位置。无神论对有神论的批判，是人类社会在认识世界和改造世界中的自我批判、自我提高，这是人类社会发展的必然趋势。

（原载《科学与无神论》2013 年第 4 期）

应当重视当代中国大学生
信教不断升温的现象[*]

习五一

在当代中国大学校园里，宗教现象逐渐升温。浮出水面的标志之一是，大学生宗教信徒持续增长。这种现象已经引起社会各界的关注。近些年，有关大学生信教问题的调研报告成为研究热点之一。由于经费等条件的限制，迄今为止公开发表的各种调研报告，其调查问卷基本上都采取非概率抽样方式。我们认为，这些非等概率随机抽样获得的调研数据，尽管不是严格意义上的社会学调查数据，但仍能在一定程度上反映出现实存在的情况和发展趋势。

此次国情调研课题组在北京大学、中国人民大学、北京师范大学、清华大学这四所高校开展调研工作。调查者采取在校园中随机发放问卷的方式搜集资料，属于非概率抽样，以期探索性地了解各学校大学生的相关情况。此次调研获得的有效总样本为 195 人，其中非信徒 179 人，填答 A 问卷，信徒 16 人，填答专门针对信徒情况设计的 B 问卷。

根据此次国情调研的样本，大学校园传教的现象比较普遍，基督教势力最为活跃。大学生信徒不断增长，呈上升趋势，其中基督教徒比例最高。非注册的大学生团契是大学生基督教徒主要的宗教活动方式。

一　大学校园传教的现象比较普遍，
基督教势力最为活跃

校园传教指的是大学生在大学校园里遇到陌生人向其传播宗教信息。

---

　*　文中所有姓名均为化名。

此次调研所搜集的非信教大学生的样本遇到校园传教的情况是：22%的人多次遇到过校园传教，38%的人遇到过一两次，39%的人没有遇到过。遇到校园传教学生的比率高达60%，其中22%的人多次碰到过。由此可见，这一现象目前在高校比较普遍。

此次调研样本显示，有44.6%学生遇到宗教团体在校园进行的活动，55.4%学生没见过。在遇到宗教团体在校园进行活动的学生中，有78.5%选择了基督教，19%选择了佛教，13.9%选择了伊斯兰教，1.3%选择了其他宗教。遇到宗教团体在校园活动的学生中，有近八成的人见到的是基督教团体，佛教、伊斯兰教则相对较少。调查样本反映出，基督教在高等学校的传教活动最为活跃。调查样本显示，北京大学见过宗教团体在校园进行活动的学生比例比其他三所学校高。2008年北大学生对基督宗教的态度调查数据显示，北大对基督宗教"比较熟悉"以及"略有所知"的大学生多达76.3%[1]。由此可见，北京大学的宗教气氛相对较浓，值得深入分析。

此次调研的样本反映，对没有宗教信仰的大学生来说，有40%参加过宗教场所里的宗教活动。有31%的学生去过一两次，有9.5%的学生去过多次。主要是去基督教堂、佛教寺庙等。当问到参加的都是什么宗教活动时，选择唱赞美诗、祷告、圣诞节等基督教活动的人数为47%，选择读经参禅等佛教活动为24%，选择诵经、祈祷等伊斯兰教活动为13%，其他为15%。

非信教的大学生中，竟有63.8%的大学生对宗教感兴趣，最受欢迎的是佛教，其次是基督教。还有30.7%学生选择将来有可能信仰某种宗教。大多数学生对本土化的佛教感兴趣，而参加宗教活动最多的却是基督教。这反映出佛教与基督教在校园传播的方式不同。这种现象有待深入研究。

在当代中国，宗教属于非主流文化，在没有宗教信仰的大学生中竟有40%参加过宗教活动，而其中参加基督教活动的人数有多达近半数。在非信教大学生群体中对宗教感兴趣高达63.8%，还有30.7%学生选择将来有可能信仰某种宗教。可见，宗教文化在大学校园中有相当的影响力。如果在校园传播宗教的趋势继续升温的话，信教大学生的比例将会继续增长。

---

[1] 孙尚扬、韩琪：《北大学生对基督宗教的态度：初步调查与分析》，第61页。

二 大学生信教人数呈上升趋势，
其中基督教徒比例最高

根据此次国情调研问卷的统计，北京大学学生的信徒百分比是11.3%，其中基督徒9.4%，佛教徒1.9%；人民大学学生的信徒百分比是10.7%，其中基督徒5.4%，佛教徒1.8%，伊斯兰教徒3.6%；北京师范大学学生的信徒百分比是6.8%，其中佛教徒4.5%，天主教徒2.3%；清华大学学生的信徒百分比是这四所高校中最低的，占2.5%，为基督徒。数据显示，北大、人大学生中基督徒比例高于佛教徒，清华学生中的信徒比例在这四所高校里最低。

由于客观条件的限制，此次调研并非等概率随机抽样，不能严谨地代表总体情况，然而，此次大学生信徒百分比的数据也能反映一种关系强度或者趋势。以北京大学为例。此次调研反映的情况与2008年北大学生信教调查的数据正好相反。2008年的调查显示北大佛教徒比例6.3%，高于基督徒的3.8%。除有本次调研非等概率抽样带来的数据误差外，这一数据也反映出近三年来基督教在北京大学等高校发展的态势。

此次调研179位非信教大学生的样本中，有43名大学生身边没有同学信教，有136名大学生身边有同学信教。样本表明，身边有信教学生的比例约占总数的77%。就身边信教同学的问卷分析（此项问卷分析为可以多项选择），其中有基督徒的占70.6%，有佛教徒的占44.9%，有天主教徒的占11%，有伊斯兰教徒的占37.5%，有其他宗教信徒的占0.7%，不清楚是什么宗教的信徒的占6.6%。虽然此次调研并非随机抽样，但是对于这身边有信教同学的非信教大学生样本分析，身边有基督徒的情况仍然占了绝大部分，有佛教徒的约占四成多，伊斯兰教徒将近四成（这个数值可能包括回民）。这些数据显示身边有基督徒的情况在该样本中更为普遍。它也从一个侧面反映近年来基督教在大学的传播速度之快。

此次调研样本反映，信仰基督宗教的大学生对宗教活动或仪式相对比较看重，他们也更注重宗教群体生活，基督宗教信徒参与宗教活动的频率是最稳定最频繁的；而佛教对仪式或者宗教活动相对来说比较随意，没有那么严格的规定，佛教徒参与宗教活动或者仪式的频率就比较分散，也不那么稳定。

此次调研样本显示，有7.2%的大学生参加过以大学生基督徒为主的团契或聚会活动。有31.9%的人知道有大学生基督徒团契或聚会活动，但从未参加过。根据此次样本的信息，有近40%的学生知道或参加大学生基督徒团契。这对于处于非注册状态生存的大学生基督徒团契而言，其知名度比较高。

从此次调研样本反映的信息来看，大学生信徒接触宗教的途径，首先是通过家人，约占56%；其次是在大学里通过接触同学和朋友而获得宗教信息，约占31%；再次是通过书籍，仅为6%。可见，大学生信仰宗教首位因素是社会原因，随着社会群体中基督教信仰者的不断增加，有56%的大学生在入学之前，因家庭因素已经受洗入教。此次样本显示，大学生信徒全部主张大学可以对宗教开放，大部分人认为可以开设神学课程，多数人认为政府对校园传教的管理还是偏于严格的。第二位因素是大学校园的传教因素，大学校园里同学和朋友之间宗教信息的传播占31%，成为仅次于家人之后、远远超过书籍影响的重要途径。

三　非注册类型的大学生基督教团契增长迅速

我们国情调研课题组对北京高校集中的海淀地区进行社会调查。调查者深入大学生基督教聚会点，进行田野考察。其中，一个是海淀堂大学生团契，属于三自爱国会系统；一个是中关村教会，属于非注册类型的大学生基督教团契。调查显示，非注册类型的大学生基督教团契增长迅速。其神学倾向，认为政府依法管理宗教事务是干涉宗教信仰自由，只有参加家庭教会，才能获得"纯正的信仰"。此类基督教团契与现实社会之间的张力较大。

根据课题组田野调查的笔记，2004年，课题组成员在北京大学读书期间，曾参加过两次中关村教会聚会，当时在一个小两居的客厅里进行聚会，人数不多，有二三十人。而2012年12月，当课题组成员再次到该教会进行田野考察时，据教会的人说，经过8年的发展，人数不断增加，现在已经分为三个堂，即一、二、三堂。该教会的成员多数来自北京中关村一带的高校学生和毕业生。从三堂来看，成员人数有80—90人。其中，80%都是35岁以下的年轻人，其中在校学生占60%以上。据说，一堂的年轻人更多，90%都是30岁以下的年轻人，以在校大学生和刚毕业的大学生为主。因为家庭教会的私密性，所以，新增加的成员基本上都是已有成员传播福音的结果。

我们可以估算一下，中关村教会在 2004 年时，有二三十人，只有一堂聚会。而到 2012 年年底，已经扩展为三堂，每堂以 80 人估计，大约有 240 人，其中以海淀区的北京大学、人民大学、清华大学等高校为主。就这个家庭教会而言，经过 8 年的发展，基督教徒增长了大约 10 倍。非注册类型的大学生基督教团契这样的增长迅速，值得有关部门深入调查研究。

中关村教会发展迅速的原因之一，是教会有职业的传道人，即主要从事传福音的工作，比如一位北京大学毕业生晋洪林。他大概是 2009 年毕业于北京大学外国语学院，之后在中关村教会从事专职服侍工作。他每天到北京大学的食堂进行传教活动。他说每天向 30 个人传福音，如果没人理会也不再继续，但是从来没有出现 30 个人都拒绝的情况。当然他也承认，多数会拒绝，也有人反感，但也有不少人感兴趣，并随他来到中关村教会。课题组成员所在小组的几位北大男生几乎都是他带来的。不仅如此，他连北大食堂的工作人员都发展成为教会成员。从 2012 年 2 月开始，他被抽调到一堂，开始在清华大学食堂进行传教活动。

中关村教会的组织属于非公开性质，普通观察者难以知晓其内部结构。从一般调查者的角度观察，其组织有两个特征。

第一，成员队伍稳定，参加聚会活动的积极性比较高，联系方式隐秘。据调查者观察，中关村教会中的大学生基督徒多是通过同学或校友的传教而来到教会，不久后便成为信徒。教会活动地点隐蔽，在网络上几乎没有任何公开的信息。他们仅靠手机和 E - mail 保持联系。该教会的信徒是以青年人为主，尤其以大学生为主，而这些大学生中，又以北大、清华的学生居多。当然，教会发展信徒也不局限于大学生，只要有机会，他们会向各种人士传教。信徒的队伍相对稳定，绝大部分成员都能坚持来参加聚会活动。每次来的新成员不很多，有三四人。成员之间的联系比较紧密，在平时会发短信沟通或提供信仰方面的帮助和引导。

第二，多数大学生进入教会的时间不长，但很快能成为信徒。就观察者所在的小组来看，新加入的人比较多，在校大学生都是刚信教，或者是慕道友。他们从进入教会到成为信徒的时间都不算长。一名北京大学化学学院的男生，2011 年 11 月经晋洪林在食堂传教，带来教会，在 2012 年 4

月已经作了决志祷告。据他说，刚开始也没兴趣，后来读了教会推荐的几本书，开始动摇原来的想法，其后经过劝导后，就信教了。

中关村教会的经济来源不明朗，从不公开经费收入与来源。根据课题组成员观察，每次聚会有午餐提供，每次参加聚餐者为 60—70 人。因为聚会者大多数是在校学生，因此每人的奉献金为 5 元。而 5 元钱只够一个人的饭菜的成本。2011 年圣诞节聚会的午餐，菜比往日丰富。调查者没看见收钱的纸箱，特意询问，被告知说教会请客。教会聚会点是一座新楼的一套两室一厅的单元房，约 70 平方米。因为地处苏州街地铁旁，估计每月租金至少为 5000 元左右。此外，教会还需要支付晋洪林等职业传道人的生活费用。这些经费从何而来，属于教会的核心秘密。这样的独立于三自爱国会之外的大学生基督教团契属于传教事业重点开拓的领域。

从课题组调查者的角度思考，它的生存和发展，除信仰者自身的力量外，有重要的外部因素推动，特别是教会经济、教会的神学思想等，值得深入调查研究。

四 非注册类型的大学生基督教团契的神学倾向

非注册类型的大学生基督教团契的神学倾向，认为政府依法管理宗教事务是干涉宗教信仰自由，只有参加家庭教会，才能获得"纯正的信仰"。

2011 年 3 月，课题组调查者在北大未名 BBS 上看到有人问，教堂和家庭教会有什么区别？有人回复说：

"二者的地位是平等的，都是神的教会，只是组织方式有些不同，教堂属于三自教会，是在政府管制下的教堂，所以聚会和讲道不是完全自由的，毕竟我们的政府是无神论者。而家庭教会更自由一些，而且因为人数一般较少，所以大家彼此认识，互相关心，一起学习成长，像一个家庭一样。其实如果想了解纯正的信仰，而非无神论的政府管制下的信仰，还是建议去家庭教会。"

课题组调查者在观察笔记中写道："从中关村教会的证道内容和小组分享来看，他们比较强调信仰的虔诚和压力，也表达出对政府和三自教会的不满。从每次证道都有一个主题，如'律法与圣灵'，从证道的内容来看，证道人都进行了比较深入的思考和分析。有一次证道人论述'信在前，爱在后'。他说，信不是一件简单的事情，是长期苦苦地追求，不停地挣扎和摸索的过程。信就等于顺服，不信就是最大的罪。他们比较注意联系实际，通常充满激情，而且时常带有悲愤的情绪。他用'逼迫我们的政府官员'这样的词语来表达对政府的情绪。在分享和见证中，也有过说三自教会不好，信仰不纯正，受控制等。"

课题组调查者在观察笔记中还写道："在中关村教会的证道或分享中，经常会提到罪，并强调要认罪，顺服神，放下骄傲等。如，有次证道中提到，上帝对罪的态度有三点，一是不放过任何的罪；二是为了对付罪会让信徒经历很多痛苦；三是神对于罪是不接受任何借口的。另一次证道时说，要接受神的定罪，对罪的态度要坚决，如果痛苦，要想到痛能远离罪；如果幸福快乐，反而应当要舍弃。如果与神隔绝，那么就会从昏昧变成丧尽天良，从而行污秽，最后将面临审判。对于现实的世界，他们通常感到抗争的力量。用证道人的话说，世界不是迷人之境而是战场。证道或分享的内容不是泛泛而谈，也不有趣，所以，在教会中的气氛总的来说比较压抑和沉重，甚至有点儿恐惧的感觉。但是，的确非常促进成员反思自己，检查自己的不足，不符合和未达到信仰的地方。在小组分享中，有人说'越征战就越有盼望'；还有人说要'常常憎恶自己的罪，努力地去胜过罪'。"

他们对于社会的现状持有强烈的批判态度，觉得现实中充满与神背离的情况，具有强烈的宣教动力。他们认为，哪怕是教会充满基督徒，只要有一个灵魂游荡在外面，神都不会喜悦。他们强调世人的罪，外在世界的黑暗和救赎的迫切。要求信徒不断地增强自己的信心，胜过自己的罪。他们对"信"有着极强的要求，甚至认为一切智慧和爱都只能从神而来，强调先"信"后"爱"，先"信"才有智慧，不信就是昏昧，是最大的罪。

据课题组调查，中关村教会比较关注国内文化基督徒和汉语基督教神学运动。该教会中的大学生信徒阅读的著作，除比较热门的基督教宣教读物，如《标杆人生》外，还包括北京大学出版社出版的《基督教文化译丛》。他们知道北京高校著名的文化基督徒教授。

在这种"虔诚信仰"的氛围中，大学生基督徒的身心健康也值得深入研究。在调查者的角度来看，至少有两点令人担忧。

第一，多数成员在教会中更多的是经历痛苦而非快乐。

无论是在证道还是分享，教会成员有痛哭的，有感动的，有疑问的，却很少有特别快乐的。教会的聚会活动中，一般来说，很少有特别有趣或开心的时候。似乎每次都被戳到痛处，大家都很谨慎。小组成员在教会分享的时候也比较严肃，一般有人提出自己面临的问题或痛苦的时候，他们也没有特别具体的意见或建议，多是强调读《圣经》，顺服神，听从神的旨意。总之，在那里感觉信仰是很严肃的、沉重的，有压力的。就连证道者都说，信徒在自己成长的路上会发现自己有认不完的罪。

第二，多数大学生基督徒与家庭其他成员的关系比较紧张。

在大学里通过接触同学和朋友信仰基督教的同学，多数与家庭关系紧张。据课题组的田野调查，这些同学的烦恼之一是家庭，来自不信教家庭的压力。有不少大学生信徒是因为同学、朋友或老师的带领下信教，家庭成员并非基督徒，很多父母甚至极力反对。大学生尚未完全脱离父母的怀抱，因为信仰问题而造成与父母之间关系紧张的不在少数。据调查者的田野笔记，许多大学生基督徒都明确表示，父母反对或不理解自己信教，与父母关系交恶。有人甚至说，家庭是罪的深渊。因为他们的父母多为50—70岁，要么没有宗教信仰，要么是信佛教的，于是产生冲突。

五 非注册的大学生基督教团契与现实社会之间的张力较大

从一般社会学角度考察，一个团体获得执政当局注册，即获得现实社会体制的认可，尽管思想理念有差异，两者之间的关系已经达成默契；与此相反，而一个团体没有能获得执政当局注册，与现实社会制度之间，存在的矛盾较大，两者之间的张力自然比较大。

海淀堂大学生团契属于三自爱国会系统，海淀堂是北京市政府公布的五大模范宗教活动场所。因此海淀堂大学生团契，与社会之间的关系比较和睦。

海淀堂大学生团契比较强调"爱"，强调有益。他们包容性比较强，能够接受对神的质疑，愿意进行讨论。他们开展对社会性热点问题的讨论，如曾就同性恋问题作过专题讨论。主要观点是倡导通过信仰克服同性恋倾向，同时告诫教会与信众要"爱"同性恋者。大家认为，按照《圣经》，同性恋的确是罪，但是仍主张对待同性恋者要像爱罪人一样去爱。他们也会推荐国外翻译的著作，比如《标杆人生》，但是最重要的是强调多读《圣经》。对于国内学术界的神学著作，倒是很少提到。他们非常反感邪教或基督教异端，对此很戒备。

海淀堂大学生团契比较了解和遵守国家的法律规范和有关政策。尽管他们也希望能传福音，但是一般都会采取在教堂开展活动，比如圣诞赞美会等方式来开展，鼓励团契成员带自己的同学过来参加。他们会高兴有新成员的加入，但并没有强烈的传福音的压力。在一些重要的问题上，他们比较理性和清醒。比如他们很明确基督徒不能入党，因为"党章规定党员不能有宗教信仰"和"马克思是无神论的"。但是他们很少批评政府，更多的是强调维持信仰和社会生活的平衡，既要维护自己的信仰，又要融入现实生活。海淀堂大学生团契的集中讲道和小组查经分享中，基本上不涉及对现行国家政治制度的看法，也不讨论国际关系，尽管他们和外国的教会也不是毫无联系。

中关村教会属于非注册的大学生基督教团契。因为，它在非正式许可下开展宗教活动，因此内部结构比较隐秘，其成员之间具有很强的凝聚力。而与外部社会之间有较强的张力。

中关村教会有很强的凝聚力，对信徒相对要求比较严苛。所以大多数的信徒内心不轻松。在教会中，很少有特别开心和快乐的时刻，多数时候信徒们都很严肃，谦卑和充满畏惧之情。他们需要不断地学习、坚固信仰，以达到思想上的一致性。那里的大学生基督徒内心会有比较强烈的冲突，不仅在信之前，在信之后也是。就像他们说的，信教后发现更痛苦，因为认识到自己的罪，想要自己承认和战胜它，是一个非常痛苦的否定自己的过程。所以，他们认为信教不是为了快乐，而是为了寻求真理，为了减少自己的罪，为了将来能进天堂。

中关村教会更强调他们受到了政府的逼迫，认为自己的信仰和现实社会格格不入。他们能强烈地感受到信仰和社会的冲突，不断地想办法冲破现实社会的种种障碍，从而达到信仰的纯正和深入。他们急切地努力地想发展壮大自己的教会，不断地坚固成员的信仰。他们不仅强调自己与世俗社会的不相容，同时也很排斥其他宗教信仰，对三自教会非常不认可。分享时，他们经常感受到的是，自己作为一名基督徒在社会中受到的苦难和歧视，自己面临信仰冲突时的各种为难和纠结。这一切都想表明，在中国做一个基督徒是非常不容易的，需要格外努力。也就是说，他们通过与社会其他部分的冲突和分离来表明自己信仰的纯正。似乎冲突越大越严重，越表明他们信仰的必要性。

在中关村教会里的大学生基督徒几乎从来不去三自系统的海淀堂。但是，从中关村教会出来后的信徒有的参加海淀堂的大学生团契。调查者观察到同类型之间的教会有联系。比如在非注册的教会之间，如守望教会的成员到中关村教会的三堂参加活动。

总之，海淀堂大学生团契中的基督徒更希望自己的信仰能融入现实生活，中关村教会更强调信仰与现实世界的不相容性。

近年来，随着社会"宗教热"的升温，宗教势力不断向高等学校渗透，其中教会体制外的"文化传教"成为主要的传教方式。在境外宗教势力的支持下，宗教在高等院校的传教活动逐渐由秘密转向公开，特别是基督教汉语神学运动，进入大学讲堂和国家研究机构。在这样扩张态势的传教中，大学生基督教徒出现比较快的增长趋势。一些毕业生到美国教会大学或神学院学习。其中，有些人士成为基督教职业传教者，在北京大学等高等院校开展传教活动，组织大学生基督教团契，拒绝中国基督教三自爱国教会的领导，成为政府依法管理宗教事务的难题。在当代中国的公共教育领域里，"教育与宗教相分离"的原则，受到公开挑战。

（原载《科学与无神论》2013 年第 6 期）

邓普顿基金会的宗教倾向
及其资助情况研究

黄艳红

近年来，一个来自美国的基金会频频出现在中国学术界。这就是邓普顿基金会（The John Templeton Foundation）。它的资助遍及研究项目、培训项目、出版、会议以及中国学者出国参加会议，等等。它不仅资助以宗教为主题的研究项目或著作出版，而且还资助名称上看似与宗教没有太大关系的研究项目和会议，如 2008 年在北京大学召开的"当代中国科学、精神与价值未来发展国际学术研讨会"。2012 年，它又将年度邓普顿奖颁发给了达赖喇嘛。这个基金会到底是什么来头？它有何种倾向？它主要资助什么样的项目？国外学者有何评价？这些情况国内学者似乎很少有涉及。本文就对该基金会的上述情况作一简单介绍。①

一 邓普顿基金会的历史与邓普顿奖的宗教倾向

邓普顿基金会成立于 1987 年，办公地址在美国费城，其创办人为约翰·邓普顿（John Templeton，1912—2008），他是一位投资家②，也是一位虔诚的基督徒。1912 年，他出生在美国田纳西州，1934 年毕业于耶鲁大学，1936 年在牛津大学巴里欧学院获得一个法学学位。1938 年开始闯荡华尔街，并很快创立了几个国际投资基金。1954 年成立了邓普顿信托投资基金。

---

① 本文有关邓普顿基金会的材料均来自邓普顿基金会的网站（http：//www. templeton. org/）和提到的大学与研究机构的网站。

② 福布斯资本家杂志曾称他为"全球投资之父"及"历史上最成功的基金经理之一"。

1972 年，约翰·邓普顿创立了全世界奖金额最高的个人年度奖——邓普顿奖。据称，该奖项是用来奖励那些对确证生命的精神层面作出杰出贡献的人。该奖金数额现为每年逾百万英镑，超过诺贝尔奖的单项奖金。该基金会宣称，这也是他强调自己信仰的一种方式，因为他认为精神领域的进展与人类奋斗的其他领域的进展一样重要。1987 年，约翰·邓普顿基金会成立，成立之初声称，期待该基金会撇开教义和个人的宗教信仰，寻求那些能够用自己的方式来回答"重大问题"（the Big Questions）的人，这些人必须有创新、有创造力、有热情、开明而欢迎竞争和有新观念。2008 年，约翰·邓普顿的死讯曾刊登在著名的科学期刊《自然》杂志上，该报道称他为一位"伟大的科学崇拜者"，并认为他对科学和上帝的热爱促使他成立了邓普顿基金会。

在邓普顿基金会的主页上，放着其创办人约翰·邓普顿的一段话，通过这段话，我们看到的是一个虔诚的基督徒，却看不到对科学的崇拜，或者说，看到其对科学的崇拜完全是出于信仰的。

生存的最好方式是什么？上帝有多宏大？有限的生命如何与无限相连？上帝创造天地万物的目的是什么？我们要如何才能对其目的有用？这些永恒的问题曾经激励过很多时代的人们，同样也激励着今天的人们，将人类的灵魂与哲学和智慧之爱连接起来。

——约翰·邓普顿

邓普顿奖获得者有超过 1/3 都是致力于科学与宗教的对话，除了少数几位神学家外，以自然科学家居多。到 2012 年，该奖项的奖金额已达 110 万英镑（合 170 万美元）。该基金会近年来不仅频频资助与中国有关的学术研究，还将 2012 年度邓普顿奖颁发给达赖，足见对中国的兴趣。2012 年 5 月 14 日，达赖在伦敦圣保罗大教堂接受了该奖，并发表了演讲。邓普顿基金会的网页上刊登达赖喇嘛获奖的信息时，称他为藏传佛教的精神领袖，并将他的国籍写作印度。颁奖理由是，达赖喇嘛是一位著名的"西藏精神领袖"，致力于宗教信仰之间的同情、普遍伦理与和谐。颁奖词还说，他对数百万人进行了精神鼓舞，他对科学与宗教之间的结合点保有持久的兴趣。

不仅邓普顿奖的颁发体现了该基金会明显的宗教倾向，它资助的研究项目也是如此。

二 邓普顿基金会资助的研究及其宗教倾向

邓普顿基金会宣称他们资助的核心领域是科学与"重大问题"，但是何为"重大问题"，说得非常抽象。其实我们只要通过它资助的具体项目就可以大致了解其资助研究的倾向。自 1987 年成立以来，该基金会每年资助的金额不断增长，到 2011 年，捐赠的金额规模已达 23 亿美元。每年用于项目资助的金额不低，2010 年就达 6600 万美元。就资助项目来说，2011 年共有 300 个项目申请，其中有 143 个获得了资助，平均每个项目获资助 68 万多美元。当然，这些项目中 42% 的资助额都低于 25 万美元。这样算来，2011 年的项目资助已达 9700 多万美元。

按基金会自己列出的核心资助领域来看，有如下八个领域：对话中的科学（Science in Dialogue，47 个），人类科学（Human Sciences，41 个），数学与物理科学（Mathematical and Physical Sciences，39 个），自由与自由企业（Freedom and Free Enterprise，39 个），哲学与神学（Philosophy and Theology，35 个），个性开发（Character Development，35 个），生命科学（Life Sciences，14 个），异常认知的才能与天赋（Exceptional Cognitive Talent and Genius，7 个），遗传学（Genetics，4 个）。

所谓"对话中的科学"，基本上都是指科学与宗教的对话，要么是借科学之名来研究宗教，要么是对比科学和宗教，有的甚至是贬低科学抬高宗教。我们只要看看其中的一些研究项目的名称就能看出来。如一项研究项目的名称为"科学解释的有限性"（该项目获得 200 万美元的资助），还有一项题为"为何具备科学的知识对宗教实践和神学来说是一件好事？"此外，还有一些莫名其妙的研究项目"基因，神与慷慨：DNA 和文化中的阴阳"。总之，这些研究项目没有一项不与宗教或神学相关的。

所谓人类科学，也多多少少与宗教相关。如芝加哥大学申请获得一个项目名称为"为了医学作为一种精神实践：关于医学与宗教临床学者的计划"，该项目获得了 260 多万美元的资助；还有一项杜克大学获得的经费数额不低的项目，其名称为"抑郁症患者并伴随慢性疾病的常规治疗与宗教精神治疗之比较"。

可以说，这些资助项目中大部分都与宗教相关，而且其研究倾向明显是偏宗教的。也就是说，它的资助对象非常不平衡，只有那些和宗教相关并研究倾向明显偏宗教的项目才会容易获得资助。这样，它得到的对所谓"重大问题"的答案自然也是片面的。

如果说外国学者申请到的这些项目我们难以详细了解，那我们可以详细地考察它资助的与中国密切相关的项目。

邓普顿基金会在中国进行学术资助活动始于1994年。最初，它资助北京大学哲学系与"美方学者"共同发起的"中美哲学—宗教学研讨会"。2002年，美国神学与自然科学研究中心携该基金会的资助，在北京大学、复旦大学等地召开了"宗教与科学"国际论坛。近年来，该基金会在中国的资助活动更加活跃，倾向也日趋明显。以其资助的两个项目为例来看。

1. "科学、哲学和信仰：中国学者计划"项目。这个项目于2005年启动，由美国加尔文学院获得，项目经费为200万美元。该项目的目标是，"在中国产生一个成熟的有关'哲学、科学和信仰'的交流体制，用以训练学者，强化对中国大学生的教育，并维持和深化在中国的调研。"具体方案包括：（1）邀请24位中国研究生和9位博士后到贝勒大学、圣母大学和加尔文学院等教会大学和神学院访问学习；（2）提供一万册的有关图书；（3）召开一系列讲座和研讨会，由基督教哲学家协会选派12位学者轮流执教；（4）选24位中国学者到西方开密集研讨会；（5）在北京大学召开重要会议，基督教哲学家协会成员到场；（6）由北京大学出版社出版论文集，并作为教科书广泛采用。该项目负责人还表示，期望中国的知识分子会在今后作出"独特而有力的贡献"。这个方案和目标已经非常明显地显现出要使中国知识分子基督教化的倾向。

该项目先后在武汉大学和复旦大学开展了"科学和宗教"系列讲座。在武汉大学的四位讲授者中有三位来自加尔文学院，虽然他们的头衔是科学家或哲学家，但他们讲授的内容基本上都是假科学之名讲神学之实。所谓的"科学与宗教的对话"，实际上是用神学诠释科学。

随后，在复旦大学举办了第二个系列演讲，并由复旦大学出版社出版论文集《科学与宗教：二十一世纪对话》。这些演讲者反复申明：一方面，科学研究本身并不会包含无神论；另一方面，有神论不仅可以和各种科学理论相适应，而且还能超越科学，帮助人们理解宇宙和人生的根本意义。他们演说的内容充满了基督教神学观点，非常鲜明地捍卫有神论和唯心主义立场，并明确提出要用基督教的世界观和人生观塑造中国人的灵魂。

2. 2009—2013"中国宗教与社会"研究和培训项目（CSSP）。2009

年，美国普渡大学从邓普顿基金会申请到一个项目，题为《中国人的灵性与社会项目：研究和培训的启动》，经费也是近 200 万美元（他们给中国学者的研究经费仅为 50 万美元）。

该项目不仅为中国学者的宗教社会科学课题提供研究经费，对研究人员进行系统培训，还为开设宗教社会学课程的大学教师提供暑期进修班。2010 年资助了 16 个个人课题，2 个中心课题。与课题申请配套，本项目举办了三期培训工作坊。第一期于 2010 年暑期在中国人民大学举办，由入围的 30 位申请者参加，内容包括研究设计及课题申请报告的写作，为期大约两周，由该项目提供参加工作坊的食宿费用和旅费补贴。第二期及第三期于 2011 年及 2012 年暑期在普渡大学举办，每期一个月，由获资助的 12—15 位研究者参加，费用也是由项目提供。培训内容包括研究方法、资料收集、数据分析以及期刊论文的写作。此外，在 2010 年到 2012 年暑期举办宗教社会学教师进修班，参加人员为已经或计划开设宗教社会学课程的大学教师，人数不超过 20 人，将根据本人申请和校系推荐择优录取，要求连续三年参加。三年的暑期教师进修班将分别研讨宗教社会学初级、中级、高级课程的教学内容和教学方法。

虽说该项目让申请者自行设计研究项目，然而其申请资格和研究主题的要求却并不如此。在申请资格中明确规定，"课题研究必须是对于中国（大陆）宗教与灵性的实证研究"。研究主题包括四个方面：（1）宗教与企业家精神；（2）社会资本与宗教资本；（3）宗教与公民社会的建设；（4）宗教市场论研究：红色、黑色及灰色宗教市场。从这些主题的设置就可以明显地感觉到它在价值取向上是肯定和颂扬宗教的。该项目研究课题的设置主要是对中国大陆进行调查，了解大陆宗教的分布及其相应的影响力状况。

三　西方学界对邓普顿资助研究倾向的批评

该基金会的宗教倾向已受到不少外国学者的批评。2010 年，进化遗传学家弗朗西斯科·阿亚拉（Francisco Ayala）因为在"肯定生命的精神层面有特殊贡献"获得邓普顿奖时，美国科学院公布了获奖通知，为此遭到一些科学家的抨击，而引发了一场争论。有些批评是比较温和的。来自加州理工学院的宇宙学家西恩卡罗尔说："邓普顿基金会是出于真诚的，他们赞成科学，同时又希望看到科学与宗教能够调和。这并不邪恶，也不狂妄，但就是不对，这完全就是一个错误。我并不是要美国科学院发布一则无神论的正式声明，他们也并不需要选择一种立场，科学院能选择的最好方式就是敬而远之。"此外，还有一些更加尖锐的评论。如著名的进化生物学家、无神论者理查德·道金斯就说美国科学院公布获奖通知简直就是"自取其辱"。此前，道金斯在 2006 年出版的《上帝的迷思》一书中就抨击过邓普顿基金会，说它腐化（corrupting）了科学。早在 2002 年的一次电视节目中，道金斯就呼吁成立一个"反邓普顿"（anti‑Templeton）的组织，并说如果他的书畅销的话，他就行动。于是 2006 年，他发起成立了"为理性与科学的道金斯基金会"（The Richard Dawkins Foundation for Reason and Science）。

2011 年，《进化心理学》（*Evolutionary Psychology*）专门发表一篇评论，公开质疑邓普顿基金会。该文指出，邓普顿基金会声称其重要目标之一就是要在科学与宗教之间建立更紧密的关系。而对很多科学家来说，这是一个诅咒。因为在很多科学家看来，科学和宗教是不相容的，两者的关系只能建立在作假和无知的基础上。而对某些想调和自己的宗教信仰和科学理解的科学家来说，是欢迎的；还有一些科学家，不管宗教不宗教，只要是科学资助（哪怕是该基金只有部分资助科学研究），不管什么来源，他们都欢迎。该文列举了 5 点对该基金会的正直性提出了质疑：（1）该基金会成立之初就公开宣称自己是一个亲宗教的组织；（2）基金会的组织结构和奖项授予方面有明显的任人唯亲倾向；（3）基金会所谓"重大问题"的受调查者多为该基金会的顾问和受资助人，却暗示在比例上是平衡的；（4）基金会经常资助国外一些有声望的组织开展活动，却不让参与者和观众知道资金的来源；（5）该基金会及其主席，都曾有过资助反科学活动和组织的历史。[①]

可见，这位作者批评的是这种挂着羊头卖狗肉的行为，及其对学界的坏影响。尽管邓普顿基金会企图为自己建立一个在宗教和科学之间中立的形象，但实际上它的目的不过是用科学和已确立地位的科学家的影响力为宗教辩护。然而，总的来说科学界有比较成熟的评判体系和评价机制，也

---

① Bains, S. "Questioning the Integrity of the John Templeton Foundation". Evolutionary Psychology. 2011. 9 (1): 92‑115.

有较强的纠错能力，所以，要在科学上真正站住脚，光靠资助进行偏宗教的研究还是不够的。更令人担心的是人文社会科学领域。恰好，该基金会在中国开展的多项资助都是在人文社会科学领域。它支持亲宗教的研究和培训项目，资助《科学与宗教的对话》等会议的召开和相关论文集的出版，等等，已经在中国造成了不小的影响。它将对中国的学界产生何种影响，不能不引起我们的严重关注。

（原载《科学与无神论》2013 年第 2 期）

加强科学无神论学科建设，
抵御校园文化传教

杨俊峰

近年来，宗教有神论思潮携境内外雄厚的资金支持不断向社会公共领域渗透，在教育与科研领域的"文化传教"尤其引人瞩目。在宗教团体与境外势力的资助下，一些高校和研究机构以宗教研究为名，纷纷举办带有宣教性质的研讨班，翻译出版神学图书，开设具有传教倾向的宗教课程和讲座，延请宗教人士登上高校教席，乃至担任正式在编教师。高校校园中的宗教氛围日益浓厚，大学生信教人数逐年攀升。在这种情况下，科学无神论的宣传与教育却并未受到应有的重视，其声音在学术研究与学校教育中严重缺位，"有神论有人讲，无神论无人讲"的情况继20世纪90年代之后再次重现。科学无神论一直濒危的严峻形势提醒我们，为有效抵御校园文化传教，应该大力加强科学无神论学科的自身建设。

一 科学无神论本质上是与时俱进的思想体系

无神论是与有神论对立的思想体系。无神论产生于对有神论的否定。在思想史上看，当人类不再满足于神话与宗教的方式，而开始以理性能力认识和解释世界时，无神论思想的萌芽便产生了。可以说，在伴随人类告别蒙昧、迈入文明社会的第一缕智慧之光中，便有无神论的色彩。自诞生之日起，无神论便在反思和批判有神论的过程中不断发展和丰富自身。从本质上说，无神论必然相对于有神论而存在，它除了对有神论的否定与批判外，没有自身特殊的内容。因此，随着宗教有神论在人类历史中的发展与变幻，也必然要求无神论不断地发展完善。无神论本质上是与时俱进的思想体系。

首先，有神论思想体系的发展要求无神论作出新的回应。

有神论及其高级形态——宗教的产生和存在具有深刻的自然根源、社会根源、认识根源和心理根源。正如恩格斯所说，"一切宗教都不过是支配着人们日常生活的外部力量在人们头脑中幻想的反映，在这种反映中，人间的力量采取了超人间的力量的形式"①。宗教有神论的这些现实根源的消除是一个极为漫长的历史过程，"需要有一定的社会基础或一系列物质生存条件，而这些条件本身又是长期的、痛苦的发展史的自然产物"②。在现实的外部异己力量、亦即宗教的自然、社会根源、认识根源与心理根源完全消除之前，宗教有神论不但不可能消亡，而且一直会发展和完善。从神话与原始宗教到人为宗教，从地域宗教到世界宗教，从多神论到一神论，宗教有神论思想在人类历史上不断从低级形态向高级形态迈进。人类认识与思维能力的发展与物质技术条件的提高，一方面在不断摧毁和戳穿着有神论的荒谬与虚妄，另一方面也在刺激甚至推动着宗教的发展。

有神论的发展要求无神论必须随之不断发展完善，否则就无法有效地回应来自宗教有神论的挑战。从历史上看，无神论思想体系经历了古代朴素无神论、近代战斗无神论与马克思主义无神论三个发展阶段。朴素的无神论凭借有限的直观经验与天才猜测反对蒙昧的宗教神话与巫术手段，体现了人类崇尚理性与自主的本质力量，曾经沉重打击了古代社会的宗教有神论势力。然而，基于朴素唯物主义的原子论与天道论等无神论思想缺乏实证的依据与技术的支撑，无法抵挡宗教神学思潮的蔓延与扩散。只有以实验为特征的近现代科学才为古代无神论的天才论断提供了坚实的知识基础与必要的技术手段，从而直接动摇了宗教有神论的教义与谰言。在现代科学技术强势的攻击下，宗教有神论虽然不得不步步退缩，但依然能够通过哲学解释乃至诡辩维持和修补其思想基础，调适缓和其与自然科学的矛盾与冲突，在近代以来的社会中仍能存在并发展着自身的思想体系与现实势力。只有建立于辩证唯物论与历史唯物论基础上的马克思主义无神论，才有力地批判和揭露了宗教神学的本质与荒谬，科学阐明了宗教有神论产生的现实根源与发展消亡的客观规律，为我们正确地认识和处理宗教现象

---

① 《马克思恩格斯选集》第 3 卷，人民出版社 1995 年版，第 666—667 页，以下该书均指此版。

② 《马克思恩格斯选集》第 2 卷，人民出版社 1995 年版，第 142 页。

和宗教问题提供了基本原则和方法论指导。

与宗教有神论完全诉诸信仰不同，无神论依赖理性作为自身根本的思维武器。正是凭着理性的智慧之光，无神论才得以在人类的历史长河中一直与强大的宗教势力分庭抗礼。随着人类实践能力的增强与生产力水平的提高，人类的思维能力、知识水平与技术手段也在不断发展。科学技术的发展为无神论思想体系提供了直接的实证依据与技术支撑，哲学与社会科学的新思维、新观点则为无神论的发展提供新的方法与视角。作为彻底的唯物主义，马克思主义使无神论真正建立于科学基础之上，是回应和批判宗教有神论强有力的思想武器。然而，在有神论的现实根源消除之前，宗教有神论仍然会继续存在和进一步发展，因而需要我们在马克思主义基本原则和基本方法的指导下，针对宗教有神论的新情况不断创新科学无神论的思想体系。

其次，有神论迷信思潮不断改头换面要求无神论关注现实。

与宗教神学不同，迷信思潮完全是一种低等的、有害的社会现象，必须予以坚决抵制与破除。迷信产生于愚昧无知，科学技术的发展与普及能够自然能消除一些愚昧迷信。然而，由于在今后相当长的时期内，有神论的现实根源仍无法消除，有神论迷信思潮也是不可能完全根除的。有神论迷信在不断被揭穿的同时，它仍会借助新的伪装卷土重来。在科学兴盛与文化普及的时代，有神论迷信甚至会假借"科学"与"文化"的伪装而重新兴起。

在这方面，我们印象最深刻的就是20世纪90年代甚嚣尘上的新有神论思潮。当时，随着"气功热"与"文化热"的兴起，各类封建迷信假借着科学与传统文化的幌子"沉渣泛起"，巫术、风水、算命之说以"气功"、"特异功能"及"科学预测"之类新面目出现。一时之间，各种迷信现象纷纷改头换面，粉墨登场，并且从一开始的假借科学进而批判科学，在片面夸大自然科学之局限性的基础上反对和贬斥自然科学，乃至自诩为"最高科学"。违背科学常识，公开宣扬有神论，贩卖伪科学，宣扬真巫术。呼风唤雨，通灵招魂，种种怪相，不一而足。不但很多群众为其蛊惑，甚至一些科研工作者也为之倾倒助阵，影响之大，一度使举国若狂，最终引发了"法轮功"事件。在这个过程中，任继愈领导中国无神论学会对当时各种新有神论思潮进行了批判与揭露，在党中央领导全国人民粉碎"法轮功"邪教组织的斗争中作出了重要贡献。任先生曾沉痛地指出："自从特异功能现象得不到有效抵制、反而受到支持以来，'水变油'之类的伪科学现象就空前泛滥。影响所至，一些卓有才能的科学工作者也心浮气躁，甚至不惜弄虚作假。如果严肃认真的科学精神得不到发扬，弄虚玩假的作风却到处泛滥，我们这个民族的前途和未来就真是一件值得忧虑的事情。"①

20世纪90年代的经验教训告诉我们，有神论迷信现象并不会随着科技的高速发展而销声匿迹，而总是会不断改头换面出现。为抵御和遏制各类迷信思潮，科学无神论应当加强社会宣传，针对迷信现象的新面目与新特点予以迎头痛击。这就要求科学无神论必须密切跟随现实，切合社会现实的变化而不断更新自身的思想内容与宣传方式，从而有效应对不断变换的有神论迷信现象。近年来，特异功能、伪科学之类现象较之20世纪末虽有所退潮，但仍层出不穷，特别是随"国学热"以来，算命、风水、巫术之类糟粕也以"国学"的面目再度被某些人抬了出来，流行于商界、政界甚至学界。殷鉴不远，我们应当充分发挥无神论的批判功能，积极承担社会责任，不断揭露和澄清各类伪科学的真实面目与迷信本质，从而推动科学无神论思想体系的发展完善。

二　关于加强科学无神论学科建设的建议和思路

与当前以"文化传教"为标志的宗教有神论思潮的强势兴起相比，科学无神论不管在学术领域还是现实层面都处于弱势地位。虽然有识之士一直为之奔走呼号，却尚未能在整个社会产生强有力的影响。个中缘由，当然非常复杂，涉及诸多方面。其中，科学无神论学科自身建设之有待加强，应是值得引起充分重视的关键性因素。为有效抵御校园文化传教，有必要进一步加强科学无神论学科的自身建设。

第一，新的宗教神学思想需要正面的理论回应。当前"文化传教"所以能兴盛，当然与宗教团体与境外势力雄厚的推波助澜有密切关系，同时其"文化"与"学术"的外表也发挥了很大作用。被某些学者所积极引入的西方现代神学思想与传统神学的重大不同之一，在于更为偏重于借助理

---

① 任继愈：《宣传无神论，发扬科学精神，建设社会主义新文化》，载杜继文、习五一等编《任继愈宗教论集》，中国社会科学出版社2010年版，第216页。

性与学术手段掩盖和表达其信仰的内容。凭借此种优势，它们极易进入学术研究的公共话语体系，为对其缺乏深入了解的研究者与决策者所轻易接受。目前，现代西方神学思想已经占据了很多高校的宗教学乃至哲学的科研平台，在相关的学术研究领域产生了极为严重的影响，甚至有成为主流的趋势。在这种严峻形势下，我们有必要对此类神学思潮从学理层面进行分析与批判，揭露其有神论本质与谬误之处。

就国内现代神学思潮的现状而言，笔者认为有以下五个方面亟待科学无神论作出新的回应。（1）宗教信仰的根源问题。自康德以后，现代西方神学基本放弃了传统神学对上帝存在做客观论证的努力，转而从人的先天性方面为宗教信仰寻求依据。这主要有两种思路：一是强调宗教信仰是人的一种生存维度，对人的存在具有本质性；二是从生物学与神经学的角度论证宗教信仰的合理性，主张宗教信仰具有神经学的基础与脑结构的依据。无神论者需要借助新的哲学思维与社会学、统计学、生理学等领域的新材料就此一问题作出学术回应。（2）宗教与文化的关系问题。很多宗教学者将宗教与文化完全等同起来，主张我们当前发展文化就应该大力发展宗教，以此为文化传教乃至宗教的社会传播提供合法性依据。其影响之大，已上及于国家领导层，需要科学无神论予以辨析。（3）宗教与道德的关系问题。有些宗教支持者片面夸大宗教对道德的促进作用，主张借助宗教重建社会信仰体系与价值观，认为只有这样才能有效地提升社会道德水平。其似是而非、以紫乱朱之处，应当引起我们充分的重视。（4）宗教与科学的关系问题。在西方某些宗教势力的资助和支持下，国内不少高校纷纷举办以"宗教与科学"为主题的学术会议与培训班，邀请国内神学家作相关报告，极力鼓吹宗教与科学的和谐关系乃至促进作用，这也需要科学无神论进行澄清。（5）近期某些影响较大的神学具体观点，如"智能设计论"、"宗教市场论"等。"智能设计论"明确反对进化论，宣扬神创论；"宗教市场论"则倡导宗教至上论和宗教无政府主义，鼓动宗教组织不择手段地无限膨胀。这两种观点的代表著作近年来被大张旗鼓地引入国内并翻译出版，在学术界产生了较大影响，科学无神论必须对其进行剖析与批判。除此之外，当前宗教神学思潮对科学无神论的歪曲与攻击也需要我们作出必要的回应。例如，宣传科学无神论是否会导致人"无法无天"的后果，近年来道德领域产生的种种社会问题是否是宣传科学无神论造成的，科学无神论的宣传与教育是否干扰了宗教信仰自由政策的贯彻落实，等等。此类问题不容回避，必须认真地加以澄清，以正视听。

有神论思潮能以"文化神学"的面目出现，我们也应该有"文化的无神论"予以还击。需要注意的是，这种还击必须注重学术性，注重"内在批判"而不是"外在批判"。唯其如此，科学无神论才能真正融入学术研究的公共话语体系，在当前学术研究系统内赢得自身的话语权与一席之地。面对"文化传教"的强势侵袭，朴素的排斥与回避态度毫无意义，大字报式批判也难以在学界获得认同与支持，甚至反而会纵容和刺激宗教有神论思潮的发展。在历史上，著名的无神论思想体系都产生于对当时有神论思潮的有效批判，伊壁鸠鲁的原子论、范缜的神灭论、休谟的经验论、罗素的逻辑实证论等莫不如此。能否对当时的有神论思潮进行正面的回应与批判，是判断一种无神论思想体系是否具有现实生命力的根本所在。

第二，种种社会现实问题要求加强科学无神论的宣传与普及。我国实行教育与宗教相分离的政策。宗教组织或者个人不得非法干预国民教育领域内的学校及其他教育机构的教育教学活动及管理事务，任何组织或者个人不得利用宗教进行妨碍国家教育制度的非法活动，不得在学校及其他教育机构内传播宗教、举行宗教仪式，也不得利用学校对在校学生灌输宗教思想，发展宗教教徒。针对宗教有神论思潮向社会公共领域、特别是教育领域的渗透与扩散，我们需要大力宣传教育与宗教相分离的理念与法规政策，使越来越多的人认识到抵御校园宗教渗透的必要性与紧迫性，推动教育与宗教相分离政策的贯彻落实。

同时，近年来国内各级学校普遍存在对科学无神论教育的紧迫性和必要性认识不足、重视不够的情况。无神论教育投入严重欠缺，管理机制诸多不顺，本应承担科学无神论教育重任的思想政治课在任课教师素质、教学方式、教学理念与内容等都存在严重问题。针对这种情况，我们应该通过各种渠道加强对青少年的科学无神论教育，深入校园与课堂，帮助青少年学生树立科学无神论的世界观与人生观，大力支持和推动高校无神论教育工作的开展，遏制大学生信教人数不断攀升的趋势。另外，我们应当密切关注当前仍不断"沉渣泛起"的种种社会迷信现象，坚持不懈地对其进行揭露和批判，引导人们摆脱愚昧迷信，树立科学精神与健康积极的人生态度，在努力改造自然与社会的实践中创造和争取自身的幸福生活与美好明天。

第三，科学无神论应当从服务现实的角度构建自身的积极内容。科学无神论是对有神论的批判与否定,但不仅是对有神论的批判与否定;它既是一种思维方式与价值体系,更是一种生活方式。坚持和宣传无神论决不能只是简单地批判与消解宗教有神论的信仰,更要在消解之后引导人们树立科学的、合理的人生观与生活态度;不仅要有"破",而且要有"立"。在否定掉神的存在之后,我们应当为人生意义问题提供合理的解答,为道德实践建立稳定的根基,为生命价值找到理性的维系。

当前理想信念的缺失、道德意识的堕落造成了种种严重社会问题,从毒奶粉、地沟油,到假药、假酒,再到豆腐渣工程、贪官巨蠹,严重干扰了正常的社会秩序。有些学者借机大肆宣扬宗教、特别是基督教的优长,鼓吹借助宗教重建信仰体系与价值观,抨击新中国成立以来的无神论与唯物论教育造成了精神信仰的缺失。面对这种情况,科学无神论不但要回应宗教有神论者指责,更应在理论上与实践中提出我们自己的解决方案,为推动社会的健康发展贡献一分力量。

第四,科学无神论的基础理论建设需要加强。国家社科规划办六五重点项目曾出版有两部无神论史,此即陈麟书编著的《西方无神论史》(华中师范大学出版社1993年版)与牙含章、王友三主编的《中国无神论史》(中国社会科学出版社1992年版)。随《中国无神论史》同时出版的尚有《中国无神论史资料选编》。《中国无神论史》与《西方无神论史》编写出版后,在1988年通过国家教育委员会鉴定,1989年正式批文作为全国高等院校文科教材。就现在看来,这两部无神论史无论在哲学理念还是在资料选取与分析上都已略显陈旧,有必要吸取新的哲学与史学观点加以修订或重新编写。同时,目前关于科学无神论基本理论研究著作与论文较为稀少,历史上经典无神论著作的整理与国外无神论著作的译介也相对不足。基础理论建设关系学科的长远发展,影响后备人才的培养与成长,需要引起我们的足够重视。

(原载《科学与无神论》2013年第3期)

试论无神论教育和基础教育的结合问题

——对中小学有神论现象的再次调查

笔者早在 2006 年曾对省内 70 所城乡中小学校做过关于宗教信仰状况的调查，当时依据调查数据对中小学无神论教育现状作出的判断是：学校对无神论教育的重要性和必要性缺少正确认识，对如何在学校进行无神论教育缺少基本的研究和实践，教师自身素质及知识储备不足，严重影响了国家教委规定的"对学生由浅入深地进行辩证唯物主义、历史唯物主义和无神论的教育"的落实实施，致使学生有神论思想倾向明显，同时也凸显了教师队伍思想教育及职业素养亟待提高的现状。

在今年 4 月初，笔者再次就目前学校无神论教育现状，对哈尔滨市 4 所初高中进行了问卷调查。对此次的调查结果笔者很想下一个武断的结论：中小学校有神论现象越发普遍，学校无神论教育依然处在一个长时间缺失状态，而且情况越来越差。在此笔者将两次调查数据作以比较，来说明事态发展的程度。

一　中小学无神论教育现状堪忧

（一）学生中相信神灵、宿命的人数在逐年增加

在今年的调查中，599 名受访学生中有占 61.5% 的人相信"世上有神灵存在"。而不相信有神灵存在的人数比率从 6 年前调查的 50.1% 大幅降至 38.5%。有 16.4% 的学生相信"人的幸福与不幸是命中注定的"，6 年前的调查结果是 12.4%；还有 20.4% 对此半信半疑。

星座占卜在学生中很流行，不知道自己星座的学生只占 15.9%。其余有 16% 的学生认为星运"还挺管用"，这个数值比 6 年前的调查增加了

9.9 个百分点；明确表示按星座指南做事的学生只有 19 人，占 3.2%，数值虽小，但现实意义不小。依据数据，目前有近 1/5 学生在生活中已把星座星运当成具有一定意义的参考值。有 23% 的学生承认自己或家长为学习和健康算过命；对此含糊作答的占 19.7%。算命和可能算过命的人数比率从 6 年前调查的 25.3% 大幅增至 42.7%。还有 15.9% 的学生经常听到周围熟悉的人去寺庙、教堂祈求神灵保佑或找算命人指点。显然，来自家庭和社会环境的不良影响越发严重。

（二）严重缺乏无神论教育的状况丝毫没有改变

有 48.8% 的学生承认对无神论知识了解得很少，只有 12.4% 的学生表示从老师那里接受过无神论教育；还有 28.7% 的学生表示是从其他渠道获得相关信息的。也就是说，没有在学校中较好地接受过无神论教育的学生占 87.6%，这比 6 年前调查的结果 57.2% 增加了 30.4 个百分点。由此可知这方面教育的薄弱。

两次调查数据比较显示，目前中小学生中相信神灵和宿命，热衷占星算命的人数在明显上升。尽管这些行为中多半带有游戏娱乐的成分，但其中可以看到，信以为真或按其行事的学生在增多，随家长或自己算命的学生在增多。这些占星算命的把戏在一定程度上使部分学生产生了想借助外力获得"好处"的想法和尝试。很显然，学生相当普遍的有神论和宿命论倾向以及学校中无神论教育缺失状况长期以来没有得到有效的纠正，而且情况越来越糟。

二　教师群体有神论问题以及职业素养问题相当严重

（一）近半数的受访教师有神论思想明确

今年的数据显示，在 121 名受访教师中不相信有神灵存在的占 55.4%；其余 13.2% 的教师相信有神灵；还有 31.4% 认同"把神是否存在当成一个无法解答的问题"。在对待"超自然力量存在"的问题上，相信和半信半疑的人数比率分别是 39.2% 和 29.2%，合计所占比率比 6 年前调查的数据增加了 24.2 个百分点。另外，有 14.9% 的教师相信人的幸福与不幸是命中注定的；30.6% 表示半信半疑；54.5% 持否定态度。调查还得知，121 名受访教师中，7 人有宗教信仰；25 人表示对宗教感兴趣；89

人无宗教信仰也无兴趣，占73.6%。由数据得知，教师中有神论和神秘主义思想的人数已近半数之多。

（二）大多数教师在某些原则问题上认识混乱，甚至出现严重错误

对于教师在教学中是否可以宣教的问题，今年调查的数据显示，1人弃答，120名教师中能够正确作答的不足一半，占45%，正确率与6年前相比竟降低了33.7个百分点。其余55%出现不同程度的认识错误：有17.5%的教师认为可以；15.8%认同"因为信仰自由，况且宗教也属于一种文化，所以这样做无可厚非"。也就是说，认为可以在教学时宣教的人数已达到受访教师的1/3之多，还有21.7%表示不十分确定。笔者在这儿不得不说，我国一贯主张并坚持"宗教与教育相分离"的办学指导原则。在1995年，国家公布的《中华人民共和国教育法》再次重申："教育活动必须符合国家和社会的公共利益。国家实行教育与宗教相分离。任何组织和个人不得利用宗教进行妨碍国家教育制度的活动。"教师必须严格遵守国家教育法规，这是对教师最起码的职业要求，可事实远非如此。同样，对于"国家教委是否有明确规定对学生要进行无神论教育"问题上，多达72.8%的教师回答"没有"或"不清楚"，只有27.2%能给出正确回答。

（三）七成多的教师不主张对学生进行无神论教育

在学校进行无神论教育的问题上，只有25.6%的教师认为"十分有必要"，其余有37.1%认为这样做"没有必要"或"过于意识形态化"；37.2%认为"适当即可"。6年前调查时，有六成教师赞成无神论教育，现在只有26%的人赞成，多数教师对无神论教育的态度表现得更加无所谓或反感。对是否在教学时进行过无神论教育问题，回答"经常这样做"的只占14%；"从没有考虑要这样做"和认为"很难做到"的占33.1%。

（四）大多数教师缺乏对科学精神和人文精神的深入理解

调查得知，绝大多数教师对科学精神和人文精神的理解欠佳，只有5人认为自己对此有较深入理解，占4.1%；一般概念性了解的占53.7%；其余42.2%承认对其知之甚少。6年前的类似调查是：关于对学生科学精神的培养问题，有75.8%的受访教师认为"因教学任务紧，没时间做这事"；还有25.9%的教师或认为"这不是中小学阶段的教育内容"，或"不知如何去培养"，或"学校没有具体要求"。

另外，对于目前学生思想品德教育状况，多数教师（63.6%）认同"缺少有利于学生品行养成的科学指导内容和评估标准"，或认同"假大空

的说教，学生践行效果较差"。少数教师（36.4%）认同"符合时代要求，学生整体精神风貌积极向上"。可见，多数教师对目前学生的思想教育现状评价不高。

两次调查数据比较显示，受访教师更年轻化，学历更高，思想更自由开放和多元，这是他们的优势，但同时也存在着相当严重的问题：对国家教育法规缺乏最基本的了解，政治敏感度不高，使命感责任感不强，整体职业素养不高，教书育人的能力亟待提高，由此暴露出学校在管理和教师队伍建设方面的诸多问题。尽管大多数教师较少有具体的宗教信仰指向，但近七成教师对某些事物的判断缺少理性思维，近半数教师神秘主义、宿命论思想明显。教师的这些思想状况比6年前更加严重，我们无法想象在遇到精神信仰方面的话题时，教师们会在学生面前如何表现。目前学校过分突出强调教师传授知识的能力，完全不讲教师职业素养、教学纪律要求，这确实令人担忧，也不由得让我想起前些天看到凤凰网2013年5月14日资讯中援引《中国文化报》的报道："还有20多天，又是一年高考时。近日河南省漯河市第一、二、四、五高中和实验高中由校方负责人带队，组织即将高考的1100多名尖子生代表，到被誉为'文宗字祖'、'许夫子'、'文曲星'的许慎文化园祭拜，祈愿在今年的高考中能'金榜题名'。"这则消息如果没有"由校方负责人带队"的字样，它会像往年高考前的许多类似信息一样叫人"习以为常"了。

三 对中小学无神论教育的思考与建议

作为马克思主义世界观基础的无神论思想是社会主义核心价值体系的重要组成部分，对于无神论宣传教育的正当性和必要性是无须多言的，但现实的情况是宣传无神论的声音越来越微弱，而且只能在特定的范围内讲，致使整个舆论界和民众出现了许多认识和判断上的模糊，甚至在学术理论界还有不同的反对声音。这种对无神论教育的误判必然会波及教育界，加之教育界自身存在的问题更使学校无神论教育的处境难上加难。然而，教育无小事，它不仅关乎每一个青少年未来人生的大事，更是关乎一个国家的前途和命运，这也是为什么世界上几乎所有有远见的国家都把教育当作治国之本来抓的原因。所以，学校有神论现象中暴露出来的诸多问题应引起高度重视。为此，笔者谈几点思考和建议。

第一，在无神论对外宣传的尺度上，我们不能顾此失彼。改革开放以来，无神论宣传教育的历程是随着与"法轮功"邪教斗争而进入它宣传教育的高潮期。为了配合斗争形势，无神论宣传教育的方式是调动一切舆论工具和手段，坚决彻底地揭露和批判邪教的本质，教育民众崇尚科学、远离邪教、摒弃迷信。这确实在广大民众中起到了快速传播和巨大的警示教育作用。那时无神论宣传教育形式和内容带有鲜明的政治性，是急风暴雨式的。但随着反邪教斗争取得阶段性胜利，工作重点转向非公开舆论的、面向基层群众的无神论宣传及防范与抵御邪教的宣传，这应该是润风细雨式的，深入人心的一种人文关怀。可是当全国进入共建和谐社会以后，无神论宣传教育的声音反倒真的是"润雨"细到"无声"了。我们反观无神论宣传教育工作的历程，不同阶段我们采取了不同的宣传教育策略，但是在新形势下如何宣讲无神论，我们确实缺少足够的理论研究和实践经验的支持。尤其在基层，我们依旧习惯于运动式的、无"人"的说教方式，以至于被一些人当作"左"的东西而避之恶之，这也势必影响到社会管理者正确掌控对外宣传的尺度，结果是倒了洗澡水也连同孩子一块倒掉。

一个国家的核心价值体系是应该主导该社会成员的重大价值选择，影响社会成员的思维方式，决定社会成员对国家意识形态的认同。所以，无神论宣传教育需要光明正大地发声宣传，要让广大民众知晓国家在倡导什么，要突出马克思主义唯物论和无神论在思想领域中的主导地位。为此笔者认为，国家要鼓励和培养更多的理论工作者来研究无神论，不仅要重视无神论思想的理论研究，更要重视它的应用研究；不仅支持国家级研究机构，还应支持和鼓励更多的地方科研院所结合各地省情确定研究方向，以此促进无神论宣传教育在形式和内容上更符合国情民情的变化，切实能为老百姓在生活方式的选择上，提供更能体现人文关怀的科学指导和教育，开启底层民众热爱科学、尊重事实、理性判断的智慧，帮助政府一道营造和培育起团结互助、热爱生活、崇尚文明、健康快乐的社会人文环境，使得平民百姓日常生活的情感需求和生活态度能与国家的核心价值有更多的契合和共鸣。这应该是新形势下无神论宣传教育的作用和意义所在。

第二，应高度重视无神论教育如何纳入国家义务教育各学科教学的问题研究，这涉及学校无神论如何教和教什么的关键问题。在人类漫长的发展进程中，无神论是在不断地否定宗教神学和巫术迷信的过程中，形成和发展着人类对人生、对社会、对自然的哲学的、科学的和人文伦理的认识和思考。从这个意义讲，把中小学无神论教育理解为是对学生进行一种人生教育更为贴切，它的内容应该涵盖在我们基础教育的各个学科中。所以，加强中小学各学科课程的整体设计和基本建设，深入挖掘各门课程中蕴含的科学和人文思想及精神资源，积极探索学科渗透思想品德教育的方式方法，这是解决中小学无神论教育问题的好办法。笔者建议，我们的无神论应用研究应积极介入并配合国家教育部最新颁布实施的"义务教育学科课程标准"，研究编制出相应的教师专用授课辅导资料，使教师明确知晓在哪些知识环节中需要加入更多层面的内容，以便引导学生更好地认识理解人、自然和社会，使单纯的知识传授变成更为丰富的情感认知。通常我们只知一味要求教师去做好教书育人工作，把立德育人这样如此重大的责任都压在一线教师身上，其结果恐怕是国家新的课程标准又会是一纸空文。所以，我们必须想办法分解责任，必须调动相关专家学者深入挖掘各门课程蕴含的德育资源，研究编制出内容丰富的教师教学辅导材料，由国家审定后下发到一线教师手中，让教师执行"新课标"时有抓手，以确保立德育人目标的有效落实实施。

第三，办好高等师范教育，强化师范特点的通识教育培养。应当说，教书育人责任重大，任务艰巨，是对教师自身素质提出了相当高的要求，也对教师的培养提出了相当高的要求。为此笔者认为，必须强化教师一体化培养，要使教师职前培养与职后培训一体化，职业化。在职前培养阶段，高等师范教育应突出师范教育特点，强化通识教育对师范生的特殊意义，在加强学科专业教育的同时，加强文理兼容，加强教育科学专业、专业道德、专业发展等方面的职业教育培养；在职后培训阶段，要改善现行教师培训机制，使教师继续教育培训制度化，培训机构专业化，进而从教师队伍思想教育、专业职能、专业道德、专业发展、专业训练等方面对教师进行完整的、连续的培养与训练。

第四，对青少年的教育离不开全社会的参与和配合。笔者认为，政府有关部门、新闻宣传和出版业、互联网等机构和传播媒介应提高自身的科学素养水平，采取措施加强对科学无神论的宣传，讲究和强化宣传教育的科学化、人性化；应继续加强对各种文化信息传播渠道的监管力度，消除国内外一切愚昧迷信和有悖于主流社会价值取向的消极文化及产品的传播渠道；应继续依法取缔一切邪教和神汉、巫婆、算命、看相、看风水等骗人害人的迷信活动，以净化社会风气和文化环境；应加大对公众的科学普及工作，加大对科普场馆等基础设施建设和使用率，加大科普活动及对外宣传的曝光率，促进科学知识、科学精神和思想与普通百姓生活的融合。

笔者还认为，社会风气问题关键是党风问题。所以，加强党内的无神论教育至关重要。尽管党内有神论现象还远非主流，但也绝非个别现象。由于它有极强的效仿作用，可以搅乱民众的信仰指向，消解主流意识形态。因此，在党内要坚决制止和杜绝党员干部的有神论思想和行为，加强党内成员马克思辩证唯物主义和历史唯物主义以及科学无神论的学习。党员不可以信仰宗教，这个原则是应该坚守的。当然作为有几千年历史的泱泱大国，中国人的多神信奉和天命崇拜已经沉淀为国民性的一个显著特点，所以我们不能脱离这样一个大的背景去孤立地看待党员、教师群体和学生的有神论现象，这也正说明无神论宣传教育的必要性、长期性和艰巨性。

（原载《科学与无神论》2013 年第 4 期）

科学无神论与宗教研究

警惕国际基督教右翼势力的文化渗透

习五一

宗教渗透是指境外团体、组织和个人利用宗教从事的各种违反我国宪法、法律、法规和政策的活动和宣传。我认为，境外宗教渗透主要包括三个方面：一是境外敌对势力利用宗教作为渗透的工具，打着宗教旗号，颠覆我国政权和社会主义制度，破坏国家统一和民族团结。二是境外宗教势力企图控制我国的宗教团体和干涉我国宗教事务，在我国境内建立宗教组织和活动据点，发展教徒。三是境外宗教右翼势力利用"文化交流""学术研究"，进行"合法渗透"。

"冷战"结束后，随着全球经济化的进程，各种思想文化的交流、交融、交锋更加频繁，思想文化领域里多元化的趋势日益鲜明，我国文化安全问题日益突出。西方发达国家更加重视将意识形态作为实现其国家利益的"软实力"。以美国为首的西方国家，利用基督教新保守主义推行对华扩张的传教战略。境外宗教渗透成为威胁我国安全的最重要因素之一。在国际国内复杂因素的交叉影响下，境外宗教渗透有可能引发公共管理危机，应当引起高度的重视。

本文主要分析美国基督教新保守主义势力的对华扩张战略。我认为，当前应当更加重视境外基督教右翼势力的"合法渗透"。为从思想文化上提供抵御境外宗教神学渗透的理论武器，应当大力加强科学无神论的学科建设。

一　基督教新保守主义的全球扩张战略，成为美国霸权主义的工具

2008年8月，中国社会科学院副院长李慎明在欧洲访问时提问：请简

要说明美国对中国的战略是什么？英国国家战略研究所"跨国威胁和政治风险"项目负责人回答说："中国若'硬实力'崛起，美国则十分欢迎；中国若'软实力'崛起，美中之间将可能发生直接全面的激烈冲突。"①

如果说"硬实力"是指经济实力，美国真的欢迎中国崛起吗？此另当别论。"软实力"应当是指政治制度、社会文化、价值体系等，当然包括民主、自由、人权等意识形态。民主制度和人权理念是西方向全世界推广"软实力"的两张主牌。"冷战"结束后，在国际战略中，人权的牌日益显赫。而根据美国当局的诠释，"宗教自由成为人权的第一基石"。

自20世纪70年代以来，美国社会生活中出现一种值得重视的现象，即美国的基督教福音派迅速增长，从文化信仰领域，积极向政治领域扩张。美国的基督教福音派推行全球传教扩张战略，引发许多社会冲突，而他们却将国际社会多元宗教文化未能和谐相处的责任，单方面归咎于发展中国家，指责这些国家的社会环境未达到美国标准的信教自由。因而所谓"国际宗教自由"就成了美国宗教组织的重要政治议题。近年来，由于基督教福音派的复兴和宗教右翼的"政治觉醒"，宗教在美国内政外交中的作用日益凸显。

"冷战"结束以来，国际宗教右翼势力积极推动全球传教扩张战略。1998年，美国基督教新保守主义势力和政治新保守主义势力结盟，共同推动国会通过《1998年国际宗教自由法案》，使其成为以国家力量进行基督教全球战略扩张的工具。该法案的确立是美国宗教势力影响国家外交政策的标志性事件。一个超级大国立法，定期审查世界各国的宗教现状，这是"冷战"后国际舞台上的一个重要战略变化。这种"以信仰为基础的外交"（faith-based diplomacy）②，成为历史上"传教士外交"和当代"人权外交"的最新版本。

美国当局运用国家力量，在国际人权领域里强化美国价值观。如：《2006年国际宗教自由报告》宣称："宗教信仰作为个人选项和基本自由，是美国特征的立足点，根植于我国开国先贤的理想。从新中国成立至今，宗教自由一直是我国最首要的自由之一。美国人民捍卫宗教自由的决

---

① 李慎明：《关于民主与普世民主的相关思考》，引自：李慎明主编：《世界社会主义跟踪研究报告（2009—2010）》，社会科学文献出版社2010年版，第4页。

② 徐以骅：《当代国际传教运动研究的"四个跨越"》，《世界宗教文化》2010年第1期。

心——不仅在国内，而且在全世界——始终不渝。正如康多莉扎·赖斯国务卿所说：'对美国来说，没有比宗教自由和宗教良心更根本的东西。我们国家就建立在这一基础上。宗教自由是民主的核心。'"①美国政治家将"宗教自由"符号化，成为西式民主制度的图腾，成为美国推行霸权主义的战略工具。

基督教是美国立国之基吗？其实，这是当代美国政治家的一种诠释。在许多美国历史学家看来，历史事实并非如此。美国建国时期的领导人，多数人宗教情绪淡薄，其中，参加起草《独立宣言》的政治活动家、启蒙思想家托马斯·潘恩（Thomas Paine），也是著名的无神论者。美国的第二位总统亚当斯说："历史将会把美国的革命归功于托马斯·潘恩。"在《理性时代》一书中，潘恩尖锐地批判基督教，他说："愚昧时代是与基督教体系同时开始的。神学阻碍了科学的发展。"他指出："基督教是以《圣经》为基础的，而圣经是完全依靠刀剑来制定的，而且把刀剑作最坏的使用，不仅用于恐吓，而且用于毁灭。"《圣经》中的爱，是指在崇拜上帝的前提下，信徒之间的爱。对不信仰上帝的族群或异教徒，充满着流血和杀戮。这就是宗教战争的教义依据。②

我认为，应当指出的是，美国政府大力促进的"国际宗教信仰自由"，是以美国国家利益为标准的。比如：美国国务院发表的《2002年国际宗教自由年度报告》，将缅甸、中国、伊朗、伊拉克、朝鲜、苏丹列为"特别关注国家"。2004年的年度报告又将伊拉克从名单上删除。而事实上，在美军占领的伊拉克，杀戮"圣战"不断，民众的生命安全都难以保障，难道宗教信仰反而获得更大的自由吗？美国发动的伊拉克战争，被国际人权组织批评为"21世纪第一个十年最大的人道主义灾难"。最近，维基揭秘网公布，在伊拉克战争中，总计10.9万死亡人数中，有6.6万非作战人士。另一个总部设在伦敦的"伊拉克罹难人数统计"组织说，在战争中死亡的平民高达12.2万人。

"反恐、反恐，越反越恐"，已经成为国际流行语。根据美国芝加哥大学的学者研究，20世纪80年代，全球年均仅有5起自杀式袭击事件，到90年代升至年均自杀式袭击事件50起，而2009年当年，全球的"人体炸

---

① Annual Report of the United States Commission on International Religious Freedom, 2006.

② ［美］潘恩著、子清槐等译：《潘恩选集》，商务印书馆1981年版，第257页。

弹"事件高达 500 起。① 其中最重要的原因是反抗外国军队的占领。美国政府声称"尊重宗教自由的国家极少对他国造成安全威胁"。这种唯我独尊的说教，在铁的事实面前，不值一驳。

"冷战"结束以来，国际战略格局最重要的变化是，美国新保守主义势力企图建立独霸全球的单极时代。某些权威人士鼓吹单边主义的霸权政策，推行新干涉主义战略。这一理论有两个支点：一是捍卫"人类普遍的价值观"，提出西方的"人权""法治"等都是"普世价值"；将"宗教自由"视为人权的第一基石。二是"人权高于主权"，提出"人权无国界"，为新干涉主义提供法理支持。

我认为，当代西方列强的核心话语，已经转向"以宗教自由为基石"的人权。基督教的"普世价值"不断被抽象化，成为西式民主制度的图腾，正如美国前国务卿赖斯所说的"宗教自由是民主的核心"。这种符号化的"普世价值"，企图将社会核心价值体系，从各国基本的社会关系中剥离出来，成为国际舞台上"新干涉主义"的武器。这种宗教意识形态化的倾向，影响了国际社会文化多元化的发展，造成世界的动荡不安。

二 国际宗教右翼势力对华传播福音的战略意图

为遏制中国的迅速崛起，一些西方国家在军事、经济手段作用有限的情况下，更加重视在政治、人权、民族、宗教等方面施加压力。他们以"人权卫士"自居，以"普世价值"为武器，占据所谓的"道德高地"，运用国际舆论的优势，指责我国"压制宗教自由"和"迫害宗教人士"，损毁我国国际形象。在外交关系中，他们把"宗教自由"作为对华政策的核心内容之一，不断进行施压。自 1998 年起，美国国务院每年 3 月发表的《国别人权报告》，每年 9 月发表的《国际宗教自由报告》，美国国际宗教自由委员会每年 5 月发表的《国际宗教自由报告》，都无端指责我国"迫害宗教"，将我国列为宗教和人权方面"需要特别关注"的国家。

美国称霸世界的意识形态基础之一是，"美利坚民族是上帝选中来拯救人类的"。美国当局"人权高于主权"的理念，深深根植于美国意识形态传统。在多数美国人的观念里，唯有神权高于人权。虽然美国宪法规定

---

① 英国《独立报》网站 2010 年 10 月 23 日，转引自《参考消息》2010 年 10 月 24 日。

政教分离，宗教势力不能干预政治，但是，在现实生活中，宗教对政治的影响无所不在。攻击中国缺乏宗教自由，支持以达赖喇嘛为首的西藏分裂势力，就是美国基督教保守势力干涉中国内政的表现。美国基督教新保守主义势力向全球推行扩张性传教战略。他们向世界各地，特别是中国大陆派遣英语教师、文化机构、志愿人员、政治经济顾问等，其中相当大的比例具有基督教福音派背景。这种传教扩张态势是全球化时代美国意识形态向外扩张的主要形式之一。

美国基督教右翼势力积极扩大在中国的影响，其目的之一是企图西方文化"和平演变"中国。美国《纽约日报》驻北京首席记者艾克敏（David Aikman）曾写过一本著作，书名就是《耶稣在北京：基督教如何改变中国及全球力量平衡》。他在书中提出，如果将来中国基督教徒接近7000万人，中国基督教就会成为世界最大的基督教团体之一；如果中国未来30年内基督教徒人数达到中国总人口的20%—30%，基督教的理念就会在中国政治及文化中成为起着统领作用的世界观。而"中国龙"一旦被"基督教羔羊"所"驯服"，中国将不再构成对美国和其他世界的威胁。①

他们通过各种手段和途径，在我国培植和扶植宗教势力，抵制政府依法管理，抗衡爱国宗教组织，使他们培植的宗教势力成为改变中国社会制度最重要的民间"民主"力量。最为突出的例子，就是一些西方国家公开支持我国基督教所谓"家庭聚会"的发展。他们认为这是改变中国意识形态和政治制度，最终把崛起的中国纳入西方文明体系的最有效的途径。

值得重视的是，以传播基督教的福音，改变中国社会主义制度的态势，是在逐步升级的。2006年5月11日，当时的美国总统布什邀请余杰等三位中国大陆"家庭教会人士"访问白宫，表达对"中国宗教信仰自由的关注"。这是1949年以来，第一位美国总统会见中国大陆地下教会人士。在这次会见中，余杰公然向美国总统布什建议说："里根总统因为埋葬了苏联东欧的共产制度而成为美国历史上最伟大的总统之一。帮助中国发生这种变化，也许是上帝给总统先生的历史使命。"

在互联网上有一篇评论题为："布什见余杰标志着什么。"文中指出："布什接见余杰，是一个重大的事件，这标志着美国认为时机已经成熟，

① David Aikman: Jesus in Beijing, *How Christiannity Is Trans Forming China and Changing the Global Balance of Power*, Washington, DC; Regnery Publisng, Inc, 2003, pp. 290 - 292.

开始采取最高级的进攻手段——意识形态控制。这就意味着执政党继续采取守势，静观其变的策略快要站不住脚了。余杰们不是一般的右派，他们要做的事情不仅仅是政治层面上的，而是文明层次上的。他们要通过在中国发展基督教家庭教会，占据目前处于混乱和真空状态的意识形态领域。一旦这个目标达成，即在中国广大中下层民众当中建立基督教宗教信仰，则执政党存在的根基将彻底崩溃。到那个时候，无论执政党采取什么手段和措施，其存在的合法性都将被根本否定。这虽然是一个慢功，但却是根本性的措施。这也不仅是政治的竞争，还是文明的冲突。对美国来说，这是彻底解决中国问题的终极手段。"①

这是网民的语言，比较尖刻，但是这种"危言耸听"的评论，值得我们思考。

奥巴马政府上台后，当务之急是应对经济危机。在推广美国核心价值时，美国政府调整策略采用"更温和、更低调的手段"。2012年4月8日，美国国务院公布年度人权报告，盛赞席卷中东地区的"茉莉花革命"，可望带来"持久的民主社会"，并尖锐地批评中国、古巴、白俄罗斯等社会主义国家的人权记录。国务卿希拉里说：2010年中国在人权方面显然呈逆转，而今年的人权状况更为恶化。其中，将判定刘晓波颠覆国家罪，说成是限制言论自由；将在西藏和新疆打击分裂势力，说成是"严厉镇压"。我们应当清醒地认识到，无论是共和党，还是民主党，美国执政者的国际战略方向是殊途同归的。

三　境外宗教势力的渗透威胁我国国家安全

境外势力推动基督教在我国传播，实质上是一种文化殖民和意识形态渗透。用资深传教士李提摩太的话说，文化传教是"抓住了中国的脑袋和脊梁"。② 意识形态体现为共同的价值观和社会秩序，是一个国家存续的根本。"宗教是一种具有历史延续性的传统文化模式和具有现实渗透力的社会意识形态。"境外渗透势力鼓吹和推动基督教的普世化，对我国社会提

---

① http：//www.yuandao.com/dispbbs.asp? boardid = 2&amp；ID = 15972&amp；replyID = 12316&amp；skin = 12006 – 6 – 6.

② 罗冠宗：《前事不忘 后事之师》，宗教文化出版社2003年版，第474页。

出了"文化宣教""文化浸透"的口号。境外宗教势力以宗教语言掩盖着西方至上的理念及其核心价值观,侵蚀了我国民众的爱国意识和民族精神。他们直接攻击我国的宗教、人权和社会主义制度。

面对全球化的历史进程,面对改革开放的复杂局面,西方宗教的渗透将会广泛而深入。西方发达国家通过传播宗教教义、资助宗教团体、挑动教派对立、发展宗教教徒等方式,冲击社会主义意识形态的主导地位,麻痹国民的思想意识,制造民族分裂事端。在实际现实生活中,意识形态矛盾内容,将更多地表现为经济利益的冲突,具体表现为物质资源、人力资源、市场份额等方面的竞争。这种竞争、争夺具有直接、具体、分散的特点,表面上是法人经济利益,实质上是国家经济利益,分散看是经济利益,集中看是政治利益,它关联着价值取向、政治制度的根本问题。

自20世纪90年代以来,在西方宗教对华推行扩张性传教战略的背景下,基督教在我国城乡地区迅速升温,特别是在"三自爱国教会"之外的非法基督教聚会点,天主教地下教会势力,增长迅速。许多境外基督教异端如"呼喊派"等,广泛蔓延。这些自命的传教人员深入广大城乡,改变人际关系网络结构,给家庭带来紧张和冲突,造成社会分裂,否认中华文明,进一步削弱传统文化的主体性,介入社会与政治事务,削弱现有体制的合法性。

海外基督教教会作为传播福音的主要力量,将目标瞄准当代中国大学校园。校园基督教传播的组织形式是不断建立发展校园团契,而网络传教成为其重要的虚拟形式。校园基督教传播隐性方式是进入教学领域,进行文化宣教。这样扩张态势的传教中,大学生基督教徒出现比较快的增长趋势。近年来,境外宗教势力为争夺我国思想阵地和青年学生,把高校作为渗透的重要阵地,通过一些境外传教士和高校境外信教师生,利用"英语角"、举办研讨会、学术交流、扶贫助学和互联网等方式、途径,不断加大渗透力度,发展学生教徒,进行非法宗教活动,成为影响师生信仰和危害高校政治稳定的潜在因素。他们不断调整策略,变换手法,更新传教途径。

互联网的传播优势势必削弱传统意义上的意识形态控制。据学者统计,具有浓厚宗教色彩的中文网站约有1040个,天主教160个,基督教380个,70%设在我国的港台地区。例如,葛培理福音协会网站首先通过各种手段全面宣传福音信仰,以塑造人们形成以温和福音信仰为核心的伦理和价值观念。以宗教的手段来传播政治价值符号，适度影响人们的政治选择。"国际基督教关注"是美国一个由各教会参与的人权组织，它"致力于援助和支持那些为了实现自己的信仰而遭到迫害的基督徒"。该网站提供了大量对所谓中国"宗教迫害情况"的报道，形式分为"深度报道""简讯"和"新闻发布"，抢占文化舆论阵地。

在当今世界，互联网的战略资源高地几乎被美国独家垄断。互联网自诞生之日起就由美国牢牢掌控。目前全球互联网根服务器有 13 台，其中唯一的主根服务器在美国，其余 12 台辅根服务器有 9 台在美国。所有根服务器均有美国政府授权的 ICANN（国际互联网名称和编号分配公司）统一管理，负责全球互联网根域名服务器、域名体系和 IP 地址等的管理。世界各国和联合国等国际组织都曾要求打破美国对互联网根服务器的垄断，分享互联网的管理权，但是均遭美国拒绝。美国利用其对互联网资源的垄断地位，通过各种形式干涉别国内政。[①]

美国凭借着其强大的科技实力，打着"互联网自由"的旗号，推行霸权主义。基督教、新兴宗教等利用网络传教发展迅速。近年来，境外宗教组织和机构，针对我国内地开展远程宗教培训，成为对华传教的便捷方式。由于互联网的开放性、互动性与随意性，使得以互联网为载体的宗教活动，打破传统宗教活动场所的限制，传播更快。范围更广，影响更大，监管更难。众所周知，"法轮功"就是在某些右翼势力的支持下，在北美生根，通过美国某些机构传授的互联网高科技手段，遥控指挥在中国大陆的活动。

四 应当重视海外基督教右翼势力的"合法渗透"

海外基督教右翼势力的"合法渗透"，主要形式是"文化交流""学术研究"。他们通过教育系统和研究机构，在青年知识分子中宣传基督教优秀论，将西方近现代文明归功于宗教信仰，诋毁中国的传统文化，贬低社会主义价值观。至今我们缺乏学术上的应对，科学无神论几乎没有话语权。我们应当告诉青年学生，以科学技术为第一生产力是如何推动西方近

---

① 国务院新闻办公室：《2009 年美国的人权纪录》（2010 年 3 月 12 日），见《人民日报》2010 年 3 月 13 日。

现代化的历史进程，以及世俗人文主义和科学无神论发挥的思想启蒙作用。

改革开放以来，随着社会经济结构、利益格局发生深刻变化，人们思想的多变性和差异性不断增强。其中，引人瞩目的社会现象之一是，信仰宗教的民众日益增多。宗教学研究逐渐由边缘学科发展成为"显学"。随着"宗教热"的兴起，随着各种宗教传教事业大量资助宗教研究，"精心呵护"宗教的学术倾向成为学术界的主流声音。还有一些人士极力推崇基督教文化，将其诠释为"道德的源泉""民主的根基"，甚至是"科学的前提"。

举一个具体的事例说明，海外基督教是如何在我国高等学府制造话语权的。当代国际基督教势力组织雄厚的资金，建立基金会和研究所，如：美国的邓普顿基金会（John Templeton Foundaiton）和美国的发现研究所（Discoverry Institute）这样的机构，促进科学与宗教的对话，旨在调和两者的冲突，为现代宗教罩上科学的光环。邓普顿基金会以数百万美金的奖励，吸引人们从事"科学与宗教合作"的研究。① 目前全世界奖金最高的个人年度奖——邓普顿奖，由该基金会颁发。邓普顿奖年度奖金高达 100 万英镑以上，超过诺贝尔奖的金额。2012 年度邓普顿奖颁发给达赖喇嘛，其政治意图十分明显。

这种国际基督教势力制造的"没有基督教就没有现代科学"的思潮，已经登上中国著名高等院校的讲台。如：在英国邓普顿基金会的资助下，2005 年 11 月 30 日到 12 月 14 日，武汉大学举办"科学与宗教"的系列讲座，邀请四位美国基督教学者，发表演讲。他们利用"基督教信仰三个传统——罗马天主教、东正教和新教""丰富的基督教信念"向中国青年学子说明："上帝创造了物理规律"，"宗教信念可以为科学发展提供哲学基础"等②。这个系列讲座被编辑为《科学与宗教的对话》一书，收入北京大学宗教学文库出版发行。这种"科学与宗教"的系列讲座，不仅在武汉大学，而且在北京大学、复旦大学等高校持续地举办，并陆续出版各种演

---

① 参见习五一：《生物科学探索宗教神学——自然科学是当代无神论的重要基石》，转引自习五一：《科学无神论与宗教研究》，中国社会科学出版社 2012 年版，第 75–84 页。

② ［美］梅尔·斯图尔特、郝长墀编，郝长墀、李勇等译：《科学与宗教的对话》，北京大学出版社 2007 年版，第 2、4、5、9 页。

讲集。① 它在高等院校产生的影响值得深入调查研究。目前，一些哲学系的毕业生成为大学校园里非常活跃的传教士，已引起人们的关注。

这种思潮已经转化为中国学者的声音。2007 年 12 月 30 日，在首都科学讲堂上，北京大学的某位教授演讲《近代科学的起源》。他声称："基督教为近代科学的兴起提供了强大支持，可以说没有基督教就没有现代科学。"②

我们知道，用恩格斯的话说，在中世纪的欧洲，"只知道一种意识形态，即宗教和神学"。③ 当时，一切学科都是基督教神学的工具，在神学的控制下，失去了自身的独立性。那时，如果用宗教理念无法解释新的科学发现时，科学家就会被视为异端和无神论者，遭到残酷的迫害。如天文学家伽利略赞同哥白尼提出的"日心说"，遭到宗教法庭残酷审判。随着人类理性的发展，人们科学地探索自然、宇宙，逐步打破基督教神学的禁锢，各种自然科学、人文、社会科学才发展起来。正是近代启蒙思潮的兴起，科学无神论对基督教神学的批判，削弱了基督教神学的统治，为各种学科的独立发展，开辟了道路。

宗教渗透已经成为国外文化渗透的主要内容。而文化问题，宗教问题，以至意识形态问题，需要思想上的应对。思想教育，应当和风细雨，春风化雨。

五 加强科学无神论建设，抵御境外宗教渗透

科学无神论是马克思主义哲学和宗教理论的重要基础。这个学科的建设，不仅关系着实施科教兴国战略、提高全民族素质，还关系着抵御境外极端宗教势力渗透、国家文化安全的问题。

意识形态安全是国家政治和文化安全的重要内容和核心，是国家安全的重要保证。意识形态管理是维护国家意识形态安全的根本途径。西方发达国家推行的全球意识形态管理战略已经严重威胁我国意识形态安全。以美国为首的西方国家，将基督教教义抽象为所谓的"普世价值"，本质上

---

① 左鹏：《宗教向高校渗透的隐性形式：文化宣教》，《科学与无神论》2010 年第 6 期。
② http://blog.sina.com.cn/wugshpku.2007 - 12 - 31.
③ 《马克思恩格斯文集》第 4 卷，人民出版社 2009 年版，第 289 页。

是西方话语霸权的表达。西方发达国家的基督教新保守主义势力，积极向中国推广这种"普世价值"，是其"西化""分化"我国图谋的具体方式，也是当代中国产生价值混乱的一个根源。

在境外宗教渗透日益增强的影响下，在当前学术界，各种新"有神论"相当活跃，力图割裂马克思主义同无神论的关系，贬低科学无神论的地位。某些学术权威大力倡导"汉语基督教神学"运动，并积极推动这种"宗教神学"成为国家研究机构和高等院校的学术方向，极力抬高有神论的地位，这种思潮已经开始影响政策制定和舆论导向。

近年来，在宗教影响日益增强的形势下，"精心呵护"宗教文化的倾向，日益升温，而批评宗教消极因素的声音，很难得到应有的话语权。科学无神论的话语权严重缺失。一些号称研究马克思主义宗教观的权威学者，绝口不谈无神论，力图把无神论从马克思主义那里阉割出去。贬斥无神论，反对研究和宣传无神论，一时形成强大的舆论氛围。无神论研究在某种程度上成为研究禁区，败坏了无神论的声誉，挤压了无神论的影响空间。这种情况不仅严重影响了科学无神论的研究和宣传教育，而且对马克思主义理论研究和建设构成了相当威胁。

与无神论的宣传教育工作相比，无神论研究的学术事业，仍处于弱势地位。为应对当前国内外严峻的时局，开展科学无神论学科的建设，势在必行。只有形成系统的科学无神论理论体系，才能为应对战略和具体政策，提供坚实的思想理论基础。科学无神论学科的建设，将影响全国有关领域的思想趋势和学术结构向良性转变，而且将推动社会主义核心价值体系的建设，对社会主义先进文化的建设和民族素质的提高产生积极作用，并将提供有针对性的抵御宗教渗透的思想理论武器。

在社会主义核心价值体系中，科学无神论的唯物世界观和积极人生观，占有重要地位。党中央一再指出：要巩固马克思主义的指导地位，要增强社会主义意识形态的吸引力和凝聚力，科学无神论的作用不容忽视。一个时期以来，有种舆论，力图把科学无神论从马克思主义宗教观和社会主义意识形态中剔除出去，这是危险的，既不符合人类历史和当代的世俗化潮流，也与中国的人本主义传统相悖。

意识形态竞争是当代社会生存方式竞争的主战场之一。思想战线上的战争是靠激烈而高明的思想竞争来赢得的。加强社会主义意识形态建设，其中应包括大力加强科学无神论建设。研究马克思主义无神论与历史唯物主义和辩证唯物主义的关系、与社会主义核心价值体系的关系、与现代科学技术的关系、与党的宗教政策的关系，与抵御宗教渗透的关系等，不仅是加强科学无神论研究和宣传教育的需要，同时也是马克思主义研究和宣传教育的需要，是马克思主义理论研究和建设工程的进一步延伸。从思想文化上提供抵御境外宗教神学渗透的理论武器，才能确保我国文化和意识形态安全。

参考文献

1. 李慎明主编：《世界社会主义跟踪研究报告（2009—2010）》，社会科学文献出版社 2010 年版。

2. 侯惠勤：《马克思的意识形态批判与当代中国》，中国社会科学出版社 2010 年版。

3. 巴忠倓主编：《文化建设与国家安全》，时事出版社 2007 年版。

4. 罗冠宗：《前事不忘 后事之师》，宗教文化出版社 2003 年版。

5. 习五一：《科学无神论与宗教研究》，中国社会科学出版社 2012 年版。

（原载《马克思主义研究》2013 年第 3 期）

论美国排华运动的宗教意识形态根源

黄 超

2011 年 10 月 6 日、2012 年 6 月 18 日，美国参众两院先后通过《排华法案》道歉案，根据道歉法案的文字表述和中外媒体相关报道，大致认为《排华法案》不符合美国立国原则和宪法精神，是一个"历史的错误（富兰克林·罗斯福语）"，美国国会因此表示遗憾。令人困惑的是，美国国会和媒体刻意强调该法案的"非美国特性"，他们似乎是以第三者身份，在对另一国家的错误法案进行道德仲裁。然而，任何一个具有一点理性的人都不会满足于这样一种逻辑：由美国国会通过，总统签署，并被一再强化和最严格执行达 60 余年的法案是不代表美国立国精神的。本文的目的即在于通过对《排华法案》这一在美国历史上具有代表性、一贯性的个案的分析，说明《排华法案》与美国的立国精神之间存在着深度"精神共构"与事实上的因果关联。美国的立国先贤在吸取西方启蒙思想中"人人生而平等"理念的同时，也自然地继承了西方文化中心主义与基督宗教中心论，从而使美国立国精神具有了典型的"泥足巨人"特征。《排华法案》只不过是西方文化中心主义与基督宗教中心论的庸俗和极端的表现形式之一。本文将从民主政治、信仰自由和国际关系准则三个方面分析《排华法案》中所体现出来的美国立国精神的两面性或内在矛盾。

一 民主政治具有明确的种族利己主义的本能

如果说美国的立国者在《独立宣言》中出于现实政治的考虑而放弃了对奴隶制度的谴责，那么《排华法案》所体现的基本精神却不是任何单一、外在的原因可以掩饰。正如《独立宣言》的起草人之一、资本主义精神最完美的代表、道德高尚的典范伟人本杰明·富兰克林（1706—1790

年）同时也是一个种族主义的狂热鼓吹者和受益者一样，《排华法案》也是"文明的精神"生产出的"不文明的法律"。

在分析美国排华的诸多理由中，国内媒体大多接受将"华人劳工威胁白人劳工的经济地位"作为首要原因的解释，我们不得不指出，这一违背常识的论调只是 130 年前西方反华媒体的偏见的延续。据美国官方统计，美国人口从 1850 年的 2300 万，上升到 1880 年的 5000 万，这其中最大的原因归于移民的涌入。"从 1860 年到 1900 年，美国人口从 3100 万上升到 7600 万，在这 40 年内，大约有 1400 万外国人移民美国。"① 然而，从有记录的 1820 年始，至 1882 年的 60 多年间，累计进入美国的华人不到 30 万，1882 年仍居住在美国的华人只有 10 多万人。所以，美国国会的立法者们清楚地知道，要想把排华问题上升到国家意志的高度，虽然舆论的愤怒值得期待，但是，以反华媒体的叫嚣为立法依据却是荒诞不经的，他们需要发现一个"符合美国立国精神"的理由。于是，我们看到的《排华法案》的经典表述是："美国政府认为，华工的到来使得美国境内一些地方的良好秩序受到威胁。"也许，这是世界法律史上唯一的一个以限制、排除受害者基本权利的方式来解决迫害问题的法案。但是，在美国的法律诠释者眼里，《排华法案》不仅是美国民主政治的需要，而且反映了美国民主政治的优越性。

1882 年，在美国国会通过《排华法案》以后，不断有美国议员批评《排华法案》，认为它将种族歧视赤裸裸地合法化，是不人道和不公正的。但是，1889 年，美国最高法院最终裁定《排华法案》合乎美国宪法。美国联邦法院首席法官斯蒂芬·菲尔德的辩解理由是"出于公众利益和需要"。因为华人属于另一人种，对这一"东方人入侵"若不加限制，将会构成"对我们的文明的威胁"。② "文明威胁论"只是一种赤裸裸的种族主义表述，其后来的诠释者则更为高明。1902 年，西奥多·罗斯福推动取消《排华法案》的时限，使其成为永久法案。这位被誉为美国历史上最伟大的总统之一、"大棒政策"的发明者的排华理论依据是所谓的"民主政治的先见之明"，他认为《排华法案》恰好体现了美国民主政治的优越性。

---

① T. Harry Williams, Richard N. Current and Frank Freidel, *A History of the United States to* 1877, Alfred. A. Knopflnc, New York, 1969, p. 469, p. 157.

② Justice Stephen J. Field, Chae Chang Ping V. United States, 130 U. S. 581, （1889）; Smith, *The American Creed and American Identity*, p. 244.

1894 年，西奥多·罗斯福发表了一篇关于英国历史学家皮尔逊的《民族生活与民族性》一书的书评，针对皮尔逊在其著作中鼓吹"有色人种获得自由会威胁高等民族的优势地位"的论调，西奥多·罗斯福持一种乐观主义的看法，他认为这种担忧的结果未必会发生，因为"19 世纪的民主政治已经为白种人保持了新世界地面上的最好的地区，即温带的美洲和澳大利亚"。美国和澳大利亚阻止中国人进入，"因为民主政治具有先见之明，已经看到他们的出现对于白种人有毁灭性的影响"。因此，西奥多·罗斯福断言："民主政治具有明确的种族利己主义的本能，看到了种族敌人，并且阻止了危险的外国人进入。"《排华法案》不仅不违背美国的立国精神，而且"将来的整个文明应以超出于语言所能表达的感激之情来感谢那种民主政治的政策，它保持了新世界和最新世界的温带地区成为白种人的一项世袭财产"。① 当然，对于民主政治的优越性观点，西奥多·罗斯福的朋友亨利·亚当斯和布鲁克斯·亚当斯兄弟则从经济竞争的角度持悲观主义的看法，他们认为，经济竞争的压力将会使欧洲走向毁灭，解决未来的钥匙埋在中国的土壤里，美国的优势地位能否长久保持决定于能否把中国经济命脉抓到手里，决定于亚洲工业发展能推迟到什么时候，"为了保障自己的安全，美国必须征服亚洲、欧洲和整个世界"。② 不论他们之间是如何自由争论，基本结论是确定的，《排华法案》在罗斯福的论述中获得了民主政治的政治正确性，而亚当斯兄弟则为《排华法案》提供了"世界政治战略理论和历史哲学"的支持。

美国作为西方民主世界的灯塔，其《排华法案》迅速成为西方一系列排华政策的旗帜和纲领，加拿大、澳大利亚、新西兰等国家相继加入排华阵营或加大排华力度。德国和奥地利的反犹主义者在美国颁布排华法案不久就把该法案翻译成德文，他们如获至宝，受该法案的启发，把犹太人说成是欧洲的中国人，要求在中欧采取类似的反对犹太人的措施。《新德意志人民报》在 1882 年 7 月 20 日说："北美禁止中国人迁入的法令，可以同被要求禁止犹太人迁入的法令作出受人欢迎的类比。最自由的国家已经证明，如果整体利益要求这样做的话，可以对权利和自由加以限制。"奥

---

① Theodore Roosevelt, *American Ideals , and other Essays , Social and Political* , G. P. Putman's Sons, New York and London, 1897, pp. 273 - 281.

② A. F. Beringause: *Brooks Adams. A Biography* , New York, 1995, p. 195.

地利的《德国实话报》在 1886 年年底发表类似言论："基督徒的劳动由于中国人的劳动廉价倾销而受排挤……如果把这里的'中国人'一词全部换成了'犹太人'，就可以得到通常被举出来反对犹太人的那些理由的精确翻版。"①

《排华法案》的警示意义在于，美国的立国精神不仅不能天然地避免以自由、民主的名义剥夺个人、种族、民族、国家的自由、民主，而且一旦它将"种族利己主义的本能"程序合法地激发出来，其蛊惑力和破坏力是无出其右的。

二 普遍的信教自由限制在基督教的范围以内

针对美国种族主义者亨利·乔治煽动白种工人反对华人的言论，英国著名经济学家约翰·斯图亚特·穆勒反驳道："有人认为中国人的性格和习惯不能向更高的阶段发展，这样说真的有根据吗？美国的教育机构一向表现为最强有力的工具，能把文明的基本因素传播给劳工群众中最贫困、最愚昧的人们。如果每个中国的孩子都能有机会进入你们这样的学校，或者如果可能的话，进入更有效力的学校，在那里受到足够年限的教育，难道将来中国人不能上升到美国人的水平吗？"② 而且，穆勒认为，从中国人为数不多的数目上看，从中国人习惯于经过一段时间仍旧回到祖国的事实来看，中国的移民不会增长到必须强加阻止的程度。但是，这位著名的反华激进分子亨利·乔治一方面不接受穆勒的自由主义人权观念，他狡辩道："您的想法似乎是从这一前提条件出发的：就是一个'最小的中国人'也和您自己一样，享有利用加利福尼亚土地的自然权利，而您可以把自己的住所搬到太阳照耀下的任何一块土地上也是您的不可侵犯的权利，但是正是这一点是我所绝对不能同意的。难道人类只是个人吗？难道所谓家庭、民族、种族这些东西都是不存在的吗？如果人类有结合的权利，难道就没有相应的排斥的权利吗？"③ 另一方面，亨利·乔治自觉理屈词穷，开始搬出另外一套排华依据，他将华人与黑人进行比较，认为黑人虽然没有

① 海因茨·哥尔维策尔：《黄祸论》，商务印书馆 1964 年版，第 184 页。
② T. H. George Jr, *The Life of Henry George*, New York, 1911, p. 194.
③ Ibid., p. 195.

文化，但却是可以教育的孩子。与黑人相比，中国人是"头脑敏锐但心胸褊狭的成年人"，是"地地道道的异教徒，无信、放荡、怯懦、残忍"。"异教徒中国佬"对美国白人基督徒产生严重的道德威胁，排华突然由低俗的种族主义变成了一项"神圣化"的事业。

当妖魔化的异教徒想象与种族主义相结合时，一种神圣与世俗混杂的排华意识形态才最终完成并开始主导美国对华政策。《排华法案》的起草者、加利福尼亚州议员约翰·米勒是这种意识形态的主要代表，他认为："一个混杂的种族，一半是中国人，一半是高加索人，产生一种半异教、半基督教的文明，这种形式的混合相当糟糕。"① 当代美国学者在反省反华意识形态形成过程时指出："那些能说会道、固执己见的传教士将他们的感想在美国广为传播。福音先驱们向美国报道的中国是一个'道德荒漠'，它的人民愚昧、道德败坏和肮脏。"② 为配合美国的排华运动，一些来华传教士向美国政府呼吁，铁路已经建成，金矿也开采得差不多了，可以禁止华工赴美了，"华工不配在一个文明政府的统治下当公民（晏玛太）"。更有一些传教士为获取传教资源，大肆妖魔化中国传统信仰与文化，鼓吹唯有通过改变中国人的信仰，"黄祸便成了基督教世界千载难逢的好机会"③。历史学家费正清根据个人经历感叹道："美国人心目中对中国的映像的幻灭，是由一本读者甚多的著作来加以完成的，即明恩溥牧师所著《中国人的素质》。"④ 这些来华传教士最终促成了种族主义的"人种科学"与宗教神圣事业的联姻。1870 年，美国作家布勒特·哈特发表幽默诗《异教徒中国佬》，从此"异教徒"成了美国白人对中国移民歧视和排斥的理由。

1876 年，美国国会通过决议，成立一个联邦特别委员会调查中国移民问题，该委员会发表了《调查中国移民问题的联合特别委员会报告书》，该书奠定了此后美国排华的基调。该报告引用斯托特（A. B. Stout）在一本广泛流行的小册子中的观点："亚洲的反基督教的宗教，对于允许亚洲人自由进入美洲可能构成一种不可克服的障碍。当只有少数亚洲人在这里的时候，偶然出现一个崇拜偶像的庙宇也许没有什么重要性；但是，如果

---

① Jonathan M. Chu, "The Importance of History in Mutual Understanding, The Case of the Chinese Exclusion ACT, Journal of Northeastern University", *Social Science*, 2001, (9), p. 54.

② Michael H. Hunt, *Ideology and U. S. Foreign Policy*, Yale University Press, 2009, p. 70.

③ A. J. Brown, *New Forces in Old China*, New York, Fleming H. Revell Company, 1904, p. 354.

④ 明恩溥：《中国人的素质》，学林出版社 2001 年版，第 332 页。

不加防止，不要很久亚洲移民就会来得很多，到了那时，这些人就将要求允许他们按照他们的东方教义来敬神礼拜。"为了避免"在每一个山谷里，在每一块平原上，并排矗立的基督教礼拜堂和异教庙宇将以奇特的对比呈现在人们眼前"，斯托特阐述了自己对美国大宪章的理解，"我们的大宪章的制定者们在把容许一切宗教自由写进我们的宪法的时候，他们的注意力还全部放在欧洲体系和他们刚刚摆脱了的争论上面。如果他们预见到他们的年轻共和国注定要获得领土的扩张，接下来要同亚洲世界发生密切交往，他们就会把这种普遍的信教自由限制在基督教的范围以内。"① 斯托特还赤裸裸地美化西方对中国的侵略，"一切文明民族在推进它们的各种各样的利益的同时，的确是结合在一起来摧毁亚洲的古老宗教和偶像崇拜，使已经衰弱不堪的亚洲种族获得新生。伊斯兰教和异教都必须同样地湮没下去，基督教必须进来，像灿烂的阳光射进混沌世界一样来照亮和复兴这个古老的世界。"②爱德华·W. 萨义德在《东方学》中揭露了种族主义与宗教排他主义结合所造成的世俗化假象。他认为 18 世纪以来，西方对自然和人进行分类的欲望使种族、肤色、来源、气质、性格和类型淹没了基督徒与非基督徒之间的区别，但是，这种世俗化的趋势并不意味着从宗教角度对人类历史和命运所做的传统类型划分和那些"既存的范式"被简单地抹除。东方学视域中根深蒂固的本性乃是"一种重构的宗教欲望，一种自然化了的超自然论"。③ 东方学的结构本身是"自然化、现代化和世俗化了的基督教超自然论的替代品（或变体）"。毫无疑问，这是解开美国排华运动谜底的一把钥匙，也是反思美国立国精神内在矛盾的一个逻辑起点。

三 对付中国的"赫德方法"与"马汉原则"

《排华法案》的特殊性在于，它在形式上是美国的国内法，但是其核心和关键却是中美关系。作为国内法，《排华法案》体现了美国的自由、

---

① *Report of the Joint Special Committee to Investigate Chinese Immigration*，Washington，Government Printing House，1877，pp. 864–869.

② *Report of the Joint Special Committee to Investigate Chinese Immigration*，Washington，Government Printing House，1877，p. 869.

③ 爱德华·W. 萨义德：《东方学》，王宇根译，生活·读书·新知三联书店 2007 年版，第157 页。

民主的两面性；从国际关系的角度来看，《排华法案》则凸显出美国在处理国际事务时一贯奉行的霸权主义和强权政治。1880 年 2 月 28 日，《纽约时报》发表一篇社论，该社论相当直率地揭示了当时中美关系的实质："中国人能迫使我们遵守条约义务吗？如果不能，他们能期待我们来遵守条约义务吗？当然不能。既然中国人不能派出强大的舰队，来到我们的海岸，烧毁我们的城镇，我们又有什么可担心呢？"

19 世纪后期以来，饱受西方欺凌的中国戏剧性地成为西方人眼中最大的潜在威胁。大清海关总税务司、英国人罗伯特·赫德预测：20 世纪初将要发生在中国的事情是"一个变革的世纪的前奏曲和远东未来历史的基调"。他警告西方世界，"未来人们需要对付'黄种人'问题——也许是'黄祸'问题——这是一件确凿不移的事，正如同太阳明天必定要升起一样。"为了对付这一潜在威胁，赫德提出了在西方广为人知和影响深远的"赫德方法"：西方为了避免"50 年以后，就将有千百万团民排成密集队形，穿戴全副盔甲，听候中国政府的号召"，只有两个方法：其一是瓜分中国，但是，这个方法是一个困难的、未必能办得到的国际解决办法；第二个方法，也是赫德推崇的最好的方法，就是使基督教得到奇迹般的传布，通过虽然不一定不可能，但是很少有实现之望的宗教胜利来推迟、避免"中国威胁"。①

很显然，美国战略思想家、"新海军主义"创始人阿·马汉是罗伯特·赫德的知音，他从世界格局变更和"中国威胁"论的角度高度评价美国的排华运动，认为这一运动是"本能的、直觉的，包含着对未来危险的预感"。"对付中国人有必要采取两手，一方面是基督教传教士的宗教仪式；另一方面严格地将中国人从夏威夷和西海岸文明的偏远地区排除出去。"② 但是，与英国人罗伯特·赫德在军事上的悲观主义不同，阿·马汉代表着新兴帝国美国的傲慢与自负，他在《亚洲问题及其对国际政策的影响》一书中赤裸裸地叫嚣："最为重要的是，西方国家必须直接而有力地控制住中国的局势，不要被不干涉的原则和传统对主权完整的观点所束缚，这样就能创造出有利的条件，使中国的现代化不致成为扼杀西方世界

---

① Robert. Hart, *These from the Land of Sinim*, *Essays on the Chinese Question*, London, Chapman and Hall, LD, 1903, p. 56, p. 184.

② Michael H. Hunt, *Ideology and U. S. Foreign Policy*, Yale Universiey Press, 2009, p. 80.

的威胁势力。"① 阿·马汉认为，为了应对中国的崛起，美国应当做好两个方面的准备：决心方面的准备和力量方面的准备，前者是一个心理和道德的过程，后者则包括准备足够兵力和减少义务（责任）。

阿·马汉是一个典型的"文明冲突论"者，他认为："我们自己的文明虽然体现出许多不同的民族类型，却在一个共同的基督教的神圣传统中获得了统一"，② 基督教和基督教教义的的确确是欧洲文明的精神装备、道德装备中的要素。他从"种族爱国主义"出发，认为欧洲文明与东方精神的交锋将会促使欧洲文明走上了一个重要的新阶段。为了使两种文明交锋的结果产生一个新的亚洲，而不是改变欧洲，他突出了中国问题的重要性：以日耳曼"条顿"民族为首的西方文明世界如何面对着有好几亿人口的中国和中国未来的重要国际地位？"中国从现在包围它和冲击它的种种势力中注定要接受的那种文明是什么性质，这对于决定世界的未来将会有很大的作用。"③

阿·马汉将"赫德方法"与美国的"门户开放"政策结合起来，形成了颇具新意的"马汉原则"。该原则提出美国处理中国问题的主要目标：第一，防止任何一个外国或外国集团取得占压倒优势的政治控制权；第二，坚持门户开放，而这里所说的门户开放的意义应比通常使用这个术语所包含的意义要广泛些。这就是说：门户不仅应当为商业开放，并且应当为欧洲思想以及这种思想在各个分科方面的教诲者的进入而开放。④ "马汉原则"的核心就是将美国传统的"门户开放"原则从单纯的商业贸易扩大到输入西方的精神和道德影响。他认为："从纯粹政治观点来看，基督教的思想和教义，与欧洲人任何其他形式的活动（商业的或智力的）有同等的权利——决不是更少，如果不是更多的话——进入中国。""这不仅是因为思想家在真正价值上要超过单纯的商业利益，而且也因为，万一中国发展了一种有组织的力量，却从中排除掉比较高级的理想——这些理想在欧洲已经对单纯的物质力量发挥了约束性的影响——里面所含有的可以纠正

---

① A. T. Mahan, *The Problem of Asia and its Effect upon International Policies*, London, 1900, p. 166.

② Ibid., p. 92.

③ Ibid., p. 87.

④ Ibid., p."166.

错误、提高水平的因素，那对欧洲的国际大家庭才是真正的危险。"① 与"赫德方法"的差别在于，赫德不太相信武力能解决中国问题，而马汉则强调以武力作后盾，"必要时可以使用武力"。当然，"马汉原则"的本意在于强调思想的门户开放要优于基于暴力的门户开放。马汉认为，如果说商业是以暴力（实际的暴力和威胁性的暴力）为自己排除障碍、打开道路，那么，思想（包括世俗的和基督教的思想）只不过要求言论自由。所以，各国必须坚持在中国自由传播西方的观念，"在中国境内要有同个别的中国佬交流思想的自由，虽然同样地并不强迫要他们来倾听我们，更不强迫他们接受我们的思想"。② 无论是"赫德方法"还是"马汉原则"，其共同的意识形态基础都是霸权主义和强权政治，《排华法案》正是这些方法和原则的自然衍生物。美国在《独立宣言》中表达了对自由的向往，"美国人确信自己有了自由，便可在世界各地怀着敬畏之心注视着他们的时候，按照自己的模式去塑造别人。"③ 美国的海外野心不是一种恶，而是一种例外的善，它将"重新安排天下"，它能使国内的自由更放异彩。美国以自由的名义忠实继承了老牌帝国的全套衣钵并使之神圣化。

四 结语

毫无疑问，《排华法案》代表着人类文明史上的一个丑剧，我们必须严肃对待导致丑剧发生的内在逻辑，防止对丑剧的反省变成一场滑稽剧。当人们惊叹于美国高效的"自我纠错"机制时，我们也要记住这样的忠告："今天指导美国外交政策的规则与将近二百年前的规则不尽相同，但是它们之间的家族相似性显而易见，不同之处却可以忽略不计。"④《排华法案》集中体现出来的种族主义、宗教排他主义和霸权主义，没有哪一点不代表着一以贯之的"美国特性""美国精神"，只不过代表了它们不太光鲜的一面。"美国特性"不等同于自由、民主本身，"非美国特性"也不应该成为邪恶的代名词。美国完全没有必要为《排华法案》的"非美国

---

① A. T. Mahan, *The Problem of Asia and its Effect upon International Policies*, London, 1900, p. 167.

② Ibid., p. 165.

③ Michael H. Hunt, *Ideology and U. S. Foreign Policy*, Yale University Press, 2009, p. 42.

④ Ibid..

特性"道歉，美国恰恰需要学会欣赏和包容其他文明的"非美国特性"。

1896 年，李鸿章接受《纽约时报》记者采访时怒斥《排华法案》"是世界上最不公平的法案"，这位北洋重臣的心愿是"估计再有一百年'夷人'就会被赶出中国"。一百多年后，美国国会就《排华法案》向全美华人道歉；一百多年后，和平崛起的中国坦然向世界伸出双臂。但是，时至今日，《排华法案》及其背后的意识形态并没有得到深刻反省和彻底批判，被神圣加冕的"美国例外论"还在受到无条件的顶礼膜拜，而"中国威胁论"仍然甚嚣尘上。孙中山先生曾经从道德上质问西方的"黄祸论"者：一国是否应该希望另一国衰亡？在政治上，孙中山先生庄严宣告："如果中国人能够自主，他们即会证明是世界上最爱好和平的民族"。[①]

21 世纪是一个多元化、全球化的时代，现代政治文明呼吁人们走出自我中心论、文明冲突论的褊狭，己所不欲勿施于人，"宽广的太平洋足够容纳中美两国"。

（原载《科学与无神论》2013 年第 3 期）

---

① 孙中山：《孙中山选集》，人民出版社 1956 年版，第 62 页。

党对宗教工作的成绩、问题和对策

——纪念中央 19 号文件印发 30 周年

加润国

这两年我承担一个国家社科基金项目研究课题——马克思主义政党关于无神论的基本理论和基本政策。我的基本结论有三点：（1）马克思主义政党关于无神论的基本理论和基本政策，其实就是关于宗教的基本理论和基本政策，因为无神论的研究对象是宗教，恩格斯说没有宗教，无神论也不存在。（2）马克思主义政党关于宗教的基本理论是科学无神论，它认为宗教的本质是支配着人们日常生活的外部力量在人们头脑中的幻想的反映，在这种反映中，人间的力量采取了超人间的力量的形式；宗教的根源是人们对自然、社会和思维的规律不理解；宗教产生于原始社会后期，在阶级社会更加发展，在共产主义运动中逐渐消亡；宗教的社会作用具有两重性，既有积极的一面，也有消极的一面。（3）马克思主义政党关于宗教和无神论的基本政策是两句话，一是实行宗教信仰自由；二是进行无神论宣传，其制度基础是实行政教分离、宗教与教育相分离。

以此为据，回顾改革开放以来特别是中央 1982 年 19 号文件《中共中央关于我国社会主义时期宗教问题的基本观点和基本政策》印发 30 年来的历史，我感到取得的成绩是非常大的，但存在的问题也很多，必须认真对待。

一　三十年来的主要成绩

对此可以从许多方面来总结，可以写出很多条。我认为最重要的是三条：

（一）引导宗教走上与社会主义社会相适应的道路

正如 19 号文件所说：在旧中国，在长期封建社会和一百多年半殖民地半封建社会，总的来说，我国各种宗教都曾经被统治阶级控制和利用，起过重大的消极作用。国内封建主阶级以及反动军阀和官僚资产阶级，主要是控制佛教、道教和伊斯兰教的领导权；后来的外国殖民主义、帝国主义势力，则主要是控制天主教和基督教的教会。新中国成立后，经过社会经济制度的深刻改造和宗教制度的重大改革，我国宗教的状况起了根本的变化，我国宗教由主要是封建主义、帝国主义压迫剥削人民的工具，变成了中国人民独立自主自办的宗教事业，宗教问题上的矛盾由主要是敌我矛盾变成了主要是人民内部矛盾。改革开放以来，通过全面贯彻党的宗教工作基本方针（全面贯彻党的宗教信仰自由政策、依法管理宗教事务、坚持独立自主自办的原则、积极引导宗教与社会主义社会相适应），我国宗教的面貌进一步发生积极变化，逐步与社会主义社会相适应，广大宗教界人士和信教群众成为建设中国特色社会主义的积极力量，在促进经济社会发展中发挥着积极的作用。这是一个巨大的历史性成就。

（二）指导宗教研究走上马克思主义宗教学的轨道

在旧中国，由于长期实行封建专制和神权政治（君权神授，皇帝是天的儿子，奉天承运、代天牧民），中国并不存在真正意义上的宗教研究。近代以来，随着封建帝制逐步解体，西方的自然科学和社会科学逐渐传入，我国才开始有了近代意义上的宗教研究。一开始，如梁启超、章太炎对佛教的研究，还不能完全摆脱宗教世界观的束缚。经过新文化运动的洗礼，胡适把孔子、老子、慧能等从神坛上拉下来，当作普通的历史人物来研究，才使宗教研究具有了一定的科学性，但其指导思想是实用主义的唯心史观。只有李大钊、李达等早期中国共产党人把马克思列宁主义及其宗教观引入中国后，郭沫若、侯外庐等马克思主义者把唯物史观运用于中国社会史和思想史研究，才为科学的宗教研究奠定了基础。但由于党的注意力长期集中在军事、政治和经济领域，直到20世纪五六十年代，用马克思主义指导宗教研究的著作仍如凤毛麟角。改革开放后，特别是中央19号文件把"用马克思主义立场、观点、方法对宗教问题进行科学研究"作为"党的理论工作的一个重要组成部分"强调之后，我国的宗教研究得到突飞猛进的发展，逐渐由所谓的"险学"变成了"显学"。30年来，我国的宗教学研究总体上沿着马克思主义的轨道前进。这也是一个巨大的历史性成就。

（三）创立和发展了中国特色社会主义的宗教理论

正确认识和处理宗教问题，必须以马克思主义为指导。但是，正如毛泽东同志所说："马列主义的基本原理在实践中的表现形式，各国应有所不同。在中国，马列主义的基本原理要和中国的革命实际相结合。"因此，把马克思主义宗教观的基本原理与中国宗教的实际相结合，实现马克思主义宗教观的中国化，就非常重要了。这个工作，早在新民主主义革命时期就开始做了，并取得了重大成果。新中国成立后，这些成果得到进一步的发展。改革开放以来，这些成果又和新的时代特征相结合，并开始系统化，其第一个表现就是中央 19 号文件。30 年来，马克思主义宗教观进一步中国化，形成了中国特色社会主义宗教理论，其基本内容有这样几个层次：一是我们党长期提炼概括出来的关于宗教的本质、根源、社会作用及其产生、发展、消亡的规律以及共产党对待宗教的基本态度和基本政策等马克思主义宗教观的基本原理；二是我们党在实践中逐步形成的关于宗教存在具有长期性、宗教问题具有群众性和复杂性、做好宗教工作具有重要性等基本观点；三是我们党关于全面贯彻党的宗教信仰自由政策、依法管理宗教事务、坚持独立自主自办的原则、积极引导宗教与社会主义社会相适应等基本方针；四是我们党关于正确认识和处理宗教关系、促进宗教关系的和谐、发挥宗教界人士和信教群众在促进经济社会发展中的积极作用等基本要求。这四个层次的基本内容构成了一个完整的理论政策体系，成为中国特色社会主义理论体系的组成部分。这也是我们党长期推进马克思主义中国化的一个重大成就。

二　当前存在的主要问题

对此也可以从许多方面来检讨，写出很多条。我认为最突出的有三条。

（一）宗教领域出现了严重的混乱现象

正如 19 号文件所说：改革开放前，林彪和"四人帮"利用"文化大革命"的错误，肆意践踏马克思列宁主义、毛泽东思想关于宗教问题的科学理论，全盘否定新中国成立以来党对宗教问题的正确方针，使宗教工作遭受了一场空前的浩劫。改革开放后，通过恢复和落实党的宗教信仰自由政策，我国宗教逐渐恢复了生机和活力，走上与社会主义社会相适应的康庄大道。但是，受资产阶级自由化思潮和文化保守主义以及新旧有神论思潮的影响，我国宗教领域在改革开放的新形势下也出现了一些混乱现象。主要表现在：

1. 封建迷信和新旧有神论沉渣泛起，利用群众中的迷信心理和宗教信仰行骗、敛财的现象空前突出。不仅江湖骗子利用巫术和迷信欺骗群众、组织邪教的现象前所未有，连一些宗教人士、工商企业甚至党政干部也参与其中，大搞"宗教搭台、经济唱戏"，既损害了宗教界形象和信教群众利益，也败坏了党风政风。

2. 境外利用宗教进行的渗透加剧，严重影响社会稳定和国家安全。利用宗教同我们争夺群众尤其是青少年，历来是国内外敌对势力的一个惯用伎俩，也是某些共产党领导的国家丢失政权的一个惨痛教训。我国宗教领域存在的一些突出的棘手问题，几乎都与境外势力利用宗教进行的渗透有关。

3. 西北边疆地区宗教极端主义和分裂主义、恐怖主义结合形成"三股势力"，严重破坏民族团结和社会稳定，威胁人民生命财产安全。

（二）宗教研究中也出现一些不良倾向

改革开放前，除了任继愈先生自觉运用马克思主义指导佛教研究颇有成绩，受到毛泽东同志表扬外，其他方面乏善可陈，甚至存在着严重的极"左"倾向。改革开放后，我国的宗教学研究全面展开，硕果累累，已建立起比较完整的马克思主义宗教学理论和宗教学学科体系。但是，受社会上不良风气的影响，特别是因为西方把宗教作为对我国实施和平演变战略的突破口，宗教研究中也出现了一些不良倾向。主要表现在：

1. 马克思主义指导地位严重削弱

毛泽东同志强调要重视宗教研究，就是要确立马克思主义在宗教研究中的指导地位。改革开放初期，这一工作做得是相当好的。但是在"冷战"结束后，由于世界上社会主义陷入低潮，加之我国实行市场经济和加入世贸组织，经济成分、社会结构和利益格局发生深刻变化，思想上出现"信仰危机"和多元化，马克思主义在意识形态领域的指导地位被严重削弱，马克思主义宗教观在宗教研究中的主流地位逐步丧失。

2. 唯心主义和形而上学的影响随处可见

离开了辩证唯物主义和历史唯物主义，必然倒向唯心主义和形而上学。近年来，西方的宗教学理论和方法大量引进，这对丰富和发展我国的宗教学理论发挥了重要的借鉴作用，但其唯心主义和形而上学的思想方法也开始影响我国，导致宗教学研究中自由主义泛滥，严重影响我国宗教学研究的正确方向。

3. 有神论思想侵蚀宗教学研究

宗教本身是一种意识形态，其核心是有神论。如果说在我国古代也有所谓宗教研究的话，那么它基本上是有神论的。在西方的宗教学研究中，唯心主义、形而上学和有神论早已占据主导地位。在改革开放形势下，这种状况也影响到了我国。本来，我国宗教界有一批知识分子，他们加入到宗教研究的队伍中来，对发展我国的宗教学研究事业是有益的。但是，如果哲学社会科学界的宗教学者也站到宗教的立场上，加入到宣传宗教神学的队伍中去，甚至搞起某种有神论共同体，那么情况就不妙了。

（三）在对待宗教问题上出现了片面性

前面说了，马克思主义政党对待宗教问题的基本态度是两句话：一是实行宗教信仰自由政策；二是进行无神论宣传教育。邓小平同志说："我们建国以来历来实行宗教信仰自由。当然，我们也进行无神论的宣传。"江泽民同志说："必须认识到，宗教世界观与马克思主义世界观是根本对立的。共产党人是无神论者，共产党人的世界观应该是马克思主义的世界观。共产党员不但不能信仰宗教，而且必须要向人民群众宣传无神论、宣传科学的世界观。对我们共产党人来讲，既要坚持马克思主义的世界观，同时也要认真贯彻国家宪法规定的宗教信仰自由政策，就是说，每个公民既有信仰宗教的自由，也有不信仰宗教的自由。不能因为我们共产党人相信无神论，就用'左'的态度对待宗教信仰。反过来，又不能因为有了宗教信仰自由政策，对无神论、对培育'四有'新人就不宣传了，这也是不行的。应该说明，共产党员必须是无神论者，这并不违反宗教信仰自由政策。不能说因为宗教信仰自由，就对共产党员信教问题缩手缩脚，不敢进行教育。但是，对非共产党员信教我们不能随便去干预。否则，很容易损害党同信教群众之间的关系，影响安定团结。一句话，就是我们要用马克思主义的宗教观作指导，防止宗教工作中的两个片面性。"但是，改革开放以来，我们在对待宗教的问题上却出现了明显的片面性：一方面极力强调贯彻落实党的宗教信仰自由政策，切实保障公民的宗教信仰自由权利；另一方面却不太重视无神论宣传教育，甚至出现了以各种方式极力反对和抵制无神论宣传教育的倾向。

三　解决问题的对策建议

对于上述问题，我们可以采取许多措施来解决。我认为最关键的是三条。

（一）切实加强和创新党对宗教的工作

根据中央 19 号文件的论述，党对宗教的工作就是在改革开放和社会主义现代化建设中正确认识和处理宗教问题的工作，即一方面全面贯彻落实党的宗教信仰自由政策；另一方面坚持进行唯物论和无神论宣传教育。但后来，在有关宗教问题的文件中，"党对宗教的工作"逐渐演变为"宗教工作"，其内容逐渐由"两个方面"变成了"一个方面"，逐渐由全党的工作变成了统战部和宗教局的工作。党委统战部主要是做宗教界上层的团结教育工作，政府宗教事务部门主要是依法管理宗教事务，其基本任务是"全面贯彻党的宗教工作基本方针"。统战部和宗教局在"讲政策"的时候，应该是"两个方面都讲"的，但是在"做工作"的时候，应该是"只做一个方面"。这样一来，党对宗教的工作就片面了，在整体上被削弱了。为了解决上述问题，必须加强和创新党对宗教的工作。

首先，要明确宣传部和教育部在"党对宗教的工作"中的责任。

宣传部要加强和创新马克思主义唯物论和无神论宣传工作，教育部要加强和创新马克思主义唯物论和无神论教育工作。为此，这两个部门都应该设立相关的司室或事业单位，专门从事对宗教问题的调查研究。现在的情况是，宣传部和教育部没有专门针对宗教问题的机构，哲学社科界的宗教研究队伍与统战部和宗教局的关系较近，有的跟宗教界的关系更近，而与宣传部和教育部的关系很远。宣传部和教育部要针对宗教有神论对群众的影响开展马克思主义唯物论和无神论宣传教育，却对宗教问题缺乏专门的调查研究。宗教有神论包罗万象，历史和现实中的宗教问题错综复杂，没有专门的有针对性的调查研究，无神论宣传教育是搞不好的。

其次，要切实加强对基层宗教工作机构的建设。

宗教工作要面对广大宗教教职人员和信教群众，主要工作在基层，但基层的宗教工作机构却一直非常薄弱。尽管呼吁了很多年，作了许多艰苦的努力，但是目前还有不少县根本没有宗教工作机构，有的县虽然有机构却只有一两个人从事宗教工作，没有行政执法资格，或者缺乏必要的工作条件，导致宗教领域的很多问题没人管，混乱现象得不到妥善处理。

（二）切实加强马克思主义的指导地位

邓小平同志说："我们干的是社会主义事业，最终目的是实现共产主义。这一点，我希望宣传方面任何时候都不要忽略。"江泽民同志说："有中国特色社会主义的文化，必须以马克思列宁主义、毛泽东思想为指导，不能搞指导思想的多元化。""思想文化阵地，马克思主义、无产阶级的思想不去占领，各种非马克思主义、非无产阶级的思想甚至反马克思主义的思想就会去占领。"但是，近年来的情况却不容乐观，甚至有越来越严峻之势。切实加强对全党的马克思主义教育，已经刻不容缓。开展这种教育，当然首先是要用马克思主义中国化的最新成果武装党员干部的头脑，以利指导当前最紧要的实践。但是，事实证明，仅靠中国特色社会主义理论体系教育，并不能有效地解决党员干部的理想信念问题。因为真正的共产主义理想，是在马恩列等革命导师的著作中得到科学论证和完整体现的。毛泽东思想和中国特色社会主义理论体系，主要是解决中国的社会主义革命、建设和改革怎么做，而不是论证共产主义理想怎么科学和必然。因此，必须高度重视马克思列宁主义、毛泽东思想的宣传教育。近年来，在部分党员干部中忽视、轻视甚至排斥、诋毁马克思列宁主义、毛泽东思想的倾向时有表现，必须引起高度重视，采取有效措施加以扭转，真正做到胡锦涛同志所说的"始终坚持和不断巩固马克思主义在我国意识形态领域的指导地位"。否则，党对宗教的工作中的片面性以及宗教研究中的各种不良倾向，将很难得到纠正。

（三）切实加强唯物论无神论宣传教育

中央 19 号文件明确指出："用马克思主义哲学批判唯心论（包括有神论），向人民群众特别是广大青少年进行辩证唯物论和历史唯物论的科学世界观（包括无神论）的教育，加强有关自然现象、社会进化和人的生老病死、吉凶祸福的科学文化知识的宣传，是党在宣传战线上的重要任务之一。建设一支用马克思主义武装起来的宗教理论研究工作队伍，努力办好用马克思主义研究宗教问题的研究机构和大学的有关专业，是党的理论队伍建设的一个不可缺少的重要方面。"在当前复杂的国内外形势下，大力加强马克思主义唯物论和无神论宣传教育工作，更是一项对于建设社会主义核心价值体系、抵制唯心论和有神论及各种资产阶级思想的侵蚀，坚定党员干部的马克思主义和共产主义理想和信仰具有无可替代的重要意义的基础性工程。有一种观点认为，我们已经有了学校中的马克思主义教育，因此没有必要再开展什么无神论宣传教育。列宁早就指出，这是马克思主义者在思想宣传战线上可能会犯的"最大的而且是最坏的错误"。

列宁不仅反复提示共产党人不要忘记"恩格斯早就嘱咐过现代无产阶级的领导者，要把 18 世纪末战斗的无神论的文献翻译出来，在人民中间广泛传播"，而且要求共产党人不断地把西方发达资本主义国家在无神论方面的最新成果介绍给人民群众，因为"18 世纪老无神论者所写的那些泼辣的、生动的、有才华的政论，机智地公开地抨击了当时盛行的僧侣主义，这些政论在唤醒人们的宗教迷梦方面，往往要比那些文字枯燥无味、几乎完全没有选择适当的事实来加以说明，而仅仅转述马克思主义的文章要适合千百倍，此类转述充斥我们的出版物，并且常常歪曲（这是毋庸讳言的）马克思主义。"列宁指出："最重要的事情，也是我们那些貌似马克思主义、实则歪曲马克思主义的共产党员往往忽视的事情，就是要善于唤起最落后的群众自觉地对待宗教问题，自觉地批判宗教。"可叹的是，在我国近年来有关宗教问题的文章和出版物中，连过去那种有时候难免有些歪曲的引用和转述马克思主义唯物论和无神论的做法也越来越少了，有的作者已经完全倒向了唯心论和有神论。在我国宗教学研究繁荣发展的表象下，有一种现象尤其值得注意和反思：外国图书中反映唯心论和有神论观点的著作被大量翻译出版，在社会上大行其道，而外国图书中反映唯物论和无神论观点的著作却少人问津，被翻译出版的少得可怜；不仅西方现当代的无神论著作很少翻译出版，就连马恩列时代及其以前的无神论著作的翻译出版也十分有限。

为了纠正"党对宗教的工作"中出现的片面性和宗教学研究中出现的不良倾向，切实做好新形势下以马克思主义宗教观为指导"正确认识和处理宗教问题"的工作，我们的宣传和教育部门必须高度重视宗教问题，切实加强马克思主义唯物论和无神论的研究、宣传、教育。在这方面，当前应该而且可以做的一项基本工作，就是制定加强宗教问题和无神论研究、宣传、教育的规划，一方面加强宣传教育机构和人才队伍的建设培养；另一方面抓紧对国外的无神论著作进行系统的翻译和有效推广，确保这项工作有机构、有人做、见实效。

（原载《科学与无神论》2013 年第 4 期）

马克思主义宗教观的话语形态

黄 奎

引 言

宗教问题，和民族问题一样，也是社会总问题的一部分，不可能孤立地得到解决。当代中国处于社会主义初级阶段，仍然是阶级社会，只是社会矛盾、阶级矛盾的广度、深度、烈度、程度总体上以非对抗性为主而已。

"在阶级社会中，每一个人都在一定的阶级地位中生活，各种思想无不打上阶级的烙印。"[①] 社会存在决定社会意识，经济基础决定上层建筑，而一定的上层建筑、社会意识形态对于经济基础、对于社会存在又会产生反作用。

抱持不同的阶级立场、观点、方法，会对当代中国的宗教问题、有神无神博弈问题形成不同的看法、话语乃至话语形态。这些基于不同政治经济学立场或考量的话语形态，又会对宗教的存在状态、宗教问题的解决及党和国家的工作大局产生不同的政治经济学效应或后果。

一 统战话语

1. 统战工作是中国共产党在革命、建设、改革的 90 年奋斗历程中不断从胜利走向胜利的三大法宝之一。强调宗教是人类试图掌握世界的方式之一（马克思语）、是人类社会一种特殊的精神文化现象，强调求同存异、

---

① 参见《毛泽东选集》第 1 卷，人民出版社 1991 年版，第 283 页。

和而不同及中国语境中的"政治上团结合作，信仰上相互尊重"，无疑有助于建立以中华民族伟大复兴为奋斗愿景的新时期爱国统一战线。

2. 统战工作的成功有助于降低执政党的社会治理成本。在保持主流意识形态刚性底线的前提下，能否以灵活务实的统战话语感召、吸引宗教精英，使之成为国家民族奋进征途上的同路人甚或亲密友人，将会对社会的稳定和谐、国家的长治久安、民族的兴旺发达与否产生重要的政治经济学效应。

3. 历史和现实表明，统战政策和策略的成功与否很大程度上取决于是否善于对宗教组织及相关人群进行适当的必要的阶级阶层分析。统战对象应当仅限于宗教界上层人士，如果扩大至因社会变迁而日益增多的一般信教群众，则统战成本将会越来越高，以致最终无法承受。

4. 中国共产党作为无神论政党，应当最大限度避免"统战者被统战"的现象，始终保持世界观的独立性、意识形态的完整性和足够敏锐的政治鉴别力。

二　法治话语

1. 宗教信仰自由，本质上是一种资产阶级法权。权利和义务的辩证统一以及西强我弱的严峻现实，使得尚处于社会主义初级阶段的当代中国的宗教法治话语兼具意识形态属性、爱国主义特征和政治经济学成本收益考量。

2. 宗教信仰自由在实质上是一种消极自由——类似于工人在劳动力市场"自由选择"不同资本家时的那种必然要受剥削的自由——表达的实际上是资产阶级对于各种并未危及其根本利益的宗教信仰的容忍和怀柔。

马克思主义宗教观、科学无神论表达的是一种积极自由。无产阶级政党和劳动人民当家做主的国家，应当致力于弱化以至消除宗教赖以滋生的社会土壤，从人类解放事业的高度，把人们从形形色色的迷信和妖术中解放出来。严峻的现实情况在于，苏联东欧的失败使世界社会主义运动陷入低谷，共产主义的理想信念在当代中国的感召力日趋弱化，为远大理想而奋斗的精神支柱崩塌，社会变迁过程中出现的形形色色的消极负面现象使经济解放、政治解放和精神解放的美好远景显得越来越遥远。尽管如此，对人民群众尤其是党员和广大青少年进行无神论的宣传教育，仍然是马克思主义政党对历史、对人民群众、对国家和民族的前途命运真正负责任的表现。由于千百年来芸芸众生习惯势力、历史惯性和路径依赖的原因，由于国际交往和外部渗透日益加深的原因，更由于社会变迁中层出不穷的负面效应及无法预知的天灾人祸，宗教有神论仍然保有并不断扩大其影响力。宗教信仰自由政策通过制度安排承认并保障宗教存在的合理性、合法性，但是这种合理性、合法性是有限度的。中国作为社会主义国家，与非社会主义国家的重要区别在于，执政者有责任、也有能力通过持续不断的经济、政治、文化等多方面的努力，帮助相关民众逐步超越宗教信仰自由这种"必然王国"意义上的消极自由，在中国乃至全人类文明进步的历史进程中逐步走向与无神论和科学理性精神相联系的"自由王国"意义上的积极自由。

3. 在民族国家作为竞争单元或实体远未过时的当今世界，在宗教事务管理问题上，应当毫不动摇地坚持国家主权原则，抨击所谓"上帝的归上帝，恺撒的归恺撒"之类将"政教分离"绝对化的宗教无政府主义佞妄，解构西方敌对势力的"人权高于主权"的新干涉主义话语霸权，击毁洋奴们的所谓"世界公民"的虚幻优越感，防止"特殊公民"甚或"第五纵队"的出现，最大限度维护国家的文化安全和政治安全。

马克思主义宗教观、科学无神论是形形色色的宗教极端主义、宗教沙文主义、宗教无政府主义的天敌。

4. 马克思主义宗教观要求将宗教信仰变为公民个人私事；中国古代处理宗教问题的"大一统"政治传统，久已形成路径依赖和制度惯性；邓小平倡导的"小道理服从大道理"原则远未过时；当代中国法律体系的根本特征在于"党的领导、人民当家做主和依法治国三者的有机统一"。

在可以预见的将来，中国在宗教法治问题上可能会有持续不断的"帕累托改进"① 式举措，但其总体趋势应该不会偏离法治成本最小化、国家民族利益最大化的方向。

三 意识形态话语

1. 意识形态一般指某个阶级、利益集团甚至国家所持有的世界观及相

---

① "帕累托改进"是经济学的一个概念，指在某种经济境况下如果可以通过适当的制度安排或交换，至少能提高一部分人的福利或满足程度而不会降低所有其他人的福利或满足程度。

应的价值观念和行为规范。意识形态可以影响和左右人们的利益综合和利益表达，影响和左右人们的社会化过程；可以影响和左右一个社会的社会变迁，节约人们在互动过程中的各种行为费用；可以服务于人们行为的成本收益分析，定义和改变人们的行为取向和偏好。

2. 宗教是一种历史文化现象，更是一种特殊的意识形态。我们认为，马克思主义宗教观即马克思主义对于宗教的基本看法（"颠倒的世界观"、类似鸦片的麻醉作用）主要是持一种意识形态批判的态度，且主要目的是批判宗教赖以产生和存续的社会制度根源。

3. 世界范围的宗教现状与社会经济基础尤其是私有制呈现正相关的关系。中国晚近若干年的社会变迁，在取得物质层面和精神层面的巨大进步的同时，也伴随着许多消极负面现象。其中，宗教热或宗教乱象得以产生和存续的深厚社会根源，就在于社会经济领域的私有化进程及剥削压迫、阶级分化现象的有增无减。阶级分析法对于认识和处理宗教问题远未过时。

（1）宗教存在的阶级根源及阶级分析法

江泽民 2001 年年底重申了马克思主义对于宗教问题的经典看法："在阶级社会中，宗教对人类的压迫是社会内部经济压迫的产物和反映，劳动群众受到这种压迫又无法解脱，就往往到宗教中去寻找精神寄托；剥削阶级也利用宗教作为控制群众的精神手段，削弱劳动群众的反抗意志，分散劳动群众的反抗力量。马克思说'宗教是被压迫生灵的叹息''宗教是人民的鸦片'，就是从这个意思上来讲的。因此，必须进行社会变革，消灭剥削制度和剥削阶级，消除宗教存在的最深刻的社会根源。"①

晚近若干年来，国际国内因素杂糅纠结，阶级话语作为马克思主义核心话语之一日渐淡出，原本并不重要的民族话语、宗教话语日益凸显。

宗教有神论在社会变迁的局部时空中或许能起到某种疑似有助于"维稳"的镇静剂、清凉剂效果（虚幻的心理学效应不可能长久），但在总体上和根本意义上是有利于剥削阶级、非劳动阶级而不利于无产阶级和人类解放事业的。

（2）晚近中国宗教热的主因

在人类改造自然的能力不断增强、科技进步日新月异、国民文化教育

---

① 参见《江泽民文选》第 3 卷，人民出版社 2006 年版，第 380 页。

水平总体提高的大背景下，晚近若干年来中国的宗教问题非但没有淡化，反而出现信教人数持续增长、甚或"宗教热"的现象。其主要原因究竟是什么？

按照马克思主义宗教观的基本看法，在阶级社会中，宗教得以滋生和存续的根源主要是社会根源尤其是阶级根源。列宁说："'恐惧创造神'，现代宗教的根源就是对资本的捉摸不定的力量的恐惧，而这种力量确实是捉摸不定的，因为人民群众不能预见到它，因为它使无产者和小业主在生活中随时随地都可能遭到，而且正在遭到'突如其来的''出人意料的''偶然发生的'破产和毁灭，使他们变成乞丐，变为穷光蛋，甚至活活饿死。"①

按照马克思主义宗教观，宗教从根本上说是对于社会现实、社会经济基础的超现实映射或叙事。那么，晚近中国的社会现实、社会经济基础究竟如何？来自学界的某些相关调研及其结论当然值得重视，但在当代中国的政治语境中，更值得我们重视的恐怕还是晚近来自执政者的声音。

时任中共中央政治局常委、全国人大常委会委员长吴邦国，2011年3月10日在"两会"上强调"从中国国情出发，郑重表明我们……不搞私有化"。"中国特色社会主义法律体系，是以宪法和法律的形式，……确立了公有制为主体、多种所有制经济共同发展的基本经济制度和按劳分配为主体、多种分配方式并存的分配制度。坚持中国特色社会主义道路，最重要的是坚持正确的政治方向，在涉及国家根本制度等重大原则问题上不动摇。动摇了，不仅社会主义现代化建设无从谈起，已经取得的发展成果也会失去，甚至国家可能陷入内乱的深渊。"②

时任全国政协副主席、中国社会科学院院长陈奎元2011年3月16日指出："当前一个涉及全局的矛盾是分配不公，居民收入在国民经济中的比重偏低、劳动收入在各种要素中的回报率过低，穷人与富人收入和生活水平的差距超过发达资本主义国家。这个问题归根结底是对马克思主义经济理论、社会公平的理论，对在社会主义时期实行按劳分配制度没有足够的重视。""在向市场经济转轨的过程中，较长时期强调效率优先，将公平放在次要的位置上，发展经济和改善人民生活没有同步，贫富差距不断拉

---

① 参见《列宁选集》第2卷，人民出版社1995年版，第378—379页。
② 参见新华社2011年3月10日电。

大，这是当前产生诸多矛盾的主要根源。有一部分劳动人民在改革发展中获益较少，被称之为弱势群体，在思想上有失落感，再加上时而发生侵害群众利益的行为，人民群众中易于滋生不满情绪。在国内外有人质疑中国共产党的性质和国家的性质是否发生了改变，决不能认为这样的问题是无须关注的议论。"①

时任中共中央政治局委员、上海市委书记俞正声 2011 年 6 月 12 日指出，毛主席"搞'文化大革命'，是真真切切地感觉到，我们国家不能简单地发展生产，要防止新生资产阶级的出现，防止工人农民重新沦为社会的底层，他的动机是无可厚非的……现在的很多事情也证明他的担心不是没有理由"。②

来自执政者的声音告诉我们，社会变迁中的私有化倾向非常危险，两极分化现象正在引发关于党和国家是否变质的质疑，而阶级阶层分化的严峻现实甚至会影响到对某些历史事件的看法。仅就宗教问题而言，快速增长的信教人数大多来自所谓"弱势群体"或"失败人群"，与"强势群体"或"成功人士"形成强烈反差，这一不争的事实使得风行已久的所谓"宗教存在的阶级根源基本消失"说面临窘境。

4. 当代国际形势的变化、晚近中国社会经济基础的变迁，导致中国上层建筑、意识形态的嬗变。意识形态领域的话语混乱（不问是非对错、只问利弊得失），包括对于宗教问题的混乱认识，所导致的实际后果和现实危害（如西藏、新疆问题中的宗教因素、"家庭教会"问题及"法轮功"邪教问题等），已经和正在对党和国家的工作大局及普罗大众科学世界观的生成产生不利影响。世界观领域、意识形态领域"精神污染"的治理成本上升和危害预期加剧，正使得冷寂多年的无神论宣传教育问题呼之欲出。

晚近中国政治语境中的主流话语是：对外"韬光养晦不出头"，不挑战以美国为主导的现存国际秩序；对内"稳定压倒一切""不争论、不折腾、不走回头路"。这一切使得主流意识形态面对现实不得不一再妥协，

---

① 参见陈奎元《信仰马克思主义，做坚定的马克思主义者——在中国社会科学院马克思主义理论学科建设与理论研究 2011 年度工作会议上的讲话》（2011 年 3 月 16 日），载《中国社会科学报》2011 年 4 月 28 日。

② 参见《听俞正声上党课——"执政者的声音"》，载《南方周末》2011 年 6 月 24 日。

很难再保持原有的意识形态纯洁性。但无论如何，马克思主义宗教观的世界观底线——无神论立场不能放弃。

四　无神论话语

毋庸讳言，如何正确认识和审慎处理宗教有神论和无神论的关系，始终是晚近若干年来一个令人头痛的老大难问题。

1. 如果以鸦片战争或新中国成立为参照性的时间节点，那么我们有理由认为：中国的社会形态，由于晚近若干年剧烈而深刻的社会变迁，已经和正在发生划时代的变化。随着农村人民公社的解散和城市国营企业的转制，近乎无限责任政府暨全能主义治理模式退隐，破私立公的革命传统日渐衰微，国家权威和社会保障无法覆盖之处为宗教有神论的滋生蔓延提供了丰厚的土壤。以 20 世纪 90 年代为例，当时的文化热大潮中传统文化糟粕的沉渣泛起、邪教的蠢蠢欲动、异域宗教的乘虚而入，与下岗失业、病无所医的工人，困苦无告的农民，革命意志衰退的老干部①，似乎就形成了某种复杂的疑似的供需关系。而热衷附庸风雅的某些"肉食者""不义而富且贵"的买办权贵、见利忘义的文化乡愿所组成的既得利益集团，却或明或暗地鼓噪"告别革命""不走回头路"、拥抱"普世价值""与国际接轨"、做"世界公民"，在极力反对无神论宣传教育的同时，极力鼓吹

---

① 2011 年年底，时任中共中央统战部常务副部长朱维群撰文指出：近年来，随着社会上信仰宗教的人增多和对宗教认识的日益多样，一个值得注意的现象是，共产党员参与宗教活动、与宗教界人士建立密切私人关系的现象逐渐增多，有的党员实际上成为宗教信徒。与此同时，社会上乃至党内出现一种声音，认为应该"开禁"，允许党员信教，还罗列出党员可以信教的种种理由以及党员信教的诸多"好处"，甚至指责不允许党员信教与宪法保障公民宗教信仰自由的精神相违背。事实上，我们党关于党员不能信仰宗教的原则立场是一贯的，从未有过丝毫动摇。这一原则是党的马克思主义辩证唯物主义世界观决定的。党的各级组织和广大党员应保持清醒认识，任何情况下都必须毫不动摇坚持这一原则。如果允许党员信教，将使我们党从思想上、组织上自我解除武装，从一个马克思主义政党蜕变为一个非马克思主义政党。共产党员不能把自己混同于一般群众，在思想上、政治上和行动上要自觉按照党章标准严格要求自己，不但不能信仰宗教，而且应当积极宣传辩证唯物主义和历史唯物主义，尽到一个共产党员引导群众崇尚科学文明、追求社会进步的责任。详见朱维群《共产党员不能信仰宗教》，载《求是》杂志 2011 年第 24 期。2013 年 6 月 10 日，朱维群接受采访时，又再次重申"必须旗帜鲜明地坚持党员不能信教的原则"。

"宗教是个好东西"①，企图充分发挥宗教的麻醉作用，以最大限度地维护既得利益格局。

2. 我们认为，在科技进步日新月异、宗教有神论得以产生的自然根源和认识根源不断弱化的时代背景下，当代中国晚近若干年的社会变迁使得宗教有神论得以产生和泛滥的社会根源日趋复杂化，其中的阶级根源如两极分化、贫富悬殊所带来的阶级分化日趋严重，市场经济条件下"看不见的手"和天灾人祸等无所不在的偶然性以及对外开放条件下国外可疑势力的宗教渗透活动，使得形形色色的宗教有神论、封建迷信②甚或邪教在特定时空情境中以巧言令色、蛊惑人心的方式对某些易感人群产生相当的吸引力，而无神论本身并不能直接有助于社会问题的解决，更无法带来直接的经济效益，因而在"经济挂帅"的年代被边缘化似乎也是并不奇怪的事。

3. 马克思主义宗教观、科学无神论与宗教有神论之间的话语博弈，是晚近若干年来意识形态领域斗争日趋尖锐复杂的一个缩影。以 20 世纪 80 年代初"不信仰宗教、宣传无神论的自由"等文字从宪法条文中消失为肇始和标志，宗教有神论话语日渐红火或猖獗③，而无神论话语日益陷入疑似"鸡肋"化困局，从一个侧面反映主流意识形态的话语权和感召力已一

---

① 2013 年 9 月，原中共中央统战部常务副部长、现任全国政协民族与宗教委员会主任朱维群撰文指出，当前国内外一些人极力制造种种谬论，诸如："唯有神论才有信念、有文化、有道德，而无神论则导致社会物欲横流；今天中国道德水准下降的原因是中国人不信宗教特别是不信基督教；中国当务之急是对中国人进行宗教信仰补课"，等等。这些谬论完全不符合中国社会实际。我们要旗帜鲜明地指出：恰恰相反，无神论传统不仅是中国古老文明的重要内容，也是今天中国现代化建设包括道德提升的一大优势。我们当然要学习人类文明的一切优秀成果，但我们决不学习西方的迷信思想，决不放弃自己无神论的特点和优势。详见朱维群《为什么不问苍生问鬼神？——谈保持共产党人世界观的纯洁性》，载《求是》2013 年第 18 期。

② 在新中国政治语境中一直是贬义词的"封建迷信"近些年来被学界逐步正名为"民间信仰"，但最新的官方文献仍然提出要"弘扬科学精神，普及科学知识，倡导移风易俗、抵制封建迷信"。参见《中共中央关于深化文化体制改革的决定》，新华社 2011 年 10 月 26 日电。

③ 2013 年 8 月 1 日，原中共中央统战部常务副部长、现任全国政协民族与宗教委员会主任朱维群反思历史教训时明确指出：新疆宗教领域存在的问题，固然有境外势力渗透的原因，有些与我们自己一个时期内措施失当有关。改革开放初期对宗教问题复杂性一度认识不足，放松了管理；20 世纪 80 年代清真寺从 1400 座猛增至 2.4 万座；未加甄别地对一些打着宗教旗号的分裂分子予以平反，其中一些人重新成为"三股势力"核心人物和精神领袖；一些地方发生宗教狂热现象，"地下讲经点"、出版非法宗教读物等活动趋于活跃。宗教领域不正常现象给极端宗教势力提供了温床。详见 2013 年 8 月 20 日《中国新闻周刊》。西藏宗教领域存在的问题，在很大程度上与新疆的情况类似。

日弱过一日。受党教育多年、一直以"永远跟党走"为人生座右铭的很多人，现在最大的困惑却是不知道党到底要往哪儿走。"来自五湖四海的人们为了一个共同的革命目标走到一起来了"成了一种陌生而遥远的记忆，主流意识形态似乎早已丧失将普通民众日常的生活劳作与未来某个远大目标联系起来的能力，越来越多的人日渐丧失归属感、意义感、方向感，日渐陷入无可名状的生存焦虑。不愿沦为经济动物的普罗大众需要精神文化生活，需要精神支柱，如果主流意识形态提供不了，宗教有神论等非主流意识形态就会乘虚而入，取而代之。有神论和无神论在哲学上、在世界观层面、在意识形态领域的斗争形同水火，不可能有调和的余地——在社会政治层面当然另当别论，宗教信仰自由由执政者提供宪法保障和政策支持——无神论在话语逻辑上的战斗性事实上是被有神论逼出来的，这种战斗性常常因为不合时宜而被和谐愿景的紧箍咒打入冷宫，但是压制能让真理长久沉默吗？

4. 中国在有神无神博弈问题上的特殊之处还在于，无论时空如何变幻，中国文化中"敬鬼神而远之"的"弱无神论"传统对于民众的影响始终不曾衰歇，中国人儒道互补的人格结构和文化传统、心理惯性，使得任何宗教狂热都很难在中国社会真正形成气候。这是中国文化的特点，也是中国文化的优点。但是此外，纯粹理论形态的"强无神论"话语，尤其是与唯物史观相关联的科学无神论，其前途命运则与执政者的经济社会政策及其制度安排（如全民社保制度）密切相关。晚近的研究表明，20世纪90年代集本土文化糟粕之大成的"法轮功"邪教的蔓延和猖獗与当时剧烈的社会变迁中的"下岗"现象呈正相关，与医疗产业化政策导致的"看不起病"现象呈正相关，而异域宗教在华得以非常态扩张的一个重要原因，也是大多数信徒因患病或因家人患病而"看不起病"或"看不好病"，在绝望中向乘虚而入的洋教寻找希望。如果"窥一斑而见全豹"可以成立的话，那么窥此"一斑"而见的或许是如下的"全豹"：解决不好社会经济问题和民生问题或民众的现实苦难问题，削弱不了宗教有神论赖以产生的社会根源和现实土壤，那么无神论宣传教育必然会被边缘化、鸡肋化。

5. 可以断言的是，不致力于解决迫切的现实问题，不致力于削弱以致逐步消除宗教有神论赖以滋生和蔓延的社会土壤，仅仅指望以无神论的宣传教育来遏制宗教有神论的扩张，是不现实的，是不可能成功的，也是不符合马克思主义宗教观的。2011年3月中旬全国范围突发的抢盐风潮表明,如果执政者缺乏强大的物质力量,"无盐(言)以对",不能向民众提供充足的盐等生活必需品,那么形形色色的"谣盐(言)"满天飞所催生的恐惧感,"无盐(言)的结局"所催生的民众对于"盐王爷"①的敬畏或迷信,如同历史上一再出现的"恐惧产生神"的现象一样,将会使执政者陷入"哑口无盐(言)""有苦难盐(言)"的失语状态。在这个意义上,如果列宁所说的"资本的捉摸不定的力量"作为现代宗教"最深刻的根源"不能被框限和削弱,那么无神论的宣传教育将会丧失最起码的社会基础,而"盐王爷"之类神祇的闪现和流行将会成为再正常不过的宗教发生学范例。无须多言的是,与"冷战"年代、"自力更生"时代、计划经济时期相比,"后冷战"年代、全球化时代、市场经济时期的无神论教育面临着更为艰难复杂的局面和前景。

6. 总而言之,无神论在晚近中国陷入疑似边缘化困局的主要原因在于:无神论的前途命运与世界范围社会主义与资本主义两种社会制度、两种意识形态的较量密切相关。无神论的边缘化困局与世界社会主义运动处于低潮有关,而宗教有神论在世界范围的现状则与剥削制度、私有制的广泛存在密切相关。因此,无神论的真正胜利,在逻辑上和事实上有待于"在地球上彻底消灭人剥削人的制度"。

五 结语

1. 在阶级话语(被)隐遁、"从总体支配到技术治理"② 成为时代特征的政治语境中,从话语构建的角度而言,应当把马克思主义宗教观基本原理与中国宗教具体实际相结合,推进其统战话语、法治话语、意识形态话语、无神论话语的有机统一,使得宗教问题的"成本收益比"优化解决服从、服务于党和国家的工作大局。

现有的对马克思主义宗教观的某些表述,实际上常常是其统战话语、法治话语、意识形态话语、无神论话语不同比例的混合物。对马克思主义

---

① "盐王爷"与"阎王爷"同音,更有可能让弱势群体、心理脆弱者或宗教易感人群不寒而栗。

② 参见渠敬东、周飞舟、应星:《从总体支配到技术治理——基于中国30年改革经验的社会学分析》,载《中国社会科学》2009年第6期。

宗教观的不同理解，可能基于或常常源于对其统战话语、法治话语、意识形态话语、无神论话语的不同侧重。而偏重于某一种话语形态，最终难免出现解释力下降、"边际效用递减"① 现象，此时必然会催生出穷则思变、矫枉纠偏意义上的思维创新和话语更新。

2. 应当从我党是革命党和执政党的辩证统一体的角度看待当代中国马克思主义宗教观的不同话语形态，以足够的政治智慧优化整合、学以致用；否则，固着于革命党和执政党的简单切割，不仅会失去高屋建瓴、居高临下的话语优势，还会在国内外日益复杂的宗教情境中进退失据、动辄得咎。

3. 宗教问题作为社会总问题的一部分，在毛泽东时代是属于世界观范畴的思想认识问题；在后毛泽东时代则逐渐演变为有可能危及社会稳定和国家安全的严重的社会问题。能否做到对症下药、标本兼治？从"十年树木，百年树人"的角度观察宗教问题，下述判断或许值得特别关注：在全国国民教育系列的各级各类学校，坚持"教育与宗教相分离"原则，甚或因地制宜开展无神论宣传教育，帮助青少年学生增强思想免疫力、树立科学世界观，对于国家长治久安、民族兴旺发达具有重要意义；在边疆民族地区，马克思主义宗教观、科学无神论作为反分裂、反渗透斗争的重要思想武器，对于抑制宗教狂热、破除宗教迷妄（如破除对达赖的迷信）具有"破心中贼"的治本作用。

4. 历史和现实一再证明："实践永无止境，探索和创新也永无止境。世界上没有放之四海而皆准的发展道路和发展模式，也没有一成不变的发展道路和发展模式。我们既不能把书本上的个别论断当作束缚自己思想和手脚的教条，也不能把实践中已见成效的东西看成完美无缺的模式。"②

从历史和逻辑相统一的角度考虑，在风行多年的不少核心话语或时代关键词因时过境迁或"审美疲劳"而淡出或即将淡出的时代语境中，要真正超越利益诉求分野、推进党和国家工作大局、实现中华民族伟大复兴的

---

① "边际效用递减"指一个人连续消费某种物品时，随着所消费的该物品的数量增加，其总效用虽然相应增加，但物品的边际效用（即每消费一个单位的该物品，其所带来的效用的增加量）有递减的趋势。在社会管理中，一个政策出台以后，刚开始往往管理或者规范效应很明显，但随着时间的推移，这项政策的功能就越来越弱了，越来越不适宜社会管理的需要了，也就是说政策的管理规范制约或引导效应在不断减弱。

② 参见胡锦涛《在纪念党的十一届三中全会召开三十周年大会上的讲话》（2008 年 12 月 18 日），新华社 2008 年 12 月 18 日电。

"中国梦"①，在"巩固马克思主义在意识形态领域的指导地位，巩固全党全国人民团结奋斗的共同思想基础"②的大前提下，从顶层设计和整体规划的战略高度认识和对待作为社会总问题一部分的宗教问题，以创新思维实现宗教工作和无神论研究宣传教育工作的话语创新、制度创新、管理创新，可能是当务之急、明智之举、马克思主义宗教观中国化时代化题中应有之义。

［原载曾传辉主编《马克思主义宗教观研究（2011）》（社会科学文献出版社 2013 年版），略有修订。］

---

① 2012 年 11 月 29 日，习近平提出，实现中华民族伟大复兴，就是中华民族近代以来最伟大的梦想。到中国共产党成立 100 年时全面建成小康社会的目标一定能实现，到新中国成立 100 年时建成富强民主文明和谐的社会主义现代化国家的目标一定能实现，中华民族伟大复兴的梦想一定能实现。参见新华社 2012 年 11 月 29 日电。

② 习近平在 2013 年 8 月 19 日召开的全国宣传思想工作会议上强调，经济建设是党的中心工作，意识形态工作是党的一项极端重要的工作。参见人民网 2013 年 8 月 20 日电。

宗教特性探讨

贠培基

宗教作为人类历史上的一种社会现象，至今没有确切和公认的定义，可见其内在复杂程度。宗教是依赖信仰和崇拜超自然力的神而存在，宗教在创立和发展过程中，显现出独尊、封闭、排他、扩张、多变等特性。对宗教的这些特性，以下予以探讨。

一　宗教的独尊

各个宗教无一例外都是"唯我独尊"。为了诱导人们成为自己的信徒，都说自己宗教的神才是真神，其他宗教的神不是自己宗教的神创造出来的受造物，就是由自己宗教的神管辖下的小神，不然则是假神或魔鬼。

以基督教为例，在《出埃及记》① 及《申命记》②内反复申述，上帝耶和华在西乃山上颁布的十诫，头一条就是："除了我以外，你不可有别的神。"在《马太福音》③内再次申述，法利赛人问耶稣，律法上的诚命，哪一条是最大的呢。"耶稣对他说，你要尽心、尽性、尽意，爱主你的上帝。这是诚命中的第一，且是最大的。"在《历代志上》④ 内说，大卫王在会众面前称颂上帝耶和华说："耶和华啊，尊大、能力、荣耀、强胜、威严，都是你的。凡天上地下的，都是你的，国度，也是你的。并且你为至高，为万有之首。"在《马太福音》⑤ 等处说，耶稣复活后在升天之前对门徒

---

① 和合本《旧约·出埃及记》第二十章，第2节。
② 和合本《旧约·申命记》第五章，第7节。
③ 和合本《新约·马太福音》第二十二章，第37—38节。
④ 和合本《旧约·历代志上》第二十九章，第11节。
⑤ 和合本《新约·马太福音》第二十八章，第18节。

说："天上地下所有的权柄，都赐给我了。"《圣经》的这些部分明明白白指出，上帝（天主教的天主）是"万有之首"的最高神。在"三位一体"的位格中，上帝把"天上地下所有的权柄"都赐给了他的独子耶稣。所以除了上帝（天主）以外，不可有别的神。上帝（天主）自然是"唯我独尊"。

佛教对教主释迦牟尼佛说得更为干脆。《释迦如来应化事迹》① 中说，释迦牟尼的母亲摩耶夫人，当怀孕满十月，释迦牟尼出生，一出生就在母亲面前，无人扶持，举足出大莲花，向四方各行七步，自言："天上天下，唯我独尊。"

宗教的"唯我独尊"特性，使各个宗教都崇拜和信仰具有超人间力量而被神化的创教者和教主的人，基督教信仰耶稣，道教信仰老子，佛教信仰释迦牟尼（本名悉达多）。基督教和佛教都是世界性宗教，基督教是一神教，佛教是多神教，它们各自都是"唯我独尊"，各自都说"天上地下"或"天上天下"归他。显而易见，标榜为"爱"的基督，同标榜"慈悲"的佛，是无法和平相处的。这岂不是人世间那种争权夺利，妄图称霸天下的狂妄之举？在此，基督的爱和谦卑和佛的慈悲的神性都荡然无存。而宗教的"唯我独尊"特性，却导致宗教对内封闭对外排他和扩张。

二 宗教的封闭

宗教的封闭特性，主要由宗教组织管理的约束和宗教制度的控制作用而造成。宗教组织制度在于保障宗教的巩固、发展和不断扩张壮大。各个宗教的宗教组织都是以共同的信仰和共同的宗教生活准则约束宗教信徒，用特定的教规对宗教信徒的行为予以控制。不同宗教的宗教组织，各自的特性突出，名目和形态各异。例如，宗教活动场所，基督教有教堂，佛教有寺院，伊斯兰教有清真寺，道教有宫观。另外，各个宗教的教职人员，也有各个宗教规定的服饰，这种显示的效果更是各宗教封闭的表象。世界性的宗教，由创教人开始，非常重视宗教组织的建立，在宗教发展过程中，对宗教组织逐步完善和严密，使约束控制力更强。

基督教的耶稣生前创教时，先后招收了十二个门徒（使徒），要求这

---

① 梅庆吉整理：《释迦如来应化事迹》，黑龙江人民出版社 1995 年版，第 16—20 页。

些门徒舍弃家庭，舍弃财产，无限忠于基督耶稣，献身耶稣的传教事业，这十二个门徒显然被封闭在耶稣这个圈子里了。耶稣身后是基督教会。天主教说教会有教训万民、管理教友和行圣事献圣祭三样权柄。天主教会有一套严密的组织体系，自上而下是教皇（教宗）、枢机主教、总主教、主教、神父。最高机构是教廷，基层是教区和教堂堂口，逐级管理，等级森严。在基督教的历史上，布鲁诺和伽利略的遭遇，说明基督教对信徒的约束、控制是极其残酷血腥的。

布鲁诺（公元 1548—1600 年），青年时入多明我会修道院，经过 10 年学习，获神学博士。由于对哥白尼学说产生极大兴趣，被迫离开修道院，过流亡生活。在此期间，他的一系列重要著作，继承和发展了哥白尼的"日心说"，指出地球不是宇宙的中心，太阳也不是宇宙的中心，宇宙是无限的。此说对天主教会的上帝创造世界的教义是致命的打击。后来布鲁诺在意大利被宗教裁判所以宣传异端邪说的罪名逮捕，在监狱度过 7 年以后，于公元 1600 年被烧死在罗马繁花广场。

伽利略（公元 1564—1642 年），出生于天主教家庭，早年曾在佛罗伦萨附近的瓦隆布罗萨隐修院学习神学。他率先用望远镜研究星空，收集了大量事实证明地球绕太阳运转，地球不是宇宙中心。教会曾警告他不要再"坚持和捍卫"哥白尼的学说。伽利略于公元 1633 年赴罗马受审，判决书说他犯有"相信并宣扬"哥白尼学说罪，被宗教裁判所判为终身监禁。

"宗教裁判所前后共经历了 500 年之久。15 世纪以后，西班牙的宗教裁判所最为残暴，据统计，仅 1483 年至 1820 年将近 350 年间，判处的异端分子达 38 万多人，被火刑处死者达 10 万余人。"[①]

天主教立有七件圣事：圣洗、坚振、告解、圣体、终傅、神品、婚配。这七件圣事没有一件不是对信徒约束、控制而封闭的。以第七件圣事"婚配"论，男女教徒结婚必须进教堂到神父跟前，在神父主持下，通过一番宗教仪式才可结婚。这样的圣事初看似乎很平常，实际上限制要结婚的男女双方都必须是天主教徒。因为一方若是佛教徒、道教徒或其他教徒，当然不会去天主教堂举行"婚配"仪式。可见婚配圣事的自我封闭作用非常严酷。在天主教徒人数较少的地区，常常是亲上套亲而造成彼此辈分颠倒的可悲局面。

---

① 唐逸主编：《基督教史》，中国社会科学出版社 1993 年版，第 153 页。

梵蒂冈为控制而封闭天主教徒，特别对教职人员，经常以"绝罚"（即开除教籍）相威胁。梵蒂冈对新中国大陆天主教会一直采取敌视态度，对中国大陆天主教会自选自圣的主教，不时发出"绝罚"令。当然，梵蒂冈的这种做法是徒劳的。

佛教比基督教的自我封闭毫不逊色。佛教的创立比基督教早五六百年。佛陀释迦牟尼出家历经百般磨难，最后在菩提树下坐禅，获得彻底觉悟，终成圆满无上正等正觉。旋即找到他父亲安排给他的侍者，并与他同修苦行的五位，为他们说法，度憍陈如等五位为比丘，佛教称作"初转法轮"，这也是最初的僧团。此后，僧团迅速扩充，遂制定出比丘戒。佛陀释迦牟尼灭度前，告诫弟子要"以戒为师"，可见佛教的"戒"是多么重要。

佛教组织是以寺院为中心，出家僧尼居住和生活都在寺院，服从寺院的组织制度。佛教由于有汉传佛教、藏传佛教和南传佛教之分，各教派的寺院组织制度有所不同。汉传佛教的寺院，以住持或方丈为一寺之首，下设班首、执事。执事以职责分监院、知客、僧值、维那、典座、寮元、衣钵、书记等，各司其职。

佛教出家人出家，要舍去在俗的姓名，必须以剃度时赐给的"释"家的名字为姓名，这是封闭在僧团的最初一步。出家人出家，要皈依佛、法、僧三宝，要学习经、律、论，要勤修戒、定、慧三学。出家人除遵守僧人共同的戒律，还要遵守出家人所在寺院针对该寺院所制定的清规。佛教要皈依要学习要勤修的方方面面和必须遵守的清规戒律，对僧人身心的约束、控制和封闭到了何种程度，在此由佛界称为一代佛门巨擘、律学宗师的弘一大师（俗名李叔同）出家别妻的惨剧可得到回答。

据黄炎培《我也来谈谈李叔同先生》文中记述，李叔同出家经过几年，李叔同夫人到上海，求得杨白民夫人和黄炎培夫人伴她去杭州寻找李叔同，走了几个庙，找到了，要求李叔同共进素餐，席间"三人有问，叔同才答，终席，叔同从不自动发一言，也从不抬头睁眼向三人注视。饭罢，叔同即告辞归庙，雇一小舟，三人送到船边，叔同一人上船了。船开行了，叔同从不回头……叔同夫人大哭而归。"[1] 此情此景，何等悲惨，能不令人落泪！这也就是出家要排除的所谓的亲情障碍。

---

[1] 中国佛教协会会刊：《法音》，2012 年第 2 期，第 63 页。

三　宗教的排他

基督教的耶稣被钉十字架而死，给基督徒留下的永远无法抹去的惨痛，此足以表明宗教之间的排他是血淋淋的，残酷至极。基督教同犹太教有着密切的渊源关系，基督教的《圣经》的《旧约》是从犹太教继承下来的，基督教也称犹太教为古教。可是，据基督教《圣经》的经文，基督教的创始人耶稣在犹太各地传教，则被犹太教当权者视为眼中钉、肉中刺。耶稣没有能逃脱被犹太教祭司长等抓捕的灾祸，并被送给罗马帝国驻犹太总督彼拉多，最终被活活钉在十字架上，并遭受百般凌辱而死。事情很明显，当时的犹太地区是犹太教的宗教势力范围，耶稣要在这个势力范围另行拉起一个基督教，犹太教的当权者当然不会让耶稣随便抢走自己宗教的地盘。

对于排他，在《圣经·旧约》里耶和华上帝是这么训示摩西的："耶和华你上帝领你进入要得为业之地，从你面前赶走许多国民，就是赫人、革迦撒人、亚摩利人、迦南人、比利洗人、希未人、耶布斯人，共七国的民，都比你强大。耶和华你上帝将他们交给你击杀，那时你要把他们灭绝净尽，不可与他们立约，也不可怜恤他们。"[①]

我国的道教和佛教，道教是我国土生土长的宗教，佛教是外来的宗教。道教和佛教都是信奉多种神的多神教，各自教内众多的神自成神界体系，在各自的神界都分为不同等级。道教对尊奉的老子，有老子一炁化三清，即玉清太清上清之说，老子被尊为元始天尊。佛教奉佛为最高最上的神。释迦牟尼佛被奉为佛祖。佛教和道教在我国长期杂处，两教在教理教义教规方面都相互有所融合。然而道教和佛教各自为了自身的利益，却也相互诋毁而排他。据傅勤家著的《中国道教史》记述："其始倡为老子西游化胡成佛，以佛为道教弟子，此说已起于东汉之时。后汉书襄楷传云：'或言老子入夷狄为浮屠。'后世道经如老子西升经、老子化胡经之类，益推波助澜，证成其事，而佛教徒亦遂造作经典。海录碎事引清净行法经'佛造三弟子震旦教化，儒童菩萨，彼称孔丘。净光菩萨，彼称颜回。摩诃迦叶，彼称老子'。"这段记述，道教说佛是老子的弟子，佛教又说老子

---

① 和合本《旧约·申命记》第七章，第1—2页。

是佛的徒弟，把佛道两教相互诋毁而排他说得清清楚楚。

佛教宣扬佛法主张一切平等，对其他宗教更多的是宽容和包涵，事实并非如此，只举出当代佛教圣严法师所著《正信的佛教》[①] 的一段话就会一清二楚。《正信的佛教》内说："中国道教的上帝玉皇……同于佛教的忉利天主，耶教的上帝，同于佛教的梵天主……因为各天的天主，都有若干骄慢的习气，对他们的属下臣民，总喜欢说，只有他自己才是独一无二的造物主或主宰神。"《正信的佛教》还进一步说："佛教看上帝，也只是六道众生之一。"这些话明明白白指出，玉皇大帝、上帝（天主）在佛教的六道轮回中，虽然处于最高位天道，也有一些小神通，而并未脱离生死轮回，算不得真神，其地位大大低于罗汉和菩萨，见了佛则只有顶礼膜拜的份儿。

由于各种宗教所必然具有的排他特性，相互间比高低，论输赢、钩心斗角、抢地盘、争信徒，你要吃掉我，我又想干掉你，彼此力图把对方踩在脚下。这些面目为爱和慈悲的神不知跑到哪里去了。显而易见，这样那样的神都是不存在的。

四　宗教的扩张

宗教自教主创教开始，无一例外都要向外扩张。佛教要普度众生，耶稣要门徒往普天下去传播福音。宗教的对外扩张，是宗教教义的必然。基督教的耶稣受约翰施洗后，即行正式传教，说："天国近了，你们应当悔改。"耶稣为扩张传教事业，先期招收了称呼彼得的西门等四个门徒，此后又连续招收八个，共十二个门徒。经过一段时间，耶稣便差遣这十二个称呼为"使徒"的门徒分头外出传教。耶稣死后，使徒们把传教范围扩张到以色列以外的外邦地域，远达罗马城等地。据《圣经·新约·使徒行传》记载，使徒们的传教及其传教范围的扩张，并非易事，备受艰辛，饱受磨难，并且付出了血的代价。使徒彼得、约翰多次被捕，遭受牢狱之苦，被鞭打，受侮辱，好在每每侥幸逃出，使徒保罗受人诬陷，在圣殿被捕，险遭杀害，被从耶路撒冷长途解往罗马，沿途所遇的风险，几乎丧命，使徒司提反被抓之后，拉出城外，用石头砸死了。使徒约翰的哥哥雅

---

① 圣严法师：《正信的佛教》，宁夏佛协 1993 年印行，第 95—96 页。

各，也被希律王手下人杀死了。

基督教的扩张以十字军东征为典型。由天主教罗马教皇乌尔班二世于1095 年 11 月发动，以收复圣地耶路撒冷为号召，西欧基督教国家法、德、意组建的十字军向东方进行了一系列军事远征，十字军东征先后共有八次之多。直到 1291 年耶路撒冷拉丁王国灭亡，十字军东征以失败告终。历时两个世纪的十字军东征，扩大了天主教罗马教皇的影响，加深了基督教同伊斯兰教之间的仇视，给当事国的人民生命和财产造成了无法估量的损失。

基督教舶来中国的历史史实，充分说明了宗教的扩张特性。被罗马教廷斥为异端的景教，曾于唐朝、元朝传入中国，却随元朝的灭亡而烟消云散。在元朝，罗马教廷曾先后派遣柏朗嘉兵、马黎诺里等多人为使臣出使元朝，先期的主要目的在于阻止元朝蒙古军队向其势力范围进军，又企图让元廷改宗信仰天主教，罗马教廷的图谋则以失败而告终。

在明清之际，罗马天主教把扩张传教的触角尽力伸向东方。明朝时期，第一位踏上中国国土的传教士罗马教廷属下的耶稣会士方济各·沙勿略，他作为罗马教廷的使节，前往印度果阿传教，后又去锡兰、摩洛加群岛、马六甲，以及日本的鹿儿岛，再转到广东台山市正南的上川岛。他因为中国朝廷的海禁未能登上中国大陆，患热病而客死上川岛。

罗马教廷往后于明朝派遣耶稣会士、天主教神父利玛窦前往澳门，次年到广州肇庆。利玛窦初到肇庆，住在寺庙，削发剃须，穿僧服。利玛窦稍后得知僧侣为社会所轻视，而社会重视的是儒生，他立即改穿儒服戴儒冠。他广泛结交朝廷命臣、地方官吏和社会名流，以此渗入社会各阶层。利玛窦初入肇庆的第一件事，是在住所悬挂了一幅很大的世界地图——山海舆地全图，以此吸引了大批文人士子和官吏。他以介绍西方的天文、地理、数学等科学技术为开路进行传教。他于万历二十九年（公元 1601 年）到达北京，向神宗皇帝进献了自鸣钟、八音琴、三棱镜、《万国图志》等西方科学技术产品，以"钟表修理师"的名分留在北京。他在中国设法站稳脚跟的同时，艰难地进行传播天主教。他在传播天主教义时，尽可能引用儒家经典著作中的语句、言辞。他尊重中国的祭祖祭孔礼仪，他认为敬孔祭祖是非宗教礼仪，不是偶像崇拜。他和他同时及稍后来中国的传教士，以谦恭的姿态做事，获得不少人的好感。他们在中国传播天主教取得了成功，但传教范围却很有限。

利玛窦在华传教后期，天主教传教士内部发生"中国礼仪之争"，罗马教廷反对中国教民敬拜孔子、祭祀祖先，导致在明末清初有了"百年禁教时期"，禁止罗马天主教在中国传播长达100多年。在"禁教时期"，罗马天主教的传播受到严重挫折。然而基督教新教在"禁教时期"，却首次偷偷摸摸窜进中国大陆传教。基督教新教第一位来华的是英国伦敦会派遣的传教士罗伯特·马礼逊，1807年（嘉庆十二年）9月4日抵澳门，后进入广州，在中国传教25年，私下洗礼的信徒不过4人。① 伦敦会指示马礼逊的主要工作是翻译《圣经》和编纂《英华字典》，为基督教新教在中国传教奠定基础。

公元1840年至1860年的鸦片战争，外国殖民者的枪炮强迫清朝政府签订了一系列丧权辱国的不平等条约，为天主教和基督教新教提供了在中国自由传教的特权和保护。1840年至1842年英国发动的侵略中国的第一次鸦片战争签订的《南京条约》，特别是1844年签订的《黄埔条约》、1858年签订的《天津条约》和1860年英法联军发动的第二次鸦片战争签订的《北京条约》等，诸多不平等条约的条款对传教权作了规定。天主教和基督教新教的传教士，在可自由进入中国内地活动的条款庇护下，仰仗着殖民者的枪炮，不再是极少数人偷偷摸摸窜入中国内地，一改以往谦恭卑微的面目，而以胜利者趾高气扬的姿态，逐步大批进入中国内地，以至把传教扩张到远离沿海口岸的边陲地域。

五 宗教的多变

宗教是人类社会发展过程的社会现象之一，宗教随人类社会的发展而不断变化。宗教的多变特性，主要表现在宗教自身的变化和宗教随社会形态的改变而变。

（一）宗教自身的变化

1. 基督教的分裂

最早由东西教会分裂为天主教和东正教，后来又发生由天主教脱离而出的新教。

基督教东西教会的分裂，萌生于基督教形成的初期。罗马皇帝狄奥

---

① 顾卫民：《基督教与近代中国社会》，上海人民出版社2010年版，第80页。

多西一世于公元 395 年将罗马帝国分给两个儿子，于是罗马帝国分为东西两部分，东部罗马帝国以君士坦丁堡为首都，西部罗马帝国以罗马为首都。以君士坦丁堡为中心的东方教会，同以罗马为中心的西部教会，主要为了争夺基督教会的最高权力，互争谁是首席地位，经过长期争斗，于公元 1054 年大分裂。往后的几个世纪，虽然也有弥合分裂之举，均告失败。东方教会以正统自居，宗教仪式中以希腊语为主，称正教，即东正教。西部教会以普世教会自居，宗教仪式中以拉丁语为主，称公教，即天主教。

新教形成的主要起因是，14 世纪以后的天主教教皇自身腐败堕落，生活糜烂。公元 1334—1342 年在位的本笃十二巧立名目，制定了一个"赦罪价目表"，即免罚犯罪的"赎罪券"。到 16 世纪，于公元 1513—1521 年在位的教皇利奥十世更是挥霍无度，入不敷出，大量兜售"赎罪券"。德国维登堡神父马丁·路德于 1517 年 10 月 31 日贴出反对销售赎罪券的《九十五条论纲》，从而拉开了宗教改革的序幕。随着宗教改革运动的发展，出现路德宗、加尔文宗、安立甘宗，这三个主要宗派构成新教，从此产生了由天主教脱离而出的新教。当今在我国的新教称为中国基督教。

教会在中世纪对教皇权位的争夺非常激烈，加之法、德、意各国世俗帝王为了争夺对教皇的控制，使教皇权位争夺的形势更为复杂。不时出现两位教皇，并有三位教皇同时存在。争斗的高峰时期，同时出现三处教廷：阿维尼翁教廷，本笃十三世（1394—1423 年在位）；罗马教廷，英诺森七世（1404—1406 年在位），格雷高里十二世（1406—1415 年在位）；比萨教廷，亚历山大五世（1409—1410 年在位），约翰二十三世（1410—1415 年在位）。对如此分裂的教会局势，德皇出面，于 1414 年 11 月康斯坦茨会议开幕，于 1415 年 4 月 6 日康斯坦茨会议宣布废黜比萨、罗马和阿维尼翁三位教皇。两年后，于 1417 年 11 月康斯坦茨会议选出教皇马丁五世（1417—1431 年在位），三教廷鼎立的局面才宣告基本结束。[①]

2. 佛教的分裂

释迦牟尼创教及其弟子相续传承时期的佛教，通称为原始佛教。释迦牟尼逝世后 100 年，佛教最初分裂为上座部和大众部两大部，称为根本二部。此后 100 年间继续有所分裂，先后分成十八部或二十部，称为枝末部

---

① 孙庆芳：《教皇史话》，商务印书馆 1985 年版，第 49、72—73 页。

派。分裂的原因是佛陀在世时，于不同场合针对不同对象有不同说法，所以弟子们对教义戒律产生不同理解。这一时期称为部派佛教。

佛教在往后年代的发展过程，大乘佛教逐渐形成，佛教从此有了大乘小乘之分。佛教在传播过程中，逐渐形成了南传和北传两大系，南传一系在亚洲南部，这一系属上座部，俗称小乘。北传一系在亚洲北部，这一系俗称大乘。

佛教自印度传入我国，由于传播的时间、途径、民族、文化形态和历史背景的不同，我国的佛教形成了三大系：汉传佛教，属汉语系；藏传佛教，属藏语系；云南地区上座部佛教，属巴利语系。我国的三大系佛教各有特色。

（二）宗教随社会形态不同而变

1. 不同社会形态内的宗教变化

基督教创教者耶稣的出生地，巴勒斯坦地区，当时犹太人受着异国罗马帝国的统治，广大下层劳苦大众更是处在水深火热之中，人们普遍盼望能有拯救他们的救世主。基督教的创立，正是适应了那个历史时代的需要。耶稣在创教传教中，关于"爱人如己""天国近了""你们贫穷的人有福了，因为上帝的国是你们的"的说教，迎合了社会下层群众摆脱苦难的希望，耶稣创立基督教获得了成功。到了封建社会，教会内不断有社会上层人士加入，教会不少教皇出生在封建贵族家庭，教会在西欧占据了大约三分之一的土地，教会头目成了事实上的封建主。当社会进入资本主义发展时期，天主教罗马教廷摇身一变，设立了"罗马银行"，开办了各种企业，经营房地产等项生意，教会头目又成为事实上的资产阶级的大资本家。

佛教创教时，印度已经进入封建领主统治的农奴社会，种姓制度早已正式确立，种姓分为四等：婆罗门（祭司）、刹帝利（贵族、武士）、吠舍（农牧民、工商业者）、首陀罗（奴隶）。婆罗门最高贵，享有各种特权。国家的统治者刹帝利与婆罗门的矛盾重重，下层劳苦大众对婆罗门也日益不满。佛教宣扬"众生平等"，认为人人都可以靠自己修行得道，因而受到婆罗门以外的人的欢迎。释迦牟尼在世时，所度的信徒上有贵族下有奴隶。释迦牟尼创立的佛教适应了那个时代的需要，创教传教活动进行得非常成功。但是，当8—9世纪以后，至13世纪初，佛教在印度的发展受到严重挫折。那个时期，印度本土的印度教空前盛行，佛教内部却纷争不已，又由于伊斯兰教大规模传播，致使佛教在印度几乎覆亡。

2. 宗教兴衰与世俗政权和某些政治势力的复杂关系

（1）基督教：在创教和传到罗马帝国境内初期的 1 世纪，受到罗马帝国的镇压。往后由于富裕者入教，教会领导人的社会成分发生变化，多数成员已经上层化。至 3 世纪末，基督教已经成为一支显著的社会力量，到 4 世纪，罗马帝国为了更有效维护统治的目的，基督教被罗马帝国正式宣布为国教。中世纪西欧的基督教，教会和世俗政权的相互利用和斗争十分激烈，时而世俗政权控制了教权，时而教权又凌驾于世俗政权之上。这样的局面充分体现了基督教会与世俗政权的相互依存关系。基督教的天主教和新教在中国的传播，曾得益于西方列强对中国发动的鸦片战争。传教士们在以英、法为首的西方列强与清朝政府签订的不平等条约的保障下，在西方列强炮舰的护持下，在华传教一度成为基督教各大教派的盛事。基督教在中国的传播，需要特别指出的是洪秀全的拜上帝会。洪秀全于公元 1847 年去广州向美国传教士罗孝全学习基督教教义和阅读了《圣经》，又受梁发的基督教布道书《劝世良言》的影响，汲取基督教教义，自编《原道救世歌》、《原道醒世训》、《原道觉世训》等布道书，进行传道，创立了拜上帝会，以传道为先导，发动和领导了轰轰烈烈的太平天国运动。

（2）佛教：自传入中国，于南北朝时期，曾有笃信佛教的南朝梁武帝，四次舍身入寺。梁朝有寺 2846 座，僧尼 82700 余人，可见佛教在南朝的"梁"是多么兴盛。而佛教在中国发展的鼎盛时期是在隋朝、唐朝和宋朝。但是，中国也发生过"三武一宗"的灭佛运动，灭佛的重要原因是，寺院所属庄园激增，僧侣不事生产，直使国家税收锐减。加之僧尼日多，户口相应减少，给国家需要的人力资源带来很大压力。佛教在中国的发展，与中国固有传统文化相融合方面，基本适应了中国国情。例如，菩萨本来是男性，到了中国却成为端庄秀丽、慈眉善眼、大慈大悲、救苦救难的女性。佛教在中国的发展总体比较平稳。

（3）道教：在发展过程中，同其他宗教有着相似的经历，曾经被利用、被镇压、被推崇。东汉灵帝时，侍奉黄老道的河北钜鹿人张角创立了太平道，以《太平经》为主要经典，以善道教化天下，10 余年间，徒众达数十万，遍布青、徐、幽、冀、荆、扬、兖、豫八州，于中平元年发动黄巾起义，遭镇压终告失败。以后，太平道仍在民间艰难流行。比太平道初创稍早的五斗米道，由张陵创于东汉顺帝时，奉老子为教主，以《道德经》为主要经典。张陵死后，由子张衡承传其道。张衡死后，由孙张鲁承传其道。张鲁割据巴郡、汉中，建有政教合一的政权。张鲁于东汉建安二十五年归降曹操，拜将封侯，五斗米道得以合法传播。就在三国时期，东吴孙策杀道士于吉一事，充分反映了历史上宗教与世俗政权的斗争多么激烈。《三国志》记述当时的具体情景是："时有道士琅邪于吉，先寓居东方，往来吴会，立精舍，烧香读道书，制作符水以治病，吴会人多事之。策尝于郡城门楼上，集会诸将宾客，吉乃盛服杖小函，漆画之，名为仙人铧，趋度门下。诸将宾客三分之二下楼迎拜之，掌宾者禁呵不能止。策即令收之……即催斩之，悬首于市……初顺帝时，琅邪宫崇诣阙上师于吉所得神书于曲阳泉水上，白素朱界，号太平清领道，凡百余卷。"① 这段记述说明道士于吉在道教历史上有着相当重要的地位，但是当宗教的传播发展动摇了世俗政权时，世俗当权者会毫不手软对宗教予以镇压。道教发展到唐朝，唐皇室自唐高祖、唐太宗，自称为老子后裔，攀上太上老君为先祖，视道士为宗室。自京城至各州广建尊奉老子的祠堂，设祠官，规定王公百官都要学习《道德经》，并将其作为选考官员的课目之一。唐玄宗还亲为《道德经》作注，制令士庶均须家藏一本。唐皇室如此尊奉道教，目的不外乎抬高自己的出身，神化自己的统治。

后　记

宗教的唯我独尊和自我封闭，强调唯有自己宗教的神是真神。按这样的表露，任何一个宗教的神对其他宗教而言，都是假神或魔鬼，会被其他宗教的神打入地狱。同时，任何一个宗教的信徒，特别是该宗教的宗教职业者，当然要被其他宗教的神投进地狱。这样，所有宗教的神和信教的人都被弄到地狱去了，哪里还有能把人在后世提升到天堂的神！不言而喻，宗教的神、天堂、地狱都是由人虚构出来的。

宗教的排他和扩张，必然造成人间不合，有的引起冲突，有的导致战争。古往今来，宗教之间、宗教的宗派之间，以及宗教与某些政治集团或势力相互利用之时，发生的大小冲突或战争不胜枚举。冲突和战争已经造成了可怕的灾难和痛苦，这些无疑是人间的悲哀。

---

① （晋）陈寿撰、（宋）裴松之注：《三国志》，中华书局 2006 年版，第 658—659 页。

　　宗教的多变，使宗教能以不同面孔处世而生存。宗教的兴衰存亡，宗教的被利用、被推崇、被镇压，不论在宗教方面还是世俗方面，都是相关的人所为，神的无限能耐被一扫而光，宗教的神只不过是招牌、外衣和工具而已。

（原载《科学与无神论》2013 年第 4 期）

科学与宗教的融合与分离

——与大学生谈有的科学家为什么信教

左　鹏

亲爱的同学：

　　你好！

　　你的来信我已收到并认真阅读，你的困惑可以用两个问题来概括：一是有的科学家为什么会信教；二是科学与宗教的关系到底如何。

　　诚如你在信中所说："自己从小到大都受着家庭、学校、社会的无神论教育，对宗教问题很早就有了一些基本概念：当人类处于生产力水平低下的原始阶段，对雷电、洪水、地震等自然现象产生恐惧心理，因而开始崇拜雷公、水神、山神等，于是产生了宗教。但随着生产力的发展，人类对自然界的认识能力不断提高，逐渐明白这一切都是自然现象，并不存在什么超自然的神明，因而确定了无神论信仰。"所以，对中学政治课上讲的，宗教是人们现实生活的虚幻反映，是一种唯心主义世界观，宗教对科学发展起着阻碍作用，科学与宗教是两种根本对立的思想体系等，你一直记忆犹新并坚信不疑。

　　但是，你最近看了别人送的一本书，对于书中所讲的"基督教信仰与科学是'和谐一致的，它不仅符合科学而且大大超越科学'，《圣经》中充满了'科学预见'，'基督教是现代科学的思想基础'，'基督徒是发展现代科学的中坚力量'，'科学家在科学研究中逐渐认识神'等"，你不知所措了。再加上你过去就没弄明白的，"美国是当今世界上科学技术最发达的国家，但美国又是有神论思想占主导地位的国家"，"近现代西方一些著名的科学家，如哥白尼、伽利略、开普勒、牛顿、莱布尼茨、普朗克、爱因斯坦等，或者信仰宗教，或者宣称自己有深沉的宗教感情"，这些让你"彻底惊愕和困惑"了。

你所列的这些，实际上都是有神论和无神论一直争论的热点问题。要回答这些问题，还得从科学与宗教的一般关系谈起。

让我们先回到原始时代。那时，科学与宗教浑然一体。受生产力水平和思维能力的局限，人们只能凭借极其有限的劳动经验，通过原始思维的直观猜测来认识自然现象，当这种直观猜测与生命的灵性现象联系起来的时候，就形成了"万物有灵"的观念，由此形成了原始人类的总体文化，成就了他们观察世界的唯一可能的认识工具。在他们的认识成果中，既有正确反映自然界和人类社会本来面目的，这就是最早的科学知识，也有对自然界和人类社会的虚幻、错误反映，这就是最初的宗教信条。正是在这个意义上，我们说，原始时代的科学与宗教之间是一种融合关系、同源关系。也正是从这里出发，我们看到，原始宗教里的巫师同时也是最早的医生，占星术成为萌芽状态的天文学，追求长生成仙的炼丹术孕育了原始化学、原始医学。

随着农业文明时代的到来，人们在思考问题时，已经不再满足于用非理性的宗教思维模式，而是要用理性的思维模式。这样，原来包含在宗教中的哲学开始从宗教中分化出来，但作为理性思考的科学还是"教会的恭顺的婢女"，被包含在宗教当中。

直到文艺复兴之后，科学才逐渐从宗教中分离出来，形成了独特的理论体系和实验体系。但是，那时研究自然只是"赞美上帝的最好方式"，"认识了自然，就认识了上帝，就会揭示上帝的光荣，增加对上帝的爱。"所以，在那样一个全民都信仰宗教的时代，科学家也是怀着对宗教的虔诚去从事科学研究的。比如，提出日心说的哥白尼本身是神父，因传播哥白尼学说而被宗教裁判所烧死的布鲁诺是个传教士，因发展哥白尼学说而被教会判处重罪的伽利略以及因建立新的人体解剖学而被教会迫害甚至烧死的维萨里、塞尔维特也都是基督教徒，而非无神论者。

这些从"赞美上帝"出发并取得巨大成就的科学家之所以会被教会如此对待，不是因为他们缺乏足够的宗教虔诚，而是因为他们科学研究的后果不但没有给上帝带来荣耀，反而带来了一个又一个不快甚至难堪。无论哥白尼的日心说，还是维萨里的人体解剖学，都证明上帝是有错误的。上帝既然有错误，那还能称为上帝吗？于是为了维护上帝的声誉，上帝在人间的代表便对那些损害上帝声誉的人进行了严厉打击。这就是近代史上著名的"宗教迫害科学"事件。

　　然而，对损害上帝声誉者的打击并没有能阻挡科学前进的步伐，一个又一个使上帝难堪的事件接连不断地出现在为了赞美上帝而进行的科学研究中。科学就这样一个又一个地攻占了原来由上帝统治的堡垒，或者说上帝的国土被那些为了赞美它而进行的科学研究一块又一块地侵占了。这种侵占到牛顿那里达到了第一个高峰，他的"万有引力"排除了上帝对天体运动的支配，但还不能说明天体是如何开始运动的。为了自圆其说，牛顿不得不在自己的宇宙体系中保留了"第一推动"，而有足够强大的力量完成这个"第一推动"的只能是上帝。晚年的牛顿致力于"第一推动"的研究，虽然也留下了大部头的著作，但是由他书写的人类认识史上的辉煌再也没能继续下去。

　　牛顿就此止步了，但站立在牛顿肩膀上的科学家们向上帝的领土发起了更加猛烈的冲锋。科学研究不再顾及宗教的禁令，也不再关心《圣经》是怎么说的，而完全把世界的实际状况作为自己追求的目标。在科学狂飙的突飞猛进下，宗教也开始改变自己的态度而力求与科学修好。一是宣扬自己过去曾经给过科学不少支持，并且表示自己从根本上就是支持科学的；二是向科学检讨自己的错误，为曾经被自己打击的科学家平反昭雪；三是把科学发展的最新成果拿来捍卫自己的信条，比如，宇宙大爆炸学说被作为上帝创世的证据，进化论被解释为上帝的创世方式；四是主动提出与科学"分工"，让科学去解释已知领域，自己只负责未知领域，或者干脆把物质世界完全交给科学，自己只管人的精神世界，为人类提供道德规范等。

　　正是有了这一系列调和与妥协，才使得进入现代工业文明、后工业文明以来，科学与宗教不至于处于断裂状态，从而在相当程度上缓解了科学家对宗教的离心倾向。即便如此，在世界范围内有神论衰落、无神论发展的大势还是不可逆转的。就科学家信教而言，据美国学者爱德华·拉尔森和拉里·威泽姆 1996 年的调查，在一般科学家中，不信或者怀疑上帝存在的占 60.7%，和 80 年前基本持平；但在著名科学家中，80 年间信仰上帝和灵魂不灭者从 30% 左右急剧下降到 7% 左右，而不相信灵魂不灭者，实际上也就是不信鬼神者，则从 25% 上升到了 77%。① 对于这个变化，一

---

　　① 爱德华·J. 拉尔森、拉里·威泽姆：《一份科学家信教调查卷的思考》，载《世界宗教文化》1998 年第 1 期。

些带有明确宣教目的的人却视而不见，相反，常常援引一些大科学家信教的事实告诉人们：你们看，连科学家都信教了，你们还等什么呢？科学家信教，似乎成了宗教的一向的光荣，证明了宗教的正确性和吸引力。

其实，如此宣扬科学与宗教在本质上可以协调一致、并行不悖，是神学家们的一种手法，他们实际上是将科学家本人与宗教信仰的关系同科学与宗教在世界观上的对立这两个不同层次的问题混淆起来了。对于科学家信教，不能仅限于在科学与宗教之间的单纯关系上来解释，而是要联系西方社会的历史、文化尤其是基督教的深远影响，以及科学家本人的实际情况加以具体分析。一般来说，信仰宗教的科学家的世界观具有两重性，在他本人的研究领域，他可以是一个彻底的唯物主义者、无神论者，但在他的研究领域之外，尤其是在社会精神生活中，他却可能是一个虔诚的教徒或者具有浓厚宗教感情的人。这可以从以下几个方面来具体分析：

第一，科学家信教与他们当时所处的社会文化背景有关。在西方，宗教有着数千年的历史，有些国家曾长期政教合一，基督教被宣布为国教。人从诞生的那一天起，就要以宗教所允许的方式去生活、工作、思维，不用说叛教，即使略有不同意见，也会受到迫害。在这种情况下，一些科学家为了避免与宗教的冲突，尽管在内心上完全接受科学真理，但迫于宗教的压力也不得不在科学与宗教之间作出妥协。比如，哥白尼的日心说形成以后，为了避免教会反对，他在《天体运行论》的序言里特别加上了"献给教皇"之类的字眼儿，并说日心说只是一个有用的想法，不能被认为是对宇宙的忠实描写。伽利略是哥白尼学说的公开支持者，但当哥白尼的著作被列为禁书以后，面对教会的恐吓，他也被迫宣布放弃哥白尼的学说，并用低三下四的语言向教会求情。甭说在那个时代，就是在今天，基督教的思想文化仍然是西方思想文化的主流。不仅个人的出生、婚配、死亡等离不开教会的训导，就连个人的荣誉、信用、升迁、社会地位等也与信不信宗教密切相关。在社会生活中，无神论者和不信教者往往会受到各方面的歧视。在这样浓厚的宗教文化背景和传统中，要求所有科学家都超越他所处的历史条件而成为无神论者，显然是不可能的。

第二，科学家信教与他们个人乃至整个人类认识能力的局限性有关。世界是无限的，但人的认识能力是有限的。科学家凭着自己的智慧，在每一特定的历史阶段可以认识有限的对象，发现它的物质统一性，但不能认识所有的对象，一下子将上帝从无限的世界中完全排除出去。科学在某一领域的胜利，可以把神驱逐在外，然而神却可以在下一领域内继续存身。例如，科学认识了太阳系，神可以寄身于银河系；科学认识了银河系，神可以到河外星系、总星系；科学认识了总星系，神又可以到大爆炸之前；科学认识了决定性，神还可以存身于混沌。要从根本上解决这一问题，必然是自然科学与辩证唯物主义哲学的某种结盟。其实也正是这样，所有科学家包括信仰宗教的科学家，其科学成就的取得，就在于他们在自己研究的领域，自觉不自觉地摆脱了上帝的干扰，按照客观事物的本来面目认识事物。但是，当他们在研究中遇到新的难题踯躅不前时，或者面对未知领域而不知所措时，就有可能把自己暂时无法解决的问题确定为原则上的不可认知，进而归结到神那里去解决。牛顿的"第一推动"便是例证。这种情况，恰如美国太空署主任罗伯特·贾斯特罗所说：科学家攀登过许多"无知"的山峰，当他们即将抵达峰顶的时候，却发现一批神学家早在数世纪以前就等待在那里了。对于科学高峰上的问题，科学家的态度是：我不知道，所以我不回答。于是，神学家来回答了：那就是上帝啊！

第三，科学家信教与他们不能完全把握社会异己力量有关。科学家也是生活在社会中的人，也会遇到平常人所遇到的各种问题，如生与死、苦与乐、顺与逆、荣与辱等，这其中很多都是他们个人力量无法左右的。当他们离开自然科学领域来观察这些社会异己力量时，如果没有科学的世界观作指导，不能用正确的态度来对待，就很容易受到社会上浓厚的宗教文化背景和传统的影响，从而背离自己在自然科学领域中的唯物主义和无神论立场，成为唯心主义和宗教神学的俘虏。加之在一个相当长的时期里，人类社会还不能消除不公正，还会存在许多矛盾和问题。在这种情况下，个人的痛苦如果和社会的不公交织在一起，产生的共振就会使痛苦放大和加深。面对人生道路上的诸多痛苦，个人既无法科学地解释它们产生的原因，更找不到克服它们的正确途径，于是，只好转而求助于神，到彼岸世界寻找答案。这既是宗教将长期存在的社会原因，也是一部分科学家信仰宗教的个人原因。如同10多年前，有些高学历、高职称的科学人才相信邪教"法轮功"一样，那只是他们世界观方面的缺陷，同他们的科学成就没有直接关系，更不是他们的科学成就引致的。

第四，科学家信教与他们对宗教之神的"非人格化"理解有关。在一般信教者看来，神是全知全能的超自然存在，但又与人同"性"，在思想、感情、意欲等方面具备"人格化"的特征。但在信教的科学家中，仅有少数人信奉的是这种"人格化"的上帝，如开普勒、步入晚年的弗朗西斯·培根和牛顿等；他们多数人信奉的是一种"非人格化"的上帝，或者表现为对宇宙和谐的崇拜，或者尊崇所谓的道德宗教。爱因斯坦就是这种典型。1929 年 4 月，有人问爱因斯坦："你信仰上帝吗？"他回答说："我信仰斯宾诺莎的那个存在事物的有秩序的和谐中显示出来的上帝，而不信仰那个同人类的命运和行为有牵累的上帝。"① 这表明，在爱因斯坦的宗教观中，没有人格神，没有超验的、理性无法企及的上帝，没有对支配人们日常生活的异己力量的恐惧和崇拜，有的只是对宇宙本身的那种秩序性、和谐性，或者称之为"高超的理性"的赞叹和敬畏。这样的宗教观对于传统基督教而言，不啻为一种不彻底的无神论的表现。与此同时，爱因斯坦还曾强调，"普通的道德观念同宗教结合起来。"② 在他看来，人的心灵和社会道德风貌的净化，不能靠传教者用上帝来恐吓人，而是要发掘人类自身的真善美，用没有神的、体现人性的教义来拯救人类，这样的道德观同样迥异于传统基督教。但是，所有这些，当代宗教家都看不到，他们只是不断地援引爱因斯坦"赞扬"宗教和上帝的话语。他们这么做只能说明一点，宗教已经失去了昔日至高无上的地位，多数科学家"信仰"的宗教已经是别样的东西了。

关于科学家信教问题，大致就谈这些。如果还有什么疑问，欢迎提出，我们可作进一步交流。

祝学习进步！

（原载《科学与无神论》2013 年第 3 期）

---

① 《爱因斯坦文集》第 1 卷，商务印书馆 1976 年版，第 243 页。
② 《爱因斯坦文集》第 3 卷，商务印书馆 1976 年版，第 156 页。

西方无神论思想史研究

无神论

——一个哲学的证明（序）

米歇米·马丁　著

陈文庆　译

一

不信的范围

不相信上帝的存在是一个世界范围内的现象，此种现象历史悠久而显著。[①] 例如，如伊壁鸠鲁和卢克莱修这样的古代哲学家就是不信神者，[②] 而启蒙运动的主要思想家如霍尔巴哈和狄德罗则公然声称自己是无神论者。[③] 即使在中世纪，也存在着怀疑主义和自然主义的思想潮流。[④] 而且，在西方世界的文学作品中：在马克·吐温和阿普顿·辛克莱（Upton Sinclair）的作品中，在雪莱、拜伦和托马斯哈代的诗作中，在萨特和屠格涅夫的著作中，也可以发现不信神的思想表达。[⑤] 今天，从荷兰到新西兰，从加拿

[①] 参见 James Thrower 的《西方无神论简史》（纽约，布法罗：普罗米修斯丛书，1971）；J. M. Robertson 的《自由思想史：古代，近代，到法国大革命时期》，2 卷本（伦敦：瓦特斯，1936）；J. M. Robertson 的《十九世纪自由思想史》，2 卷本（伦敦：瓦特斯，1929）；David Tribe 的《自由思想 100 年》（伦敦：爱立克丛书，1967）；Edward Royle 的《激进主义者，世俗主义者和共和党人：1866 – 1915 年不列颠的自由思想》（曼彻斯特：曼彻斯特大学出版社，1980）；Samuel P. Putnam 的《自由思想 400 年》（纽约：真理寻求者，1894）；John Edwin Mcgee 的《英国世俗化运动史》（吉尔特，甘斯：Haldeman – Julius Publications，1948）。

[②] Angelo Juffras，"古代世界的不信神"，《不信神百科全书》，Gordon Stein 主编（纽约，布法罗：普罗米修斯丛书，1985），第一卷，第 16—25 页；James Thrower，《西方无神论简史》第二章和第三章。

[③] Davia Berman，"启蒙运动时期的不信神"，《不信神的百科全书》，第一卷，第 164—169 页；James Thrower，《西方无神论简史》第八章。

[④] James Thrower，《西方无神论简史》第六章。

[⑤] 参见《不信神的百科全书》，关于文学作品中不信神（现象）的论文。

大到中国，从西班牙到南美洲，不信神者比比皆是。[①]

　　现在世界上不信神者的数量大得惊人。关于宗教信仰的统计数据，我们现在可以见到的，《世界基督教百科全书》也许是资源最为丰富的一部，据它在1982年的估计，到1985年，世界上将会有2.1亿无神论者和8.05亿不可知论者。[②] 这意味着大约21%的世界人口不信神。况且，这个数字还不包括诸如耆那教这种不涉及上帝信仰的宗教成员。既然这个数字只是部分地基于公开的民意调查，基于政府、教会和商业的统计，当然也基于其他一些数据[③]而得出的，因而，我们有很好的理由认为，不信神者的实际数目远远大于这个数字。在许多国家，存在着反对不信上帝的思想表达的社会压力。[④] 另外，信或不信的典型调查模式，也可能导致记录在案的不信者仅仅只是那些坚定不移的无神论者。[⑤] 尽管如此，即使是这种信或不信的典型调查模式也表明，在一些国家，不信神者的百分比高得惊人。例如，在回答"你相信上帝或一个宇宙精神吗"这样的问题时，56%的日本人或者回答说不，或者回答说不能确定；在斯堪的纳维亚，这个数字是35%，西德是28%，法国是28%，英国是24%。[⑥]

---

　　① 参见《不信神的百科全书》，关于世界上不同国家不信神（现象）的论文。

　　② 《世界基督教百科全书》，David Barrett 主编（纽约，牛津大学出版社，1982），第6页。最近更多的证据表明，这个估计有点保守。《不列颠年鉴，1987》估计，当时世界上大约有2.2亿无神论者，和8.05亿不可知论者。这个数据为1988年的《信息随意年鉴》引用，（波士顿：Houghton Mifflin，1988）第400页。

　　③ 《世界基督教百科全书》，第3部分。

　　④ 反之，在无神论国家，信仰上帝的思想表达会遭受到社会压力。1982年的《世界基督教百科全书》认为，到1985年，地下基督徒将会达到7800万人，他们只是秘密地实践他们的宗教信仰。

　　⑤ Thomas H. Davenport，"不信的盛行"，《不信神百科全书》，第2卷，第520页。

　　⑥ 同上书，第519页。这些数据来自于"盖洛普国际研究所"，1974年和1976年的民意调查。1981年的盖洛普跨国价值观调查结果在许多国家与不信神的范围相一致，尽管1974年和1976年的盖洛普民意调查给出的不是准确的数字。对于"你信仰上帝吗"这个问题，回答如下：

	是的，我信	不，我不信	我不知道
英国	76%	16%	9%
西德	72%	16%	12%
挪威	72%	22%	7%
荷兰	65%	25%	10%
法国	62%	29%	9%
丹麦	58%	27%	15%
瑞典	52%	35%	14%

这些数据被引录在由 Richard John Neuhaus 主编的《不世俗的美国》中（Grand Rapids, Mich.：Eerdmans, 1986），第119页。

美国公开的民意调查用的是这种信或不信的典型调查模式，它表明，在超过 30 年（1944—1975 年）的时期内，有 2%—6% 的人不信神。[1] 设想美国的人口大约是 2.26 亿，这意味着，在那个时期内，仅仅在美国，就有 452 万人到 1356 万人不信上帝。更多允许灵活多样的回答的调查研究表明，美国不信神者的数量远高于这个数字。例如，在一个调查中，只有 68% 的人坚定地赞同这个断言："我相信上帝如我所知般存在"（I believe the existence of God as I define Him）。[2]

既然有数量巨大的不信神者的存在，那么，无神论社团、期刊和会议在世界各地的存在也就不足为奇了。[3] 不管怎样，尽管无神论历史悠久，范围广阔，但至少在美国，无神论仍然难得一见。关于当今的各种道德和社会事件，媒体总是寻求宗教领袖们的意见，而那些无神论领袖，如麦德林·莫莱（Madelyn Murray O' Hair）和保罗·库尔茨（Paul kurtz），则被忽略。实际上，无神论者被认为是靠不住的，以至于一个公开宣称自己是无神论者的总统候选人很少有机会当选。当今世界，众目所睽的是宗教有神论。

无神论反对一些普通批评的一个简要辩护

为什么无神论如此难得一见？原因之一是，无神论者和无神论，不仅在头脑简单的普通民众中，而且在思想复杂的知识分子圈子中，都有一种负面形象。据说，不仅无神论是一种错误观点，而且无神论者是不道德的，无神论道德是不可能的，而如果无神论是正确的，那么，生活将是荒谬、无意义和不值得过的。对于最重要的批评——即无神论是错误的——我们将在之后的章节再做回答。这里，我们先对几个在本著主要论题之外的、反对无神论的观点先做一点分析。首先，我要思考有神论对无神论者的道德品格所作的攻击；其次，再考虑这一断言：在没有上帝信仰的情况下，要有一种充分的道德是不可能的；最后，再来思虑这一主张：如果上帝不存在，那么生活将是无意义的、荒谬的和没有价值的。尽管我不可能涵盖迄今为止对无神论所做出的所有批评，不过，对那些历史上最重要的

---

① Davenport，"不信的盛行"，第 518—524 页。

② 参见 William MeCready 和 Andrew Greeley 的《美国人的终极价值》（Beverly Hills, Calif.：Sage，1976）。Davenport "不信的盛行"，第 521 页所引。

③ 关于这方面的调查，参见《不信神百科全书》，第 2 卷，第 757—799 页。

批评，以及对那些由信仰者提出的最普遍的批评，我都力图包括在内。

对无神论者的道德品格的批评

历史上，无神论者被认为在道德品格方面有缺陷而经常遭受攻击：人们坚持认为他们不可能是诚实可靠的。例如，理查德·本特莱（Richard Bentley），英国的一个基督教护教者，在 1724 年认为，"没有一个这样有道德缺陷的无神论者可能成为一个真正的朋友，一个挚爱的亲戚，或一个忠诚的臣民。"① 约翰·洛克以提倡宗教宽容而著称，但他在《论宽容的一封信》中认为，"许诺，契约，和誓言，这些都是人类社会的纽带，但它们对一个无神论者来说是无效的。"② 洛克的信念在法律条文中得到了体现：无神论者被禁止在法庭上作证。例如，直到 1868 年的"证据修正案"出现之前，英国的无神论者被认为是没有资格在法庭上提供证据的。③ 类似的法律限制美国也有。例如，1856 年，在伊利诺伊州的一个案件中，一个名叫艾勒·奥德里奇（Ira Aldrich）的人，在他声称自己不相信一个"在今世或者他世惩罚作伪证的人"的上帝存在之后，被取消了证人的资格。④ 迟至 1871 年，田纳西州的最高法院还认为：

> 一个狂妄地宣称他不信仰上帝的人，表明他在道德品格方面满不在乎，表明他缺乏道德敏感性，因此，在一个正义的法庭上，在一个被称为基督教国家的国度中，几乎没有什么东西可以赋予他"被倾听或被相信"的资格。⑤

尽管这个观点不再铭刻于我们的法律中，但许多有宗教信仰的人仍然抱有这样的意见，即宗教信仰与道德行为联系更紧密。不过，是否有理由认定宗教信仰和道德本质地密切相连呢？要回答这个问题，需要区分许多

---

① 理查德·本特莱，《讲道八篇》（剑桥，1724）。见保罗·爱德华兹主编的《哲学百科全书》（纽约和伦敦：麦克米兰和自由出版社，1967）第一卷，第 174 页，"无神论"条。

② 约翰·洛克，《论宽容的一封信》，所引同上。

③ 同上书，第 175 页。

④ 核心军事区域铁路公司 V. A. Rockafellow. 17 I 11. 541 （1856），见弗兰克·施瓦克勒《政教分离》（纽约：真理寻求者，1950），第 136 页所引。

⑤ Odell v. Koppee, 5 Heisk. （田纳西）91。见弗兰克·施瓦克勒，《政教分离》，第 140 页所引。

不同的论点。持有宗教和道德紧密相连的观点的人，可能会坚持认为，信仰上帝是具有高尚品格的必要条件。这一命题可作如下表述：

（1）没有上帝信仰而想要有一种高尚的道德品格是不可能的。那个持有这一论点的人，可能只是争辩说，虽然没有上帝信仰而具有一种高尚的道德品格是可能的，但是事情的这种状态是靠不住的。所以，这个命题可以表达如下：

（2）一个没有上帝信仰的人不会有一种高尚的道德品格比一个没有上帝信仰的人会有一种高尚的道德品格更为可能。或者，无神论者的道德品格的批评家可能是在主张，不信上帝的人比信仰上帝的人较少可能具有一种高尚的道德品格。请思考：

（3）一个没有上帝信仰的人不会有一种高尚的道德品格比一个有上帝信仰的人会有一种高尚的道德品格更为可能。

现在，命题（1）看来显然是错误的。耆那教徒是无神论者，但他们仍然遵循一种严格的伦理规范，这种伦理规范禁止伤害任何活的生命之物。① 大卫·休谟被描述为圣洁的不信者；② 珀西·雪莱是一个无神论者，他被描述为是一个为原则和崇高的理想所驱动的人，他的生活被认为是慷慨和正直的一个典范。③ 一个有神论者当然可以不同意这些判断，不过，人们必须要问，他或她是否是在如此这般使用"某某是一个具有高尚的道德品格的人"这个命题，以至于它使得"某某信仰上帝"这样的判断成为必然。如果是这样，那么就没有任何可能的证据可以反驳命题（1）了。无论如何，既然这种理解肯定不是"高尚的道德品格"这一表达得到正常理解的方式，那么，说出何种可能的证据可以驳斥命题（1）的责任就落到了有神论者头上。

命题（2）怎样呢？它导致了绝大多数无神论者没有高尚的道德品格（这一结论）。我不知道这种说法是否正确。一个无神论者可以很容易地承认命题（2）的正确。他或她可以认为，高尚的道德品格是一种难得的品

---

① Umakant Premanand Shah，"耆那教"，《不列颠百科全书》第 15 版，第 10 卷，1984 年，第 8—14 页；Ninian Smart，"耆那教"，《哲学百科全书》，第 4 卷，第 238—239 页；E. Royston Pike《宗教和诸宗教百科全书》（纽约：子午丛书，1958 年），第 203—205 页；Herbert Stroup《亚洲的四种宗教》（纽约：Harper and Row，1968 年），第 81—114 页。

② Jim Herrik，《反信仰》（伦敦：Glover and Blair，1985 年），第 96 页。

③ Terry L. Meyers，"珀西·雪莱"《不信神百科全书》第 2 卷，第 621 页。

性，这种品性在有神论者和无神论者中间的分配几乎同样几率低下。也就是说，无神论者可以争辩说，除了命题（2）是正确的之外，下面的命题也是正确的：

（2'）一个有上帝信仰的人不会有一种高尚的道德品格比一个有上帝信仰的人会有一种高尚的道德品格更为可能。

命题（2）对吗？如果是，那么命题（3）就必定是错的。是这样吗？经验实证的调查工程浩大且难以解释。的确，某些研究表明，宗教也许很少与犯罪活动，① 玩忽职守，② 以及慈善行为③相关，从统计学上来讲，无神论者的道德状况至少与有神论者一样好。例如，直到1974年，关于基督教信仰和种族偏见之间的关系，高尔苏奇（Gorsuch）和阿里夏尔（Aleshire）都在做一项实证调查，他们对这项调查进行了评论，评论指出，中等积极的教会成员比非常积极的教会成员和非教会成员抱有更多的偏见，非常积极的教会成员和非教会成员同样宽容。这个评论总结说，"持有一种强大的价值立场——这种立场允许人们尽可能地站在社会的价值传统之外——在采取一个不带偏见的立场方面十分关键，它是非宗教人士和高级宗教人士的典型（立场）。"④ 因此，高尔苏奇（Gorsuch）和阿里夏尔（Aleshire）提出，至少就我们所关注的种族宽容而言，不信仰者和最虔诚的宗教信仰者一样道德，而与那些较少虔敬的信仰者相比，他们更加道德。尽管诸如此类的评论仅仅只是启发性的，目前看来并不存在显然而确定的证据表明命题（3）是错误的。另外，也并不存在显然而确定的证据支持命题（3）的说法。因此，命题（3）的真理性现在不能得到最终

① Philip M. Smith. "有组织的宗教和犯罪行为"，《社会学和社会研究》，33，1949，第632—637页。

② 例如，参见 Philip M. Smith. "教会在预防犯罪中的角色"，《社会学和社会研究》，35，1951，第183—190页；Travis Hirschi 和 Rodney Stark，"地狱之火和犯罪"，《社会问题》，17，1969，第202—213页；更近些时候，"全美天主教教育协会"委托进行了一项调查研究，对象是16000名公立的或非公立的高中学生，这项调查表明，天主教高中的学生更有可能服用酒精、可卡因、大麻，并且更容易偷窃。参见 Edd Doerr，"打击公共教育"，《人道主义》，7月/8月，1987，第43页。

③ Gifford Kirkpatrik，"宗教与人道主义：组织机构含义的一个研究"，《心理学专论》，第63卷，第9期，1949。实际上，Gifford Kirkpatrik 在宗教信仰和人道主义态度之间发现了一种否定性的关系。

④ Richard L. Gorsuch 和 Daniel Aleshire，"基督教信仰和种族偏见：对于调查的一个评论和解释"，《宗教科学研究期刊》，13，1974，第281页。

的决定。不管怎样，人们可以说，根据现有的证据，命题（3）看来是可疑的。

为便于讨论，让我们假设命题（3）是正确的。即使如此，人们仍然不能立即得出这样的结论：即在不信上帝和低劣的道德品格之间存在着因果关系。毕竟，无神论者还有其他一些特性，这种特性可以原因性地说明有神论者假定的，在他们和有神论者之间的，高尚道德品格的差异比率。

目前这当然只是纯粹的思辨而已。我们甚至不知道命题（3）是否正确。更遑论如果它是正确的，那么它为什么正确。如果没有比我们现在具有的更有力的证据，那么，无神论对道德品格具有不利影响的批评是站不住脚的。

二

无神论者的道德

上述批评主张无神论和低劣的道德品格相关。无论如何，无神论的批评家们可以认为，尽管无神论者的道德水准并不比信仰上帝者低劣，但是他们却没有可以证明为正当的理由说明他们能够这样。因此，无神论者的问题，不是他们的道德品格比有神论者低劣，而是他们不能为他们的道德行为提供似乎可信的基本原理。对无神论的一个通常的批评是，如果没有上帝的话，就不存在什么道德义务和道德禁令了。一个随便什么样的行为在道德上都可以被许可了。然而，如果是那样，也就不存在道德行为上的正确和错误这样的东西了。换句话说，如果没有上帝，道德无政府状态如果不是在实践上也至少在理论上盛行了。如果上帝不存在，人们也许会很仁善很富有同情心，但无论如何，他们将没有"义务"去仁善和同情了，没有任何东西会阻止他们残忍和非人道了。

这种批评可以表述如下：

（4）如果无神论是正确的，那么道德无政府状态就是正确的。不过，道德无政府状态的含义是什么呢？让我们用以下方式来理解道德无政府状态的含义，这种理解方式会导致：

（5）对于任何一个行为 A 来说，这个行为 A 在道德是许可的。作为选择，这一批评可以转化为这样一种对无神论较少严厉指责的说法：即如果无神论是正确的，那么就不存在什么绝对的道德原则了；建立在一种无神论之上的道德只能是相对的道德。这一论点可以做如下表述：

（6）如果无神论是正确的，那么就不存在绝对的道德陈述了。这一论点可以用另一种方式表述如下：

（6′）如果无神论是正确的，那么所有道德陈述就只能是相对的陈述。

说一个道德陈述是绝对的是什么意思呢？从一个方面来分析，一个绝对的道德陈述是这样一个陈述：对这个道德陈述的分析不包含自我中心的表达——也就是说，不存在这样一种表达：当人称代词（我，你），相应的所有格形容词（我的，你的），以及直接却相对地指向时间和空间的词（这个，那个，这里，那里，过去，现在）发生变化时，此种表述的含义也发生系统的改变。我们可以把这种对一个绝对道德陈述的理解分析方式叫作"无自我中心词分析"（no - egocentricterm analysis）。为了便于说明，请思考下面对"是道德义务"这一表达的分析。

（a）P是道德义务 = P在这个文化中被认为在道德上是正确的。

（b）P是道德义务 = P的发生会给最大多数人带来最大好处。

（c）P是道德义务 = P得到我强烈的赞同。

（d）P是道德义务 = P是上帝的命令。

（e）P是道德义务 = 如果存在一个理想的观察者，这个观察者会以一种认同之情考虑P。

现在，分析句子（a）和（c），它们各自包含着自我中心词"这个"和"我"。另外，分析（b）、（d）和（e），它们不包含自我中心词。根据这种分析，当"是道德义务"这一表达是在（b）、（d）或（e）的意义上使用时，诸如"照顾好你的孩子是道德义务"这样一个道德陈述就是一个绝对的道德陈述。如果"是道德义务"是在（a）或（c）的意义上使用的话，那么它就是一个相对的道德陈述。

道德绝对主义的无自我中心词分析是根据道德表达的意义进行的。不过，另一种对道德绝对主义的分析也是可能的。有时候，我们从方法论角度来思考道德绝对主义：关于什么样的道德陈述能够证明为正当或不能证明为正当这一问题，如果存在一致意见的话，那么道德绝对主义就会是正确的。这种一致可以为某种独特的、理性的伦理上的方法论所达到——让我们把它叫作方法论 M——这种方法论与不受限制的实际知识结合在一起使用。如果道德绝对主义是错误的，那么道德相对主义就会是正确的；也就是说，如果当 M 与不受限制的实际知识结合使用时，有时候它会导致与道德陈述相冲突的证明结果。从这个方面来分析，说一个道德陈述是绝对的，意味着：

> 一个道德陈述 S 是绝对的。当且仅当 S 或 –S，但不是两个都，在这个陈述与不受限制的实际知识结合使用时，可以根据方法论 M 被证明为正当。

根据这个解释，它不会导致：如果一个道德陈述是相对的，那么 S 和 –S 会都正确。S 和 –S 不可能都正确，因为他们相互反对。但是，当它们与不受限制的实际知识结合使用时，S 和 –S 都能够被 M 证明为正当。① 我们可以把这种对一个绝对道德陈述的理解分析方法叫作独特证明分析（unique justification analysis）。

还有别的道德绝对主义分析法。正如我们所看到的，独特证明分析假定了一种独特的理性方法。这种方法可以遭到这样的反驳：根本就不存在一种道德估价的独特的理性方法。我们把认为存在一种独特的理性方法的观点叫作方法论道德绝对主义。［在前述命题（6′）中，我们曾经讨论非方法论的道德相对主义，因为有争议的道德相对主义不是关于伦理方法，而是关于为某种独特的理性方法所证明的道德陈述］。无神论的批评家们可以认为：

（7）如果无神论是正确的，那么方法论道德绝对主义就是错误的。

方法论道德相对主义在所有道德事情中与完全同意相一致，而方法论道德绝对主义则与范围广泛的不同意相一致，看到这一点非常重要。一方面，道德事情上的同意不能建立在使用同一种理性方法的基础之上，因为这种同意可能纯粹是偶然的；另一方面，广泛的不同意可能是不使用这种方法，或至少没有使用足够长的时间的结果，或者，它是由非方法论的道德相对主义产生的。在后一种情况中，一种独特的理性方法可以证明许多相互冲突的道德陈述是正当的。这种可能性怎样，是另一个问题。

对这些反对无神论的指责，我们能说些什么呢？让我们先来考虑命题（4）。有一种道德理论叫作神圣命令理论，它主张，那些在道德上是义务

---

① 参见 Richard B. Brandt，《伦理学理论》（Englewood Cliffs, N. J. : Prentice Hall, 1959），第 272—275 页。

的，禁止或允许的东西，是根据上帝所命令和没有命令的东西来理解的。①
这种理论的某些版本认为，如果上帝不存在，就会导致道德无政府状态。
比如，这种理论的一个版本，对"道德上允许"提供了以下分析：

（f）P 在道德上是允许的 = 情况不是上帝命令 – P 的情况。

（It is maorally permitted that P = It is not the case that God commands – P）
在这种理解分析中，如果上帝不存在，那么做任何事情都会是允许的。因
此，如果一个人持有这种理论的话，命题（4）就会被证明为正当了。

无论如何，即使一个人信仰上帝，也有很好的理由拒绝命题（f）的
分析。首先，这里有一个明显的语义上的问题。命题（f）看来并非许多
人理解的"道德上允许"的意思。让我们不采取这样一种理解方式：即
"道德上允许"的意思可以按照上帝没有命令的东西来理解。② 让我们仅仅
假定：

（g）这是必要的：对所有 P 来说，当且仅当情况不是上帝命令 – P
的情况时，P 在道德上是允许的。

（It is necessary that for all P it is morally permitted that P if it is not the case
that God commands that – P）

这意味着，在任何 P 在道德上被许可的可能世界中，情况不是上帝命
令 – P的情况，反之亦然。

尽管神圣命令理论的这一版本不存在命题（f）的语义问题，但它有
别的问题。首先，存在着一个道德问题。推测起来，（g）是想要抓住这样
一个观念：P 在道德上是许可的，因为情况不是上帝命令 – P，而不是相
反。无论如何，要看到这种观念如何被抓住是很困难的，除非我们假定上
帝没有本质的道德属性。但是如果我们假定这一点，那么在一些可能的世
界中，情况就不会是：上帝发出了诫命，人是因为他自身的缘故而残忍无
情的，但是，这似乎在道德上对许多人来说是令人讨厌的，而这种被有神
论者用来证明其观点之含义的尝试是没有说服力的。③

----

① 这种理论的更详细批评，参见 Kai Nielsen，《没有上帝的伦理学》（布法罗，纽约州：普
罗米修斯丛书，1973）。

② 这种版本的理论，参见 Philip L. Quinn，《神圣命令和道德要求》（牛津：Clarendon 出版
社，1978）。

③ 对于奎因（Quinn）的辩护的一个批评，参见 Thomas B. Talbott "奎因论神圣命令和道德要
求"，《国际宗教哲学学刊》，14，1982，第 194—198 页；以及 Tohn Chandler "神圣命令理论牢不
可破吗"，《宗教研究》，20，1884，第 443—452 页。

　　还有一个认识论上的问题：我们怎么能知道上帝所命令的东西？尤其是，一个人如何能够将真正的上帝的命令从表面上是上帝的命令的东西区分开来？这个问题因为以下几个理由而十分严重。首先，存在着似乎是上帝对人的启示的资源，仅仅在西方传统中就有《圣经》《古兰经》《摩门书》、尊敬的摩恩先生（Reverend Moon）以及相对不太著名的许多宗教人物的教导。这些书声称其诫命是上帝的命令，而这些命令都是由那些声称为上帝代言的人所发布，显然，要遵守所有这些所谓的上帝的命令是不可能的，因为它们自相冲突。进而，即使在某个单独的宗教范围之内，比如基督教，同一个所谓的上帝的命令也有各种不同阐释方式。比如"不可杀人"的命令，根据某些基督徒的理解，它意味着和平主义，而另外一些基督徒则不这么认为，对有些人而言，它是废除死刑之正当性的证明，而另外一些人则不这么看。那么，什么才是对上帝的命令的正确阐释呢？除此之外，某些看似上帝的命令的东西，在许多现代宗教人士看来，即使在此宗教传统之内，其道德合理性也是有争议的。旧约禁止男性同性关系，新约禁止离婚，除非一方不贞。难道现代基督徒必须遵守这些貌似上帝之命的戒条吗，尽管它们与他们更深地持有的道德判断相冲突？

　　最后，是概念问题。一个命令，在某些时候，被理解为是某种言说行为，在某些时候，又被理解为是此言说行为的内容，就此而言，"命令"这一概念的含义是模糊不清的。因此，"关门"这一命令的内容，是由一个"请关门"的祈使句传达出来的，它是某个特定场合涉及这些词语之表达的一个言说行为的结果。这种模糊性在宗教语境中同样存在。"不可杀人"这一命令的内容，是由"你不应杀人"这个祈使句来传达的，它大抵是涉及这些词语之表达的言说行为的结果。但是，这产生了一个问题。如果某人将上帝理解为一个非空间非时间的无形存在，有谁能设想出上帝是在何种意义上实施一个言说行为的呢？这样一种存在，如果它不是一个形体之物的话，看来是不可能完成一个人们假定的行为的，至少不可能完成某种有时空起点的行为的。人们可以设想一个神圣命令的唯一途径，是以一种非超越的方式，将上帝理解为一种在空间和时间范围之内起作用的存在。但是，即使是这种退一步的说法，也不足以说明事情，因为，一个时空之内的存在如何不能有一个形体，或者，这样一种存在是如何能够发布命令的问题，仍然晦而不明。一种发布命令的声音的存在，似乎预设了某种物质的发音器官，写在天空中的金色文字，似乎预设了某种物质的书写器具。不管怎样，对上帝的这种理解方式采取了神人同形同性论的立场，这种立场是被现在思辨精致的神学家们所拒斥的。还有，因为这种拟人化的神（god）是一种在时空之内起作用的存在物，它是实证研究的对象。不幸的是，我们可以获得的证据，支持这种事物存在的假设并不比支持圣诞老人存在的假设更多一些。因而，神圣命令理论的倡导者们提供了一个两难选择。如果上帝是超越的，那么神圣命令概念看来难以理解，而如果我们从神人同形同性论的角度来理解上帝，那么神圣命令概念虽得以明了，但上帝存在的假设就变得极为不可能。

而且，道德无政府状态并不会随着所有这些形式的神圣命令而来。比如，在神圣命令理论——暂且假定的神圣命令理论——的另一个版本中，为"道德上允许"提供了如下分析：

P 在道德上是允许的 = 情况不是这样：即如果有一个上帝存在的话上帝就会命令 - P。

（It is maorally permitted that P = It is not the case that if there were a God, God would Commands - P）

"道德上允许"的这种分析并没有带来如果上帝不存在就会产生道德无政府状态的结果。因此，关于这种理论，命题（4）是不会被证明为正确的。这样，命题（4）只有在人们接受一种难以相信的伦理学理论的某种形式时，才能被证明为正确。

命题（6）怎样？如果无神论是正确的，就不会有绝对的道德陈述这样的主张，或者对等的主张，即命题（6'）：如果无神论是正确的，那么所有道德陈述就只能是相对的，这些主张怎样？这些主张也是不正确的。请先考虑无自我中心词分析。在（b）和（e）这两种分析的意义上使用"道德上是义务的"这一陈述的道德陈述，与在（d）这种分析的意义上使用"道德是义务的"这一陈述的道德陈述，其绝对程度是一样的。但是，分析（b）和（e）与不信仰上帝不相容。

人们可以争辩说，（b）和（d）有许多问题，它们与"道德上是义务的"这种分析一样难以置信。我在这里并不想加入到关于何种道德术语是正确的争论中——如果有的话。无论如何，我们必须说明三点。首先，（b）和（d）是否是足够的分析是有争议的。它们是不足够的分析这一点还没有得到决定。其次，正如我们看到的那样，神圣命令理论有各种严重的问题。最后，如果上面考虑到的两个绝对的分析有问题的话，那么神圣命令理论就具有同样严重的问题。最后，（b）和（e）这两个分析决不是唯一的不预设上帝之存在的绝对分析。有神论者对一种不预设上帝之存在的道德的批评，必须表明所有这些分析都是错误的。

那么，独特证明分析又怎样呢？某些著名的理论家提出了一种估价一切道德陈述的理性伦理方法——这种理性方法不预设任何上帝信仰，根据他们的说法，很少有道德陈述——如果有的话——可能会变成相对的陈述。例如，威廉·法兰克纳（William Fankena）认为，在道德考量中，我们应该是完全知情的，观念上是清晰公正的，并且乐意将我们的道德原则普遍化。他说：

> 要说明以下这一点是极度困难的：即，即使人们完全知情，观念清晰，分享同样的实际信念，并且采纳同样的观点，但他们的基本道德和价值判断仍然会不同。为了说明这一点，我们将不得不找出一个清晰的案例，在这个案例中，所有这些条件都得到满足，而且人们的基本道德和价值判断却仍然不同。文化人类学家们没有向我们出示这样的案例：在他们的所有案例中，都存在概念理解和实际信念上的差异。即使在我们考虑同一文化中的两个人时，我们也不能充分确定，前述我们提到的必要条件是否得到了充分实现。因此，我的结论是，后道德相对主义（即两种相互冲突的基本道德判断可以同等正确）还没有得到证明，因而，在道德和价值判断中，我们不必放弃这样的主张：在它们都能得到那些思想自由、头脑清晰、完全知情的人，以及在问题中采取这一观点的人的评论的支持的意义上，它们都是客观的。①

理查德·勃兰特（Richard Brandt）赞成有限态度方法（the qualified attitude method），这种方法与法兰克纳推荐的非常相似。勃兰特与法兰克纳一样，也认为在使用这种方法时，要表明一个道德陈述和与其相冲突的陈述都被证明为正确是极其困难的。不管怎样，与法兰克纳不同的是，勃兰特似乎相信至少存在着一个案例，在此案例中可以找到证据说明一个道

---

① William Fankena，《伦理学》第二版（Englewood Cliffs, N. J.：Prentice Hall, 1973），第110页。

德陈述是相对的。① 无论如何，他争辩说这样的案例是很少的：

> 因此，从存在着一些相互冲突但又同等有效的伦理判断案例的意义上来说，伦理相对主义可能是正确的；但是，如果我们将它作为一个普遍真理来看的话，那就错了。作为强调的相对主义是一种误导，因为它将我们的注意力从核心的认同中引开，将我们从我们最为关注的那些事情的广泛同意中引开。更进一步，对核心事情的实际同意表明了这样一种可能性：即如果我们对事情有更好的理解的话，同意的范围就会更加广泛。②

我们可以做结论说，即使存在相互冲突且又为某种理性方法证明为同等有效的道德陈述——这是一种尚未得到证实的说法——不同意的范围也应该非常小。

存在一种不预设上帝的道德考量的独特理性方法吗？或者命题（7）是正确的？详细回答这个问题不在本书范围之内。但不管怎样，我们可以说明两个简短的要点。一点是，曾经有几次令人印象深刻的尝试，试图发展这样一种方法论。③ 一个倡导命题（7）的无神论的批判者必须表明，所有这些尝试都是不成功的；另一点是，尽管神圣命令理论旨在提供一种对道德教导的绝对分析，但在实践中它却没有这么做。尽管一个人被认为是在遵循上帝的命令，但对上帝命令什么却存在广泛的分歧，而且好像也不存在可以调和这种意见分歧的理性方法。因此，如果结果变成这种情况：如果上帝不存在，那么在伦理学中就不会有独特的理性方法；那么，这并不意味着，如果上帝存在，以及如果一个人接受了神圣命令理论，那么在实践中会有一种独特的理性方法。

到现在为止，我已经做了这样的辩论：即接受无神论并不会导致道德

---

① 参见 Brandt，《伦理学理论》，第 175 页。他认为，从现有的证据来看，一个运用有限态度方法的霍皮人（Hopi，美国亚利桑那州东南部印第安村庄居民，译者注），可能不会不赞成对动物的某种残忍，尽管来自我们的文化当中的某个人会不赞成。就我们能够说的而言，这是勃兰特所引用的唯一案例，在这个案例中，有证据表明，伦理判断的冲突将会发生。

② 同上书，第 288 页。

③ 例如，参见同上；法兰克纳，《伦理学》；约翰·罗尔斯，《正义论》（剑桥，曼彻斯特：哈佛大学出版社 1971 年版），第 48—51 页；Morton White.《什么是将要做和应该做的》（纽约：牛津大学出版社 1981 年版）。

无政府状态，而几种道德绝对主义类型也与无神论相容。我也坚持认为，如果产生这样的情况：即一种没有上帝的伦理学是相对主义的伦理学，那么这种相对主义也是相当可以容忍的。另外，我还强调了，一个批评者在无神论的伦理学中找到的任何问题，它都应该被正确地放到与数量巨大的、和神圣命令理论相关的问题的比较中来看。

这里最后还有一件事情必须要说。即使对无神论的道德内涵的所有批评都是正确的——实际上它们并非如此——这也不能说明无神论就是错误的。幸运的是，我们不必在一种无神论——这种无神论为某种证据证明为正确，但却带着比有神论更多令人生厌的道德内涵，和一种有神论——这种有神论不能为证据证明为正确，但却比无神论较少令人生厌的道德内涵——之间作出选择。正如我所表明的，无神论并不比有神论具有更多令人生厌的道德含义。我们将会看到，是无神论，而不是有神论，为证据证明为正确。

三

无神论与无意义、荒谬和人生价值

对无神论的另一个普通批评，是如果上帝不存在，人生就会变得没有意义和价值。据说，无神论关于人的生存有一种凄凉、悲观的观点。信仰者和不信仰者同样都表达了这种观点。因此，威廉·詹姆斯（William James）——他是一个信仰者——认为，"古有定论：一种纯粹的自然主义人生观，无论其开端如何热情，但其结局悲伤是肯定的"，[①] 而 19 世纪的一个生物学家，一个不信仰者罗曼尼斯（G. L. Romanes），则在其著作《有神论的一个公正检查》的末尾承认："随着对上帝的这种事实上的否定，对我来说，宇宙就失去了它动人的灵魂。"[②] 其他一些不信仰者也表达了对人生深沉的悲观态度。例如，伯特兰·罗素争辩说："人生各个阶段的劳作，一切忠诚，一切灵感，一切如日中天般的人类才智，都注定要在太阳系无边无际的死寂中灭绝，人类成就的整个庙宇必无可避免地要被埋

---

① 威廉·詹姆斯：《宗教经验种种》（1902），爱德华兹"无神论"，第 187 页所引。
② G. L. Romanes，《有神论的一个公正检查》（1878）。所引同上。

葬在一个毁灭中的宇宙的废墟之下。"①

在评价这种批评时的一个问题是它不太容易理解。说人生没有意义是什么意思？说人生没有价值又是什么意思？除了批评家们确切所指的意思是什么这件事情之外，他们为证明他们的批评而必须提供何种论据也是不清楚的。也许他们根本什么论据都没有，他们只是在表达一种毫无理性根基的情绪而已。通过对似乎是来源于被普遍接受的、自然主义的、科学的世界观的含义的注意，我们可以接近我们的问题。当无神论的批评家们试图从无神论中引申出悲观的内涵时，他们含蓄地指向的看来正是这种世界观。

这是一个被普遍接受的观点，即如果自然主义的世界观是正确的，那么下面所有的都是正确的：

（1）不存在一个宇宙目的。

（2）每个人的生命是有限的。

（3）人类的生命通常而言是有限的。

对命题（1）的接受看来连带着对自然主义的接受。这种接受不仅消除了对一个有神论的人格神的信仰，而且还消除了对一个主导我们命运的非人格的目的的信念。相反，（2）和（3）则本质上并不与自然主义相伴生。不管怎样，从我们现在的科学证据来看，它们的可能性看来无可阻挡的。从上述三个给定的前提中，无神论的批评者试图引申出如下结论：

（4）人生是无意义的。

（5）人生是荒谬的。

（6）人生是没有价值的。

问题是，就算存在上述（1）、（2）、（3）所描述的事实，（4）、（5）、（6）这样的悲观结论能被证明吗？

在试图回答这个问题之前，我们首先要注意的一件事，是无神论本身并非就是伴生（1）、（2）、（3）的自然主义的科学世界观。某些无神的宗教——例如耆那教——就否认（1）、（2）、（3）。一个人可以是无神论者，

---

① 伯特兰·罗素：《一个自由人的信仰》。参见保罗·爱德华兹，《人生的意义和价值》，《人生意义》，Steven Sanders 和 David R. Cheney 主编（Englewood Cliffs, N. J.： Prentice Hall, 1980），第89页。

但同时又相信个体灵魂的不朽和一个巨大宇宙拯救计划。① 因此，只有某些类型的无神论才能被似是而非地认为有悲观主义的内涵。

第二件要注意的事，是如果悲观主义的结论确实随着自然主义的无神论而来，这也不能说明这种无神论就是错误的。这并不是说一个理论的实践含义与理论选择无关。无论如何，正如我在第一章所说的那样，尽管实践含义在理论选择中起某种作用，但其作用应该是非常有限的。这里有一个设定，即实践上的考虑应该在理论选择中扮演某种角色，以及另一个设定，即如果实践上的考虑确实在理论选择中扮演某种角色，也只有当不是基于实践的考虑不能做出决定时，实践上的考虑才能在理论选择中起作用。因此，正如我们可以看到的，有许多很好的、不基于实践考虑的理由支持无神论信念的选择，这里也有一种设定，即不应该在其是否具有悲观主义内涵的基础上来决定相信无神论与否。因此，一个理性的人，可能会因为这样一个得到证据证明的观点具有悲观主义的内涵而遗憾，但他不会因为这些原因而简单抛弃它。如果悲观主义为证据所证明，那么我们就必须是悲观主义者。如果当悲观主义被证明为正确时我们是乐观主义者，那么我们就是非理性的。

我们要注意的最后一件事，是，除非（1）、（2）、（3）得到其他前提的补充，否则它们不可能产生（4）、（5）、（6）的结论。尽管我们可能有能力重新建构证明（4）、（5）、（6）这些悲观主义结论的论据，但我们必须谨慎看待另外一些运用在它们之中的前提，因为除非这些前提是正确的，否则论证就会失败。让我们努力重新建构某些这里或明或暗地涉及的论据。

人生的无意义

也许，用来表明人生之无意义的最重要的论据，是那些从宇宙目的来看，可以被叫作论据的论据，这些论据可以表述如下：

（1）如果不存在一个宇宙目的，那么，一般说来，人类的生命就没有意义（目的）。

（2）不存在一个宇宙目的。

---

① 参见 Shah，"耆那教"；Smart，"耆那教"；Pike，《宗教和诸宗教百科全书》；Stroup，《亚洲四宗教》。

（3）因此，一般说来，人类的生命就没有意义（目的）。

（4）如果人类的生命一般说来没有意义（目的），那么，个体的人的生命就没有意义（目的）。

（5）因此，个体的人的生命没有意义。

这个论证中关键词是"意义"。让我们假定，认为在此语境中"意义"和"目的"两个词大致是同一个意思是合理的。无论如何，正如评论者们所清楚地指出的那样，"目的"一词含义模糊不清。①"目的"这个词，有时用来指某个物体被造出来所起的作用，有时指某人做某件事情的理由。这种模糊性一旦搞清楚，上述论证看起来就是建立在模棱两可的基础上了。

我们可以把前一种用法叫作"造来起作用"（created function）意义上的目的。根据这种意义，人们可以说，造汽车的目的是提供运输，或者造锤子的目的是敲拔钉子。显然，这里的意思是，提供运输是汽车被制造出来所要起的作用。但是如果上帝不存在，那么，人就没有一个创造主，因而也就没有了"造来起作用"意义上的目的了。在此意义上，上述（3）的论证是正确的。另外，"造来起作用"意义上的目的，就是前提（4）中首次出现的目的一词所意指的意义。

现在，我们可以考虑什么是"目的"一词的"理由"（reason）意义了。当我们说某人做某事有目的时，我们仅仅是指他或她的行为有某种理由。看来，将前提（4）中第二次出现的目的一词的意义，与理由意义上的目的相等同是合乎情理的。如果是这样，那么，命题（4）就是错误的。如果我们将这种模糊性搞清楚，重新构造命题（4），我们就会看到

（4′）如果人类的生命一般说来没有造来要起的作用，那么，个体的人就没有了他们的行为理由。

（4′）显然是错误的。人的行为通常是有理由的，即使是那些需要长期奉献和终身辛劳的工作，也有他们的理由。命题（4′）的真理，与是否存在什么宇宙目的毫无关系，甚至与人们是否相信存在着某种宇宙目的也了不相涉。尤其是，它与人是否是由上帝所造根本无关。

无论如何，也许有人想要提出一种略有不同的论证。他可以承认，人

---

① 例如，参见 Kurt Baier，"生命的意义"，《生命的意义》，第50—51页；爱德华兹，"生命的意义和价值"，第94页。

们确实为他们的行为提供了理由，但是他仍然坚持认为，对于有意义的人生来说，他们所给出的理由必须得到确证。他可以争辩说，如果上帝不存在，那么他们为人生给出的理由就不能也不可能得到确证；如果不存在宇宙目的，那么人们所给出的理由就是任意的，而且必定是任意的。这个论证可以表述如下：

（1）如果宇宙目的不存在，那么，人为他们的行为给出的理由就得不到确证。

（2）如果人为他们的行为给出的理由得不到确证，那么，人为他们的行为给出的理由就是任意的。

（3）宇宙目的不存在。

（4）因此，人为他们的行为给出的理由是任意的。

说人为他们的行为给出的理由得不到确证指的是什么意思呢？其意思大概是，不管一个人为他的行为给出什么样的理由，它也不可能比任何其他可以提供的理由更好。根据这种解释，要看出论证的前提（1）是如何得到坚持的这一点是很困难的。如果宇宙目的不存在，一个人为其行为给出的某些理由仍然可以比其他理由更好。任何证明的论证可能基于我们本章早先批评过的类似推理；也就是说，如果上帝不存在，那么，道德无政府状态就是正确的道德立场。这种推理在此比我们第一次遇到它时更似是而非。正如我们所看到的，无神论并不必然导致道德无政府状态。即使假定它确实导致了无政府状态，也不可能得出一切理由都是任意的结论。它仅仅表明，一切道德上的理由都是任意的。因此，如果任何行为在道德上都被许可的话，对不把你的手放在烧红的火炉上而言，不想经历痛苦，就会是一个比到月亮上去更好的理由。更何况，如果无神论没有导致道德无政府状态，那么道德上的理由就不会是任意的；在证明一个特定行为的正当性时，其中一些理由肯定要比其他理由更好一些。例如，在通常情况下，对不要折磨一只小猫而言，不要引起一个有感觉的生命存在物的不必要痛苦，就会是一个比它无助于人类智力的增长更好的理由。即使道德相对主义的某些形式是正确的，道德上的理由也不会是任意的；只不过它们的正确性是相对的而已。

人生的荒谬

与人生之无意义观念密切相连的，是人生荒谬的观念。说人生荒谬指什么意思呢？也许，它指的无非是，就我们已经分析过的方式而言，人生是无意义的。如果是这样，就不需要新的立场估价了。不过还有另一种可能的解释。加缪①（Albert Camus）认为，人的生存的荒谬是由于两种东西的作用：人们的期望以及他们发现的现实。人希望生活在一个合理而统一的世界里；但是他们发现的世界，却是一个既不合理也不统一的世界。这种期望和现实之间的张力产生了存在的荒谬。对许多人来说，这种荒谬是难以承受的；有些人试图通过身体的自杀来逃避这种荒谬，而另外一些人则试图通过加缪称之为哲学的自杀来逃避——在这种哲学的自杀中，通过一种宗教信仰的跳跃，人设定宇宙是合理而统一的，尽管有证据表明事实并非如此。加缪论证说，这样的逃避是不诚实和不可靠的。人必须带着对人存在的荒谬的充分意识，藐视人不能与之和解的宇宙而度过自己的一生。

尽管无神论者可能会同意加缪对宗教信仰之跳跃的立场，但他们肯定不会让他"人生荒谬"的主张不经受检验。抛开加缪关于人面对存在之荒谬应该如何度过自己的一生不谈，关键的问题是：加缪对人生存在之荒谬的论证是合理的吗？这种从期望和现实的张力而来的论证，可以这样来表述：

（1）如果人期望宇宙是合理和统一的，而人在宇宙中既没发现合理性也没发现统一性，那么人的存在就是荒谬的。

（2）人期望宇宙是合理和统一的。

（3）人在宇宙中既没发现合理性也没发现统一性。

（4）所以，人的存在是荒谬的。

有的人可能想对前提（1）中的"荒谬"一词的用法开展争论。将所谓的人的期望和世界的非理性之间的张力叫作"荒谬"，对立场的清晰性毫无助益。不过我们现在放过这一点不说。关键的前提是（2）和（3）。前提（2）在加缪所指的意义上看来是不真实的，尽管前提（3）在加缪的意义上是真实的，但它无关紧要。有谁曾经主张，就加缪所想的意义而言，宇宙是理性和统一的吗？例如，请考虑一下，他所说的以下这段话：

---

① 加缪，《西西弗斯神话和其他随笔》，Justin O'Brien译（纽约：Knopf, 1955）。这本书的相关章节在Sander和Cheney的《人生意义》中重印。也可参见加缪"一个荒谬的推理"，《人生意义》，第65—75页。

　　如果一个人认识到宇宙与他一样能爱能感受，他就会和解了。如果在现象闪烁的镜子里面，思想发现了能够将它们以及将他们自己在一个单一的原则中概括起来的永恒关系，那么，它就会是一种知识上的欢乐，对这种欢乐而言，蒙福的神话就会仅仅只是一种可笑的模仿而已。这种对于宇宙统一性的乡愁，对绝对的企望，说明了人生戏剧的本质冲动。不过，这种乡愁的存在事实，并不意味着它马上就会得到满足。因为，如果，我们在填平了将愿望从征服分离出来的鸿沟之后，与巴门尼德一道肯定"一"（One）的实在性的话（无论这"一"是什么）。我们就陷入了意识的一个可笑的矛盾之中：这种意识断言整体的统一性，并且用它对它自己的差异和多样——这正是它声称要解决的问题——的断言来证明这种统一性。①

　　加缪好像是在说，宇宙至少在三个方面打击了人类的期望，首先，因为宇宙不是一个能爱能感受的知觉存在物，所以它打击了人类的期望。其次，我们不能将我们关于实在所看到的一切用一个单一原则统贯起来。最后，我们希望宇宙是一个巴门尼德式的"一"，但是我们还是发现我们的意识不是"一"的部分。

　　有谁怀有这种期望？当然不是现代的科学家们；他们没有期望宇宙成为加缪所声称的人类所期望的任何事物。科学的统一性的理想，有时是作为一种科学的启发原则提出来的，而物理学家们仍在继续寻求一种物理科学的统一理论。但是，没有科学家提议说，任何事物都可以被包括在一个单一的原则中，或者说他们所寻求的统一性类似于巴门尼德的"一"，更不用说坚持认为，除非宇宙能爱能感受，否则宇宙就是非理性的。更何况，即使科学家们确实期望宇宙中的这些事物，他们的期望也肯定得不到保证。尽管就逻辑而言，宇宙具有加缪所说的人类期望于宇宙的那种属性不是不可能，但至少这在物理学上是不可能的，而且在无论何种情况下，对科学研究来说也是没有必要的。

　　我们可以做结论说，如果人需要或者应该需要加缪所说的那些东西的话，那么在人的存在中确实会有一种张力。但是，人并没有这样希求于宇宙，也不应该这样希求于宇宙。

① 加缪，"一个荒谬的推理"，第 69 页。

现在，南格（Thomas Nagel）对人存在的荒谬性有一种不同的论证。[1] 南格争辩说，哲学意义上的荒谬来自于"一种冲突：我们对待我们自己生命的严肃性，和看待每一事物——对于这些事物，我们是严肃的或随意的，或者向怀疑开放的——的永恒可能性之间的冲突"，[2] 南格认为，尽管作为人，我们严肃认真地看待我们自己的生命，但是，从我们自身之外的另一种有利角度来看待我们自己也是可能的。不像动物和那些无生命之物，我们能够超越我们自己有限生命的视角，从永恒存在的角度（sub specie aeternitas）看待我们自己。南格说，从这一角度来看，我们所做的一切都显得是任意的。但是，我们从永恒角度看我们自己的能力并没有使我们与（有限）生命脱离，"这里存在着荒谬，这种荒谬不在于我们可以采取这种外在于我们自身的视角这一事实，而在于这一事实：在我们不停止作为其终极关怀被如此冷静看待的人的情况下，我们可以采取这种视角。"[3]南格争辩说，通过采取一些更加广阔的、能给予我们的生命以意义的视角，从而试图逃避人的这种地位是徒劳无益的。尤其是，他怀疑对上帝及其宇宙目的信仰是否能够消除这种荒谬感。如果我们可以从个体生命的目的那里退回到毫无意义的地位，并怀疑他们的视点，那么，我们从上帝的国度和荣耀那里退回到毫无意义的位置，并怀疑从上帝出发来看待生命的视点，同样也是可能的："那对个体生命的有限目的而言使怀疑不可避免的东西，对任何更为远大的目的——它予生命无意义的荒谬感以勇气——而言同样也使怀疑不可避免。[4]"

不像加缪，在面对荒谬时，南格不推荐一种英雄般的对宇宙的藐视。南格说，这种戏剧式的反应，不能使我们清醒认知"我们的无足轻重的宇宙处境"。再说，"如果从永恒存在的视角来看，没有理由相信有什么东西是事关重大不可或缺的话，那么也没有什么大不了的，我们可以用嘲讽对待我们荒谬的生命，而不是英雄主义或悲观绝望"。[5]

这种从永恒存在的视角而来的论证可以表述如下：

（1）当我们从永恒存在的视角来看待我们的生命时，我们的目标、愿

---

[1] Thomas Nagel，"论荒谬"，《人生意义》，第155—165页。

[2] 同上书，第157页。

[3] 同上书，第159页。

[4] 同上书，第160页。

[5] 同上书，第165页。

望以及诸如此类的东西，似乎是（seem）任意无谓的。

（2）如果我们的目标、愿望，以及诸如此类的东西是任意无谓的，而且我们不能从这种生命中脱离，那么，我们的生命就是荒谬的。

（3）我们有时确实从永恒存在的视角来看待我们自己的生命。

（4）我们没有从生命中解脱出来。

（5）因此，我们的生命是荒谬的。

这个论证，即使是合理的，也不能给有神论者以安慰。因为，假如上帝存在，而上帝创造宇宙和生命的目的是 X。南格认为，如果我们从永恒存在的视角来看我们的生命和 X，相对于 X 而言，我们的生命也是任意无谓的。因此，如果我们的生命在一个无神的世界中是荒谬的，根据南格的理论，在一个有神的世界中同样也是荒谬的。

南格的这一论证合理吗？这一论证的一个问题是前提（1）和（3）仅仅确立了，我们的目标和愿望，只有当我们在某个反思的时刻从一个特定的视角来看我们的人生时，似乎是（seem）任意无谓的。也许我们是处在这种反思的时刻之中，好像我们正在从永恒存在的角度来审视我们的人生似的。但是，我们显然不是——只有一个无所不知的存在才能这样做——我们所采取的视角不应该用这些词语来标示。我们仅仅是从另一个视角——从这个视角来看，我们的目标和愿望是无足轻重的——来看待我们的人生而已。但是，为什么有人要认为我们应该严肃对待这种看待事物的角度呢？搞清楚了这一点，再考虑事情的真实情况，前提（1）和（3）应该被以下命题所取代：

（1′）当我们从好像是（seem like）永恒存在的角度来看待人生时，我们的目标、愿望以及诸如此类的东西似乎（seem）是任意无谓的。

（2′）如果我们的目标、愿望以及诸如此类的东西，从好像是永恒存在的角度来看，似乎是任意无谓的，而我们没有从生命中解脱出来，那么，从好像是永恒存在的角度来看，我们的生命似乎是荒谬的。

给定了（1′）和（2′），我们可以得出：

（5′）因此，我们的生命从好像是永恒存在的角度来看，似乎是荒谬的。

如果没有进一步的论证，那么，要明白为什么我们必须严肃对待从（2′）、（5′）的角度所显现的东西是很困难的。事物可能以各种不同的方式、从各种显然不同的角度向我们显现。例如，神秘家们声称，从好像是绝对的角度来看，任何事物，包括它们自己的生命，都显示出完全的和谐。如果我们用他们说的话来反思实在，那么，要把南格关于人类存在之荒谬性的洞察看作对实在的反思，是很困难的。我们仅仅只对事物向我们显现的某些方式，以及我们看待事物的某些明显角度，给予严肃认真的考虑。那么，在目前情况下，我们为什么要把这样一种严肃认真的考虑给予这种明显的角度，给予从这一角度向我们显现的实在呢？在某种意义上，南格承认，事物如何从好像是永恒存在的角度显现的问题是无关紧要的，我们也不必认真对待。因此，他说，从好像是永恒存在的角度来看人生的看法，是没有实践意义的，因为这个原因，我们无论如何也不应该改变我们的生命方式。例如，自杀和英雄般的藐视，都是没有正当理由的。在我们有了对人生荒谬的洞察之后，我们只要以嘲讽来对待我们的生命就可以了。但无论如何，除非存在某种理由足以使我们认为，看待人生的这一角度是一个可靠的角度，因而荒谬的出现具有某种真理性，否则，即使是嘲讽，要明白为什么它应该是我们对人生之荒谬性的恰当反应，也是很难的。①

因此，我们必须做结论说，如果南格是对的，那么，从无神论和有神论两方面观点看，人生都是荒谬的。但不管怎样，他还必须说明他作出人生荒谬这一判断的角度的有效性。

人生的价值

到现在为止，我们已经看到，对人生无意义和人存在之荒谬的论证既不能也没有在有神论和无神论之间作出区分。不过，无神论的批评者们坚持认为，如果没有上帝，那么人生不仅是无意义和荒谬的，而且还是没有价值的。说某种东西有价值是什么意思呢？任何定义都注定要惹来争议，但一个似乎合理的说明是：当且仅当 P 是理性、完全知情、没有偏见的情况下，P 想要得到 X 时，X 对 P 来说是有价值的。这个说明允许不同的人有不同的价值，因为并非所有理性、完全知情、没有偏见的人都想要得到同一个东西。另外，它也与这些人之间的完全同意相一致。不过，即使给出了这个说明，说 P 的一生整体上是有价值的，到底是什么意思的问题却

---

① 参见 Cf. Jonathan Glover 对南格的评论，1987 年 4 月 9 日的《纽约书评》，第 34 页，《不从任何地方来看的人生观》一文。

仍然存在。一个似乎可行的建议是：当且仅当 P 是理性、完全知情、没有偏见的，然后 P 大体上想要得到 L，P 的生活 L 对 P 来说整体上是有价值的。

现在让我们用上述对价值的说明，考察几个关于人生无价值的论证。无神论的一些批评者认为，如果没有上帝以及上帝提供的不朽，人的存在就没有价值。这个从人的有限性出发的论证可以重述如下：

（1）如果人的存在没有一定的持续时间，那么就是没有价值的。

（2）人的存在没有一定的持续时间。

（3）因此，人的存在是没有价值的。

这里，问题的关键肯定在前提（1）之中。要明白一个人为什么相信它是很难的。当然，对一个个体的人来说，要断定他或她的一生没有价值是可能的。如果我们是理性的，我们就会根据对诸如一个人的成就、为达到某个有意义的目的而付出的努力以及这个人日常行为的道德类型的考量，来断定一个人的一生，包括我们自己的一生，是有价值的还是没有价值的。但是，让我们断定一些人没有价值的同样考量，会使我们断定另外一些人的生命是有价值的。这种考量根据的不是生命的长度。一个相对较为短暂的生命可能重于泰山，而一个相对较长的生命则轻如鸿毛。如果确实有不朽之物存在的话，那么他们可能过着无价值的或者有价值的生活。我们不能仅仅根据他们是不朽的这一点，就断定他们是有价值的还是无价值的。

另一个关于人生无价值的论证根基于人类成就的短暂易逝。伯特兰·罗素很好地表达了推动这种论证的态度，在我们早先引述的段落中，罗素深深地感叹说，即使是人类在艺术、文学、技术和科学方面的最伟大的成就，也终将在宇宙间销声匿迹。作为一个论证，暗含在这种伤感之中的假设是，除非人类文明的成就永久持存（至少是在文化的记忆中永久持存），否则它们就是没有价值的。请看从事物之短暂易逝而来的论证：

（1）除非人类在文学、艺术、技术和科学方面的文化和智识成就永久持存，否则它们就没有价值。

（2）一切人类在文学、艺术、技术和科学方面的文化和智识成就终有一日要归于无形。

（3）因此，人类在文学、艺术、技术和科学方面的文化和智识成就是没有价值的。

（4）如果人类在文学、艺术、技术和科学方面的文化和智识成就没有价值，那么人生本身也是没有价值的。

（5）因此，人生本身是没有价值的。

在这个论证中，前提（1）和（4）构成了两个主要问题。要搞清楚前提（1）如何得以证明是很困难的。文学、艺术、技术、科学和文化的价值当然不是永恒的。它们服务于各种不同的目的，当这些目的不再可能时，它们就确实没有价值了。前提（1）设定了，为了让某种事物在一个特定的情境中具有积极的价值，它就必须在一切情境中都具有价值。真理再前进一步就什么都不是了。这种观点不仅是错误的，而且也没有什么意义。例如，以罗素"太阳系辽阔无边的死寂"这句话来说，某种有价值的事物的观念是没有意义的。但无论如何，不能从此得出结论说，在这种辽阔无边的死寂发生之前，某些事物是没有价值的。

这个论证的第二个问题是前提（4）。我看不出有什么理由可以认定，如果 X 的文化和智识成就没有价值，那么 X 的人生就没有价值了。一个将聪明、健康、品格正直的孩子养大成人的母亲，一个将自己的生命奉献给照料穷人的医生，一个将自己的一生花在教导孩子正直而富有同情心的教师——从文化和智识的角度看，他们中的每一个都没有多少成就，但每一个都仍然度过了有价值的一生。一个人生命的价值也是一种对家庭、朋友和团体的有益作用。因此，生命的价值不应该与文化的和智识的成就相等同。

我的结论是，除非有更好的论证，否则，对于"如果没有上帝，那么人生就是无意义的、荒谬的和无价值的，而如果上帝存在，那么人生就是有意义的、不荒谬的和值得过的"论点，就不能提供什么支持。

结　论

我们已经看到，对无神论的一些重要批评是不正确的。尤其是，不存在什么合适的理由认定无神论者在道德品格上比有神论者低人一等。即使有什么理由如此认定，它也不表明不信仰上帝是无神论者道德低劣的原因。除非我们采取一种难以置信的后伦理学的立场，无神论也不会导致道德无政府状态。在"道德相对论"一词的几种意义中，无神论也不导致道德相对论。即使一种无神论伦理学确实涉及某些形式的道德相对主义，在理性的、完全知情的和没有偏见的道德主体之间的同意也是值得注意的，这种同意与有神论者之间道德同意的缺乏构成相当有趣的对照。最后，不存在合适的理由足以认定，如果没有上帝那么生命就是无意义的、荒谬的和没有价值的；或者，即使确实有合适的理由这样认为，那么，认为如果没有上帝生命就无意义、荒谬和无价值的理由，同样也适用于如果有上帝的情况：根据这种理由，即使上帝存在，生命也是无意义的、荒谬的和无价值的。

四

本书的目的

本书的目的不是使无神论成为一种流行的信仰，或者使无神论从不可见变得昭彰。我的目标不是乌托邦。本书只是想为作为无神论者的存在提供充分的理由。无神论得到了辩护并被证明为正当。我为支持上帝存在的论证提供了一个综合性的批判，为反对上帝存在的论证提供了一个辩护，从而具体地表明了它们与无神论的相关性。为了完成这个任务，我把注意力集中在现代英美分析哲学关于上帝存在问题的论证和抗辩上。我的目标是表明，无神论是一种合乎理性的立场，而信仰上帝则不是。我很清楚地意识到有神论信仰并不总是根基于理性。我的主张是它们应该根基于理性。[①] 我将我的努力限制在一定范围之内：我仅仅表明，对犹太－基督教上帝——一个全知、全能、全善，创造天地宇宙的位格神——的存在的信仰是非理性的。我这样做的理由很简单：在我们这个社会中，对我们绝大多数人来说，无神论和信仰者之间的争论已经超越了这样一个存在（being）是否存在（exist）的问题了。

无神论者经常攻击上帝存在的传统证明，而且发展出了一些上帝不存在的证明。在这个意义上说，本书的计划没有新颖之处。但不管怎样，宗教哲学领域近年来已经复苏。当代有神论哲学家们已经发展出一些新的论

---

① 因此，我拒绝这样一种立场：传统的证明与对上帝存在的信仰无关。例如，参见 Steven M. Cahn，"宗教哲学的证明与上帝存在无关"一文，《宗教哲学》，Steven M. Cahn 主编（纽约：Harper and Row, 1970），第239—245 页。

证和方法，这些论证和方法需要检验。传统的无神论立场和证明因而也必须根据这些新的观念被重新考量和评估。例如，运用来自结构理论和归纳逻辑的概念，理查德·斯威伯纳（Richard Swinburne）最近为上帝存在之传统证明的或然版①进行了辩护。② 运用来自基础主义者的认识论的概念，艾文·普兰汀格（Alvin Plantinga）认为信仰上帝是（认识的）基础，因此，即使没有证据的支持，持有这种信仰也是合理的。③ 此外，有神论者一直以来都在努力回答无神论者关于上帝不存在的证明。比方说，最近，普兰汀格利用一个为自由意志辩护——这种辩护建立在可能的世界语义学之上——的复杂版本，批判了由罪恶作出的④论证。⑤ 我在这本书中分析、重构了这些新的论证和方法，并对有神论者的答复作出了回应。另外，这部著作为无神论提供了一个必要的综合性陈述和辩护，将散见于无神论者的文献的批评进行了集中。在最近的学术期刊的文章中，可以见到一些最有趣、最重要的无神论论证，以及对上帝存在论证的批判。这些论证和批判都被收集在这里了。当然，也有为无神论辩护的专著。不幸的是，这些专著中的其中一些，比如乔治·史密斯（George Smith）的《无神论：反对上帝的案例》，⑥ 为无神论做了强有力的辩护，但是没有考虑到最近新的（关于上帝存在的）哲学论证和方法，从而缺乏当代哲学相关性。其他一些复杂的哲学著作，例如麦基（J. L. Mackie）的《有神论的奇迹》，批判了最近的有神论论证，为上帝不存在的论证做了辩护，但他几乎不提到无神论。⑦ 我避开了这两方面的问题。因此，尽管目前的研究是建立在过去时代诸如大卫·休谟这样伟大的宗教怀疑论者和无神论者之上，以及建立在当今时代诸如安东尼·福路（Antony Flew）、开·尼尔森（Kai NielSen）和理查德·罗宾孙（Richard Robinson）之上的，但它超出了他们。

因为我将力量集中在宗教分析哲学文献中发现的理论问题之上，所

① 指上帝可能存在的观点，译者注。

② 参见 Richard Swinburne，《上帝之存在》（牛津：Clarendon 出版社，1979）。

③ Alvin Plantinga，"信仰上帝是恰当的基础吗"《奴斯》15，1981，第41—51页。

④ 指无神论者说的，如果上帝存在，那么世间为什么会有罪恶，世间罪恶累累，所以上帝不存在，这样的论证。译者注。

⑤ Alvin Plantinga，《上帝、自由和罪恶》（Grand Rapids, Mich：Eerdmans, 1974）。

⑥ George H. Smith，《无神论：反对上帝的案例》（纽约，布法罗：普罗米修斯丛书，1979）。

⑦ J. L. Mackie，《有神论的奇迹》（牛津：Clarendon 出版社，1982）。例如，其中的所引（第263页）表明，"无神论"一词在这部著作中很少用到。

以，我忽略了一些传统无神论者关注的问题以及许多无神论者用过的一些方法。尤其是，我在这里既不讨论无神论的存在主义①——传统上反对和支持上帝存在的论证在其中没有得到考虑②，也不讨论无神论的马克思主义——在它这里上帝不存在被认为是理所当然之事，而信仰上帝仅仅被看作是一种幻觉，除了使我们看不见生产系统的非理性之外，这种幻觉没有任何其他功能。③ 此外，尽管我对与有神论和无神论相关的理论伦理学问题简单考虑，但我省略了各种传统上与无神论相关的实践伦理学问题。南格曾经评论说，历史地看，"无神论一直是，现在仍然是，一种社会和政治抗议的形式，它的矛头指向体制性宗教，同样也指向有神论教义。实际上，无神论一直是一种针对宗教领袖和宗教机构对世俗权力的滥用的道德反动"④。除了在结论中做了最简单的提示，我在这本书中也不考虑教会和国家的问题，尽管它们在实践上有极其重要的意义⑤。最后，尽管在这个导论中，针对道德无政府状态和道德相对主义的指责，我已经为无神论做了辩护，但我在本书中无意详细搞出一套无神论道德⑥。

本书不仅从无神论的观点来看有局限，而且从一般的哲学立场来看同样有局限。尽管我论证说，无神论信念是合乎理性的和被证明为正当的，

---

① 对于这一传统的讨论，可参见 Hazel E. Bames《存在主义和不信神》一文，《不信神百科全书》第 1 卷，第 211—218 页。

② 例如，尽管萨特作为一个公开宣称的无神论存在主义者，他对上帝不存在做出了论证，但这些论证不是很适合传统的模型。对萨特的论证的一个简单讨论，请参见 William A. Luijpen 和 Henry J. Koren 的《宗教和无神论》（匹兹堡：图困大学出版社，1971），第 152—154 页。

③ Thrower，《西方无神论简史》，第 120—121 页。也可参见 James Thrower 的《马克思－列宁主义的"科学无神论"和苏联的宗教研究》（柏林和阿姆斯特丹：冒顿出版商，1983）。

④ Ernest Nagel，"无神论的哲学概念"，《对上帝的批判》，Peter Angeles 主编（纽约，布法罗：普罗米修斯丛书，1976），第 6 页。

⑤ 有一些出版物关注这些问题，有兴趣的读者可以参考这些读物。例如，在美国就有《美国无神论者》、《美国理性主义者》、《无神论者》、《人道主义者》、《自由研究》和《今日自由思想》。详细的名单可以看看"不信神期刊"，《不信神百科全书》第 2 卷，第 778—799 页。

⑥ 因为绝大多数当代规范伦理学理论在其方向上是世俗的，所以，从功能上说，可以把当代各种伦理学体系解释为无神论道德的等价物。不管怎样，有一些公开宣称是无神论者的人已经发展出一些规范伦理学体系。例如，参见 MichaelSeriven《元哲学》（纽约：McGraw－Hill，1966），J. L. Mackie《伦理学：虚构正确与错误》（纽约：企鹅丛书，1977）；Richard Robinson《一个无神论者的价值》（牛津：Blackwell，1964）。也可参见由公开承认的世俗人道主义者所持的立场——例如 Corliss Lamont《人道主义哲学》（纽约：Frederick Ungar，1985）；Paul Kurtz《充盈：一种肯定的人生哲学》（纽约，布法罗：普罗米修斯丛书，1977）。也可参见那些伦理学理论家——他们公开主张伦理原则逻辑上独立于宗教，并且致力于发展出没有宗教基础的规范伦理学体系。例如 Frankena 的《伦理学》。

而有神论却不是，但是，我没有给出延伸更远的理性主义理论或证明。毫无疑问，我关于这些主题所作的评论是有争议的。无论如何，如果我的评论植根于范围更为广阔深远的认识论理论，我不相信关于它们的争议会少哪怕一点点。其实，对我来说，如果一般的认识论理论本身都处于一种争议状态的话，任何试图将它们置于一种范围更为广阔的理论之下，从而使它们得到证明的做法，都是不成熟的。在我看来，发展出一种中等水平的证明原则——它与我们日常的科学理性实践相一致，并且根据它们对无神论作出证明，远比根据某种更大、更有争议的理论来证明无神论为好。实际上，如果一个人在判断某种信念是非理性的之前，必须要先等到一种理性主义的一般理论和没有任何问题的证明的话，那么，他永远不可能作出一个判断。此外，尽管我在本书中运用归纳论证的方法，但我没有为归纳论证提供一个一般的说明。我诉诸一般的理性实践行为，而不管逻辑学家们是如何解释其具体细节的。尽管我对一些普通的证明理论，尤其是一致理论，抱有同情，但我将为它们辩护的任务留待他人。确实，既然本书的基本争论是关于基础主义（foundationalism）的某个版本，所以我完全能够接受基础主义的其他版本。

本书分为两大部分。在第一部分中，我为消极的无神论，即不相信有一个有神论到上帝存在的立场，做了辩护。过程中，我考虑了在证明否定的无神论时涉及的问题（第一章）。然后，我论证说，可以为宗教表达在认知方面的无意义提供一个很好的案例（第二章）。我论证说，无论如何，即使宗教表达具有认知意义，宗教信念的根据也不是良好的理性。接着，我表明上帝存在的古典证明是不合乎理性的（第三章到第五章）。然后，我论证说，宗教经验不能为宗教信念提供一种基础（第六章）。我说明了由奇迹做出的论证是无效的（第七章）。我反驳了几个次要的关于上帝存在的论证（第八章）。我破坏了几个著名的信仰上帝的实践理由（第九章）。最后，我论证说，宗教信念既不能建立在信仰之上，也不可能是基本的信念（第十章）。

在第二部分中，我为积极的无神论，即相信有神论的上帝是不存在的立场，提供了一个证明。我首先考虑了这个证明涉及的问题（第十一章）。然后，我表明，有神论上帝的概念是不一致的（第十二章）。我论证说，关于上帝存在的目的论论证，可以用来反对有神论，并提供一个关于上帝不存在的归纳论证（第十三章），我还从一般意义上为一个由罪恶出发的归纳论证做了辩护，以反驳近年来对它的批评（第十四章）。最后，我对最为著名的神正论，还有几个比较次要的神正论进行了反驳（第十五章到第十八章）。

在本书的结论中，我考虑了，如果我的主要论证被广泛接受的话，什么是会随之发生的，什么又是不会随之发生的。在附录中，我对无神论作出了定义，并将其从其他主义和运动中区分出来。

（原文连载于《科学与无神论》2012 年第 5、6 期，2013 年第 1、2 期）

我为什么是个无神论者

曼德琳·莫里·奥海尔　著

张英珊　译

最近，我一直在为两个演讲作准备，之所以要做这两个演讲是因为我有话要对你们说。

我叫曼德琳·莫里·奥海尔（Madalyn Murray O'Hair）。

我是一个无神论者。

我不仅仅是一个普通的无神论者，我就是那个促使美国人重新审视他们习以为常的价值观的那个无神论者：我向美国最高法院提起诉讼，要求法院禁止学生在公立学校诵读《圣经》和祈祷，这场诉讼的结果是在美国全境 50 个州终止了这一宗教仪式。

我被问及最多的两个问题是，"你是如何走上这条路的"和"你为什么要进行这场诉讼"。

你们是想知道我是如何走上这条路的呢，还是想先听听我为什么要为了我的信念拿起法律的武器抗争呢？

好吧，我先来讲讲我是如何走上这条路的，首先必须解释清楚我选择的是怎样一条路，那么，还是让我们从怎样界定无神论者开始谈起吧。

首先申明，我不是不可知论者，不是理性主义者①，不是现实主义者，不是世俗主义者，不是人文主义者，更不是一些其他的什么"者"，这些统统都是人们为了自身的安全而杜撰出来作掩护的名头。我们这些各行各业不信教的公民必须将自己隐藏在某些名头之下，一旦公开承认我们不信神的立场，立即会招来打击报复，这难道不是对这个社会的控诉吗?!

多年来，我的家庭都一直奉行着祖祖辈辈传承下来的实用主义哲学：

---

① 理性主义者：承认人的推理以可作为知识来源的一类哲学学派。

生气时就"在口袋里挥挥拳头，千万不要把拳头挥到人家脸上去"，绝不能说出你的真实想法。显然，很多美国家庭都有着类似的生存哲学。因为在今天的美国，人人都把手藏在口袋里，舌头封在嘴巴里，于是这个国家成为说谎者、骗子和伪君子的乐园。人们既不敢表明自己的立场，也不敢说出自己的真实想法。

我既不害怕也不羞于大声说出我的立场和我的真实想法。我是一个无神论者，这表明我不相信存在着一个上帝，也不接受任何人格神和自然神的概念；我不接受在宇宙的上下或什么方向上存在着天堂或地狱这类场所的说法；我不相信人在死后还有生命；我不相信有神迹存在，不接受"天使"的概念；我不相信有什么先知，也不接受任何形式的圣书，无论这些书出自谁之手。

我不会将任何人尊为圣人。我不相信祈祷有什么效用，无论祈祷的人是谁都一样，无论是你，是我，还是牧师，拉比，部长，宗教导师，甚至你妈妈为你做的祈祷都是无用的。

请原谅我的直率，作为成年人，我们必须承认这是愚蠢的行为。这些古代传说的内容荒诞可笑，若让它们束缚我们的思想岂不愚蠢至极。你真的相信有哪位妇女可以没有性行为而怀孕吗？这样的描述是对我们的羞辱，是对我们智商的羞辱，是对我们的生活常识和经验的羞辱。

这些就是我所不能接受的。人们经常谴责无神论者不相信上帝，是消极的，认为他们应该采取积极的态度。因此，很多人会问我们这样的问题，"在这样一个艰难残酷的世界里，你们如何处理人在生存中所遇到的难题和人际关系呢？"

这一问题并不是陈词滥调，因为我们生活的这个世界的确艰难而又残酷。身在其中，怎样处理与他人的关系，怎样挣钱养家，怎样满足生活的基本需求，怎样活下去，都是难题。你感到难，跟你一样，我也感到难。为此，我们需要一套得体且与时俱进，成熟又行之有效的标准体系作为与他人和睦相处的原则，亦可以作为激励自己的动力。我们应该抛掉上帝制定的那一套陈规旧习。从上帝那里我们从来没有得到过什么，以前如此，将来也是如此。遇到问题，让我们自己来解决。否则，你我都清楚，问题无法得到真正的解决。

当我向美国最高法院提起诉讼，要求法院禁止学生在公立学校诵读《圣经》和祈祷时，我是在做前所未有的事情。这是美国历史上第一次由无神论者走上法庭，对公立学校要求学生诵读《圣经》和祈祷提起法律诉讼。在法庭上我没有说我是犹太人，只接受旧约，不接受新约；我也没有说我们是罗马天主教徒，不接受钦定版《圣经》（*King James version of the Bible*）①；我没有说我们是佛教徒，或穆斯林，不接受基督教的宗教仪式。我说，我们是无神论者，生活在现代社会，我们不相信任何神话传说。律师对我说："好吧，如果你想要以无神论者的名义提起诉讼，那么你就起草一份无神论简介，我好将其写入案宗中。"

于是，我写了这份简介，律师将其放入了诉讼的卷宗中。

这是在任何法律书和历史书中从未出现过的内容。马里兰州巴尔的摩高级法院最终审理了此案②，在威廉·默里（William J. Murray Ⅲ）对峙约翰·科莱特（John N. Curlett）的法庭记录中，可以读到这部分内容。威廉·默里是我的大儿子，而约翰·科莱特是巴尔的摩市中学董事会主席。该案最初在法院登记的时间是 1960 年 12 月，1963 年 2 月交由美国最高法院审理。下面就是这段有关无神论的陈述，虽然有一些术语，但不会影响理解：

> 本案原告是无神论者，他们将自己的生活方式界定如下：无神论者热爱自己与同胞，但不爱上帝；无神论者认为太空是地球人类研究探索的目标，其目的是为所有人谋幸福；无神论者不相信祷告的作用，坚信只有依靠内心的坚强与自信才能克服生活中艰难困苦，才能体会到生活的美好；无神论者相信，必须依靠知识的力量，才能理解生活的真谛，达到生活的目标。

> 因此，他们勤于探索人类自身，而对上帝则没什么兴趣；他们认为应多建医院，而不是教堂；他们认为应多付诸行动，而不是把时间浪费在祷告上；他们努力过好每一天，而不是把希望寄托在死亡上；他们想要战胜疾病，消除贫困，避免战争；他们努力增进人与人之间

---

① 钦定版《圣经》（*King James Version of the Bible*，简称 KJV），是《圣经》的诸多英文版本之一，于 1611 年出版。钦定版《圣经》是由英王詹姆士一世的命令下翻译的，所以有些中文称之为英王钦定版、詹姆士王译本或英王詹姆士王译本等。这个版本常被说成是"权威版"（Authorised Version（AV））或者"权威标准版"（Authorised Standard Version（ASV））。

② 1960 年奥海尔起诉巴尔的摩马里兰学校教区，她指责公立学校让学生背诵《圣经》和祷告，违反了宪法第一修正案。1963 年，法院审理此案时，她的大儿子威廉·默里（William J. Murray Ⅲ）出庭作证。

的相互理解，相互之间的爱；他们追求有道德的生活；他们相信人世间没有救世主——上帝，祷告解决不了问题，也从不奢望生活会一帆风顺。无神论者认为人是自己生活的主人，人类在生活中必须依靠自己，同时也相互依存；人必须对自己对社会负起责任来，这是我们现在就应做的。

这一段话听起来是否有些过于严肃和激烈？的确，我们就是主张"万事靠自己"的人。知道吗，如果能集全国之力，在两年之内根治肺结核应该不是什么难事。科学已经彻底根除了白喉，我们无须再通过祷告来免除这一病痛了。教会才不会为肺结核费心费力呢，除了有一些新教会宣称按手疗法（将手放在病人身上进行治疗）可以医治肺结核并以此为名接受捐款之外，教会什么都没做。传统教会真正想要看到的是人人都能死后进天堂，而不是治病救人。

进天堂？我们无神论者不是许诺"天上有馅饼"的骗子。我们坦诚地告诉你，幸福，满足，你的整个人生就在这里，就在此刻，只有通过精心的筹划和努力的工作才能收获。除了自己，谁都不能帮助你。

我们是无神论者，我们相信知识就是力量。我们一直在努力寻找理性思维的基本准则，用于指导我们的行为和生活方式。我们已经找到了——它具有几千年的历史，相比之下，基督教的历史要短得多，只有1600年而已。

这一理性思维的基本准则就是唯物主义哲学。有人会想，哈，唯物主义可不是什么好词，你们是共产主义者，你们见鬼去吧！唯物主义已经存在6000年了，而马克思共产主义的出现还不到100年。唯物主义是一种逻辑严密，在生活中行之有效的哲学，这一点毋庸置疑。

下面，我就言简意赅地解释什么是唯物主义，可能有点过于简单化，但保证绝对准确。在某种程度上，唯物主义具有一定的专业性，但换一个角度来看，它又与我们的生活密切相关。因此，我认为在座的各位都能理解。

首先，我声明无神论者绝没有"信仰体系"（belief system），我们并不"信仰"唯物主义。因为科学证明唯物主义是正确的，所以我们接受这一哲学观点。

唯物主义哲学认为世界只有自然存在（natural phenomena），除此之外，什么都没有，也就是说，不存在超自然力，不存在神这样的超自然的个体，不存在天堂，也不存在地狱。没有超自然力，也不可能有。

自然存在就摆在那里——物质，材料就存在在那里，但就有一些人否定自然存在。因此，强调这一点才显得特别重要。的确，他们否定自然存在，否定物质存在，他们只承认存在意识（意识，思想，或精神，随他们怎么称呼）。他们宣称意识，思想，精神是首要的，是第一位的。如何看待意识与客观存在的关系，是宗教这条死亡之路与唯物主义这条生命之路的分水岭。

有人认为自然是第一位的，而意识只是自然的一种属性（或自然的一种功能），他们属于唯物主义阵营。也有人认为意识，或精神，或称为思想，是先于自然而存在，并创造了自然，他们属于唯心主义阵营。所有的传统宗教毫无例外都建立在唯心主义的基础之上。顺便提一句，我认为宗教信徒们不应该用 idealism（理想主义）这个词来表示唯心主义，可能会使人们产生误解，还以为这一哲学是对理想的追求。不过，没准这正是那些宗教信徒们所想要的效果。我想他们应该将他们的哲学称作意识主义（idea–ism），因为这一哲学认为只存在"意识"。

让我们举一个专业性不太强的例子，比如人的大脑。唯物主义认为人的大脑是由灰色物质①构成，人之所以有意识，可以思考，全因为这个位于头颅中的大脑。大脑具有明确的物理特性，如大小、重量、长宽高、体积，诸如此类。但是，宗教主义者们则认为，意识存在在先，意识和思想不是来自大脑，恰恰相反，大脑来自意识。在座的各位，你们听到过比这更荒唐的事情吗？但是，这不是在说笑话，这就是唯物主义者和宗教主义者（唯心主义者）争论的焦点，在图书馆或任何一本哲学入门书籍当中都可以查到。这不是学术之争，亦即，这不是不同学术观点之间的争论，而是一个基本原则，是本质上的区别，是关乎采取什么样的生活方式的哲学基础。看吧，教会在向人们传导轻视现世生活的理念，他们宣称人活着的目的就是等待死亡，活是为了死，人死后在天堂里可以与意识重新组合，组合后以人的形式返回到意识层面上。因此，天堂是漂浮在"彼岸"某处一个巨大的意识集合。

但是，只有对教会权威表现出足够的谦卑、听话、顺从，作为奖励，

---

① 大脑和小脑具有比较薄的灰色物质外表面，以及具有白色物质的更大的内部区域。人们把这些灰色物质的区域分别称为大脑皮层和小脑皮层。

才能让你实现这一人生目标——死后进天堂，否则，地狱之火，上帝的雷霆之怒之类的威胁就会接踵而来。上帝用疾病、绝望和空虚惩罚活着的人，用炼狱、毁灭和地狱惩罚死去的人。

现在让我们再谈谈唯物主义。唯物主义告诫我们，不要把希望寄托在坟墓那边的天堂里，不要把幸福寄托在死后的幸福上，而是要抓住今天，努力改善今天的生活。唯物主义为人类重新找回了尊严和健全的精神：人有能力支配自然，人有能力创造一种公平和理性的社会体系。如果说唯物主义有信仰的话，那么他信仰的是人凭借自身的能力和努力可以将这个世界变得更好。唯物主义哲学的本质就是尊重生命，它认为，为了人类进步而进行艰苦卓绝的奋斗体现了人类的道德责任，只有具有努力工作，大胆创造这样高尚情操的人才能够做到这一点。

啊，听到这儿，有人会说，"在我们的印象当中，唯物主义就是积攒财物，纵情享乐。换言之，唯物主义者视享乐为生活的唯一目标。"在此，我非常高兴能够当面告诉你们，这不是事实。

"唯物主义"这个词受到它的对立面——宗教信徒们的贬损已有几千年了。在古希腊，极端保守的贵族们销毁了德谟克利特①的著作，因为他是唯物主义者，坚决反对神干涉自然和人类事物。还有一位唯物主义者，他的名字叫阿那克萨哥拉②，被以无神论者的罪名驱逐出雅典。古希腊哲学家伊壁鸠鲁③是德谟克利特的门徒，因将人类从对神的畏惧中解放出来以及确立科学的地位而受到古希腊人的尊敬。就是这样一个人，教会领袖们对他的诅咒整整持续了 2000 年，他们污蔑他为道德的敌人，邪恶的传播者。那些唯心主义的拥护者们千方百计地诋毁唯物主义，将它等同于纯粹的享乐主义和利己主义。他们将唯物主义者们诬蔑为缺乏生活目标、暴饮暴食、醉生梦死，对自然、资源，还有其他的生命形式如动物、植物都

①　德谟克利特（公元前460—前370年）：古希腊自然派哲学家。德谟克利特是经验的自然科学家和第一个百科全书式的学者。古代唯物思想的重要代表。他是"原子论"的创始人，由原子论入手，他建立了认识论。

②　阿那克萨哥拉（公元前488—前428年）：是古希腊哲学家，理性主义者。他主张地球是一个圆柱体，相信天体和地球的性质大体上是同样的，否认天体是神圣的和主张"精神"（nous）是生命世界的变化及动力来源。

③　伊壁鸠鲁（公元前341—前270年）：古希腊哲学家、伊壁鸠鲁学派的创始人。伊壁鸠鲁成功地发展了阿瑞斯提普斯（Aristippus）的享乐主义，并将之与德谟克利特的原子论结合起来。他的学说的主要宗旨就是要达到不受干扰的宁静状态。

毫不关心的一群人。

只要拨开诸如此类像山一样堆积在唯物主义身上的谎言，就可以还原其真相：唯物主义是理性的生活哲学。应该建立一种能够激励个人将智慧与能力发挥到极致的社会体系，但目前我们尚没有这样的社会体系。顺便说一句，我们也不喜欢使用"哲学"（philosophy）这个词，因为它几乎已经成为专属于为上帝的存在寻求理由的理论依据了，比如，本来是护教者却偏喜欢用"哲学"来将自己假扮成学者。因此，当需要界定无神论者的生活方式时，我们会使用一个德文词"世界观"（weltanschauung）。

好了，还是回到唯物主义的话题吧。有人会问，唯物主义在哪些方面适合于人类？唯物主义者是人道主义者吗？唯物主义者认为人不是神，但与动物有本质的区别并将人视为其哲学体系的中心，是这样吗？

唯物主义者，也自称为无神论者，不接受人具有神性的观念。但我们也绝不夸大人的动物性。我们承认人是极其弱小的，在我们所居住的地球之上，海洋比我们庞大得多，飓风比我们有力得多。人类与其他生物同住在地球上，人本来就是生物，与其他生物共享地球上的资源，因此，唯物主义不是人和自然的掠夺者，特别强调的是，唯物主义绝不会剥削自己的同胞。唯物主义者不是贪婪的财富积累者，不是沉溺于享受的挥霍者，也不是大手大脚的消费者，更不会沉醉于人的貌似强大之中而忘乎所以。

有人会说，"好吧，这与日常生活有何相关之处呢？在生活中你遵循道德金律（the golden rule）① 吗？"当下大家所公认的道德金律是："你们希望他人怎样对待你们，你们也要怎样去对待他人。"我不欣赏，也不遵循。在个人生活中，我尽可能按照道德律令（categorical imperative）② 规范自己的行为。"什么是道德律令？"有人会问。18 世纪出现了一位名叫康德③的

---

① 道德金律（亦称金规或金箴）：这个规则在西方文化中起源于《圣经·马太福音》（7.12）中的耶稣。它的最一般的表述是："对待他人如像你愿他人待你一样。"它也有另一种否定性的表述："你不愿他怎样待你，你也不要那样待人。"金规作为行为的第一原则而被广泛接受。

② 指康德的道德律令。

③ 伊曼努尔·康德（1724—1804 年）：18 世纪最伟大的思想家、哲学家、自由主义的奠基人，《纯粹理性批判》、《实践理性批判》和《判断力批判》是他奉献给世界哲学史的三座丰碑。在他去世后，人们为他刻下了这样的墓志铭："有两事充盈性灵，思之愈频，念之愈密，则愈觉惊叹日新，敬畏月益：头顶之天上繁星，心中之道德律令。"两句墓志铭源自《实践理性批判》，它体现了康德坚持一生的思想："良心就是我们自己意识到内心法庭的存在。""头顶之天上繁星"说的是康德的认识论哲学，而"心中之道德律令"则指康德的道德哲学。

宗教哲学家，留下了很多著作，为解决"什么是人的行为准则和道德观念"绞尽脑汁，最后，他提出三条建议。

第一条建议是：要把你自己人身中的人性，和其他人身中的人性，在任何时候都同样看作是目的，而不是达到目的的手段。大家可以在生活中试一试。我试了整整60年，但却屡屡违规。这是一条要求极高的道德准则。

第二条建议是：不论做什么，都应该使你的行为能够成为一条普遍的立法原理。说得真是太好了。如果你从可怜的乔那里骗来了一个硬币，那么天底下所有人都有权利从他人那里骗来一个硬币，当然也包括你。

第三条建议是：探求真理。我对探求真理已经有点绝望了。我无法确认什么是真理，什么不是。我们在苦苦求索。穆斯林说圣战就是真理；罗马天主教则说在宗教裁判所（Inquisition）中处决数十万异端分子是真理。就是在美国，殖民者们不是也杀了很多女巫吗？所以，我把康德的第三条建议改为"探求知识"，质疑每件事，检验每句话。真理是经得起质疑和检验的。所以要质疑和检验。

我每到一处，就呼吁当地的无神论者应以"一个适度谨慎的人"所常用的合法方法来进行检验，因为适度谨慎的人了解自己行为的后果，以其后果对己对社会都是良性的行为准则。

我们暂停一下，我知道有人有话要说，他们要说："你说的不错，但你说了这么多，还没有涉及上帝是否存在的问题呢。"好吧，我们就回到逻辑规则和逻辑辩论的话题，因为无论我们要讨论什么问题，都必须先制定一些规则。我现在所要告诉大家的规则获得了世界上所有人，包括我和在座的各位，所有的宗教信徒，所有的科学家，无神论者，还有哲学家们的一致认可：谁提出理论，谁举证。比如牛顿声明他发现了一个理论，当然这个理论后来被证明是自然定律——万有引力定律，他就有最初举证的责任，他必须证明这个理论的正确性。那么好，宗教领袖，宗教学者，以及牧师们都已承认，上帝仅仅是一个理论而已，这真有点令人难以置信，但由于他们一而再，再而三地举出不同的证据试图证明他们的"上帝"理论，说明他们的确已经承认了。否则，如果上帝真的存在，他们又何必急于辩解和举证呢。他们完全可以让上帝出面击退那些反对者，并设置一定的条件让上帝现身。但他们没有这样做，而是一个接一个地推出"上帝"的理论。几千年来，他们为证明上帝的存在喋喋不休地辩解着，因为他们知道，举证的责任在他们身上。

我们作为无神论者需要做的就是鉴别他们提出的论据，确定这些论据的真伪。所以，一个合格的无神论者应该熟知约 8000 年①来所有有关上帝的争论。

有人会说，这是不可能做到的事。

那么，如果我告诉你们，在如此之长的时间内，宗教人士为上帝的存在所提出的理由总结起来只有 5 条，你们是不是会感到吃惊呀：5 条！为什么人们仅凭借 5 条理由就会相信呢？注意，每个宗教信徒都会说"我相信有上帝"，而不说"存在上帝"，这说明上帝只是一种理论，宗教信徒只是将自己置于以这种理论为基础建立起来的信仰体系之中而已。

有人有点不耐烦了。那么相信上帝存在的 5 条依据究竟是什么呢？第一，直观经验。这种经验指的是真实经历还是虚妄的想象？你亲眼见过上帝吗？如果你从未见过，那么你就应该相信其他人也没见过，当然那些醉鬼和瘾君子除外，因为酒精和毒品会毁坏人的感觉器官。如果上帝是"普世"的，那么所有人都能够看到他的模样，听到他说话的声音，而不是只有摩西和某些先知才有这样的特权。第二，直觉或特异功能（magical insight）。我们都知道，直觉是绝对靠不住的。它是主观的，而且通常都是事后才有所感悟，如："我告诉过你会下雨，我早就知道会下雨的。"第三，理论可以归纳为"信仰"，亦即盲目相信其他人亲眼见到过上帝，或感受到过上帝的爱，或利用特异功能洞悉上帝的神迹等。这是用别人替代自己，因为我们大家都是普通人，绝对不会有与上帝交集的经历，于是就把信任放在不是自己的"别人"身上，岂不知这"别人"与你一样，也是物质之身，也不可能具有这样的经历。第四，依赖权威：（1）教会或国家这样的权威机构，（2）《圣经》，《古兰经》，《吠陀经》，《奥义书》这样的权威书籍，（3）摩西、耶稣基督、穆罕默德、老子这样的先知或宗教领袖。当需要无条件地服从时，就会将这些权威搬出来。这个理由应受到最多的质疑：为什么这个权威要求我盲目服从？在这场交易当中谁是受益者，是服从者还是权威？答案通常都是后者而非前者。第五，就是逻辑论证或合理的论证，这些论证通常都是进行纯逻辑推理（或是根据不证自明的公理进行抽象演绎）。

现在没有宗教学者或哲学学者再重视前四种理由了（这里指的是反对

---

① 原文如此。

我们这些无神论者的那些学者），他们动辄就搬出这些合理的论证，甚至连罗马天主教会也开始引用这些论证了。他们从此再不提直观经验，直觉，信仰或权威，因为现在是科学时代，理性的论证才有说服力。

纵观历史，合理的论证一个接一个地被挖掘出来，从未停息，一直持续了几千年。但它们不外乎有三种类型，每种类型都有一个很有特点的名称：宇宙论，目的论，和存在论（ontology）。让我们先对这几个有点拗口的字眼稍加说明吧。

其中，阿奎纳①最先提出的宇宙论最为流行。宇宙论认为万物不会自己存在，而存在必有起因。初看，这一论证颇具说服力，但略加思索，就会发现它缺乏实在证据（real proof），在上帝存在的"第一因"（first cause）论证当中也具有相同的缺陷。谈到这个论证，我就不由得想起一位哲学家（约翰·斯图亚特·穆勒②）的故事。当年他一提起宇宙论就滔滔不绝，说个不停。一天，他正在家里对着一群客人口若悬河地讲着，他只有6岁的小女儿走到他的身边，对他说："爸爸，您一直在说上帝做了这个，上帝创造了那个，上帝是万物的起因。我就想问您一个问题：是谁创造了上帝呢？"这样一个简单的问题就可以否定这个理论，因为如果是上帝创造了万物，那么是谁创造了上帝？如果世上的每一事物都有别物作为起因，而每个起因本身又有自己的起因，那么，第一因就不会是"无起因"之因。所以，上帝也需要一个存在的起因。这个问题也可以表达为"谁是上帝的母亲？"宇宙论无法给出答案，因此毫无价值。

有时候，所有人，包括我自己在内，用"他"来表示上帝，这使我想起一个笑话，在尤里·加加林③首次乘宇宙飞船环绕地球飞行后，这个笑话曾在世界各地流传。它的大概意思是，南方某报社的一名记者采访尤里

---

① 托马斯·阿奎纳（Thomas Aquinas，约1225—1274年）：中世纪经院哲学的哲学家和神学家，他成功地将基督教的神学思想和亚里士多德的哲学融合在一起，利用亚里士多德哲学中的目的论的唯心主义思想推论出万物创造者的上帝的存在，为上帝存在这一神学最高信条作了哲学的论证。他的神学唯心主义体系很快成为西欧中世纪思想领域中占绝对统治地位的学说。教会在他生前就给予了他极大的支持和极高的声誉，称他为最光荣的"天使博士"。1879年教皇还正式宣布他的学说是"天主教会至今唯一真实的哲学"。

② 约翰·斯图亚特·穆勒（John stuart Mill，1806—1873年）：英国著名哲学家和经济学家，19世纪影响力很大的古典自由主义思想家。

③ 尤里·阿列克谢耶维奇·加加林（1934—1968年）：苏联宇航员，苏联红军上校飞行员，是第一个进入太空的人。1961年4月12日，加加林乘坐的"东方1号"载人宇宙飞船环绕地球轨道飞行成功，为苏联人赢得了太空竞赛的胜利。

时问他，在宇宙中是否见到过上帝？加加林说从未有人问过这个问题，在那位记者的追问之下，加加林叮嘱他要小心站稳，之后，加加林回答道："是的，我见到上帝了，但是，她是个黑人。"

那么到底是谁或是什么创造了上帝？上帝到底是他，她，还是它？他，她看起来是像蒙古人，黑人，还是高加索人？抑或，它是能量，是物质，还是虚空？仅靠"不以别物为因之第一因"的假设，无法解决宇宙论所面临的困惑。

第二种论证是目的论，它的内容一如它的题目一样，有着奇妙的文字描述：当我们观察周围的世界时，我们注意到一种高度的有序性，非设计而无法达到（伏尔泰①对此的回答是：照此推论，我的鼻子是专为架我的眼镜而设计成现在这样的），因此，智能设计论的假设是水到渠成的。看看每天夜里都出现在天空上的繁星，月亮，看看各种各样的植物，四季分明的春夏秋冬，在这一切的背后，肯定存在着一个智能设计者。目的论的缺陷实在太明显了，连现代的神学家们对它都不屑一顾：在这个世界上能够用来证实任何事情的发生都是有目的的证据本来就少之又少，而其中给人印象最深的都是一些缺乏仁慈之举。那个允许这个世界对芸芸众生如此残忍无情的设计者是最公正不阿的上帝吗？显而易见，只有邪恶的上帝才会笑对疾病、地震、残疾儿童、洪水、飓风、干旱、小儿麻痹症。目的论毫无价值。

存在论（ontology，亦译为本体论）是神学家们的主要希望。存在论认为上帝的存在是由其属性显现出来的：根据定义，上帝是绝对完美的，而存在是完美的标志，所以上帝应当是真实的存在的。噢，太荒唐了，仅用定义怎么可能证明存在呢！这就像是我们可以详细描述童话中的小矮人、小精灵、爱尔兰民间传说中的妖精和夏威夷传说中的梅内湖内人的特点，但对他们所做的定义并不能使他们成为真实的存在。存在论实在是一种无稽之谈。

近来，又出现了两种论证。其一为道德论证（参阅《纯粹理性批判》作者：康德），提出仁慈、正义、真诚、爱和智慧等美德均源于上帝。但残忍、邪恶、仇恨、虚伪、愚昧等恶习又从何而来呢？道德论证无法解决

---

① 伏尔泰（1694—1778 年）：法国启蒙时代思想家、哲学家、文学家，启蒙运动公认的领袖和导师。被称为"法兰西思想之父"。他的论述以讽刺见长，常常抨击天主教教会的教条和当时的法国教育制度。

这个问题，因此这一论证不攻自破。如果上帝是无所不在，无所不知，无所不能，至善至美，他怎能允许罪恶发生？如果罪恶就在他眼皮底下发生了，他还是全能和至善至美的吗？从这一点也可以将其驳倒。

其二为实用主义论证，此论证可以归结为一个问题："信仰是否有用？"信仰上帝的结果是使人类进步了还是后退了？好吧，如果那写满宗教审判所犯下的滔天罪行、十字军东征、一次次的宗教战争的历史尚不能回答这个问题，我们只需要反问它：相信圣诞老人是否也可以达到相同的结果呢？就可以推翻这一论证。

翻开人类历史的每一页都可以看到，相比其他意识形态，宗教给各阶层人民带来的是更多的痛苦与不幸。

有人会说，好吧，你否定了上帝的论证。但是《圣经》仍然是世界上最伟大的著作，这是事实吧。

那么，我说，"《圣经》就像地狱。"它是低劣的文学作品，虚假的历史事件，卑鄙的伦理道德。它赞美残忍、虐待、精神错乱、非理性、蓄奴、性别歧视、战争和死亡。总之一句话，它毫无价值可言。在此之前，我从未深入考虑过《圣经》的问题。《圣经》还有宗教，与人类生活毫无关联。《圣经》是垃圾（不是口误，我说的就是"垃圾"（offal），不是"糟糕"（awful））。它就是一堆思想的垃圾。它没有什么重要性，很少有人读过它。你在家里读《圣经》吗？人们只是想当然地把它当作一本重要的书籍，但事实绝非如此。

从记载着两种完全不同宇宙起源的《创世纪》一直到《旧约》，通篇都充斥着仇恨、复仇、残忍、压抑、贪欲和强取豪夺。那真是一本令人不寒而栗的书。你没有必要相信我的话，你只需要亲自读一读，请从头到尾地读一遍！你真的相信挪亚方舟、摩西分开红海、夏娃是由亚当的肋骨造出来的、约书亚使太阳静止不动地停在天空上，还有约拿和鲸鱼的故事吗？我们都知道，这些都是在人类尚处在蒙昧时代的传说而已，在那个时代，由于缺乏知识和资源，人们正在像瞎子摸象一般探索着周围的世界。

这些故事很可怜，没有美，没有爱，也没有理解。老实说，很多人的作品比《圣经》优秀得多，很多人的思想比《圣经》对人类有益得多。《圣经》中的人物一万个也抵不过一个居里夫人、一个爱因斯坦，或一个林肯，在这些为人类的福祉努力工作的人们面前，这些《圣经》人物一钱不值。

　　有人会说，"噢，你说的是《旧约》，《新约》不是这样的。"《新约》的确不同于《旧约》，比《旧约》更糟。《新约》的内容如此之多，详细叙述需要颇费一番工夫。但只需粗略地翻一下就可以发现大量的疑问足以驳倒它。为什么有两个耶稣的家谱，二者明显不同，但都通过父系追溯到约瑟从而证明耶稣是大卫（David）①的后裔？但约瑟根本不是他的生身父亲，"圣灵"才是！因此，从父系家谱上看，耶稣并不是大卫的后代。为什么会有两个不同版本的"登山宝训"②？为什么对耶稣的临终遗言的记载完全不同？耶稣出生在什么时候？为什么这位上帝之子要费时费力地诅咒一棵无花果树？在犹太国家内，猪是被禁止食用的动物，因此在这个国土之内应该没有大群饲养的猪，那么耶稣怎么还能从猪身上驱鬼呢？

　　在美国，几乎人人皆知宪法的诞生与内容，相比之下，那全能的上帝对他送去解救人类的唯一儿子的所作所为却稀里糊涂，岂不荒唐。

　　想要为《圣经》辩护的人请站出来，拿着那本虚伪的书到角落里，与人类的生活和人类文化相脱离，自娱自乐吧。有理智的学者绝不再会认真地考虑《圣经》的问题了。但话又说回来，如果我们以前没有把精力放在《圣经》的讨论上，我们就可能在《古兰经》、《吠陀经》或《希伯来圣经》上费工夫了。其实我们要做的事情很简单：将所有的这类东西扔到窗外去。上帝从来没有写过一本书，因为压根就没有上帝，任何时候、任何地方都从未有上帝存在过，过去没有、现在没有、将来也不会有。

　　有人会说，"你怎么能这么说呢？你说不知道不是更好吗？为什么不直接承认自己是不可知论者呢？"这太容易回答了，亲爱的华生（Watson）③。我首先要解释"无神论者"和"不可知论者"的区别。它们的区别在于有无胆量。我这样说又会失去一些不可知论者的朋友了。我想要详

　　① 大卫（David）：据《圣经》记载，大卫是古以色列国第二代国王（约于西元前1000—西元前962年在位）。他统一了以色列所有的支派，建立一个王国，将耶路撒冷定为首都。他规定所有以前神祇的名称和称号都称作上帝，或以色列的神雅赫维（Yahweh）。虽然王国在大卫的儿子和继位者所罗门（Solomon）的手中分裂，但宗教统一仍延续下来，大卫的王室成为象征上帝与以色列人之间的联结。

　　② "登山宝训"指的是《圣经·马太福音》第五章到第七章里，由耶稣基督在山上所说的话，这一段话被认为是基督教徒言行的准则。

　　③ 华生（Watson）：柯南·道尔的著名系列侦探小说《福尔摩斯侦探案》中的人物。书中描写福尔摩斯经常用这样的"这太容易回答了，亲爱的华生"作为开场白，回答华生对破案过程的疑问。

细地讨论一下什么是不可知论，但在开始这个话题之前，请先允许我离题片刻。

基督徒否定宙斯、太阳神、羽蛇神、托尔以及所有远古神的存在，我们可以非常肯定没有耶和华，没有上帝。因此，我们无神论者与有神论者的区别仅仅在于，我们在那个神的垃圾堆上增加了基督教和犹太教所共有的那个上帝而已。在历史上不存在耶稣基督，也没有摩西这个人物。我在一本名为《耶稣基督，一个超级谎言》的书中确定无疑地证明了这一点。

我们无神论者清楚地知道，所有的神都是人造出来，他们头发和眼睛是什么颜色的，他们的身高、胖瘦，他们出生的年代和文化背景，他们的父母亲是谁，他们为什么被遗弃，诸如此类我们都了解得一清二楚。

人们宗教信仰的取向是随机的，由生长的地域和时间所决定。基督徒之所以是基督徒，是因为他们生长在基督教盛行的时代，而且大多数发生在西半球。如果一个人生长在 3000 年前的埃及，那么他肯定信仰太阳神；生长在美国，但是是在 600 年前，那么他肯定会信仰"天父"；如果是生长在中美洲的托尔特克人①，肯定会膜拜羽蛇神。因此，既然大家认为根本不存在印度教中所信仰的三神一体：创造神——大梵天（creator god Brahma）、毗湿努（Vishnu）和湿婆（Siva）②，那么肯定也不存在犹太教和基督教所崇拜的上帝了。上述所谈到的，涉及什么是神的一般概念，这是一个很复杂的问题，在此不深入探讨了。还是回到不可知论的话题上吧。

这名称最早是由赫胥黎爵士（Thomas Huxley）③ 于 1869 年发明的。当时有一位名为查尔斯·布拉德劳（Charles Bradlaugh）的无神论者入选下议

---

① 托尔特克人（Toltec）：是中美洲历史上的重要民族之一。该民族原是居住在墨西哥北部的一支蛮族。公元 800 年左右，托尔特克人逐渐南迁至中部高原地区。这时，特奥蒂瓦坎（Teoti-huacan）的奴隶制城邦已经衰落。跟之前南下的奥托米人一样，托尔特克人也继承和吸收了部分的特奥蒂瓦坎文化，丰富和发展了自己的文明。

② 印度教信仰多神崇拜的主神论。印度教有三大主神：梵天、毗湿努和湿婆。梵天是第一位的主神，是创造万物的始祖；毗湿努是第二位的主神，是宇宙的维持者，能创造和降服魔鬼，被奉为保护神；湿婆是第三位的主神，是世界的破坏者，以男性生殖器为象征，并不断变化着不同的形象，也被奉为毁灭之神。

③ 赫胥黎（Thomas H. Huxley，1825—1895 年）：英国的博物学家和教义改革家。他支持达尔文学说，是第一个（以进化论观点）提出人类起源问题，并首次提出"不可知"一词的学者。著有《进化论与伦理学》和《人在自然界中的地位》。

院议员，但却因拒绝进行宗教宣誓而不得就职①。布拉德劳说他愿意用另外的方式确认自己对女王和国家的忠诚，但作为一名公开的无神论者，他不能请求一个臆想中的上帝的保佑。那时的英国关于达尔文进化论的论战正处于白热化的阶段，赫胥黎以巨大的热情捍卫达尔文学说，驳斥宗教人士对这一学说的诬蔑。正因为如此，布拉德劳觉得赫胥黎可能成为他的支持者，甚至可能会公开承认自己是无神论者。如果赫胥黎能够这样做，无疑会减轻无神论者所面临的压力，布拉德劳的奋战也不会在基督徒的仇恨当中举步维艰了。但是赫胥黎远不如布拉德劳勇敢，为了不激怒基督徒，回避正面冲突，他玩了一个文字游戏，创造了一个新词"不可知论"（agnosticism）。在希腊语中，前缀"a"表示否定，因此他在希腊文"诺斯替主义"（gnosticism）这个词的前头加了前缀"a"，来表示它的反义词："不可知论"（agnosticism）。这样做既可以显示出他具有渊博的学识，又掩盖了他内心的怯懦。显然，赫胥黎对于诺斯替主义是一个神学体系心知肚明，而"诺斯"（gnosis）在希腊语中的含义是"知识"，因此，他试图用"不可知论"（agnosticism）这个词讽刺无神论者只知道依赖已知的东西，如知识。

诺斯替主义是一种折中的哲学与宗教体系，盛行于公元后的1—6世纪。它在基督教与异教主义之间找到了一个折中方案：诺斯替主义的领域分成两半，即基督教的一半与异教的一半，其中基督教的一半也许是这个领域中最重要的一半。它提出拯救人灵魂的途径不是信仰，也不是哲学，而是知识。赫胥黎使用这样一个与古老哲学体系相关的词作为新词"不可知论"的词源，其讥讽之意显而易见。他要借此表明他的立场：知识不是拯救灵魂的途径，人永远无法知晓有无上帝。有无上帝的问题只关乎信仰，与知识无关。因此，赫胥黎接受上帝的概念，但否定知识与上帝的关联。他将上帝确定为不可知的，是人类智慧永远无法达到范畴。面对一个无神论者是否应该进入议会之争，选择用这种方法回避，是聪明的，但更是怯懦的。

有趣的是，根据诺斯替主义的古老信条，所有的存在，无论是物质（matter）的还是精神（spiritual）的，都是一系列神性的放射物（emana-

---

① 英国议会的宗教宣誓过程是手按《圣经》宣誓效忠伊丽莎白女王，宣誓完毕后，还有毕恭毕敬地加上一句"愿上帝保佑"。

tions）或波（waves）①。

好了，现在回到我刚才谈到的问题：是先有精神（mind）还是先有物质？诺斯替教派用一串连续不断的波来解释这个问题：先有意识，物质紧随其后；物质之后又是意识……如此这般，间歇变化。这一系列放射物或波叫作"爱安"（eons）（亦称"分神"或"灵体"），基督是高于普通人的灵体。这个教派有一个简单的信条，那就是"知识"（knowledge）或"诺斯"（gnosis）可以把人"解放"（emancipation）出来，注意，此处的"解放"在当时的欧洲不是指奴隶与农奴的解放。新教徒只有掌握了"诺斯"（gnosis）才能将自己从物质的魔掌当中解救出来。

他们所追索的"诺斯"或者说"知识"是如此晦涩（譬如，在一个"针尖上到底可以容纳多少个跳舞的天使"就是诺斯替教派花费数年，苦苦寻求答案的一个重要"知识"），显然，赫胥黎对这样的"知识"嘲笑有加。但是更重要的是，在某种意义上赫胥黎在对待是否有上帝这样终极问题上蔑视一切知识的作用。上帝只能通过信仰来接受。上帝是不能通过知识被认知的；人类的认知能力是有限的。对于赫胥黎和生活在当今社会中的人们而言，这两种观点都是极端保守的，骨子里透露着怯懦。

所以，从学术和历史的角度来看，不可知论者是一群不相信"知识"的人，他们认为人类对世界的认识具有相对性和不确定性。在他们看来，宗教拯救只能通过盲目接受信仰才能得以实现，在这一过程当中知识毫无作为。

赫胥黎远不只是讥讽与怯懦，他的观点里面还掺杂有《圣经》的典故。《圣经》中有一个名叫保罗的神话人物来到雅典后，告诫市民们应膜拜他建在此处的一尊雕像。在《使徒行传》第 17 章的 23 节中，保罗说"……当经过这里的时候，我亲眼目睹了你们的虔诚，因此我建立了一个祭坛，上面刻有'献给不可知的上帝'"。

显然，赫胥黎认为，在保罗时代上帝是不可知的，时至 1869 年，上帝仍然是不可知的。保罗将上帝尊为不可知的神，赫胥黎就为这一现象造

---

① 根据诺斯替主义，宇宙有两个原始原则，或两个上帝，他们彼此敌对，一个高于另一个，甚至一善一恶。灵魂是善的，物质是邪恶的。至高的上帝，即善神不可能创造出邪恶的物质。因此，他发射出一系列的神性发射物或波（亦称"爱安"（aeons），或"分神体"或"灵体"，作为神人之间的媒介。越后面的爱安离上帝越远。只有排在最末端的那个爱安才可以接触物质，就是这个爱安创造了世界。

了一个新词，叫作"上帝——大而不可知者"（God – great unknown）。

但是，这个词被误用了，误用者具有相同的身份——有权势的宗教分子，或许这是一种故意。通常而言，一般人对不可知这个词的理解应该是上帝是存在的，只是其本质是无法被人所认知的。因此，不可知论者既受到社会的认同，也为教会所接受。不可知论与一条宗教信条特别相似：上帝是深不可测的，人类的理性难免出错。因此人必须通过非常规、非科学的手段才能接近真相。持有不可知论观点的哲学家们为了将自己区别于庶民不可知论者，总是与教会联盟，这是因为不可知论所提出的世界是不可知的伪命题，削弱了科学，增强了神学。因此，不可知论将人引向信仰，诱导人相信宗教信条。判断是否与教会结盟的标准只有一个：教会是否接受某一论点，如果答案是肯定的，这一论点就与宗教相符。显然，教会并没有咒骂不可知论者。

因为公众误用这个词的范围如此之大，赫胥黎后来承认，他很后悔创造了"不可知论"这个词。但是这已是在查尔斯·布拉德劳最终以公开的无神论者的身份取得英国国会下议院的席位之后，在查尔斯·布拉德劳凭借自己不屈不挠的勇气、毋庸置疑的诚实、个人的正直闻名世界之后的事情了。而查尔斯·布拉德劳的这些美德恰好是赫胥黎所欠缺的。

至此，我回答了"什么是无神论者"这个问题，同时也说明了什么是无神论者的世界观。

无神论者就是摆脱了神学束缚的人。无论是谁把宗教渲染得多么天花乱坠，无神论者都不会迷醉其中。我们相信唯物主义的基本前提，将其视为一种生活方式，而不仅仅是一种哲学门类。我们有尊严、有知识；我们豁达、忠诚。生命是我们最珍贵的，我们想要利用生命做一些有意义的事情。不要为了得到死时的一个机会而抛弃生命。"你所看到的才是你所得到的。"放松身心，享受生命。

我被经常问到的第二个问题是："你是如何选择这条路的？"那又会引起另一个很有意思的故事。今天下午我还有一个演讲，题目就是这个。

谢谢大家的出席。下面我将回答大家的提问。

（原载于《科学与无神论》2013 年第 1 期）

唯物主义的历史

曼德琳·莫里·奥海尔　著

张英珊　译

尽管很多美国的无神论者并不乐于将自己等同于唯物主义者，但事实上，所有无神论者所采取的生活方式说明他们就是唯物主义者。

在美国，对于唯物主义有着种种错误的解读，或许这是有意为之，因为误读本身就是一种诋毁的方式。

根据生活态度的不同，人基本上可以分为两大派别：唯物主义者和唯心主义者，对此我已重复过多次了。这两种不同的世界观自古有之。有人将唯心主义等同于理想主义，这是巨大的曲解。事实上，唯心主义是所有宗教的基础。从其本质出发，它应被称作 idea – ism（意识主义）而非 ideal – ism（唯心主义）。因为它认为意识（idea）是第一位的，物质依赖意识而存在，物质是意识的产物；上帝是宇宙中最强大的意识，正是这一非物质的主宰者竭尽其意识精髓创造出了物质世界。

另一派别是唯物主义。唯物主义并不是指对物质享受的追求，而是承认客观物质世界独立存在，与意识毫无关系；否定超自然力的存在。唯物主义努力寻找客观世界的本质，但并不贸然假设肯定能够获得答案。只要我们不断求索，总会有所收获，不是吗？

唯物主义与唯心主义争论的焦点是"意识"与"物质"的关系。

认为物质世界是第一位的，精神或意识是物质的产物的人隶属于唯物主义阵营；而坚持认为精神或意识先于物质存在而存在的人则属于唯心主义阵营。

唯物主义者坚信，人类之所以可思可想是因为大脑的存在，而大脑是具有一定大小、轻重的物质体。唯心主义者则坚信在某处存在着某个看不见、摸不着的强意识，物质世界仅是这一强意识的产物而已。从某种意上而言，二者之间的争论属于纯学术的范畴，因为它们都无法完全确定世界中的万物来自哪里，为什么存在，自何时存在。但是，由于立场不同，对生活的看法亦不同。

关于唯物主义是怎样发展起来的书籍本来就不多，有价值的更是少之又少，这直接反映了人们对唯物主义避之不及的态度。我曾花了很长时间寻找公正描述唯物主义的书籍，但对于是否能够找到并不抱过多期望，因为唯物主义的基本原理使得唯物主义及其释义成为聚集主观仇恨的目标。在西方，由唯心主义者们把持着历史记载和历史教育权力的时代长达 1600 年之久，其结果是思想受到歪曲和压制，这真是一种不幸。

抱着这样的想法，我找到了一本 1925 年在英国出版的书。我从一些无神论者朋友那里听说过这本书，但对它的内容不甚了解。当看到它的序言竟然出自罗素之手，我不由得大吃一惊：能够得到罗素的赞许，这本书肯定不错。这本书的名字是《唯物主义的历史及其现时作用的评价》（ *The History of Materialism and Criticism of its Present Importance* ）。作者是苏黎世大学的哲学教授弗雷德里克·艾伯特·兰格。这本书于 1865 年首次出版，1925 年是重印版。兰格本人不是唯物主义者。一般情况下，对唯物主义哲学的攻击主要集中在伦理道德的层面上，而兰格在此书中曾经多次驳斥这类攻击，但最后，他还是妥协了。唯物主义一直被认为会诱导人走向堕落。即使在今天，谁被冠以唯物主义者的名称，就相当于被指责为拜物狂——迷恋物质享受。这种近于白痴的说法居然能够一直存在下来，真令人难以置信，但事实就是如此。

1865 年，当兰格的著作在德国出版后，英国赫胥黎家族就有意将其翻译成英文，但未能如愿。到了 1874 年，当廷德尔教授公开承认"无论在精神上还是文字上"都从此书中受益匪浅后，这本书就成为很多争论的主题了。1875 年，将此书由德语翻译为英语的工作开始启动。将德语的哲学著作翻译成英语本来就困难重重，加之原作者在同年 11 月突然辞世，译者无法得到原作者的帮助，这一工作就难上加难。从译本的译者序中可以看出，译者是一位唯心主义者。他说，在翻译过程中遇到俚语时，他尽可能直译，以忠实于原著。

这本书有 700 页，下面我就要讲述它的概要。我是一个无神论者，在讲述过程中，我尽可能做到忠实和公正。唯物主义一直受到诸多的攻击，但对于我而言，它是我所知道的最好的生活哲学。因此，在我讲述的过程中，若因情绪激动而有措辞不当之处，敬请原谅。

多数唯物主义者轻视哲学，认为他们的观点绝非哲学推测的产物，而纯粹是经验、常识和自然科学的总结。兰格假设唯物主义是哲学，因为它是以哲学为根基的。但是他强调，唯物主义思想是在与传统的宗教抗争中起源和发展的。他说："发生在人类早期的一些残酷的偶然事件被无知的民众不断更新和强化是产生宗教的根源。"对于一个宗教人士，能够说出这样的话，是非常勇敢的。东方的宇宙起源论并不试图用唯一的原理来解释世界，而是描绘出了一幅拟人化的众神、半神以及各种物质和力量不断变化和争斗的混乱图景。正是这些极富想象力的思想激发了寻求秩序和统一的思潮——哲学由此而生，亦即，哲学是渴求秩序和统一的产物。

兰格在书中开篇就写道"物体（matter）纯粹由物质所构成，亦即，物体的组成是实体粒子，与意识无关。这些实体粒子的运动规律遵循物理原理，独立于感觉而客观存在，但当它们以某种特殊的形式组合之后可以产生感觉和思想。只有在这样的认识基础上，唯物主义才成为完整的体系。"（不要忘了，这是兰格在100多年以前给唯物主义下的定义）

在无神论学派的唯物主义者看来，这些遵循物理原理的实体粒子的确可以产生感觉和意识。如果没有神经和神经末梢，我们就无法感觉到疼痛。如果没有大脑，我们就不会有思想。我坐在演讲席，你们坐在听众席，我们之间有一段距离，这段距离本身决不会产生爱，但由物质构成的人却能够去爱，这表明，爱这种感觉是由物质的身体和物质的大脑产生的。

我们总喜欢重提古希腊和古罗马，这可能是因为当代宗教是从那时的文化继承和发展而来。但是我们决不能忘记，在古希腊有贵族和民众两个群体，民众所相信的，贵族避而不及；贵族所相信和传播的，民众一无所知。我们还要记住，古希腊人缺乏统一的政治体制，这是发展完整宗教的必要条件。他们是个体城邦制，因此，存在着许多关于宗教膜拜的本土表述，这样的情况在今天的美国也同样存在：南部由浸礼教徒控制，犹他州被摩门教徒占据，而大城市则是罗马天主教徒的天下。但是，在不同人种，不同宗教，不同地域的人们之间会有一定的交往，而刻意回避不同地域或不同宗教之间的矛盾是良性交往的基础。譬如，一个国家的电视节目必须适合大众的口味，才会有观众。正因为不敢冒犯观众，所以我们所奉献的文化作品都是一些"西方式的戏剧"、"神话和侦探故事"等，它们绝不会涉及主要世界观之间的冲突。

雅典是一个很特殊的地方：苏格拉底被毒死在那里；亚里士多德和普罗塔格拉从那里出逃，随后普罗塔格拉的关于神的著作被当众付之一炬；阿纳克萨格拉在那里被捕，随后被流放；被称作"无神论者"的西奥多罗斯，以及阿波罗尼亚的狄奥根尼在那里以否定神的罪名受到审判。所有这一切都发生在仁慈、开明的雅典。

在希腊，被兰格称作哲学的科学思辨的发端与东方宗教运动的大发展几乎发生在同一时代。甚至有可能是东方的哲学思想慢慢传播到了希腊，而希腊本土自身已经具备的知识氛围使其得到进一步的发展。

但是，至少在雅典，思想家们遭到迫害。从表面上看，古希腊似乎不存在祭司阶级，但有祭司家族，他们都是最高地位的贵族，所拥有的权力是可以世袭传承，他们的统治已经持续数个世纪了。厄硫西斯秘仪（Eleusis Mysteires）就是在他们的领地上举行的神秘仪式。最大的家族是欧墨尔波斯家族（Eumolpidae）以及克律克斯（Keryx）家族。当墨罗斯（Melos）岛上的无神论者底亚格拉（Diagoras）来到雅典游历时，受到审判。我们看到，在特定环境下，欧墨尔波斯家族有权以秘密法典为依据，裁定对宗教不敬者的处分。在宗教狂热的气氛下，教会的权力膨胀，对不顺从者的宗教攻击和政治迫害均源于此。古希腊如此，现在亦如此。

阿里斯托芬（Aristophanes）和伊壁鸠鲁（Epicurus）参与所有公开的宗教仪式，他们所表现出来对现行体制的顺从掩盖了他们对时政和宗教的冷嘲热讽，因此得以逃脱。这听起来就像发生在现代的美国。从大众的角度来看，所有的思想家都会因亵渎神而被判极刑，因为他们笔下的神与祭司们所说的大不相同。

哲学诞生在那些受人尊敬，因四处游历而见多识广的富人之间。泰利斯（Thales）、赫拉克利特（Herakleitos）、恩培多克勒（Anaximander）的地位是如此显赫，他们无须向众人解释他们的观点，这毫不奇怪。在美国，有谁会质疑姓洛克菲勒、福特、梅隆或费尔斯通（Firestone）的人所写的晦涩难懂的作品呢？事实上，平民百姓中有几个人能知道这些显赫人物写的是什么？在古希腊也大概如此。但是，与哲学研究齐头并进的还有数学和自然科学。泰利斯、恩培多克勒和阿那克西曼尼（Anaximenes）忙于解决天文学问题和解释宇宙的原理，贸易将知识带向世界各地。在东方，学者们在数学和天文学方面的研究远远走在希腊人的前头了。

在这些科学研究的启蒙阶段，将人类的思想带出未知的迷雾、将人类对世界的认识从宗教的谎言和诗人的幻想转变为清醒与理性的理论过程中，唯物主义的作用不可小觑。

人们可以直接看到的实物到处都有，原子论者则试图透过表观现象，看到事物的本质。在各种表观性质中，他们抽取了最简单的作为物质的基本要素，然后根据这些基本要素将所有的现象分类。

这些原子论者第一次用"物质"（matter）这个极其明晰的概念描述这些基本要素。兰格将这一步描述为"勇气可嘉，方法正确……自从有人类以来，这是唯一可以解释世界的方式……"他们在认识世界的过程当中，由简到难，由已知到未知，循序渐进。他们没有重蹈覆辙，进入宗教的轨道。

现在再引用兰格的一句话，"像德谟克利特那样受到历史的不公正待遇的古代伟人，真是少之又少。"在那些不承认科学，因循守旧的人的笔下，他除了被称为"欢笑的哲学家"以外，再无别的描述了。如在韦伯斯特（Webster）词典当中查"德谟克利特"这一词条，只有如下描述：他是生活在公元前460年左右的希腊哲学家，通常被称为"欢笑的哲学家"。因此，兰格特意写道，他赞赏培根（Bacon）慧眼识英雄，将德谟克利特从众多的古代哲学家中甄别出来，将其视为追求真理的典范。同时，他将亚里士多德看作无益的表面知识和空洞哲学的创始者。

事实上，原子论是现代自然科学的基石，如果要说谁是现代科学之父的话，那非德谟克利特莫属。

德谟克利特出生在位于色雷斯海岸的希腊殖民地阿布德拉。这是一个繁荣的商业城市，富饶而文明。德谟克利特的父亲极其富有，他会让富有才华的儿子接受最良好的教育，这是毫无疑问的。但德谟克利特从小跟随东方三博士（Persian Magi）学习的传说并无历史根据。这一传说很有可能是源于波斯王薛西斯一世（Great king of Pelrsia, Xeres I）（公元前486—前465年）曾造访阿布德拉，而当时最有学问的三博士（Magi）肯定会陪同左右。还有，这样一个重要人物访问阿布德拉时，肯定会住在当时最富有同时亦最有影响力的市民家中，而德谟克利特的父亲就符合这一条件。

事实上，在确定德谟克利特生活的年代方面做了大量的研究，但仍然不能确定他是否与苏格拉底（Socrates）是同时代的人。所有的资料只显示他成年后就开始发展他的理论，我们只能推测他也许生活在苏格拉底时代。

德谟克利特似乎将他所继承的巨额财富都花费在"宏大的游历计划"之中了。他遍访城镇，了解当地的风土人情。当再回到家乡的时候，他已是两袖清风，一文不名，只能靠他哥哥的供养度日。但不久，他就在自然哲学领域频频作出成功的预言，从而成为人们眼中睿智、无所不知的人。最后，他写出了巨著《宇宙秩序论》（*Dialosmos*）并当众朗读，得到了巨大的赞扬。家乡的人们赠给了他 100 塔伦特（也有的记载中是 50 塔伦特）（当时希腊流通的货币单位）作为奖励，并建了一座铜像纪念他。

他辞世的具体年代不详，但通行的观点认为，他非常长寿，去世时安详而快乐。

提起德谟克利特这个名字，有大量的奇闻逸事，但绝大多数都无关乎他的真正品质。特别是那顶"欢笑的哲学家"的头衔使得历史学家们只看到他嬉笑嘲讽现实世界的污浊和乐观对待一切事物的哲学态度，而忽略了他的特质。在各种有关他的传言当中，不乏相互矛盾的内容。在我们眼中，他是一个将毕生心血都奉献给科学研究的人，他的研究涉及广泛，推理严谨，丝丝入扣。

德谟克利特的著作大都失传，保存下来的只有一些从他的大量著作中搜集而来的断简残篇。收集者们一致认为，他在亚里士多德之前的所有哲学家中，是知识最丰富，才华最出众的一位。就是这样一位兴趣广泛，成绩斐然的人所留下的思想片段当中竟有这样的一段话，"我们不应将精力花在丰富知识上，而应花在丰富理解力上"。在提到所取得的成就时，他很少谈到他的作品数量有多少，所涉猎的内容有多么丰富这类话题，而是对他的个人观察体验，他所采用的数学方法以及他与其他学者之间的交流情有独钟。他这样写道：

> "在与我同时代的人当中，为了探求自然的秘密，我在地球上所走过的地方最多，最遥远；体验了最丰富的气候，看到了最多的国家；听到了最多思想家的宏论。在几何构图和证明方面没有人能够胜过我，包括埃及的几何学者在内，我与他们在一起度过了整整五年的时光。"

德谟克利特之所以被人们所遗忘，原因之一就是他对事业有强烈的渴望，对逻辑辩论则避而不及。据说他在雅典时，不与任何其他哲学家接触，以致雅典的哲学家们都不知道有德谟克利特这个人存在。在他得到的格言当中，有这样一句话："热衷于辩驳与喋喋不休者距真理最远。"

德谟克利特从未收过学生，伊壁鸠鲁记载下了他的言论并完全吸收了他的哲学思想。亚里士多德经常提及他，但目的永远都是为了攻击他，语气虽不失尊重，但内容却缺乏客观和公正。而我们至今还记得德谟克利特，则是因为他睿智的思想，他严密的思辨。他思想的精髓应该包括在以下命题之中。

Ⅰ.（原子）不能被从无中创生，也不能被消灭。任何变化的本质都是原子之间的结合和分离。

这一命题在原则上包含了现代物理学中的两大学说——物质不灭定律和能量守恒定律。当然，这一命题与基督教"一切从无中生"的概念截然相反。

正是从这一命题当中，发展出来当今应用在物理学和天文学当中的宇宙观。

Ⅱ.不存在偶然性，任何事物的发生都有其原因和必然性。

如果一片屋顶上的瓦正好砸在一个行人的头上，通常都会被当作是一个偶然事件。没有谁会想到这时的风向、地球引力以及其他的自然环境与这事有什么关联，但其实就是在这些情况的综合作用下，才发生了这一事件。所以，这一事件具有物理学上的必然性：在那一时刻，只要有人经过那一地点，必然会被瓦砸中。

虽然这一假说具有犯错的可能性，但在任何看似偶然事件的背后，肯定具有诸多原因，这是毫无疑问的。

Ⅲ.世界的本原是原子和虚空，除此之外都是人类的想象而已。

利用这一原子论，我们能够解释现代有关声、光、热的运动规律，以及化学和物理变化。

Ⅳ.原子在数量上是无限的，在形式上是多样的。当原子在无限的空间中下落时，较大者速度较快，一旦到撞击到较小的，就会使后者产生侧向运动和旋转运动，数量无限的万物之产生与消亡均源于此。

后来，伊壁鸠鲁将其简单总结为：在虚空中没有阻力，所有的物体都以等速下落。

Ⅴ.一切物体的不同，都是由于构成它们的原子在数量、形状和排列上的不同造成的。原子在本质上是相同的，它们没有"内部形态"，而是通过碰撞挤压相互作用。

德谟克利特将颜色、声音、热等感官特性看作原子排列不同所产生的表象。

Ⅵ. 灵魂（生命的本质）与火一样，也是由精微、光滑、圆润的原子构成。这些原子一直处于最活跃的运动状态。扩散到整个机体之中，生命现象由此产生。

在德谟克利特看来，智力就是"源于原子排列组合不同的一种现象"。正是从这些命题当中，德谟克利特形成了他的伦理思想。简述如下：

> "精神的宁静和愉悦是幸福的源泉，这只能通过自我控制贪婪的欲望来获得。节制、净化心灵、提高修养、开发智力是人人都适用的获得幸福的方式。感官上的享乐只能提供暂时的满足，只有为了内在价值而做善事，并且不会因恐惧或欲望而动摇的人才能获得心灵的回报。"

德谟克利特意识到有机体为了适应环境需要改造自身，他认为人体构架更是适应环境的产物。他是以客观，而非主观的角度来看世界的。

如果西方文明能够在此基础上发展和建立，欧洲历史上就不会出现基督教获得全胜之后的那 1000 年"黑暗时期"了。现在我们就沿着这条线索看看在德谟克利特提出这些命题之后，唯物主义是如何发展的。唯物主义哲学是在近些年来才又兴旺起来的，或许我们应该先搞清楚是什么原因使得唯物主义一直受到压制。

德谟克利特共写了 70 本书，柏拉图想要将它们全部烧毁。这些书中有两本是关于心理学的：一本论述思维，一本论述感觉。他提出思维产生的位置在大脑，因此他将大脑称作"身体的主宰"。

德谟克利特是一位快乐的人，这是大多数唯物主义者的特质。他认为，甄别善与恶，对与错应该是人的本能。他发现心灵的快乐与宁静是最持久的善，通过正确的思维和行动就可以轻易获得，因为追寻和谐的内心世界与追求个人幸福是一致的。

我们无神论者完全认同德谟克利特的观点，我们的认同具有充分的理由。

　　唯物主义的历史一直受到忽视，这是那些神学历史学家们一致在向这一哲学泼污水的结果。一直到近期，它才在知识分子阶层再次崛起。唯物主义哲学是如何发展起来的，为什么历史学家和哲学家都对它视而不见？但正如兰格所发现的那样，要回顾唯物主义连贯、紧凑的历史就像要把一团乱麻理出头绪来，真是困难重重。

　　在古希腊时代，来自各地的学者游历在希腊各城邦之间，络绎不绝。他们在那里讲学、辩论，偶尔还会有人因此而发财。有才华的年轻人（当然是富家子弟）簇拥在他们周围，倾听他们的教诲。这成为当时的一种时尚。他们的学说和言论成为上层社会的谈资，一时间他们声名远扬。

　　下面要谈到的人物就是普罗塔格拉（Protagoras）。古代有这样一个传说，有一天，圣人在家乡看到一位搬运工正在用一种非常聪明的方式将要搬走的木块捆在一起，就上前搭讪。在应答中，这位搬运工的反应之快令圣人极为吃惊，于是，收他为弟子。据说这位搬运工就是普罗塔格拉，世界上最早的论辩家。他是人类历史上第一位不以客观存在、而以主观精神为基础的人。普罗塔格拉抛弃了德谟克利特提出的原子论，提出事物的存在是相对于人的感觉而言的，并将其称作"感觉论"（sensationalism），强调个体观察的感受是最重要的。

　　"感觉论"（sensationalism）的命题主要有以下两点：

　　（1）人是万物的尺度，是存在事物存在的尺度，也是不存在事物不存在的尺度。

　　（2）相互矛盾的主张是对等正确的。

　　兰格是这样解释上述命题的："人是万物的尺度，这就是说，事物显现的样子依赖于人的感觉；而人只能感受到事物所显现出来的样子；这里作为万物尺度的不是具有共性的人，而是在某一时刻的某一个体。"

　　但是作为个体存在的人在不同时刻会有不同的感受。如果同一个人在感受同样的温度时，有时会感觉凉一些，有时会感觉热一些，这两种印象在感觉的那一瞬间都是同等正确的，那么还有真相可言吗？

　　以此为基础，普罗塔格拉提出愿望和感觉是指导行为的准则。他用一条明确的标准来区分高尚的人和卑劣的人：高尚的人只向往美好的事物，而卑劣的人则会受到罪恶的诱惑。但是，美好与罪恶是相对的，不同的人具有不同的定义，能够受到恶的吸引，说明罪恶在这类人眼中或许就是美好。

基于此，兰格推断，伦理唯物主义（ethical materialism）的出现终结了普罗塔格拉思想的统治。他将伦理唯物主义定义为一种道德规则：人的道德活动受到精神生活的制约，亦即，人的一切行为的目的都是努力追寻快乐这一精神境界。兰格认为这样的道德体系非唯物主义莫属，因为它是以物质为基础而建立起来的——行为实践所需要的基本物质、各种外部的刺激、愉悦的感受，因此唯物主义是低层次的道德体系。但是，这只是兰格的一家之言。

普罗塔格拉最终被赶出了雅典，因为他的书中竟然这样描述神："提到神，我不能确定他们是否真的存在。"

只要一个国家，或像雅典这样的城邦国家，在稳定发展的同时，能够牢牢保持旧的传统，那么它的人民就会在抵御外国势力的共同利益下凝聚在一起。一个思想家所得出的结论只有寥寥几句话，历史要认识它却要花数千年。虽然这一思想可能十分正确，但在特定的情况下，却可能是有害的，因为它损害了百姓的利益，最终给国力以致命的打击。人们紧紧地依附于旧传统，就相当于给个人的才干和野心上了一把禁锢之锁。一旦每个个体都有自己衡量事物的尺度原则，这把禁锢之锁将被打开。对此的唯一防范就是传统，普罗塔格拉也无能为力。

正当普罗塔格拉试图论证"相互矛盾的主张是对等正确的"时，很多他的效仿者们则将精力用在建立自己的个人观点上。

普罗塔格拉还忙着一件事，就是研究文法和语源学，也就是说研究词语。研究的最终结果是"什么都是数字"，"灵魂的本质是数字"，"神也是数字"。

由此产生了诡辩学派。他们认为任何事物都具有相对性，没有客观、绝对的标准；他们所主张的中产阶级道德观的内容含糊，没有建立任何原则标准；他们奉行灵活的个人主义，提出人们有权利根据不同的境况选择自己的行为。

这一学派发展到后期，仅将是否坚持主观意识（个人意识）作为鉴别本学派的原则。

正是在诡辩学派的刺激下，唯心主义学派才开始繁荣发展。在柏拉图和亚里士多德时代，唯心主义获得了决定性的胜利。但是它击败的不是唯物主义，而是唯物主义的异变体。

当受过良好教育的人开始嘲笑神时，或者将神作为哲学范畴中的抽象概念时，社会上那些粗通文字的人们就立即会感到不安，急于反扑，将什么蠢事都拔高到宗教的层面上来，这已是历史上的一种常见的现象。

充斥着种种荒诞行为的亚洲祭祀仪式受到青睐，前基督教的各种元素开始整合，于是人类开始走向通往愚昧之路。

唯物主义对数学研究和物理现象情有独钟。但普罗塔格拉终结了唯物主义的这一偏好——唯物主义需要一个全新的基础。对于那些参与了唯物主义思想突破性发展的哲学家们而言，这一发展进程绝非一帆风顺。

在一个时代内，过于超前的思想必定在这个时代内消亡。然后在打压中奋起，经过艰苦卓绝的抗争，再次站立起来。苏格拉底就将生命称作反抗压制的新趋势。雅典是一个虔诚的城市，苏格拉底是一个虔诚的雅典人。他探索世界的理论有着明显的宗教色彩——拟人化的众神形象，具有自然神学的特性。他不研究事物的本质，而将追究人的道德本性作为其哲学理论的终极目标。

他认为，产生世界结构的原因会因人类理性的发展而改变。对于他而言，世界是由人来解构的。这里的人是指普通人，而不是由自然宇宙法则产生的人。他提出，在任何事物中都有人神同形同性的特点。首先应提出目标和计划，然后再由物质和力量来具体实施。构建世界的建筑师必定是人们所想象出来的一个人，虽然他的一些行为很难为普通人所理解。如果这个人等同于理由的话，那么"理由"与"神"这两个词就可以互换使用了。苏格拉底几乎没有对"寻找外部原因"表示过轻蔑与不屑。

维持宗教仪式的常规形式并不满足苏格拉底的愿望，他还希望在宗教仪式中赋予更深的含义。因此，他要求民众不要只是为了祈求某一赐福而祷告，而是要通过祷告从神那里要来"善"（good），因为只有神才真正知晓什么是"善"。但是希腊人总是在向特定的神祷告，这使得事实上每一个神成为一个信条的象征。苏格拉底对神谕也颇为赞赏，因为如果神能够为了人类的善而关注琐碎的细节，那么他也一定能够与人交流，并给出忠告。

由苏格拉底发起的精神运动经过修正，成为后来的柏拉图和亚里士多德体系，他们的著作影响了西方文明上千年。甚至到了当代，亚里士多德的一些荒唐言论仍未受到批判。譬如，他说宇宙是一个封闭的球体，在这个球体的中心就是地球；不存在真空；灰尘产生了虱子和跳蚤；只有人类才有心跳；身体的左侧比右侧的温度低；男人的牙齿比女人多；每个男人的脑后都有秃顶；重的物体下落的速度快于轻的物体。

兰格这样解释："一种思想经过快速传播占领了整整一个时代后，就开始渐渐消亡，失去了对新生代的掌控。同时新的思想在无声无息中汇聚成流，不断适应着国家与民族的变化，发出新的号令。一代人在创造思想上耗尽心血，才思枯竭，就像土地一样，如果长时间只种植一种作物，就会贫瘠。只有在一直闲置的土地上，才能获得丰产。"

我不同意这种观点。唯物主义一直受到各种暴力的压制，唯心主义则一直处在极权的庇荫与政府的支持下。只有当唯心主义面临崩溃的时候，唯物主义才得以从压制下抬起头来，再次向唯心主义挑战。

当我们想要追溯唯物主义的历史时才发现，几乎所有作者都对唯物主义充满了偏见，因此他们在书中对唯物主义竭尽诋毁。这使得我们几乎无法从资料中找到唯物主义真实的发展历程、无法列出对其有贡献的思想家、无法读到他们的真知灼见。兰格有些冒昧的评论证实了这一点。

伊壁鸠鲁是原始的唯物主义者之一。据说他的父亲曾经是雅典一所小学校的校长，生活窘困，后来移民到萨默斯岛。伊壁鸠鲁就是在那里出生的，年代大约在公元前342年年末，抑或公元前341年年初。传说他14岁那年在学校学习赫西俄德的宇宙起源学（hesiod's cosmogony），当学到万物都起源于混沌时，不禁叫出声来，"那么，混沌又从何而来呢？"他从老师那里得不到答案，于是，年轻的伊壁鸠鲁开始了自己的哲学研究。

事实上，伊壁鸠鲁是自学成才的。他将当时一些人所共知的思想吸纳到自己的思想体系当中。据说，他的知识底蕴并不雄厚。他避开了当时颇为流行的学说，而只对德谟克利特的著作情有独钟。

当时希腊正走向没落：亚历山大大帝在巴比伦突然逝去，自由受到安提培特（Antipater）的压制。就在这一片混乱当中，伊壁鸠鲁游走于不同的城池之间，讲学授课。直到成年后才回到雅典。他从未履行过任何公职，也从未与宗教发生过冲突。他一直中规中矩地表达着他对神的尊重，但对于信仰，他尊重内心的感受，绝不言过其实。

谈到死亡，他这样说："只要我们还活着，死亡就不会来临；若死亡来了，我们也不再存在了。我们对死亡的恐惧不是源于对不存在状态的惧怕，真正让我们如此害怕死亡的原因是我们在不自觉当中将不存在也当成了一种生活的状态，亦即我们可以感受到这种不存在的状态。我们想象着死人是有意识的，灵魂可以继续存在并感知一切。如果我们能够做到将生命的概念与它的对立面——死亡完全分离，勇敢地放弃永生不朽的想法，死亡就没有什么可怕的了。我们应该对自己说，死亡不可怕，对于死人如此，因为他已没有感知能力了；对于活着的人也是如此，因为死还没有来临。只要我们还活着，死亡就不存在，当死亡现身的时候，我们就不再存在了。因此，我们与死亡永远都不会有交集，我们决不会感受到那令人恐惧的死亡冰冷的触摸。"

伊壁鸠鲁一生中共写了 300 多本书，但在那些信奉神的人眼中没有一本值得保留。因此，他的思想只在其他作者的书籍当中作为引言留下了一些残篇。在伊壁鸠鲁看来，折磨人类最大的罪恶是恐惧：对神的恐惧；对死亡的恐惧。他的道德观中的终极目的就是克服这些恐惧。他相信科学必将造福于生命。

伊壁鸠鲁传授德谟克利特的原子论。他坚信物质是构成万物的基本要素，这与柏拉图的观点恰好相反，因为柏拉图主张物质也是一种非存在。伊壁鸠鲁认为物质是由无数持续运动中的原子组成，这些原子既不能再生也不能毁灭。因此，这个世界既不能再生也不能毁灭。在他看来，利用原子、空间、质量这些机械因素就足以能够解释这个世界。对于世界终极原因（final causes）的说法，伊壁鸠鲁嗤之以鼻。

伊壁鸠鲁认为自然法则只能通过事实的实地观察才能发现，没有观察必将远离事实，只能停留在宗教虚妄的幻想之中。他说月亮的光芒来自太阳。他提倡用通俗易懂的大众语言解释问题，反对使用公众不熟悉的技术术语，因为这会使问题复杂化。他拒绝使用希腊方言。他的推理方法明显侧重感觉和观察的结果。

伊壁鸠鲁所提出的所有美德都离不开智慧。他告诉我们，智慧、高尚和公正是人获得幸福必不可少的三要素。反过来说，如果一个人没有获得真正的幸福，他就不可能是智慧、高尚和公正的。因此解释世界的目的只有一个，就是将我们从恐惧和忧虑当中解放出来。

伊壁鸠鲁结束游学回到雅典之后，就买了一个带有花园的庭院供他与弟子一同居住。据说在那里挂着一块匾，上面刻着这样的字迹，"客人，这里会使你幸福，因为在这里欢乐是至善之事。"在这个庭院里他与他的弟子们过着简单有节制的生活，他们生活和谐，心心相通，像一家人一样。他在遗嘱中，将这个花园赠送给了他的学校，在他逝世后相当一段时间内，这里仍然是学校的中心。

伊壁鸠鲁认为，所有知识都来源于感官感受，这是正确的，只有将感受与客观事实相关联的时候，才可能会出现问题。如果一个疯子看到一条龙，这一观察并不是虚假的，他的确看到了一条龙的图形，没有理由也没有什么思维律（law of thoughts）可以否定这一事实。但是，如果他相信他所"看到"的这条龙会吞食他，错误就出现了。错在将感觉与客观事实的联系上。这等同于一个科学家对天体经过了最理智的调查之后，对一些现象作出了错误的解释。观察是正确的，而对观察现象所假定的原因是错误的。

因此，在谈到月亮时，伊壁鸠鲁假设月亮本身可能发光，但它的光也可能来自太阳。在月食的时候，有可能是因为它暂时停止发光，也可能是因为由于地球位于太阳和月亮之间，挡住了太阳的光。你可以选择你所接受的观点，只有一个条件，就是解释是自然的，不要掺杂主观因素，而且这样的自然解释必须能同其他已知的情况相吻合。在研究自然的过程中，永远都要以观察到的事实为依据，切忌武断地提出新定律，这才是正确的研究方法，放弃观察，就意味着遗失了自然所提供的信息，就会误入毫无意义的虚幻歧途。

在公元前300年的时候就有人提出了这样的观点，而我们竟然还走了如此长的弯路，这真令人难以置信。

还有让你更吃惊的呢。伊壁鸠鲁认识到多次重复观察形成了记忆图像，因此，与个人观察相比，记忆图像是一种普遍概念。这一普遍概念没有个人原始观察所形成的概念可靠，但由于它具有普遍性的特点，因此在思想上所起的作用要大得多。比如，人们看到了一些单独的马，最后形成了"马"这个概念，这个时候，"马"这个概念已与他们所看到的马相分离了。

一般概念的正确与否只能由观察评判，因为观察是所有知识的基础。因此，一般概念决不具有特殊确定或正确的特点，他们只是一些在人与物的接触当中所自然形成的一些"看法"而已。如果这些"看法"能够被观察所证实，说明这些看法是正确的。

在古代智者当中，伊壁鸠鲁是最丰产的作家。他采取激进的方法，利用激进的领悟力，对这个世界追根寻源。唯物主义者探索世界的方法大多如此——轻历史、重科学、重本质。

伊壁鸠鲁受人憎恨的原因有三：（1）他是自学成才，从未依附于任何主流学派；（2）他不喜欢雅典方言，他喜欢使用通俗易懂为人们广泛接受的语言；（3）他从不引用他人的思想，对那些不同的思想流派毫不理会，这是他一贯的风格。

兰格将伊壁鸠鲁有关自然的言论总结如下（以示他对自然的理解已经深入到了何种程度）：

> "无中不能生有，否则就会得出'有生于无'这样一个被不证自明的感觉所否定的错误结论。存在的整体是实体和虚空的总和。"
>
> "一些实体是由原子组合而成，一些就是原子。原子既不可分，也不能变化。因为宇宙无边无际，因此实体的数量亦是无限的。"
>
> "原子处在持续的运动当中，它们有时相互分离，有时相互结合，一直如此，没有起点。原子除了具有大小，形状和重量之外，没有其他属性。"
>
> "原子在空间的运动时间是极其短促的；它们的运动是绝对自由的。原子的形状变化多样，数量无限，只有如此，才能形成宇宙中无以限量、无以限定的实体。"
>
> "确定的原子和确定的原子数量构成了确定的实体，因此不存在无限可分的实体。在宇宙空间中，没有上下之分。运动的方向性是相对的，这些方向是无限的。正是根据运动的相对方向，在我们的想象中才有了上与下的概念。"

我们现在对世界和自然的理解正是基于原子论的概念，当然这个原子论相比伊壁鸠鲁的原子论，要完善得多了。

路德维希·毕西纳（Ludwig Buechner）教授《关于唯物主义最后的话》（*The last words on Materalism*）一书当中这样写道：

> "伊壁鸠鲁是古代唯物主义历史的终结者。在其之后的 1500 年里，在基督教的一统天下里，它已几乎被遗忘殆尽。一直到了中世纪，唯物主义才战战兢兢，改头换面地出现在一些哲学家，如毕达哥拉斯（PetrusPomponatius）、布鲁诺（Giordano Bruno）和伽桑迪（Gassendi）等的作品当中，他们中的一些人还为此付出了被活活烧死的代价。"

在所有的古代人当中，就本质而言，罗马人距离唯物主义观点最远。他们的宗教深深植根于迷信之中；他们的政治生活处于各种封建形式的包围之中；他们对所继承的情感依恋至深，无法自拔。他们对科学和艺术无动于衷，对自然现象也缺乏兴趣。

在他们开始与希腊人接触之后的数百年间，他们仍然保持着对科学研究的反感。一直到汉尼拔（Hannibal）失败之后，希腊艺术和文学才慢慢进入罗马人的生活之中。出现了一些教授希腊哲学和修辞学的学校，但被禁也是经常发生的事情。

但这种现象不能持续。到了罗马共和国的后期，所有受过教育的罗马人都懂得希腊语，到希腊学习是年轻贵族所追求的目标。在希腊哲学学校中，最受罗马人崇拜的两个哲学家是斯多葛（Stoic）和伊壁鸠鲁。前者由于宣扬以美德为荣的道德观而符合罗马人的品位，而伊壁鸠鲁则被大多数人当作欲望的奴隶（这是对其唯物主义哲学的误解）。西塞罗正是这样庸俗化了的伊壁鸠鲁的思想。

伊壁鸠鲁的理论无论在哪方面都比这些罗马人所实践的要纯洁和高尚。因此，在他们面前只有两条路：被伊壁鸠鲁理论所净化，成为谦虚而节制的人。否则，腐蚀伊壁鸠鲁理论。贺瑞斯（Horace）这样做了，维吉尔（Virgil）也照样做了。但是，在罗马那些半瓶子醋的哲学家当中，有一位彻彻底底真正的伊壁鸠鲁主义者，他就是卢克莱修（Titus Lucretius）。他在教诲诗《物性论》中忠实地重述了伊壁鸠鲁的学说，对伊壁鸠鲁的理论大加赞许。

卢克莱修生于公元前99年，逝于公元前55年。他的一生世人知之甚少。只知道在内战的混乱当中，他一直在追寻内心的平静，最终在伊壁鸠鲁哲学当中找到了。他的伟大诗作（《物性论》）使得诗人梅米乌斯（Memius）转而信仰唯物主义。

显而易见，为了将道德准则建立在自然这一牢不可破的基础之上，伊壁鸠鲁敢于抛却神学信仰的无畏精神和道德力量是最吸引卢克莱修的地方，卢克莱修在他的诗作中用热情洋溢的话语显示他对此的欣赏和赞许。在这一诗作中，一完成气势恢宏的开篇之后，卢克莱修随即写道：

"人类卑微地匍匐在泥土之上，在宗教的重压下苟延残喘。而她则在天际露出头来，用凶恶的面孔监视着芸芸众生。一个希腊人首先高昂起凡人的头，抗拒她的威胁。他不畏惧神灵的威胁和雷电的轰击，上天的怒吼也不能让他退缩，反倒使他的斗志倍增，要第一个去劈开那挡住自然之门的横木。"

这是我们知道的伊壁鸠鲁……但我们却无法得知他在 300 多部著作中都写了些什么。卢克莱修所看到的资料肯定要比我们多得多，他还仔细研究了恩培多克勒。他具有强烈的道德倾向，因此在他的诗作中表现出崇高的情操。他所展现的纯洁、活力和领悟力不仅在那个时代鲜有所见，时至今日，这样的人才也难得一见。

卢克莱修在《物性论》的开篇中赞美了女神维纳斯，但随即就开始了对神的攻击，这从上述所引的部分即可看出。他显示，曾经残酷压迫人类的宗教现已被掀翻在地，踏在脚下。同时，他也提出疑问：将宗教掀翻在地的这个哲学是否会将人类带入到罪恶和不道德的歧途之上。

另外，他阐述了宗教是所有可憎事物的来源，正是由于宗教的宣传，使得人类无来由地处于对永恒的惩罚的恐惧之中，从而牺牲了生活的幸福和心灵的平静。

然后，他发展了"无不能生有"这一唯物主义的观点，认为原子聚集在一起，就构成了物质；而物质的消失不是物质的消灭，而只是构成物质的原子的分离。他证明了宇宙是原子运动的虚空，宇宙中除了原子与虚空以外，别无他物。所有的存在或者是二者的结合，或者是二者的"结果"（event），甚至时间也不是独立存在的，而只是对事件发生先后顺序的感觉而已。历史事件是某人在某处所发生的偶然事件。所有的实体不是由原子组成就是由原子的化合物组成。由于原子是无法再分的最小单位，所以物质才得以保存下来。

卢克莱修在《物性论》第一卷的结尾处讨论了宇宙的组成，他坚决否认世界是有界限的。对于任何勤于思考的观察者而言，这一直都是一个极具吸引力，也是一个极其难于解答的问题。正如我们所看到的，这位古罗马的先哲所得出的结论是正确的自然理论。

在上述论述的基础上，卢克莱修提出，在宇宙上所发生的所有适应性变化，特别是发生在有机生命中的适应性变化，仅仅是无限多个机械事件可能性中的特例而已。这是唯物主义哲学的基石。卢克莱修这样写道：

"事物从一开始起就不是依照设定的方式自行其是的，

也不是在什么超人的智慧安排下各就其位的；
更不是彼此商定好应采取怎样的运动方式。
而是数量无限的原子，
在宇宙中以各种方式持续运动，
它们在无限持续的时间内彼此碰撞，相互打击。
在经历了各种运动方式和各种形式的组合之后，
它们终于确定了它们的组合方式，
于是世界上的物质就这样形成了，
经过悠久的年代，
一直保持不变。
千条江河向着大海川流不息，
大地在太阳的温暖之下滋生万物，
生物繁衍后代，生生不息，
这都是原子运动的结果啊。"

卢克莱修在《物性论》第二卷中更加详细地解释了原子的运动和性质。他宣称，原子处在永无休止的运动之中，它们持续不断地静静划过无边无际的虚空。他甚至提出，原子在虚空中运动的速度比太阳光的传输速度还要快得多。

卢克莱修认为，原子的形式多种多样。有的圆润光滑，有的粗糙不平，有的枝枝权权。由不同构型的原子组成不同性质的物质，我们对不同物质具有不同的感觉就是由原子的构型所决定的。原子可选择的形状是有限的，但每一种形状的原子数量是无限的。各种形状的原子相互之间结合起来所形成的特殊关系构成了不同的实体，就像不同字母的结合形成不同的单词一样，所形成的实体数量远大于不同形状的原子数量。

在这一卷中，他又谈到了神：

"如果有人愿意将海尊为海神
将玉米称为谷神
将酒称为酒神，
那么，这些情愿让宗教玷污头脑的人们就应该宣称地球是诸神的母亲。"

卢克莱修进一步解释说，颜色等人类可以感知的物理量不是由原子自身的性质所决定，而是原子之间相互作用和组合的结果。然后他接着开始讨论感觉和物质的关系这一重要命题，他的观点可以用一句话表达，那就是：意识（sentient）来源于无意识（non - sentient）。卢克莱修始终坚持这一唯物主义的基本立场。他提出，无论在任何情况下，意识都不可能产生物质；恰恰相反，物质的形状、运动、组合方式决定了意识，决定了人体的感觉，或能否感觉。他宣称，感觉是有机体所特有的功能，它不属于某些器官，而是属于整个有机体。

卢克莱修在举例证明感觉与个别原子无关，只与有机体的原子组成有关时，风趣地说，如果构成人类的原子能说、能笑、能哭，还能问到底它们是由何物组成的，这倒不是一件糟糕的事情。

感觉只隶属于一个整体，与组成整体的个体原子无关。但并不是所有整体都具有感觉功能，它是原子组成特定的真实本体的特性。"有机整体"（organic whole）是卢克莱修在提出原子和虚空之后，又提出的一个新概念。

在《物性论》的第三卷中，卢克莱修聚集了他哲学中的所有武器向灵魂不死的思想发起攻击。他从劝告人们不要对死亡畏惧开始谈起：当人们看到有人死去时，就知道总有一天自己也会死去。他们以为当死亡降临后，会有两个存在：一个是躺在坟墓中的尸体；还有一个是继续存在的灵魂。但这是绝不会发生的。

卢克莱修在《物性论》中借自然之口，证明人类畏惧死亡是多么无意义的一件事啊。他再三强调，只有生命才是可以被感知的，而死作为生的对立面，与人生毫无瓜葛。因此，人类应关注生，而并非死。

在基督纪元的初期，希腊和罗马文明相继消亡，其原因至今难于解答。我们所知道的一切其实都是出自那些权威作家之笔，如吉本（Gibbon）、勒琪（Lecky）、德雷帕（Draper）、洪堡（Humboldt）等。事实上，我们对这段历史的了解还仅限于大胆揣测而已。

我们能够确认的是，在理性和知识以及方法论不断地取得进展的过程中，知识精英与普通大众逐渐脱离。当时普通民众的教育缺失肯定起了加速并强化这一分离的作用。加之，国与国之间的交往日益频繁使得多种宗教在民众中并行，其中不乏产生于东方和埃及的宗教。在这种混乱的局面之下，一方面亚里士多德哲学至高无上的地位得以确立；另一方面基督教通过武力在世界各地拓展着它的地盘。

必须粉碎由偏见和唯心主义哲学的错误理念大行其事的体系人类才能有所进步。到 15 世纪中叶，人文主义发起了对经院哲学的进攻。那时到处都可以听到讨伐的声音：

"由于神学的存在，我们无法了解更多的知识。"

"基督教阻碍了人类对知识的探求。"

"世界上最有智慧的人是哲学家。"

"神学家们所宣扬的教义都来源于神话传说。"

教会的主教们忙于四处出击，反驳这些言论。

1516 年，在意大利有一位名叫彭波那奇（Petrus Pomponatius）的人格外引人注目，他对灵魂不死的教义作出了最为大胆，也最为尖锐的批评。在《关于不朽的灵魂》（On the immortality of the soul）一书中，他表示"不朽"（immortality）并不意味着个体灵魂会持续独立地存在下去，既然"灵魂是肉体的形式"［这是阿奎那（Aquinas）对灵魂所做的定义］，那么灵魂必然伴随肉体的消失而消失，因为脱离了物质，物质的形式毫无意义。这本书在威尼斯被烧毁，不仅如此，罗马天主教持续不断地威胁要判处彭波那奇死刑，一直到彭波那奇宣布皈依天主教才肯罢休。

下一个公开宣扬唯物主义的人是布鲁诺［Giordano Bruno（1549—1600年）］。他将唯物主义与哥白尼的日心说联系在一起："……宇宙中遍布着无数颗与太阳一样的恒星，它们周围有我们所看不到的卫星，恒星与卫星之间的关系恰如太阳与地球，或地球与月亮一样。"

他得出这样的结论："……物质具有无计其数的表现形式，它们之所以呈现某种形式并非外界影响的结果，而是由其内部的特性所决定。物质既不像一些哲学家定义的那样是'殆等于无（propenihil）的东西'，也不是无外形（naked），无容积，无功效，不完整，非事实……"

布鲁诺认为，物质是具有能动性的真实存在。这是唯物主义原理。起初，为了能够从事他的研究工作，布鲁诺加入了道明会（the Dominicans）。但被怀疑具有异端思想，不得不逃亡国外。从此以后，他就一直过着漂泊的生活，遭到一连串的迫害与攻击。他辗转于日内瓦、巴黎、英国、德国之间，最后冒着生命危险回到他的祖国意大利。于 1592 年在威尼斯落入宗教裁判所的魔掌。

在被监禁多年之后，他在罗马受到审判。在宗教法庭上，他仍然坚持自己的信仰，毫不妥协。宣布将布鲁诺逐出教会之后，宗教裁判所将布鲁诺移交给世俗权力机构，同时要求用尽可能仁慈的手段，不流血地处死他。众所周知，所谓"尽可能仁慈，不流血"就是实施火刑。当布鲁诺听到这一宣判时说："你们作出这一判决时的恐惧远胜于我听到这一判决时的恐惧。"1600年2月17日，布鲁诺被烧死在罗马鲜花广场。

布鲁诺坚持认为"物质是一种绝对的存在，它呈现各种形式，并具有一定的体积。物质是依然故我，结实生果的东西，它应该优先地被当作实体性本原来认识"。布鲁诺是因为坚持上述观点才被活活烧死的。但当时对他的指控却是否认"三位一体"（trinity）、"道成肉身"（incarnation）和"圣餐变体"（天主教相信无酵饼和葡萄酒在神父祝圣时化成基督的体血）。他所说过的一些话，如耶稣和门徒们所宣扬的神迹是不存在的；行乞修道士是伪善、贪婪和邪恶的，他们的行径玷污了尘世；宗教应该为哲学所取代等都被作为他玷污上帝的实证。

从公元前600年到公元后1600年的跨度里，凡有涉及唯物主义的论辩，那些探索唯物主义究竟是怎样一种的哲学思想的仁人志士们所得到的结论始终如一：

唯物主义者坚持认为思想只能是大脑的产物，除此之外，绝不存在其他来源的思想。坚决否定存在非大脑产生的思想。

唯物主义者坚持认为意识是大脑的功能，绝不存在脱离大脑的意识。

唯物主义者坚持认为物质先于意识，并独立于意识而存在。

唯物主义者坚持认为知识是客观存在在大脑中心所产生的印记；意识是特定神经元或神经节作用的产物，是一种物质现象。知识来源于外部印象。

唯物主义者否定宇宙"第一因"（the first cause）及宇宙"创始论"的说法，但承认宇宙是永恒的，这是基于以下两点而推出的结论："物质不灭，只是存在的形式可能有所改变；物质是永恒的，能量也是永恒的。"

唯物主义者确信，不仅有机的生命具有自然起源和进化过程，思想和意识的产生也遵循相同的规律。在唯物主义者看来，思想来源于物质世界在大脑中心所产生的印象；知识是由感官印象所组成，意识是感官印象的总和。唯物主义者坚持认为，没有感官印象，就无知识可言。

唯物主义强调大脑是生物器官，若大脑某些部位受到损坏，与这部分相关的功能亦不复存在。比如，如果控制语言的部分遭到毁坏，就会失去语言功能。

没有感觉功能，就不会产生思想；没有神经能（nerve‐energy），人就不会有感觉。因此，若人的感觉器官停止运行，意识或灵魂也必然随之不复存在。科学确认没有脱离肉体存在的精神。

世界上的万物都具有物质性，自然的物理定律无时无刻不在起作用，从未让其他的什么，如精神，统治过这个世界。唯物主义者坚信，绝不存在脱离肉体的精神存在。

至于那些张口闭口不离灵魂，坚信人死后仍有生命的人们，请问："如果人可以没有肉体也可以活着，为什么还要受这个肉体的拖累呢？如果人可以永生，为什么没有人从开天辟地起一直活到现在呢？"

宇宙充斥着物质，这些物质没有起因，没有目的，起初也没有意识。它们遵从吸引与排除、撞击和挤压的机械定律。意识来源于物质，有机体分解了，意识就消失了。

宇宙中只有物质是永存的。当原子以有机物的形式存在，就构成了人；当有机物分解后，人就从世界上永远消失了。

古代唯物主义从成熟的那刻起，就将锋芒直指宗教，公开反对宗教，卢克莱修将埋葬宗教当作是人类的当务之急。

现代唯物主义者则将唯物主义原则简单概括为一句话："自然之外，别无他物。"

霍尔巴赫在《自然的体系》一书的前言中，对唯物主义道德观做了最佳的概括：

> "人的不幸源于缺乏对自然的认识。在各种成见的影响之下，他们几乎自然而然地相信人注定要走向谬误；从童年起，一连串的幻觉就对他纠缠不休，伴随他长大，以致他产生一种错觉，以为要摆脱这些幻觉，需付出极大的代价。人的不幸在于，他努力想要看到有形世界之外的天地，但一次次残酷无情的经历时时告诫他：他的努力是徒劳的。人们轻视对自然的研究，却追逐幻影……这些幻影使他们迷失了方向，偏离了简单易行、通向幸福的真理之路。现在是我们从自然之中汲取力量的时候了，因为只有自然才能将我们从蒙昧愚蠢当中挽救出来。真理只有一个，它有益于人，而无损于人。正是谬误使得暴

君和教士们能够用沉重的枷锁束缚各国人民的思想；也是谬误使得宗教恐怖或使人在恐惧中消沉，或使人用虚幻的事物毒害自己。累世的仇恨、野蛮的迫害、嗜血的屠杀、以上天的利益为借口，将尘世当作上演无数残忍悲剧的舞台，如此等等，究其根源，仍然是谬误。

那么，让我们努力驱散那些蒙蔽人们思想的迷雾，启发他们尊重理性和追求理性的勇气。如果有人在生活中确实需要这些自欺欺人的幻象相伴，那么至少请他允许他人有独立思维和独立认识世界的权利，允许他们相信，作为这个世界上的居民，最重要的事情莫过于公正、仁爱、和平。"

自然是整体，而人类只是这一整体中的一部分，并受到整体的影响。在自然之外存在的生物只是人类的想象而已，他们绝非真实存在。人是有机体，人的精神存在只是其物理本性的一种特殊现象，是于人体有机组织所表现出来的一种特殊行为模式。这就是在唯物主义出现2500年之后，现代无神论者对唯物主义的概括。

美国无神论者协会史略

1963年7月1日，"美国无神论者"协会在马里兰州巴尔的摩市宣告成立。在这一年的6月17日，美国高等法院判决"巴尔的摩马里兰学校教区"（Murray V. Curlett）案胜诉。这一判决禁止美国公立学校组织学生举行圣经诵读与集体祷告。这个案件的诉讼人是莫里夫人（曼德琳·莫里 Madalyn Murray）和她的大儿子威廉·莫里（William J. Murray，小名比尔）。

赢得诉讼之后，还未等莫里·奥海尔一家品尝到胜利的甘甜，这一法庭决定在美国各地引起的轩然大波使得他们先被淹没在仇恨之中，咒骂声一片。1964年，纽约《生活》杂志把莫里夫人评为"美国最可恨的女人"。关于这一诉讼案的始末，莫里夫人在《一个无神论者的手记：比尔·莫里，〈圣经〉，巴尔的摩教育董事会》（美国无神论者出版社出版）一书中有详细记载。

1959年，当她开始起诉巴尔的摩马里兰学校教区让公立学校学生背诵《圣经》和祷告的时候，美国还是大男子主义盛行的时期：各团体、组织都是由老年男子担任领导职位。在他们的心目中，一个女人根本不可能作出通过法律途径挑战美国的文化体系这类大事。因此，莫里夫人决定为这场诉讼组建自己的团队，起名为"马里兰政教分离委员会"（the Maryland Committee for State/Church Separation）。在向美国高等法院递交起诉书的那天，巴尔的摩社会公益部解雇了她，此前，她在那里任社会工作督导员。部长拉扎勒斯夫人（Mrs. Lazarus）对她说，她的这次诉讼是愚蠢而不负责的行为，所招致的非议会使巴尔的摩社会公益部成为公众嘲讽的笑柄，因此，莫里夫人必须走人。

（原文连载于《科学与无神论》2013 年第 2、3 期）

宗教的荒谬

肯·海默　著

张英珊　译

　　《宗教的荒谬》是美国一部纪录片的名称。正如片名所揭示的，它的倾向性极其明显：就是为宗教证伪收集证据。这部电影于 2008 年 10 月在多伦多国际电影节上举行了全球首映式。在美国上映后，成为美国当年票房最高的纪录片。

　　本片特邀美国电影明星兼脱口秀主持人比尔·马赫（Bill Maher）担任主持。由他带领摄制组在世界各地走访了天主教、基督教、犹太教、伊斯兰教、摩门教、科学教派等不同宗教信仰的发源地和代表人物。在整部影片中，比尔·马赫以他独有的机智与幽默，不断援引被采访宗教的教义和掌故对受访者进行"责难"与"攻击"，将隐藏在宗教外衣后面的私欲与荒谬揭露出来，推翻了三大一神教的信仰根源。据制片人查尔斯所说：这部影片告诉你"有关宗教的一切显然是荒唐、可笑的，从根本上说是非常滑稽的"。

　　在影片结尾处，主持人一反贯穿片中的搞笑风格，极其严肃地告诫世人：基督教等一神教不仅影响到人们的日常生活和思维方式，而且还影响到了政治领导人的决策和行为；它们不仅荒谬，而且还对世界和平与人类安全造成极大的威胁。并号召人们勇敢地站出来说不。这种风格的转变，使观众对宗教的荒谬之处所发出的笑声戛然而止，对宗教的危害感到不寒而栗，对自己应负的责任反思良久，极富艺术感染力。

　　美国是一个宗教气氛非常浓郁的国度，就连硬币上都写着：我们信仰上帝（In God We Trust）。可以说宗教信仰是大多数美国人价值观的重要组成部分。相比之下，无神论者是不受欢迎的人群，长期受到主流社会的排斥。但"9·11"事件促使很多有识之士重新思考宗教的危害，以萨姆·

哈里斯、理查德·道金斯、克里斯托福·希臣斯等人为代表的无神论者著书立说，表达自己的观点。一时间，《信仰的终结》、《致基督教民族的信》、《上帝并不伟大：宗教如何毒化一切》等书在美国社会大受欢迎，屡屡登上畅销书的榜单，掀起了"新无神论"的浪潮。本片所表述的内容，比如否认上帝及其他神灵的存在、谴责和嘲讽宗教的虚幻、揭露宗教故事的谬误和矛盾、揭示末世论可能给人类带来的恶果，号召无神论者克服怯懦，勇敢地站出来表明自己的观点等，都与"新无神论"有异曲同工之处。可以说《宗教的荒谬》深受"新无神论"浪潮的影响，是"新无神论"浪潮席卷美国的成果。

这部影片采取快速剪辑，跳跃性强，信息量大，加之需要大量的宗教及历史知识背景，仅看一遍电影不够，需细细咀嚼才能理解它的丰富的含义。于是，我们编译、整理了这部影片的旁白与对话，并对部分内容做了缩减，供读者参阅。

影片伊始，主持人比尔·马赫来到以色列的米吉多（Megiddo）。

主持人：米吉多是一个不同寻常的地方。很多基督徒相信，世纪末日即将来临。按照《启示录》的预言，基督耶稣将会在这里降临人间，终结人世，并将信他的人带到天堂。《启示录》上写道，只有上帝才能终结世界。但现在的事实是，人类也有能力终结世界。因为在人类学会如何能够使世界变得更合理、更和平之前，他们先学会了如何制造核武器，以及如何制造灾难性的污染。如果说有什么事情比《启示录》上的"预言"让我更加讨厌的话，那就是这些确定的"预言"。

当人们寻找幸福的时候，不可避免地要去思考人生的意义：我是谁？我从何而来？生、死，然后呢？那些关于人死后的猜想把人们吓坏了，于是他们编造了很多的故事。这些故事极其荒谬，但很多各方面都很正常的人们却坚信不疑。比如，他们坚信在星期日真的在喝耶稣的血。看到这些，我无法再静默下去，我必须说明真相。我必须试一试。

主持人：在20世纪80年代到90年代初，我所表演的脱口秀节目中，经常会涉及上帝的话题，但从未质疑过上帝的存在，仅是拿一些宗教话题开开玩笑而已，但这些玩笑都很温和，比如说，割礼。在我们一家四口当中，只有妈妈一个人是犹太教徒，我、姐姐还有爸爸都是天主教徒。每个星期天，我们都去教堂。这里有一张我们全家人的合影，上面写着："1966年秋天的一个星期日"，我穿着红衣服，说明我和爸爸还有姐姐刚从教堂回来，就和妈妈一起拍了这张照片。

主持人：我从没有问过你，为什么你不去教堂？

主持人的母亲：你没有问过，在我们家从来没有讨论过这个问题。每个家庭都有不完美的地方。

主持人：你觉得那不是你的信仰，所以还不如没有信仰。

主持人的母亲：即使没有信仰也没什么不好。

主持人：在我 13 岁的时候，我们离开了教会。那时我非常高兴，没有什么特殊的理由，只因为我讨厌教堂。在一个孩子眼中，教堂是那样吓人，仪式是那样无聊。在那里我必须站起来，要知道对于一个 13 岁的孩子而言，他是不会崇拜与他无关的东西的。那时，如果上帝能够给我一个心仪的女孩，我绝对会对他崇拜不已。

主持人：你还记得为什么父亲不再去教堂了吗？

主持人的母亲：我们采取节育措施，但教会反对节育。他们认为节育是最大的犯罪，是教徒绝对不能犯的罪过，这可能就是他不去教堂的原因吧。我从没问过他。

主持人：后来他再没去过教堂，我们都没再去过。所以现在我们没有信仰。

主持人的母亲：没人说过我们没有信仰，我们只是不信仰天主教而已。

主持人：那么你说，现在我们的信仰什么？你是我的母亲，你告诉我。

主持人的母亲：我不知道答案。

主持人：这就是答案啊。

载着摄制组的汽车沿乡间小路向北卡罗来纳州的罗利驶去，最后停在了罗利一个停车场上，停车场旁边有一座专为卡车司机修建的小教堂。因为恰逢周日，很多卡车司机们正在参加礼拜仪式。礼拜结束后，主持人向卡车司机们问了几个问题。

主持人：我来到这里见到你们，正好有几个问题想与你们探讨。你们是否会对《圣经》中没有记载的一些基督教义有所困惑，比如原罪、圣灵、感孕等？只有两本《福音书》提到圣母受孕这件事。你们是否会担心这些教义并非来自基督教的创立者，而是由后人杜撰的？

司机甲：如果你想寻找科学证明的话，去找裹尸布或其他什么东西好了，我可不愿意和你纠缠不清。有人在裹尸布上采集了血样，发现它是具有男性特征的女性血液。对此唯一可能的解释就是圣灵使圣母玛利亚受孕，因此，耶稣身上只流淌着圣母玛利亚的血，所以这血才会是女性的血。

司机乙：这是信仰。

主持人：可为什么信仰就是对的呢？为什么要相信一些没有证据的事情呢？

司机丙：我们不知道你在拍什么纪录片，但我不喜欢你的问题。你竟然质疑我的上帝，你肯定不太正常。你拍你的吧，我不奉陪了。

主持人：我只是提问题而已。

司机甲：别在意。我能感觉到上帝的存在。你无法改变我的想法，谁也改变不了。我从小就是一个撒旦教徒，这样的情况持续了30年。其中的后6年，我担任撒旦教的牧师。

主持人：你曾是一个真正的撒旦信徒？

司机甲：对，一个真正的撒旦信徒。我吸毒成瘾、为妓女拉皮条，乱搞女人。我怀里揣着大把的票子，四处游荡，过着放荡的生活。但我被拯救后，就彻底告别了旧的生活方式。现在让我问你一个问题，假如我对，你错，结果会怎样？我们遵照上帝的意志行事，而你不是。

主持人：你可能是对的。我的问题是我不相信，这就是我要传播的东西。我所散布的福音就是：我不相信！

主持人：这就是我想宣扬的思想，这就是我的产品。其他人出售的是让你相信，我出售的是让你怀疑。我带着疑问站在街上，向人们推销怀疑！在美国，经常会听到这样的劝告："相信耶稣吧，你不会失去什么的。"仿佛信教就像是买乐透彩票：你不参与，就无法中奖；你不信教，就无法得到拯救。

据统计，93%的美国科学家是无神论者或不可知论者，但毕竟还有一些是教徒，如人类基因组研究项目负责人弗朗西斯·柯林斯博士（Francis Collins）就是其中的一位。

主持人：你是一位非常优秀的科学家，是人类基因组研究领域的领军人物。现在有一个十分令人困惑的问题，你是一个优秀的科学家，同时，你又笃信宗教，怎么解释这种现象呢？

柯林斯博士：如果用证据说话的话，那么，基督存在的历史证据是无可辩驳的。

主持人：什么证据？据我所知，没有人能够提供基督存在的证据。

柯林斯博士：在《新约》全书中记录了很多目击者的证词。

主持人：你知道，他们不是目击者。

柯林斯博士：他们类似于目击者。近二十年中还有很多目击者。

主持人：好吧。那么，在理论上能否证明基督是存在的呢？能否证明真实的历史究竟是怎样的呢？

柯林斯博士：你在设定"证明"的标准。对我而言，这是一个不可能企及的标准。

主持人：所有有关耶稣的记录都来源于《福音》。但这些福音书从未记录过耶稣的青少年时代。翻开一本福音书，描述的是婴儿期的耶稣；再翻开另外一本，描述的是 30 岁的耶稣。青少年时代的耶稣是什么样子呢，《福音》中没有告知。福音书不是历史书籍，它的作者从未见过耶稣，圣保罗也没见过，没有任何人见过他。有人会问：如果福音书的记载不是真的，应如何解释先知的预言呢？那些预言为什么会如此准确呢？其实这个问题的答案非常简单：众所周知，《旧约》在前，《新约》在后，写《新约》全书的人先读了旧约全书，然后让那些《旧约》全书中的预言在《新约》全书中得以实现。福音书有很多相互矛盾之处，比如像童贞女受孕这样及其重要的内容，在一些福音书中竟只字未提，这令人十分不解：如果它是真的，谁能把这么重要的事情忽略掉呢？我认为，不相信宗教是幸运，是过着一种幸运的生活。如果在监狱里，有一个囚徒对我说："在这里除了基督之外，我一无所有。"我理解基督对他的重要。在战争中，蜷缩在掩体中的士兵可能需要信仰。但是我们这些生活在阳光下的自由人，我们并不傻，我们很聪明，怎么竟会相信有活到 900 岁的人、童贞女受孕等传说呢？很多人都希望将宗教与善良、美好联系在一起。但事实上，教会的黑暗残暴令人发指，他们将人活活烧死，邪恶到了极点。

（屏幕上出现了教会在各种场合下进行募捐的场面）

街头募捐者：我希望看到一万个人，捐出一万美元来。

教会领袖甲：请你签下最大额的支票，寄给我们。

教会领袖乙：我们认为美国有着优厚的社会福利，人们有能力为教会捐出 1000 美元，请兑现吧！

［对此，主持人采访了一位神父——耶利米苏·卡明斯（Jeremiah

Cummings）]

　　主持人：你是一个音乐组合的成员，对吧？你们唱的《如果你现在还不知道我》是宣扬教义的。

　　神父：那是一首白金歌曲。

　　主持人：音乐明星、摇滚明星和宗教人士的相似之处就是他们在公众场合的穿着都十分考究，以博得现场观众的注意。但是，观众们应该知道，他们穿着的华丽服装价格不菲。但这似乎并没有影响人们向教堂捐款的热情。

　　神父：我总是穿得很好。

　　主持人：哦，你的鞋是鳄鱼皮的？

　　神父：不，是蜥蜴皮的。

　　主持人：我看你还戴了很多金光闪闪的东西。

　　神父：我喜欢金子。人们希望你有一个好的形象。

　　主持人：皮条客们对他们手下的妓女也这样说。

　　神父：耶稣穿的就很好。《圣经》上写的，耶稣出生时，人们送给他黄金。他不是一个穷人。

　　主持人：在我的印象当中，基督是一个受到穷人拥戴、穿着简朴的男人，不是这样吗？

　　神父：他穿的是亚麻布，细亚麻布。

　　主持人：噢，是这样啊。但基督在传道时经常传达反对富有的信息。

　　神父：基督并不反对富有。

　　主持人：不，基督非常非常反对富有。

　　神父：他从未在传道中说过应变得贫穷，他说的是"心灵空虚的人有福了"。

　　主持人：耶稣在传道时说"富人进天国比骆驼穿针眼还难"。

　　神父：好吧，好吧。但是现在所有物质财富，如房子、车子、服饰、金钱通通都可以是追求上帝为先所带来的结果。

　　主持人：我不记得《新约》中有这样的内容。

　　神父：有这样的内容，我记得。

　　主持人：哈哈，《新约》中提到车子、房子、衣服？

　　神父：是啊，钱就这样来了。

　　主持人：金钱来找你是因为它们被上帝赋予了你，而并不是你想得到它们。你是这样认为的吧？

神父：我必须澄清一点，我没有从教会那里领取报酬，我没有在教会领钱。

主持人：你直接从捐款箱里拿？

神父：不不不。我没有。

主持人：你的职位赋予你至高无上的权力，人们的最高希望和梦想就攥在你的手心里。年轻的女人肯定对您一见倾心。

神父：嗯，可能吧。如果我是女人，也会欣赏自己的。在这里，我要以我的经验劝告年轻人几句，有一个年轻人疯狂地爱上了一个女人，爱到要自杀的程度。我对他说："你应该对上帝怀有这样的激情。"我说："把激情转向上帝吧，看看会出现什么结果。"

主持人：让我们谈谈圣保罗吧，我知道你经常将自己比作他。他平时只穿一套衣服。是否可以假设您也只有这一套价值 2000 美元的西服？

神父：卖这套西服的先生拥有一个服装店，他卖给我的价格是……你知道，在这个领域是很有福的。

主持人：是的，当然。

（主持人又来到以色列死海的东南方曾经的双子城，索多玛和蛾摩拉所在地。讲述了《旧约》所记载的有关这两个城市的故事）

主持人：根据《圣经》的记载，这是一个邪恶的地方。邪恶到什么程度呢？这里的人们沉溺于同性性行为而不可自拔。上帝听说了此事，派出两个天使到那里实地调查。天使借住在一所房子里，这所房子的主人是一个极其虔诚的教徒，他的名字叫作罗德。城市的居民们听说有陌生人来到，蜂拥而至，要罗德把人带出来供他们淫乐。罗德不想让他的家乡落得一个奸淫天使的罪名，就将自己的两个女儿叫出来供这帮暴民奸淫。他被认为是这里的一个好人。这个故事让我产生了一个疑问：如果在某些场合下，我必须要宣誓的话，为什么我必须要将手放在《圣经》上？我觉得只有一个理由，那就是我能在《圣经》当中找到更多的美德。但是，我能吗？

（人们为什么信教呢？主持人在采访教徒斯泰富·伯格（Steve Burg）之前讲述了一段他的经历）

主持人：17 岁时，我遭遇了第一次失恋。那时的情绪低落到了极点，沮丧，伤心，内心极其脆弱。在那样的状态下，人会假想出一个朋友来，他爱你、同情你、为你打算。最重要的是，他能为你所用。

主持人：是什么使你成为一个基督的追随者？基督为你的生活带来了什么？

斯泰富·伯格：在 1975 年，我去了密歇根州立大学。我向上帝祈求，如果我处处以耶稣的名义行事，我就会成功。我不可能记住所有上帝（在我面前）所施的神迹，但他向我证明他是真实存在的，他就在那儿。

主持人：那些神迹太神奇了，以至于你都无法记住它们到底是什么了吗？

斯泰富·伯格：神迹太多了，而且都是一些小事情。

主持人：举一个例子吧。

斯泰富·伯格：我记得在一个聚会上，有一个人与我一样都是为基督服务的，我跟他说："我能喝点水吗？"他说："这儿有一个杯子，你把它伸到窗外，然后祈祷下雨吧。"我虽然不喜欢他的态度，但还是照办了。我举起杯子伸到窗外，一会儿，就下起了大雨。你可能不相信，但对我来说，这就是一个神迹，是我所遇到的很多神迹之一。我的一生都活在神迹当中。

主持人：不对，你只是活在真实发生的巧合之中，世界上很多人都会遇到这种巧合。如果当时下的不是雨，而是青蛙，我会说你遇到神迹了。但是下雨了，雨停了……

斯泰富·伯格：那么，我问你，你遇到过在你祈求之后 10 秒钟就开始下雨的情况吗？

主持人：没有，因为我从未祈求过下雨。即使我在祈求过之后真的下雨了，我也绝不会认为这是我祈求的结果，而仅仅是一种巧合而已，因为有时候就会下雨。

斯泰富·伯格：上帝没有忙到没有时间聆听你的祈祷。如果你想要和他交谈，随时随地都可以进行。

主持人：如果圣诞老人可以在一个晚上拜访世界上每一个家庭的烟囱……

斯泰富·伯格：不，我不相信圣诞老人。

主持人：我们当然不会相信，一个人在世界各地飞来飞去，把礼物从各家的烟囱中投进去。这太荒谬了。我想，一个人能在同一时刻倾听所有人的抱怨这件事也是同样荒谬的。

主持人：我的母亲还清楚地记得，当我发现圣诞老人只是一个谎言的时候，非常生气。其实，当我发现耶稣也是一个谎言的时候，我的愤怒更大。

主持人：你真的100%地肯定，你死后会去一个更好的地方吗？

斯泰富·伯格：我肯定那时我会和上帝在一起，和耶稣在一起。

主持人：那肯定是个好地方？

斯泰富·伯格：即使是在垃圾桶里，虽然不可能是垃圾桶，但即使是那样的地方，只要能与耶稣在一起，对我来说就是个好地方。

主持人：那你为什么不自杀呢？

斯泰富·伯格：因为我在人间还有使命。

主持人：噢，我明白了。

斯泰富·伯格：我想起了约拿，上帝给约拿一个使命。

主持人：约拿好像住在一条鲸鱼的肚子里。

斯泰富·伯格：不是鲸鱼，是一条巨大的鱼。

主持人：你相信一个人可以在鱼肚子里活三天？

斯泰富·伯格：是的，那是一个奇迹。

主持人：你呀，你，你让我说什么好呢？

斯泰寓·伯格：你居然不相信奇迹。

主持人：当然不相信，我又不是10岁的小孩。

主持人：这是我所喜爱的荒唐故事之一：约拿住在一条鲸鱼肚子里，但每当我与教徒们谈起这个故事的时候，他们都会说：《圣经》没有说那是鲸鱼。那是一条巨大的鱼。好吧。一条大鱼，我很抱歉我经常会把鲸鱼还是大鱼搞混。当然你能在一条大鱼的肚子里待三天，比如，金枪鱼，在日本有金枪鱼浴场，你进去三天，享受无微不至的照顾，有人给你在身上抹油……三天后你从金枪鱼中出来，感觉爽极了。

（如果仅仅是将上帝作为一种感情慰藉，或成功的助手，亦即，抱着实用的目的去相信、最终成为虔诚的教徒，虽然有时感觉他们荒谬和愚蠢得可笑，但尚无太大的危害。但很多人并不满足于此，他们的胃口要大得多。在影片中，展示了一些虔诚的基督徒在集会中的演说片段）

演说者甲：我投《圣经》一票。

演说者乙：上帝的子民们，请从你们的家中、教堂中走出来，去改变美国！

演说者丙：除非我和你们都按照上帝的期望去做，否则上帝将离开我们，到其他国家去了。

演说者丁：我必须要说的是，我们的宪法是建立在美国是一个基督教国家的基础之上的。

演说者戊：我们的货币上印着"我们相信上帝"的字样。

演说者己：参议院将会做出决议：由神父带领参议院祈祷。

主持人：这个国家怎么会成为一个基督教国家？我读过所有国家创始人的言论，他们明确指出：美国不是一个基督教国家。

"灯塔比宗教有用得多"——美国开国元勋本杰明·富兰克林说。

"若没有宗教，世界会更好"——美国第二任总统约翰·亚当斯说。

"统治人类的思想当中最荒谬的当属宗教"——美国第三任总统托马斯·杰弗逊说。

主持人：杰弗逊曾经做过一件很有意思的事情：他自己动笔写了一本"圣经"。其中保留了《新约》中的福音部分，去除了所有耶稣施行神迹和具有神性的描述。其实，这些政治家们很清楚，美国人和基督徒完全是两个概念。实际上在杰弗逊时代，美国人是不经常去教堂的。耶稣所教的基督精神和美国的民族精神完全不是一回事，但人们则总将上帝和祖国相提并论。其实，很多美国人的想法与我一样，但他们不敢把心里话讲出来，所以他们保持沉默。最近的一份调查显示，有16%的美国人说他们现在没有加入任何宗教团体，也不愿与宗教有什么关系。美国总人口的16%，这可不是一个小数字，比犹太人、黑人的总和都多（犹太人的比例是1.4%，黑人是12.2%）。

［为了达到目的，将自己标榜为正统的基督徒，这是很多政客们在竞选游说中特别喜欢使用的方法。在影片中，主持人就采访了一位美国参议员，马克·普莱尔（Mark Pryor）］

主持人：你自称是福音派基督徒，并在竞选宣言中说过：你人生当中最重要的教育都来自《圣经》。政界的每一个人似乎都喜欢炫耀自己有信仰。为什么有信仰就好呢？

参议员：信仰有一种可以说服人民的力量。比如，基督的教化，他是非常宽容的。

主持人：但是，他也说过："人们若是不常在我里面，就像树枝离开了树干会枯干，这些干枯的枝子最终被收集起来扔在火里烧了。"（约翰福

音）

参议员：作为一个基督徒，我相信基督是和谐之道。我们对《圣经》故事的解读将会作为上帝在世界末日的审判依据。

主持人：那么你如何看待"十诫"？很多政治人物都会谈到"十诫"，它真的是最重要的道德标准吗？

参议员：是十条重要建议。

主持人：只有十条，是否涵盖的内容有点太少了？前四条都是有关如何崇拜上帝的，说明上帝比较狭隘，他不希望有人崇拜别的神。十条当中只有两条属于真正意义上的法规，一是不准偷盗；二是不准杀戮。为什么最富智慧的十条戒律当中没有提到禁止虐待儿童，禁止严刑拷打、禁止强奸。如果当今我们要列出戒律的话，这些或许都会列进去。

参议员：当今社会与过去相比，已有大不同。我们的文化已经发生了彻底的变化……

主持人：这正是我要问的，既然我们现在生活在一个完全不同的文化环境之中，我们为什么还要把信仰从青铜时代保持至今呢？那时的人们相信地球是平的，太阳绕着地球转，海里有水怪……

参议员：嗯……世界上几乎所有的国家都在法律中规定不准杀人。

主持人：如果没有宗教，就不会有这些戒条吗？人们难道不会聚集在一起说，"让我们停止杀戮吧，让我们不要偷盗吧。"

参议员：我不知道。

主持人：事实上，以上帝的名义发生了更多的杀戮。你相信进化论吗？

参议员：我嘛？我不知道。很明显，科学界对进化论有不同的观点，特别在一些细节上，分歧很大。

主持人：我不这样认为，我认为他们完全赞同。

参议员：我不太清楚。就我而言，我真的希望能够接受这个科学假定。

主持人：反正（人类）绝对不可能来自亚当和夏娃在5000年前与蛇的一场对话。

参议员：也许有可能。

主持人：这正是我的困惑所在。你看，你是参议员，是万里挑一的国家栋梁。我很担心，一个国家的栋梁居然相信蛇会说话。

参议员：竞选参议员好像不需要通过智力测验吧。

[在当今的美国，基督教想方设法宣传教义，扩大影响。最近在美国肯塔基州，宗教人士正在筹资建设一个"创世博物馆"。影片摄制组专程来到这里，实地采访了负责人肯·海默（Ken Ham）]

肯·海默：我们的设计是让人们一走进创世博物馆的大门，先是感到惊讶："太伟大了。"随之而来的就是敬畏。我们回答怀疑者的问题，我们教那些攻击《圣经》不是历史的人们应如何思考。总之一句话，创世博物馆就是要告诉人们：《圣经》是真实的，从《创世纪》到《启示录》都是真实的。建这个博物馆大约预计耗资 2700 万美元。有很多人对我说："因为你是基督徒才不相信进化论吗？"我对他们说："你们的想法有问题，上帝创造了一个男人和一个女人。如果你相信进化论，那么那个女人就是由猿人变来的。"我们将要建一个展示厅，展示人与恐龙共同生活的场景，用以纠正恐龙在 7000 万年之前就灭绝了，无法与人类生活在一起的说法。巨大的机械恐龙仰天长啸，两只暴龙幼崽和两个人类小孩在一起玩耍的场景会给参观者以巨大的视觉冲击，给他们留下深刻的印象。

主持人：人类是否与恐龙一起生活过，为什么会对你的救赎或道德体系如此重要？

肯·海默：如果相信了那些人所说的，那么"上帝在一天之内创造了陆地动物和人"是假的，谁还会相信上帝呢？

主持人：很多人会说："这只是我的信仰而已。"但这对你来说还不够，你要用《创世纪》的内容向科学挑战。

肯·海默：我们目的很简单，就是告诉人们：《圣经》是真实的。人类的历史是从创世纪开始的。

主持人：你们站在科学的对立面上，这是一场对抗科学的庞大计划。在人类起源这个问题上，各个不同的国家、不同的学科已经达成一致，这也没能使你们退却？

肯·海默：完全没有。《圣经》告诉我为什么多数人不认同真相的原因：人类是有罪的，人类反叛他的创造者。

主持人：你是说所有科学家都是罪人？

主持人：原教旨主义者认为，必须从字面上理解《圣经》当中的每一句话，"坚信《圣经》每一句话都是真的"，这应如何理解呢？

肯·海默：上帝就是上帝，他是万能的。我们无法理解他的方法。

主持人：你不觉得这是一种遁词吗？

肯·海默：他是上帝。你是上帝吗？

主持人：不。

（除了这个在建的"创世博物馆"外，美国还有几个已经对外开放的宣传基督教义的场所，"佛罗里达圣地体验中心"① 就是其中的一个。离开肯塔基州后，摄制组又来到这里进行拍摄和采访。在这里主持人首先采访了几个工作人员）

艾绒牧师（雇员）：这里弘扬上帝的教诲，我们参与的是一场精神上的战斗。

查特（雇员）：我们不会把信仰强加于人，我们的任务是使宗教变得更加容易为人所接受。

（主持人又采访了游客）

主持人：在你童年的时候，大人会向你转述《圣经》的故事，同时，也会给你讲一些童话故事。你能区分它们的不同吗？如果那时他们告诉你"杰克与魔豆"② 是信仰，而一个人住在鲸鱼肚子里是童话。那么，当你长大成人后，会为这一信仰而辩解吗？

女游客甲：你是说《圣经》是童话吗？

女游客乙：相信救赎意味着相信耶稣。耶稣是上帝的独子。

女游客丙：耶稣以一个犹太人之身而降临人间，他不是人类的子孙。他通过一个犹太女人而降临人间，这个犹太女人没有与任何男人发生过关系。他是上帝之子。

（在"佛罗里达圣地体验中心"，每天都有演员表演《圣经》的各个场景，在一场演出结束之后，主持人采访了扮演耶稣的演员）

主持人：你好。

耶稣的扮演者：你好，上帝保佑你。欢迎你来到我们的世界。

主持人：这是你的坟墓？是用真的石头砌成的？

耶稣的扮演者：不，是用水泥模仿的。

---

① 佛罗里达州的"圣地体验中心"复原了耶稣基督的生活和时代，极大程度地还原了《圣经》中记载的古代的耶路撒冷、犹太村、寺庙和文物。这里，每周有 6 天上演耶稣受刑的场面。亚当和夏娃住在伊甸园中，恐龙在伊甸河附近游荡，大毒蛇在善恶树上盘绕。游客还可以加入耶稣和他的弟子的"最后的晚餐"圣餐，看水舞表演和祷告。

② 童话故事，出自《格林童话》。

主持人：当你出去吃饭的时候，人们会把你认出来吗？

耶稣的扮演者：经常如此。

主持人：人们为什么会来到这里，是不是因为迪士尼太没意思了。

耶稣的扮演者：就我个人而言，每当我走进这个园子，都会有一种新的感觉。这种感觉真是妙不可言。

主持人：我想问几个有关你工作的问题，或者说有关耶稣工作的问题。上帝是全能的，他可以做任何事情，那么，他为什么不消灭所有的邪恶，让世界摆脱罪孽呢？

耶稣的扮演者：他会的。

主持人：他会的？那么他还在等什么呢？

耶稣的扮演者：审判日。

主持人：为什么要等到审判日才做这些，为什么现在不做呢？

耶稣的扮演者：《圣经》说，在上帝眼里，千年如一日。他等了两天，耶稣死了。他和我们不在一个层次上，他能以最痛苦的方式来行他的善。

主持人：那人类所经历的浩劫怎么解释呢？浩劫是他的善吗？

耶稣的扮演者：上帝有他自己的计划，打个比方，这就像对地上的一只蚂蚁解释电视机的工作原理。上帝对我们而言，高不可攀，是我们所无法理解的。耶稣说："莫想我来是废除律法和先知。我来不是要废掉，乃是要成全。"其实"利未记"中的律法就是要说明两件事：一是"在我之前不曾有神"，二是"尽心尽力地爱我"。

主持人：耶和华否定在他之前有其他神存在，说这样的话是多么小气啊，这样的神毫无品格可言。

耶稣的扮演者：你说的没错，上帝的确小气。

主持人：但上帝怎么会小气呢？这样还像是上帝吗？我知道，人有时候嫉妒，心胸狭窄……但上帝不应该有人这些缺点啊。

耶稣的扮演者：这就像是一个硬币有两个面一样，一面：他是一个普通的神；另外一面：他是一个仁慈的神。

主持人：但在《圣经》的前五篇中，我们看到的是一个摧残人类的上帝。

耶稣的扮演者：这是上帝必须做的，他的层次比我们高。

主持人：或许，我们需要把思想的层次提高了，才能理解。

耶稣的扮演者：这是个不错的想法。上帝在你胸前留下了"神所留给我们的洞"。在生活中，你尽可以用任何东西去填充那个洞，毒品、性爱，任何你想要的东西，但这个洞永远都不会满。

主持人：如果我是上帝，我会创造出胸前没有"洞"的人类。

耶稣的扮演者：你是否听到过来自内心深处的声音？

主持人：我们都曾听到过。

耶稣的扮演者：那就是圣灵的声音。感觉到风吹过你的面颊了吗？感觉到了，对吧？但风在哪儿呢？你不知道。圣灵就是这样的。

主持人：基督教是一神教，但三位一体的教义意味着有三个神。

耶稣的扮演者：三位一体就像水、冰、水蒸气，只是外形不同而已。

主持人：这个比喻真是有点唬人，他把三位一体比作水，可以蒸发，可以结冰，可以流动。这个思路差点把我都绕进去了。但只需思考两分钟，就知道这个比喻也是狗屎一坨。宇宙中有个上帝和他自己，然后他派自己进行一项自杀任务——他是上帝，他有一个儿子，他是一个单亲父亲，这些听起来愚蠢至极。但加上一个水的比喻，就会使得很多人不假思索地接受这一说法。

主持人：让我们继续。《圣经》中是否有让你感到困扰的故事？比如：一个处女所生的人，他能够死而复生，这个故事发生在1000多年以前的地中海地区。但在2000年前，在印度有一个木匠叫克利须那，他也是由一个处女所生，在河流里受洗。

耶稣的扮演者：这件事有历史记载吗？有白纸黑字作证据吗？

主持人：有一件事可以确定，波斯人的上帝比耶稣早了600多年，他叫米斯拉。他生于12月25日，他可以施行神迹，在死后第三日复活。他被称作：指引、光明、真理、救世主、弥赛亚……

耶稣的扮演者：停止。我从未听说过此类传说。我遵从上帝的指引，我知道我的信仰是什么。

（对于这个话题，游客们也参与了讨论）

女游客丙：我相信（《圣经》）是真的。

主持人：但相信和真相是两回事。

女游客丙：《圣经》里说，对于上帝而言，什么皆有可能。

主持人：自打1000多年前，在地中海地区有了这个上帝之后，又出现了很多新的上帝，他们也都出生在12月25日。

女游客丙：不是新上帝……

男游客：接下来你还会说，在《星球大战前传：幽灵的威胁》中的阿纳金也是处女所生。但人们会说，这些都不是原创。

主持人：但耶稣也不是原创啊。在公元前1280年的埃及有一个几乎与耶稣一模一样的故事。

主持人：《埃及亡灵书》写于公元前1280年，书中的荷鲁斯是上帝之子，处女所生，在河中受洗。他曾在沙漠上受到过魔鬼的诱惑；他医人医瞽，驱魔，在水上行走；他有十二门徒；他被钉死在十字架上，死后三日复活。

耶稣的扮演者：让我问你一个问题，你是否坚决地站在我们的对立面上？

主持人：是的。

耶稣的扮演者：如果你错了呢？

主持人：如果错的是你呢？

[相比之下，欧洲的一些宗教人士似乎更加具有科学精神和批判精神。摄制组来到梵蒂冈，采访到了两位大名鼎鼎的宗教界人士：乔治·科因（George Coyne）博士与佛斯特·雷金纳德（Reginald Foster）神父]

主持人：我们和很多宗教人士进行过交谈，他们中的很多人认为地球的年龄是5000岁。

乔治·科因：科学家们不会接受这种说法。

主持人：你是新任梵蒂冈天文台的台长，梵蒂冈天文学家，这一称呼像是"同性恋共和党人。"

乔治·科因：教会培养我们的目的并不是让我们飞到太空，抢在摩门教之前给外星人施洗。目的只有一个：还原历史真相。比如约翰·保罗二世①说，对于新达尔文主义②来说，进化论的意义已经超越了科学假说。

主持人：这句话为何如此重要？

乔治·科因：《圣经》写于公元前2000年至公元后200年间，又过了很多年后，才有了由伽利略、牛顿、爱因斯坦等科学家发展起来的现代科

---

① 约翰·保罗二世于1978年10月16日被选为教皇，是罗马天主教第264任教皇，梵蒂冈城国国家元首。

② 达尔文的自然选择理论和魏斯曼的种质学说相结合的一种生物进化理论。新达尔文主义产生于19世纪末，创立者是德国生物学家魏斯曼。魏斯曼把遗传学和自然选择学说结合起来，开创了进化论研究的新方向。

学。时间的长河把两个时代远远隔开了，《圣经》里怎么可能出现现代科学的内容呢？《圣经》并不是在教授科学。对于我来说，很难接受原教旨主义者所宣扬的：必须从字面上理解《圣经》当中的每一句话"坚信《圣经》每一句话都是真的"。这简直是一种折磨。

（佛斯特·雷金纳德神父对宗教的批判就更加彻底了）

主持人：我们身后的圣彼得教堂使你联想到了什么？你是否觉得它与基督教创立者的追求不相吻合呢？

雷金纳德神父：的确如此。这是显而易见的。

主持人：它使你感到不舒服吗？

雷金纳德神父：是的，我要是老板（耶稣），才不会住在这里呢。耶稣可能会住在罗马的某个棚屋里。我最近读了 10 本有关质疑宗教合理性的书籍，每本书的作者所得出的结论都是一致的：宗教是愚蠢的。

主持人：你知道他们将受到什么惩罚，他们将会在地狱中受到烈火的炙烤。

雷金纳德神父：噢，算了吧，烈火的炙烤。这些都是过去的事了。

主持人：这是我们在小时候学到的标准教义。

雷金纳德神父：我知道，地狱等，诸如此类。这些都过去了，都结束了。

主持人：一直到公元 349 年，耶稣诞生的日期才被确定下来。

雷金纳德神父：他也可能是生于 7 月 3 日呢，这些都是好听的故事而已。

主持人：你不为此感到困惑吗？

雷金纳德神父：我当然也会感到困惑。但我的困惑是当我听到人们说："我们必须去做午夜弥撒，因为耶稣生于 12 月 25 日午夜。"现在这些都变得毫无意义了。

主持人：你是一个与众不同的人。

雷金纳德神父：不不，我是一个普通人。

主持人：你就是一个与众不同的人，你依照自己的方式和原则生活。

主持人：《圣经》里有那么多的称谓，圣徒、天使、天使长、上帝、我们的父、上帝的子民、圣灵、圣母玛利亚……这似乎不是一神教所应该有的……

雷金纳德神父：我明白你的意思，就像我们还有很多小上帝一样。

主持人：是啊，如果人们向他们祈祷。

雷金纳德神父：人们往往不了解这些，人云亦云。有人在意大利做过一个调查，人们在回答"在最危急的时刻，你会向谁祈祷?"这个问题时，耶稣基督只排在第六位。也就是说，当意大利人遇到困难需要求助时，第六个才会想到耶稣。这还不够明白吗? 还是谈点别的吧，谈谈天主教餐馆。

主持人：那你怎样向人们传教呢?

雷金纳德神父：我根本不做这样的事情。忘了这些吧，你需要做的就是：活着，然后死掉，带着你的那些愚蠢想法。你还能做什么呢?

（除了传统宗教以外，近代又发展了一些五花八门的宗教，其中"科学教派"和"摩门教"具有一定的影响力。"科学教派"是由美国科幻小说作家哈伯德（L. Ron Hubbard）于 1955 年 7 月在华盛顿创立的信仰系统。他在《通灵术——精神健康的现代科学》一书中，宣称找到了能医治精神创伤的方法，迎合了许多人要摆脱战争阴影，解除精神痛苦的需要。因此，此书一出版立刻风靡美国。这本书后被"科学教派"奉为教旨。1959 年，哈伯德跑到英格兰发展科学教。由于英国不承认"科学教"的宗教地位，他就在苏塞克斯的圣希尔庄园建了一所学院，专门传授"科学教"。为了扩大影响，他还经常到海德公园做演讲，宣传科学教）

哈伯德：一个世界，一个主人。我就是你们的主人。"邪恶大神仙奴"（Xenu）① 在 7500 万年之前将我们带到这里，把我们堆在火山旁，然后用氢弹轰炸我们。我们比宇宙还古老（银河系联邦已经存在 80 万亿年了）。你们必须摆脱外星独裁者的植入体，你们要准备静电计，一定要有静电计（静电计可以测出体内植入体的强度），"审查"你自己（"审查"是去除体内植入体的唯一方法）。

主持人：（《圣经》中）处女之子耶稣和鸽子还有蛇在园中谈话，够酷吧。但科学教派比这还荒谬。科学教派告诉我们，我们生来就带有被外星人污染的灵魂。它们都很疯狂，是的，宗教越来越疯狂了，但它们必须与时俱进，不断追求更高的目标。完成了处女生子之后，它们还要做什么呢?

（与科学教相比，摩门教的荒谬毫不逊色。摩门教，即耶稣基督后期圣徒教会，简称后期圣徒，于 1830 年 4 月 6 日由约瑟·史密斯在美国纽约

---

① 美国著名成人动画片《南方公园》的人物，是银河系邪恶的统治者。

州组建。美国犹他州盐湖城是摩门教总部所在地，为全美第四大教会，在全球成员人数超过 1400 多万，其中美国本土成员 400 万，约占总数的 43%）。

主持人：要想成为摩门教徒，就必须相信很多荒谬的事情，荒谬到让一般的宗教徒也无法接受。我曾读到过一些摩门教的教义，如："上帝住在 Kalob 星旁边的一颗行星上"；"他是一个有血有肉的男人，他与玛丽做爱后，生下了耶稣"；"黑色皮肤是上帝的诅咒，但若足够正直，黑皮肤也能变成白皮肤"；"耶稣复活后来到美洲，向印第安人传道"；"美洲的印第安人是以色列人的后裔"；"咖啡因是罪恶的"；"一种神奇的内衣可以保护人们免受疾病、火焰、兵刃、子弹以及撒旦的侵扰"；"每个人在最后时刻来临时，都必须站在斯密约瑟①、耶稣和埃洛希姆的面前接受审判"。摩门教认为基督就在美国，伊甸园就在密苏里州，这种说法正好迎合了那些试图将上帝与美国联系起来的人们的喜好。

［宗教的这种荒谬与疯狂是否是一种病态？带着此类问题，主持人采访了医学博士、美国宾夕法尼亚大学灵性与心智中心主任、神经神学创始者、《为什么你信我不信》（*Why We Believe What We Believe*）的作者安德鲁·纽伯格（Andrew Newberg）］

主持人：非常高兴见到你。我终于见到了一个专攻神经神学的学者。我曾经说过，宗教是一种精神上的混乱，我们二人互为知音啊。当一个人受到上帝的刺激后，大脑会发生什么样的变化？

纽伯格：我们用不同的颜色标识大脑中的兴奋部位，最新的研究结果表明，人们进行冥想、祈祷或胡言乱语时，他们的大脑会发生一些特定变化。

主持人：胡言乱语？

纽伯格：我们研究那些处在言语不清状态下的人群。

主持人：他们只是胡言乱语，而并不是在说一种特殊的语言，对吗？

纽伯格：那的确不是一种语言。

主持人：尽管某件事可能会为千百万人所相信，但它仍然是荒谬的，你同意这种说法吗？

纽伯格：非常同意。我们是否认定宗教是疯狂，取决于应如何定义疯狂。如果把人们能够听到冥冥中有人在地狱定义为精神病的话，那么宣称

---

① 摩门教的创立者。

他们能够听到上帝讲话的人们都是疯子。

主持人：按照正常人的思维判断，耶稣就是疯子。

纽伯格：在那个时代没有大脑扫描仪，所以很难下定论。

主持人：我知道。但是如果有一个人说我要去山上和上帝谈话，然后把一丛灌木点燃后告诉你，这就是在与上帝通话，这个人就是疯子。在一个真实的案件中，一位妇女杀死了她的孩子，在法庭上当她被问到为什么杀死她的孩子时，她说：是上帝命令我这样做的。她是疯子吗？

〔乔斯·耶稣·米兰达（Jose Jesus Miranda），波罗黎各人，在佛罗里达州迈阿密创立在"恩典部落中成长会 GROWING IN GRACE MINISTRY"，自称和耶稣一样，是第二个"降临"的"基督"，在全世界有 10 万追随者。他的标志性口号是"我就是耶稣基督，是再来的基督！不信我的人可要惨了！"影片也采访了他〕

主持人：对照《圣经》，你是谁？

乔斯·耶稣·米兰达：和耶稣一样，我是第二个降临的基督。旧约中明白无误地预言了我的降临，新约也有这部分内容。

主持人：预言到你这个人？

乔斯·耶稣·米兰达：是的。

主持人：是否因为你的名字里也有耶稣二字？

乔斯·耶稣·米兰达：不，当然不是。

主持人：你的名字当中也有米兰达，这可与那个女歌星同名啊，也许你是她的第二次降临。你真应该像她一样把水果顶在头顶上，而不是塞进脑袋里。是什么原因使你认为上帝选择了你？

乔斯·耶稣·米兰达：拿撒勒的耶稣有一个妻子，在耶稣死后，他的子孙不断地迁徙，从法国到西班牙，又从西班牙到波多黎各。他们的血统最早可追溯至亚伯拉罕，然后是大卫，大卫之后是拿撒勒的耶稣，耶稣之后就是我了。

主持人：是这样啊。我一直以为，耶稣的二次降临是耶稣亲自转世，而不是由他的后代来替代。

乔斯·耶稣·米兰达：你错了。是他的后代。

主持人：你相信地狱吗？相信恶魔吗？相信罪吗？

乔斯·耶稣·米兰达：不，不相信。再也没有什么罪了。

主持人：你的意思是说，耶稣为了我们的罪而死，所以现在再也没有什么罪了。

乔斯·耶稣·米兰达：再也没有了。

主持人：这就像营养师告诉你说"爱吃什么就吃什么吧，这会减轻体重，还有益于健康"。

乔斯·耶稣·米兰达：这就是我相信的。我的很多信徒都相信。

主持人：当你这么说的时候，你的眼神有些闪烁。很多人都喜欢你的这份工作。你是如何得到这份第二次降临的活的？

乔斯·耶稣·米兰达：有两个天使……

主持人：两个叫天使的家伙，他们是西班牙人吗？噢，你是说他们是真正的天使。

乔斯·耶稣·米兰达：有两个天使来找我，他们跟我说，"今晚，万王之王（King of kings）将给你涂油，命你为牧师"。

主持人：天使是什么样子的？有多高？

乔斯·耶稣·米兰达：比一般人稍高些，很强壮。他们说什么，我就干什么，我可不想得罪他们。

主持人：上帝是无所不能的，在需要时，他完全可以公开向世人宣告他的决定。但事实上，他却总是偷偷地选出一个先知，然后再偷偷地告诉他："好了，你就是先知。去告诉世界上的其他人吧！"于是，其他人根据信仰，全盘接受。这里头多少有些不得不相信的意味。人们经常会说："在人生中，我找到了我的使命。"你现在就有一个好的使命，还有尊贵的生活。你走到哪儿，都有崇拜你的人群。人们把你当作耶稣来崇拜，当作救世主。

乔斯·耶稣·米兰达：如果我发现，我生来就是魔鬼的话，我也会好好做个魔鬼。因为我要忠诚地执行我的使命。

（一直以来，穆斯林与基督徒的冲突不断，而且有愈演愈烈的趋势。就此，主持人先后来到荷兰、英国，进行了一系列采访）

［对荷兰女政治家埃立特（穆斯林）的采访］

主持人：这里就是西奥·梵高①遇刺身亡的地方？

---

① 西奥·梵高是一位荷兰电影导演兼电影监制、专栏作家和演员。梵高和索马里出生的作家阿亚安·希尔西·阿里共同制作了电影《服从》（Submission），该电影批评了伊斯兰教妇女的低下地位。2004年11月2日，他被一位摩洛哥裔荷兰穆斯林暗杀。

埃立特：对，就在这儿。

主持人：他是一位荷兰电影制作人，制作了一段 10 分钟的电影。其内容严重触犯了穆斯林。很多人认为，言论自由一直存在，但当涉及宗教，涉及先知，言论自由就变成了一句空话。

埃立特：这是不同的两回事。

主持人：这是两回事。事实上，人们在宗教问题上喜欢用武力来解决问题，喜欢杀戮。你觉得这里有文化上的原因吗？

埃立特：有人说穆斯林人民不喜欢谁，就去杀掉他，这是我无法接受的，因为事实并非如此。

［对英国籍穆斯林说唱歌手（Rapper）皮罗林·甘地（Prepa Grandhi）的采访］

主持人：我希望能在美国听到你的音乐。但是考虑到它们在英国所引起的麻烦……

皮罗林·甘地：当初做这张专辑的时候，得到很多人的支持。但当它真的发行之后，人们又感到害怕。这说明社会是多么愚蠢，当遇到问题时，人们不愿意坐下来理智地探讨。

主持人：你曾经说过："那些害怕我的言论的人们，应该参与讨论。你们可以持有异议，这是公民的权利。"这个观点的确有道理。但对于伊斯兰教徒来说，也有持有异议的权利吗？

皮罗林·甘地：当然有，否则伊斯兰教怎么会有那么多不同的学派呢？

主持人：但萨尔曼·拉什迪①就没获得这样的权利。

皮罗林·甘地：萨尔曼·拉什迪是主观故意地去激怒、侮辱穆斯林。

主持人：他应该因此而去死吗？

皮罗林·甘地：不不，我的意思是说，事实并不是非黑即白那么简单，有多种因素掺杂在其中，如情感、激情，还有人生观，等等……非常复杂。

主持人：其实，你应该说的是：一个人不应该为写了一本书而受到死

---

① 萨尔曼·拉什迪是印度裔英国知名作家，《撒旦诗篇》的作者。由于认为萨尔曼·拉什迪的小说《撒旦诗篇》亵渎了伊斯兰教，于 1989 年，伊朗已故宗教领袖鲁霍拉·霍梅尼发布追杀令，号召教徒对其采取暗杀行动。为此，萨尔曼·拉什迪不得不开始了他为期 9 年的逃亡生活。直到 1998 年，伊朗穆罕默德·卡塔米（Khatami）政府才许诺表示伊朗不再追杀萨尔曼·拉什迪。

的威胁。你上边的那种说法其实只是一种自我保护而已。

皮罗林·甘地：我认为咱们现在所进行的辩论没有什么意义，我希望辩论一些身边的事实，而不是讨论虚无缥缈的东西。

主持人：你认为我说的是虚无缥缈的事情吗？

皮罗林·甘地：没有，没有。

主持人：你要求有持有异议的权利，而有人却因持有异议而受到追杀，你还为此辩解。

皮罗林·甘地：没有，没有。我的异议是为了停止这种疯狂。

［对阿姆斯特丹一座清真寺中的阿訇，穆罕默德·杰纳斯·加福德（Mohamed Junas Gaftar）的采访］

主持人：过去的 5 年间，穆斯林与当地教众之间的关系一直比较紧张。伊斯兰教已经威胁到荷兰人的价值观了吗？

阿訇：伊斯兰教一直在宣传和平是最重要的理念，和平，和平，和平。伊斯兰就是和平的意思。

主持人：但是它卷入了很多暴力和战争之中。

阿訇：是的。这全都是政治。

主持人：你的意思是，它们与宗教无关？

阿訇：是的，没有关系。

主持人：很多文章中说，异教徒和信徒是不平等的，异教徒死后将下地狱，仇恨他们没有错。

阿訇：不，不是这样。

主持人：这么说，我被误导了。

阿訇：我认为是这样的。

主持人：注意，这种观点是很多人所共有的。

［在影片的最后，主持人又回到了耶路撒冷。耶路撒冷的敏感性，在于它不同凡响的历史。在其老城区圣殿山周围不到 14 公顷的地方，保存着众多的宗教遗迹，有号称犹太教第一圣地的哭墙①；也有穆斯林的第三

---

① 哭墙又称西墙，是耶路撒冷旧城古代犹太国的仅存遗址，千百年来，流落在世界各个角落的犹太人回到圣城耶路撒冷时，便会来到这面石墙前低声祷告，哭诉流亡之苦，所以被称为"哭墙"。

圣地（第一、第二圣地分别为麦加和麦地那）：岩石清真寺①；还有些人眼中基督教最神圣的地方、耶稣受难之地：耶路撒冷圣墓教堂〕

主持人：不同宗教的人们为什么不能和谐相处呢？为什么三大宗教的人们不能共享圣殿山②呢？是不是因为在历史上这里被不同的宗教数次征服？首先这里被大卫王所征服，在此之后的征服者都是阿拉伯人。在十字军东征之后，这里的统治权又在基督徒和穆斯林之间几度易手：拜占庭、波斯因为屋顶的标志很容易改变，无须重建圣殿，改变屋顶的标志就意味着在"新的管理制度之下"。

（在南英格兰塞内亚贝斯镇的一座山坡上，绿草的生长呈现出一个男人巨大的裸体形状。有人认为有一个巨人葬在这座山里，也有人认为这和麦田怪圈有关，或与外星人或古代德鲁伊特③有关。但无人知道真相究竟是什么。几个世纪以来，当地人精心维护着这片草地，使其保持着这个形状。但究竟为什么要这么做，他们也不知道，这已经成为一种习惯和传统了。对他们来说，这不就是一种宗教吗？为之跪拜，当然，也不能忘了为它剪草。但三大一神教没有这么简单）

主持人：很多基督徒坚信，上帝将要发动一场善恶决战，那时世界末日将要降临。具有讽刺意味的是，由于宗教将人们转移到一个破坏性的事业中去，所以世界或许真的会遭到毁灭。

主持人：你是否像大多数基督徒那样，相信世界必将终结？

被采访者甲：有很多迹象表明，现在就是末世。

被采访者乙：在世界终结之前，耶稣将再次辉煌降临。

被采访者丙：耶稣将会回来拯救犹太人。因为他是唯一有能力这样做的人。

被采访者丁：信者进天堂，不信者下地狱。

主持人：在美国，有很多人相信世界末日即将来临，那时会有最后的清算。你相信吗？

国会议员：我相信。

主持人：既然你相信世界末日即将来临，而且，这个日子或许不远

---

① 建立在一块巨大的陨石之上，故此得名。又称大石圆顶清真寺，圆石清真寺。与哭墙相邻，建在犹太教圣殿的遗址上，因此成为犹太人与穆斯林宗教冲突最为激烈的地区。

② 犹太教称圣殿山，伊斯兰教称圣地。

③ 一种古代凯尔特人原始宗教的名称。

了。那么我们是否还要浪费精力来改善我们在地球的生活？

（主持人没有等来回答）

主持人：有一种激进的看法是：为了人类的生存，宗教必须消亡。已经没有多少时间可以等待了，不能等待那些大权在握的非理性主义者，他们指挥航船不是靠指南针，而是依据对动物内脏的解读。乔治·布什对伊拉克祈祷的太多，学到的太少。

（但很多美国人并不这样认为，他们沉浸在宗教之中）

一个少女对着摄像机大声说："我不懂政治，投布什一票是因为他的信仰。"

主持人：信仰将不思考变成一种美德，这没有什么值得炫耀的。而那些宣传信仰，传播信仰的人是聪明的奴隶主，他们将人们奴役于荒谬与幻想之中，由此衍生了太多的疯狂与毁灭。宗教的危险在于，它让人们放弃思考自己的所作所为，并以此为荣："主啊，我会完成你所赋予的一切使命。"只可惜，从来没有什么上帝与我们交流，取而代之的是人们自己的腐败、限制与阴谋，这就是事情的真相。那些人告诉你说，他们知道你死后会发生什么，我向你保证，这是你唯一不知道的事情。我为何能如此确定？因为我就不知道。你们并不拥有我所没有的精神力量。面对终极问题，我们唯一正确的态度并不是傲慢地肯定，那是宗教的特点。而应是怀疑，怀疑是谦虚的，这才是我们应该有的态度。

主持人：用核爆炸毁灭地球不正吻合了《启示论》中所描述的"火焰之球"吗？

被采访者：我没有说一定是核武器，上帝也没有说一定是核武器。但我相信一定是类似的东西。

主持人：你不认为这是一件坏事，对吗？

被采访者：我知道，我将与上帝在一起。

主持人：这就是为什么理性的人是宗教的反对者。理性的人应该克服自己的怯懦，勇敢地站出来表明自己的观点。而那些持中庸立场的人，真的需要对着镜子认真反省一下：宗教可能给你带来宽慰与快乐，但同时也会让你付出惨痛的代价。有人问："可以无暴力地通向世界末日吗？"一种一神论宗教教徒回答："绝无可能，通过圣战，我们将统治世界。"那么谁会胜？另一种一神论宗教教徒回答："我们将会胜利，上帝在审判日的审判将会证明这一点。"如果你属于某政党或社会团体，如果你有偏见或歧视妇女，歧视同性恋者，宣扬暴力，或是像宗教教给你的那样无知，你应该与其决裂，并站出来反对它。当然也有另一种选择，那就是成为它的帮凶：带着邪恶的极端主义，站在追随者们的头顶上，宣扬着自己的正统。如果世界终将毁灭，或是在宗教战争、核武器、恐怖主义的摧残下挣扎，让我们记住，什么是真正的原因：在我们摆脱精神混乱之前，我们先学会了毁灭人类。就是如此，成长，或死亡。

"为了保护穆斯林而发展核武器是（我们的）宗教职责。"（本·拉登）

"我们处在一场正义与邪恶的战争之中。"（乔治·布什）

（画面上出现了核武器爆炸产生的蘑菇云和宗教狂热分子们的狂欢）

［全片结束］

（原文连载于《科学与无神论》2013 年第 4、5 期）

库尔茨：捍卫科学理性的英雄和榜样

——纪念库尔茨逝世一周年

申振钰

导 语

　　2012 年 10 月 20 日，美国哲学家、新启蒙运动的推进者、世俗人文主义之父库尔茨在纽约逝世，享年 86 岁。今年是库尔茨逝世一周年，我怀着崇敬的心情，回顾与库尔茨交往的 20 多年，他的"治学"、"治业"、人格魅力以及与中国朋友的友情，让我至今难以忘怀。1988 年 3 月，时任《科技日报》社长兼总编的林自新先生，第一次邀请以库尔茨为团长的 6 人代表团访问中国，并考察特异功能现象。在中国，库尔茨一行除了在北京、西安、上海会见一些科学家并与他们座谈、组织演讲；还与中国特异功能研究者共同组织了对特异功能人的测试。在这一次的访问中，我认识了库尔茨先生。1992 年 10 月，我参加了由林自新、郭正谊率领的代表团，参加在美国得克萨斯州达拉斯举行的第 16 届 CSICOP（对于声称异常现象科学调查委员会）组织年会。这是中国学者第一次参加怀疑论组织国际会议。在这次会议上，就两国的学术交流与合作，举行了广泛的讨论，并达成了由美国 CSICOP 组织普罗米修斯出版社出版中国学者的有关书籍和在中国翻译出版普罗米修斯出版社有关书籍及双方学者互访进行交流、互赠图书、杂志的协议。在这次 CSICOP 组织的理事会上，林自新被选为中国理事，我被选为中国联络员。此后，我与这个组织就有了 20 多年的交往。这 20 多年的交往中，深深地被这个组织的创始人，开拓者、创业者、思想领袖所感染、所折服。他把一生的经历贡献给他钟爱的世俗人文主义哲学和新怀疑论的事业。他通过世俗人文主义的实证哲学理念，探讨道德、伦理、理性和宗教等涉及人类价值和社会永续发展的现实主题，借此鼓励人们运用该理念在无神的世界中寻找人生智慧和幸福。前美国国家航空航天局科学家、科学和人类价值研究会主席斯图尔特·乔丹曾这样评价他说："保罗·库尔茨是自杜威（John Dewey）过世后美国最伟大的自由思想的领袖。"他向全世界呼吁：我们应该采取行动，减轻人类的痛苦，增添人类的幸福，这个责任应延伸到整个地球。这是他的"治业"精神。

他的"治学"也令人感动。不要说，库尔茨在纽约州立大学教书时，作为一位哲学教授，把他的无神论思想和世俗人文主义的实证哲学理念毫不隐瞒地、坦诚地教授给学生，并毫无畏惧地面对质疑和挑战。他声称"我是一个不信宗教的世俗人文主义者。我的灵感不是来自于宗教或者灵性，而是来自于科学、伦理、哲学和艺术。"他对年轻人总是倾注着一种睿智和企望，并给予关怀和鼓励。1976 年，他创办了"对于声称异常现象科学调查委员会"（The Committee for the Scientific Investigation of Claims of the Paranormal，CSICOP）。其宗旨是不带偏见地对世界上声称的异常现象进行科学的调查和研究；对各种各样的超自然的、非理性的主张进行怀疑和探索；对反科学、伪科学进行批评和评论，教育广大公众和青少年树立正确的科学世界观和方法论。由此宗旨可以看出，库尔茨一直是致力于向"公众"和"青少年"进行"科学目的和科学方法"的教育。为了能把他的科学理念（科学世界观和科学探索方法）和无神论的价值观传播和发展。目前，该组织已在 35 个国家建立了 92 个分支机构，总部拥有 1 家普罗米修斯出版社（Prometheus Books）、2 个杂志社（skeptical Inquirer 和 Free Inquiry）和 1 个探索中心（Center for Inquiry Institute），并在美国部分州设立了分部；其探索中心已发展到数十所大学，成立了探索中心校园部。他立志站在全人类的高度来开拓事业，开展广泛的科学教育活动，推动全球科学教育和科学探索活动的发展。

库尔茨是位大哲学家，我欣赏和崇尚他的人格魅力，是因为他为人谦和、开朗、坦诚，从不以大学者自居、高傲地待人接物；对待年轻人，他总是亲切地谆谆教导，给予关怀和鼓励，并无私地为年轻人提供展示的舞台、不断给年轻人创造机会，无私地提携晚辈，其个人魅力令人敬仰。

为了让更多国家的年轻人了解"探索中心"的宗旨和理念，从 2002 年始，每年举办一期夏季讲习班，请该组织各国分支机构派年轻人参加；创办教育学院，招收硕士研究生，并从 2011 年起推出"科学思维训练营"

系列活动，以期培养具有"怀疑探索"头脑和实践科学理性精神的青年人才。中国自 2003 年至 2011 年 8 次派 12 人参加"探索中心"的讲习班。他们回国后都感到受益匪浅，除了感受到库尔茨深邃的思想、学问外，还被他的人格魅力所感动。库尔茨除了为他们亲自授课，还是一个非常谦逊的聆听者。在其他教授学者讲演的时候，他经常来听，并参与答疑和有关话题的讨论。他还鼓励参加学习和调查的来自各国的青年朋友，要相互多交流，一可以练习语言；二可以交流学习的收获和体会。他 80 多岁高龄时，还亲自驾车带着学员参观布法罗大学校园和布法罗城，并和学员共进午餐。参加讲习班的中国学员胡俊平博士说："他是一位大学者、德高望重的前辈，与我们二三十岁的青年人一起交流，让人感到非常亲切。他是一个以全人类的幸福为己任的人，还有比这更值得敬重的吗？"参加讲习班的中国学者孙倩说，"库尔茨不仅是一位开创新怀疑论运动和世俗人文主义运动的领导者，令世界瞩目的学者，而且是关心关爱青年学者的前辈，真诚为人的楷模，更是一位充满热情的生活达人。"当孙倩和他谈起中国无神论学者对有神论的看法时，认为世上没有神仙，主张依靠科学教育来全面培养和发展人，主张用人们自身的努力以及社会道德和法律来发展社会、创造幸福。他兴奋地说："世俗人文主义就是主张科学和理性，主张世俗化的非宗教（Non - religion）生活，没有宗教我们一样生活得好。"凡是和库尔茨接触过的中国学者无不感受到库尔茨在这方面给人的感动、感染、感谢。在这方面，我个人感同身受，在和 CSICOP 组织接触的 20 年间，参加过两次 CSICOP 组织的年会，五次世界怀疑论大会。作为该组织的中国联络员，我的任务不仅是参加学术会议，更重要的任务，是沟通信息（把有关的优秀论文推荐到该组织怀疑的探索者 *Skeptical Inquirer* 杂志，并提供相关学术信息发表在它的通讯 *Skeptical Briefs* 上、推荐人才、搭建中美两国学者关注科学理性建设和推动世俗人文主义发展和交流的桥梁）。在和他接触的过程中，总是那么亲切，像家人一样。1992 年我第一次去美国参加学术年会，时年已 54 岁。由于生长年代的局限，英语是改革开放后自学的，因此口语不灵。当我读完论文，进行答疑时，就很困难，我于是谢绝了现场答疑，请求会下交流。当天下午，库尔茨就让秘书给我买了一本由商务印书馆和牛津大学出版社共同出版的《精选英汉 - 汉英词典》，还题词："希望对你有所帮助"并签上了名字和日期。这个第一次见面，就像好朋友一样的举动，让我终生难忘。之后的每一次见面，都像亲人一样，拥抱，相互问候，并把他的夫人介绍给我。在我担任中国联络员期间，他总是嘱咐我，多推荐年轻人到 CFI 来学习进修、多提供中国有关科学探索方面信息，他总是说，中国是个大国、是个伟大的民族，应该有各方面的人才，他多次表示，希望在中国也能建立一个"探索中心"。令人高兴的是，经过中国一些对这个领域感兴趣并致力于这个事业众多学者和前辈专家的努力，中国不仅有了自己的"探索中心"，也有了一批年轻学者致力于这个事业。

现在我们在他逝世一周年的日子里，纪念他、追思他，是因为我们的工作与库尔茨开创的事业，有太多的领域可以合作，并且在以往的合作中，已建立了深厚的友谊，并合作得相当密切、和谐。这是因为我们有共同的背景、共同的目标、共同的追求。我们的视野已经从自然科学扩大到人文领域。现在我们所在的地球村，都面临着一些共同问题：气候、环境、生态、能源、宗教伦理等问题。这些问题的解决，需要科学与人文领域共同努力。在科学与人文的交叉点上开拓、创新，这正是新启蒙运动的切入点。因为我们要解决这些问题，仅靠自然科学家是不行的。更多的是应该对公众，包括科学家在内的每一个人普及，热爱科学理性，懂得应用理智和科学思考过程来处理身边的每一件事情。我们共同的目标是：努力推动和捍卫理性与科学，以及在人类企及的所有方面的自由探索，为人类的新启蒙运动作出我们的贡献。

一　库尔茨直击反科学思潮

自 20 世纪上半叶始，出现了一股强烈的反科学反正统的文化传统。当 16 世纪科学从宗教的桎梏中解放出来，人类由于把科学的思维方法应用于人类生活的一切方面而欢呼雀跃，科学可以缓解痛苦、增进人类健康，提高了人类生活质量，得到大量实惠时，却出现了一种新的情况。20世纪上半叶最有影响的美国人文主义领域最伟大的思想家杜威指出，人类由于把科学的思维方法应用于人类生活的一切方面而得到了很大的实惠。但是今天，这种情况发生了巨大的变化。库尔茨用大量的事实说明科学面临巨大的攻击和挑战。库尔茨认为，这一时期，伪科学、反科学、超自然信仰的潮流以及美国原教旨主义、基要主义的复苏与增长，在美国乃至全世界明显高涨。影片《侏罗纪公园》导演施皮尔伯格，认为科学是"侵略性的"和"危险的"。一种灵异的、神秘的、精神的领域，危胁着科学在社会中的地位。这种反科学思潮的出现来源于二战后对核技术、生物、化工和医药的担忧和恐惧，以及东方神秘主义和原教旨主义宗教的复苏和文化多元主义的发展等。作为杰出的哲学家，库尔茨看到，对科学地位的公开抨击不仅在社会领域，而且在哲学领域中也愈演愈烈。这种公开批评主要来自两个方面：第一个批评，来自从美国历史主义学派代表人物库恩（T. Kuhn）到费耶阿本德（P. K. Feyerabend）等许多科学哲学家的批评。他们主张不存在什么像科学方法那样的事物，科学知识是相对于社会文化风俗惯例的，范式转换是由超理性的原因造成的，因此，认为存在检验科学的客观方法这一早期观念是错误的；第二个批评，来自海德格尔（Heidegger Martin）的信徒和法国后现代主义哲学家，特别是法国后现代主义对科学认识论的抨击。他们认为，科学不过是许多系统中的一个虚构系统或一个叙事系统。通过解构科学语言，发现科学不存在什么真实的客观标准。库尔茨认为，否定真理的客观性，不承认存在着检验见解的可靠标准和客观性的判据，怎么解释已经存在的大量科学知识？事实上，科学发现证明，现实世界里，逃不过接受实验结果的检验。这个结果，已经不是社会文化风俗惯例所能涵盖的，也超出了特定的社会文化框架。当然，他们声言的科学技术正在使人非人化；科学的受权力机构、官僚和国家的支配，特别是政治、外交、战争的需要，使科学客观的、中立的权利，受到损害。这一陈述，无疑是有它正确的方面。的确，科学相对于其赖以产生的社会文化条件起作用。这恰是人在使用科学技术时，对客观性所选择的主观性所致。它与对真理不存在可作为依据的声言，完全不是一回事。库尔茨进一步指出，反科学的后现代主义，反对 16 世纪、17 世纪产生的唯理论者对科学的阐释，或许还有些道理，因为科学理论的不断成长和修正表明，在科学内部"探求绝对的确定性"或寻求"终极的第一原理"是错误的。但是，他们抛弃整个现代科学事业，抛弃认识自然和人类生活的科学方法，实在是走得太远了。事实上，科学发展的现实，已经充分地证明，科学方法运用的成功和正确。库尔茨指出，它的成功和正确是由以下特征表明的："第一，科学预先假定存在客观方法，通过这些方法可以检验可靠的知识；第二，这意味着可以建立假说和理论，并通过有关的证据、合理一致的判据，及它们预言的实验结果，来确立这些假说和理论；第三，现代科学家发现，数学定量化是建立理论的有力工具；第四，在我们与可被发现的自然之相互作用中，存在着因果规律和因果关系；第五，虽然知识可能不是普遍的，但在知识超出纯主观的或文化的相对性并植根于探索者主观间和文化间的共同体的意义上，它是普遍的；第六，从科学的演进性和可否证性，可见其难以达到绝对或终极的陈述，科学是尝试性和可能性的，科学探索必须容许不同的解释和争鸣。因而以前的理论可以受到挑战和修正。选择性和建设性的怀疑是科学观中的基本要素；第七，在于认同这样的事实：科学研究的对象，其可能的原因的知识可以被应用，强有力的技术发明可以被做出，这些都对人类大有益处。"

然而，后现代的批评家们，对在拓展知识领域中起到巨大作用的科学方法，进行猛烈的攻击。这一攻击给神秘主义、超自然现象、伪科学、反科学的泛滥、非理性主义的流行，留下了广阔的空间。

自 20 世纪 30 年代始，新时代和后现代思潮猛烈增长，其表现有两种形式：一是反科学思潮的增长；二是神秘主义、超自然现象、伪科学的泛滥。其实，这两股力量是同宗同源。都源于能带来"新的世界观"、"后现代科学"，掀起新"科学革命"的"新时代运动"和"后现代主义"。其目的就是要否定近现代科学成果。美国"后现代世界中心"（Center for a Postmodern world）主任格里芬（David Ray Griffin）提出建立所谓后现代科学，作为"现代社会"后盾。后现代主义认为：科学既不能给我们以真理，也不能探求真理；科学不是真理的公正裁判，反而是"一个相当偏私的参与者，利用自己的地位使某些社会、政治和经济力量合法，而使另一些力量非法"；科学的目的不是追求和获取真理，而是追求和谋求对自然的权力。现代科学不过是"一种有很强的解释能力的神话"；是机械的、个人主义的、还原论的、人类中心论的"伽利略范式"，注重可重复和可检验性的现代科学方法论将被"永远蔑视严格的科学分析"的灵学"新范式"、"新异端"所取代。在灵学家们眼里，科学被斥为"祛魅科学"（disenchanted science）。规律性和可预见性将变得越来越不可能了。格里芬认为，科学的本质不是对唯物主义不可理解的事物，进行科学研究；而这个领域恰是灵学能够推翻科学"祛魅"的地方；也是灵学带来"新的世界观"；带来"科学革命"的所在。这一番论述，不仅赤裸裸地亮出了要摧毁现代科学赖以建立的唯物论基础和客观性基础；也明明白白地暴露了后现代主义，企图打破"科学神话"的反科学思潮，以此跻身于神龛顶端的"后现代科学神话"中，在科学的殿堂获得合法席位。库尔茨指出，后现代主义宣称，不存在什么客观标准，否定现有的科学体系，无疑是想抛弃整个现代科学事业。他坚信，把超感官知觉、心灵感应以及灵魂不灭等都囊括到"后现代科学"（Parascience 超科学）里的灵学，拿不出任何过硬的证据，它就摆脱不了充满幻觉、谬误和骗局的不可检验的伪科学系统中，它必然要败给所展示的科学发展前景。

针对反科学现象，库尔茨进一步分析道，这类超自然信仰的剧增，表明极度的反科学态度不是孤立存在的，而是一系列范围更广的支持这种另类信仰的集团势力的组成部分，它们之间存在千丝万缕的联系。反科学与这种势力的结合，例如，与政治权力和利益集团联系在一起，并时刻准备为这些势力服务，企图以这种方式扭转文明的进程，这是相当可怕和危险的。为发展健全的科学理性，传播健康的科学文化，库尔茨于 1976 年在国内外联络了一批知名的各个门类的科学家和诺贝尔奖获得者以及媒体知名人士、科普作家、魔术师等参加，成立了 CSICOP 组织，发展壮大至今已有 30 多年的历史。现在它包含着三个组织：一是所谓异常现象科学调查委员会；二是 1980 年成立的世俗人文主义委员会（Council for Secular Humanism，CSH）和 2003 年成立的科学医学与精神健康委员会（Council for Scientific Medicine and Mental Health，CSM—MH）。库尔茨就是以他建立的这些组织和所发行的杂志，作为对抗反对科学理性的行为和理念的主要阵地，带领学界和社会大众坚决捍卫科学理性和科学文化。

二　世俗人文主义就是主张科学和理性

库尔茨在一生 60 多年的职业生涯中，有 50 多年致力于对世俗人文主义（Secular Humanism）的研究、传播、教育工作。他从 20 世纪 60 年代始，就开始参加人文主义运动，到 60 年代后期，已经成为人文主义运动有影响的人物。1967 年出任《人文主义者》杂志主编，不仅把握着杂志新的发展方向，而且成为具有影响力的撰稿人。他长期致力于人文主义研究，著书立说，坚决捍卫世俗人文主义的价值。他不仅系统地论述了世俗人文主义的实质及其基本原则，而且探讨了世俗人文主义在 21 世纪的重大作用。

库尔茨认为，"人文主义"一词并没有本质的规定性，不同的哲学学派可以提出不同的定义。他曾把人文主义定义为"eupraxophy"，其字面含义是指"人类良好行为学"、"善的、智慧的、实践的行为"。"是一个结合了科学、哲学和伦理学来表达的一种积极、正面的世界观和人生态度的术语";也把它看成是"一种批评性的探索方法"。简言之,库尔茨认为,世俗人文主义反对关于现实生活现象所做出的超自然解释,而是本着自然主义的世界观来探求如何最优化和丰富人类的生命。在库尔茨看来,人文主义,不是单纯解决伦理道德问题的;世俗主义,也不单纯意味着道德可以从宗教权威中解放出来。他认为,世俗人文主义是人类文明发展的结果。它综合了科学的、哲学的、伦理的——代表人类发展进程中最进步的成果,它为人们提供了当今处于支配地位的传统模式之外的一种正面的、积极的新范式。这种范式应该具有以下六个方面的基本特征:第一,它是一种怀疑探索的方法;第二,它提供了一种自然主义的宇宙观;第三,它是非有神论的;第四,它严格遵循人文主义的伦理道德;第五,它提供了民主政治的观点;第六,它是全球性的。库尔茨特别强调,世俗人文主义的正确性,也要依赖于科学的方法来检验其声明的正确性,这是现代科学的基础。从广义上来说,一种假说要上升到理论:即必须要通过实验结果和推理来检验假设,并还要通过理论的全面特性和数学公式进行验证。而所有这些,都必须经得住任何一个怀疑论者独立的检验。从这个意义上来说,科学方法对任何一个人都是开放的,不再是深奥的、神秘的、只向声称者自己圈内展示的技巧,也不能由声称者自己,来确定"游戏"规则。世俗人文主义所坚持的非有神论的自然主义宇宙观,充满了科学与理性的内涵。库尔茨认为,16—17世纪发展起来的近现代科学及其成果的应用,以及其历史发展中形成的思维方式、价值取向、行为规范和传统,都带给世俗人文主义以决定性的影响。一方面,世俗人文主义认同科学方法是可以被用来认识自然、解释自然,宇宙是人类理性可以认知的;任何被证明的科学发现和被应用的技术发明,以及被应用于现实生活中的"实际的理论",都是从被检验的假设或植根于被证伪的理论中得出,而不是从诗歌、文学或神学记述中得来的;另一方面,世俗人文主义认为,是相信用经验的见解和实验的证据的自然主义来解释自然,还是相信用虚幻的神灵的超自然主义来解释自然,这是区别"人本主义"和"神本主义"的原则问题。库尔茨坚定地声言,我们是有影响力的非宗教的无神论的经验主义者和理性主义者。我们通过科学发现,已经发展了我们对真实(本体)的观点。我们怀疑和批评的是未经检验的声称,并且承认科学始终都存在着未被探明的领域和尚不能解释的现象。也许这就是宏大的宇宙留给神秘主义者敬畏的空间。但是，近现代科学也只有几百年的历史，它的发展、进步，令人雀跃欢呼，我们尤其应该赞美科学在不断地揭开宇宙的不解之谜，科学带给人类的福祉，不断地升华和扩大。这足够说明科学还是提供给我们关于宇宙的大多数可靠的知识，而且，这种可靠的知识，还将继续扩大。

库尔茨一生高举科学理性的旗帜，为人文主义而战；为世俗的民主政治而战；为科学的自然主义而战；为人文主义的道德规范而战。正像他自己所说的，普罗米修斯从神那里盗窃了火种，为人类送来了光明，增强了人类生存下去的勇气和力量。我们应该做像普罗米修斯式的勇于创造的人，接过这个火种，继续采取行动，减轻人类的痛苦，增添人类的幸福，把这个责任延伸到整个地球。为了这个目标，他把自己在1969年创办的出版社，称之为普罗米修斯出版社，共出版超过2500多部图书。1998年以后，该出版社成为世界上著名的人文主义书籍出版商。

库尔茨的一生，不仅著作颇丰，出版50多部书籍和专著。获奖众多，1992年成为美国科促会成员；1996年以库尔茨的名字命名了一颗小行星；2000年获得了理性主义国际大奖；2001年获得了查尔斯·诺顿奖章等。为此，他不仅获取了"捍卫科学理性的英雄和榜样"的赞誉；也得到了"拒绝有神论正统学说和挑战宗教神权英雄"的美名，成为国际人文主义和伦理学学会主席。

库尔茨生活和成长在具有浓厚宗教习俗的基督教一神教，又号称高度民主、自由的美国。库尔茨一生所从事的事业和他的理念，不能不说与美国主流社会意识形态是相悖的。

库尔茨挑战反科学、伪科学、超自然现象，是源于伪科学、反科学和对超自然信仰的增长。库尔茨认为，我们已生活在史无前例地对科学的认知时代，科学已经有能力检验所发现的成果，所以他主张用几百年积累的科学成果检验它们。对于那些超常的声称，只有把它从神迹的思维模式里拉出来，才有可能纳入到科学的轨道来审视它。从而丰富、延伸、扩大人类的知识和认识能力。库尔茨说，"所有极端的绝对化的声称都是值得怀疑的"。

库尔茨挑战宗教神权也是源于，自20世纪70年代以来，美国原教旨主义的复苏和增长。在意识形态领域，世俗人文主义，成了狂热的宗教信徒攻击的靶子。一部分要求宗教权力的领袖们指控世俗人文主义控制了国家，发展过了头，要求复苏公众的虔诚信仰，扼制世俗人文主义的发展势头；一些极端的宗教团体劝解数百万追随者，向世俗人文主义者开战，视他们为头号敌人。特别是布什政府代表基督教福音派推行的沙文主义政策，正在破坏世界的人文主义环境，使得不宽容的宗教意识形态与自然主义、世俗人文主义之间的冲突还要继续，甚至逐步强化起来。上层官员、资深议员，呼吁、鼓吹政府部门资助灵学研究组织和各种各样的灵学项目。动辄拨款上千万美元，如"通灵曼哈顿计划"、"星球大门计划"等，甚至通过有影响的政府官员运用权势，要求政府支持灵学研究，甚至要求美国科学基金会等科技部门支持灵学研究，以期达到灵学研究的"合法化"。

在这种强人宗教势力的背景下，库尔茨以他的深厚的科学功底，勇敢、执着地战斗在捍卫科学理性的人生舞台上。他的一生告诉了美国民众，在大多数民众浸透在宗教信仰中的国家里，还有相当多的民众，他们没有宗教信仰的生活，也过得很精彩。

库尔茨虽然已经辞世，但是，作为现代世俗人文主义之父，他对美国和世界世俗人文主义的影响是深远的。他强调的运用科学理性思维和批评性思考来解决所遇到问题的哲学思考，对于人类运用科学和技术手段为自身谋福祉的理念，对超自然的、神秘的和超现实的现象质疑的科学探索方法，都会为人类的思想宝库留下巨大的财富。尽管现在还有很多人，排斥他所倡导的观念中包含的无神的观点。但他的确为当今人类的生存发展提供了正面的、积极的道德价值观，在人类民主进程和为全球人类谋福祉方面，从不妥协，一直为人类自由和最大程度地实现人类自身的价值而奋斗着。并相信，一个指引人类生活的后现代时代，必将到来。

参考文献

1. Kurtz, P. The Growth of Antiscience [J], The Skeptical Inquirer, 1994, Vol. 18.

2. 保罗库尔茨文《从历史的角度考察世俗人文主义者的前景》，孙倩编译，《科学与无神论》2005 年第 2 期。

3. 保罗库尔茨文《世俗人文主义概述》，任事平编译，《科学与无神论》2008 年第 1 期。

4. 费耶阿本德《自然辩证法百科全书》第 82 页。

5. 库恩《自然辩证法百科全书》第 325 页。

6. 海德格尔《简明不列颠百科全书》第 629 页。

7. 《"科学探索与人类福祉"国际研讨会论文集》第 219 页。

8. 《美国哲学家保罗·库尔茨辞世》朱玲 YNET. com 北青网。

破坏性膜拜团体(邪教)研究

"世界末日"与"全能神教"

近期，打着基督教旗帜的"全能神教"，非法聚集，散布"世界末日"谣言，鼓吹"只有信教才能得救保平安"，引起社会各界人士的警觉。

一 "全能神教"是美国基督教异端"呼喊派"的衍生组织，具有强烈的政治叛逆性

"全能神教"组织又名"东方闪电"、"实际神"。该组织是 20 世纪 70 年代末由美国传入我国的基督教异端"呼喊派"分化衍生而来。其创始人赵维山原是"呼喊派"骨干，因与同党不和而另起炉灶。"全能神"引用和曲解基督教教义，散布从《圣经》改编的所谓《东方发出的闪电》、《全能神你真好》等歪理邪说，非法传教。

该组织宣扬耶和华统治的"律法时代"、耶稣统治的"恩典时代"已过去，"全能神"统治的"国度时代"已来临，神以一个东方女性的形象第二次道成肉身，降临中国，将对人类进行审判。并声称"世界末日就要来临"，只有信"全能神"才能得救，凡不信和抵制的都将被"闪电"击杀。它声称"当今中国是一个没落的帝王大家庭，受大红龙（指共产党）支配"，煽动信徒要在神的率领下与"大红龙"展开决战，"将大红龙灭绝，建立全能神统治的国度"。

二 "全能神教"组织模式、传播方式和社会危害

"全能神教"组织体系严密，联系方式秘密。该组织最高者为女神，下设祭司，教会分大区、小区、分号教会，负责人叫"带领"。其传教如

同传销一样，采用"人际关系网络滚动法"，单线联系。只管入教，不准问姓名，在交流中只称假名。被政府部门发现叫"出环境"。传教者一般不准带任何通信工具，联系时，有人接送。

该组织传播方式本土色彩浓重，具有草根性的渗透力。它强调说方言、唱灵歌、跳灵舞、见异象、赶鬼医病等活动方式，注重以神迹、灵异排除苦难，医治疾病。谁家有人生病、住院，谁家出了事故，他们就会闻讯而至，不厌其烦，问寒问暖，列举大量祷告治病、消灾免难的案例，目的是劝人入会，敛财骗钱。该组织甚至煽动其成员离家出走，把全部身心和财产交给教主，致使许多原本幸福美满的家庭支离破碎，许多原本贫穷困苦的家庭雪上加霜。

三 邪教组织与"破坏性膜拜团体"

根据"全能神教"的社会危害，它被定性为邪教组织。我国《刑法》第三百条规定，邪教组织是指"冒用宗教、气功或者其他名义建立、神化首要分子，利用制造、散布迷信邪说等手段蛊惑、蒙骗他人，发展、控制成员，危害社会的非法组织"。政府惩处邪教的根本目的是，维护基本人权和社会的稳定发展。

当代中国主流社会对邪教的定义，是独具特色的法律解释。作为研究当代宗教和邪教问题的学者，我认为，在国际学术语境中，邪教可以称为"破坏性膜拜团体"（Destructive cult）。以西方宗教学的概念"破坏性膜拜团体"，来考察中国的"邪教"问题，努力探索一种跨文化研究的学术范式，将有助于推动当代中国的"邪教问题"研究，进入国际学术研究的话语圈。

四 当代邪教或"破坏性膜拜团体"的主要特征

第一，教主膜拜与精神控制。邪教教主自命为至高无上的"神"，是绝对的权力中心，意志凌驾于众人之上。其内部结构是背离现代社会的独裁专制。教主自我神化，制造"神迹"，演示"超自然的特异功能"，制造轰动效应，引诱群众的迷信，进而煽动信徒狂热，逐渐削弱其心理防线，扭曲其正常人格，剥夺其独立思考能力，使其心甘情愿地盲从教主。

教主的政治野心和权力欲望，随着其势力的扩张不断膨胀，策划或鼓动信徒的精神和行为达到痴迷。

第二，宣扬末日与暴力行为。邪教教主大肆宣扬世界末日，制造恐慌气氛，使信徒狂热盲从。当邪教劣迹昭著后，一旦受到社会的谴责、政府的查处，教主感到其"神"的地位受到威胁，便铤而走险，以世界末日来临为号召，煽动信徒暴力相抗，激烈反抗社会，以自杀、枪战、放毒等疯狂手段，造成惨烈的社会危害。

第三，秘密结社与非法敛财。邪教教主通常采用秘密结社的方式，建立封闭或半封闭的组织。教主要求信徒断绝或疏远与家庭和社会的联系，对教主奉献出自己的一切，包括思想、财产乃至肉体、生命。教主攫取信徒的"捐献"，成为非法敛财的暴发户，骄奢淫逸，肆意挥霍。

2007 年 12 月，我曾应邀录制凤凰卫视《震海听风录》。在评论我国破坏性膜拜团体的发展趋势时，我曾经指出："破坏性膜拜团体对发展中国家造成的冲击力，远远超过发达国家。因为发展中国家正处于社会转型时期，社会保障体制正在逐步建立，还有许多盲区和薄弱环节，整个社会的风险系数较高。作为发展中国家的学者，我们更加关注膜拜团体的破坏因素。"

（原载《中国社会科学报》2013 年 1 月 5 日）

从"呼喊派"到"全能神"：
论当前"类基督教"的邪教蜕变现象

陈永革

一　引论

在西方基督教的历史演变中，无论是作为教派（sect）的邪教，还是作为膜拜群体的邪教（clut），都有着相当典型的基督教正统与非正统之争的宗教背景。从基督教的语境来看，异端或异教，最初是基督教对自身之外其他宗教的称谓，后来成为各宗教对各自之外的宗教的指称。"异端"一词来自希腊文（hairesis）原意为"选择"，是基督教正统教义对与之观点相左的基督教派别的指称，后来普遍指同宗教组织之内对教义的不符合正统的理解。"异教"则是指选择满足自己所需的、似是而非的、陷害人的、虚假的。异端之前是"极端"，异端之后是"邪教"。"极端"是只高举人或部分真理，歪曲真理，"异教"是指不同于基督教的宗教类型，"异端"是打着基督教的旗号，说只有他们信的才是正统，甚至会把人引向邪教。在传统基督教的发展演变中，历代都有异端出现，但现在似乎越来越多、越演越烈。其中，从"呼喊派"蜕变而成的"全能神"，即可说是当代中国大肆冒用基督教的名义、以"类基督教"面目出现的极端邪教组织。

2012年11—12月，受境外煽动指挥，国内部分"全能神"邪教痴迷者颇具组织地大肆散布"世界末日论"谣言，妄图制造社会恐慌，以达到其不可告人的政治目的。情况进一步表明，"全能神"是除"法轮功"之外，政治目的最明确、组织体系最完备、活动方式最诡秘、社会危害最严重的一个邪教组织。有关部门采取有效措施，坚决打压其嚣张气焰，瓦解其组织体系，教育争取被裹胁群众，全面掌握斗争主动权，正当其时也。

二 从"呼喊派"到"全能神"

20世纪80年代以来，随着我国宗教政策的落实以及在历史文化传统和复杂社会因素的共同作用下，基督教在我国城乡群众中获得了长足发展。但是，在对外开放过程中，国外一些"类基督教"的非法宗教组织也传入了我国，并在传播过程中，如同病毒变异一样不断派生出新的非法宗教组织。如李常受1967年在美国洛杉矶基督教地方教会的基础上成立了"呼喊派"组织，从1979年开始向中国大陆渗透，挑起了一系列非法活动。1983年，被中国政府依法取缔。1989年，赵维山又从"呼喊派"中分裂出来成立了"全能神"（亦称"实际神"、"东方闪电派"或"闪电教"等）组织，成为"类基督教"的典型非法组织。

浙江省"呼喊派"、"全能神"组织现实活动比较突出，他们打着基督教的旗号，从事非法宗教活动，散布歪理邪说，欺骗不明真相的群众，拉拢信徒，非法聚会，破坏社会稳定，违反国家法律法规，完全属于非法宗教组织。

（一）"呼喊派"的出现

"呼喊派"是由倪柝声（福建省人）于20世纪20年代所创立的"小群"教会而衍生出来的极端教派。"呼喊派"在国内的最初发展可以追溯到20世纪40—50年代，其教主代表是李常受（一作李常授）。

李常受原籍山东烟台。1925年归信基督教，1927年加入倪柝声所创立的弟兄会（亦称"带帽的蒙头会"），很快成为倪的得力干将。1933年，李常受随倪柝声前往上海活动，成为"带帽蒙头会"的主要人物之一。1949年，随国民党政府前往台湾。1962年，迁居到美国洛杉矶。1967年，正式创立"呼喊派"（"恢复会"）。

据称，李常受曾经有三次呼喊"主耶稣"之名的神奇经历，因此"呼喊派"信徒在聚会过程中通常会连续重复地大声呼喊"哦，主耶稣！"、"主啊！""阿门！"、"哈利路亚！"等基督教传统的祷告词，作为教徒聚会的大众仪式，进行全面推广，并且附会解释为呼喊"主耶稣"之名，就是吃耶稣之肉，享受主的荣耀，使灵释放，主张呼喊越多越好，甚至称每天起码要呼喊1000次以上，因此被称为"呼喊派"。

李常受把这个教派自称为"恢复会"。因此,"呼喊派"在教内也被称为"恢复派"、"恢复会"或"恢复流"。之所以有此名称,主要是因为李常受曾写过一本《圣经》的注释书,名叫《圣经恢复本》,其内容掺杂了许多自己的观点,主张恢复灵的教会,故称"恢复派"。

李常受原为倪柝声的主要助手。新中国成立前夕,李常受避居香港,并随即迁往台湾,但倪柝声却认为需要徒留在中国大陆,照顾中国内地数以十万计的会众。此后,李常受立论越来越偏激,先后在香港和台湾引致教会分裂,其内部分化成"基督徒聚会处"和"基督徒聚会所"两派。

1962 年,李常受前往美国。在此期间,其教会组织发展迅猛,并且以中央集权的手法控制全世界各地的"聚会所",更在中国大陆建立极多广被众人称为"呼喊派"的家庭教会。

到 20 世纪 70 年代末,伴随着中国社会主义改革开放的历史巨变,中国基督教活动的正常化,"家庭聚会"、"呼喊派"称李常受为"常受主",奉李常受之名行事作工。从此以后,李的景况愈趋愈下,他还推翻了原先自己所传的基要信仰,标新立异,提倡呼喊。在此期间,李常受还出版不少书刊,如《神制造的论据》、《活在灵中》、《主的恢复:吃》、《吃主》、《罗马书生命读经》、《生命读经示范》、《奥秘的启示》、《灵与灵的事奉》、《新路生机的实现》等。通过这些文字作品,李常受迷惑了许多人,破坏了不少人的信心,尤其是一些生命和真理知识比较缺乏的人不知分辨,盲目追随受骗尤甚。时至今日,还有大批受害的人执迷不悟,沉于"呼喊"深渊,不能自拔。

李常受及其"呼喊派"现世后,尽管不断遭到正统教会的揭露、批判,但从未停止其活动。此间,有人曾经撰写了一本《神人李常受》,揭发李常受错谬的神学思想,竟被李常受控告于法庭,要该书作者赔偿数十万美元。其后,李常受在美国的势力越来越大,行事越来越独裁,立论越来越偏激,凭一己之见,结束并没收他辖下所有不同意见之教会物业,提拔他那被证实犯罪的儿子承继他的领导地位,使教会四分五裂。

李常受回国探亲时发展他的教派。后由何恩杰于 20 世纪 80 年代创建"常受主",故又称为"常受主"教派,或借常受之名的谐音而讹称"长寿教"。何恩杰于 1983 年被依法判处死刑,当时他们已有 50 万成员。而李常受则自 1962 年起住在美国加州,直到 1997 年上半年离世。

"呼喊派"的传教热情吸引了许多年轻人,因而自 1982 年起,中国政府为压制其宗教活动，依法取缔"呼喊派"组织，对一些"呼喊派"骨干成员实行监控策略，但是"呼喊派"的非法活动仍屡禁不止。

1995 年 5 月，"呼喊派"的非法聚会活动，再度引起政府有关部门的高度重视。特别是其中的狂热分子竟然在中国 21 个省份的 61 个地区散发了上百万的传单，宣称李常受是"活基督"。1996 年，政府有关部门对"呼喊派"采取严打政策，取得了一定的效果。

中国东南沿海地区，历来是基督教聚会活动的中心区域之一。据相关资料，李常受早在 20 世纪 70 年代末，便派人从海外到浙江温州，利用探亲或经商的名义，将大量"呼喊派"书籍、小册子、录音带运到国内，派发给各地属地方教会背景的信徒。并表示愿意在经济、物质及其他方面给予支持。短短数年间，"呼喊派"的势力就迅速伸展到浙江、福建、河南及广东等省份的城市、乡村。由于深受李常受"教会论"的影响，"呼喊派"信徒往往采取激进的排他主义立场，固执地认为除本派以外的教会皆属于"异端"。更有甚者，一些极端的"呼喊派"分子还制造冲击正常活动的教堂或聚会点，加以霸占，挑起许多打、砸、抢的恶性事件。

在具体活动方式上，"呼喊派"组成二三人的"福音队"或"福音小组"，到处进行布道、传教活动，从事渗透颠覆活动，甚至到处煽动闹事，公开辱骂三自教会是"大淫妇"，声称要用呼喊声喊倒耶利哥城，导致教会产生分裂。

顺便一提的是，"呼喊派"作为"中国家庭教会"的典型教派，已经受到国际社会的一些关注，这种情形反映了打击处理"呼喊派"组织涉及的国际因素。

（二）"呼喊派"的分化类型

正如"呼喊派"从倪柝声"小群"中分化出来一样，"呼喊派"在不同时期、不同地区，也有其不同的分化类型。

李常受在世时，"呼喊派"即已开始分裂。1997 年，李常受在美国去世，"呼喊派"虽由其儿子李蒙泽继承，但内部的分裂情况更为严重，至少出现了六个以上的宗派。在"呼喊派"分裂的同时，还有不少信徒纷纷表示脱离"呼喊派"。尽管如此，"呼喊派"的活动仍在继续，还在许多地方出现。

从新中国成立以来基督教 50 多年的历史进程来看，"呼喊派"经历着分化演变的过程。特别是 20 世纪 80 年代以后，随着"呼喊派"问题的逐渐暴露，许多人开始认识到"呼喊派"的社会危害，导致国内的"呼喊派"组织进一步分化。大致来说，"呼喊派"具有三大类型，相对保守的"呼喊派"（保守型）、保持中立的"呼喊派"（中立型）和"激进的呼喊派"（激进型）。这三种类型，同中有异，表明"呼喊派"本身决非铁板一块。

第一种类型（保守型）。随着党和国家宗教政策的逐步落实，一些"呼喊派"成员完全认同中国教会的三自路线、组织和政策，淡化了教会的"地方"色彩。在某种意义上说，对"三自路线"的认同与否，基本上成为"呼喊派"分化的分界石。这是 20 世纪 50 年代以来即已出现的现象。

这两派虽互不联系，相互排斥，但都有各自相对严密的组织体系，各自以自己的方式开展活动，但都以传播基督、上帝等面目出现，而境外的"呼喊派"邪教组织想方设法撮合两派统一思想，化解分歧，加强合作，所以境外"呼喊派"组织对浙南沿海地区的渗透活动一直很活跃。

第二种类型（中立型）。20 世纪 80 年代以后，随着对我国宗教政策的逐步落实，"呼喊派"也乘机活动。特别是一些"呼喊派"极端分子，开始强调"地方教会"的自身特色，不愿混同于其他宗派，但不反对三自教会的领导。他们基本上能够根据《宗教管理条例》，接受宗教管理部门的登记，即便宗教实际事务出现这样或那样的大小矛盾，亦不再与政府有关部门发生正面对抗。对此类型，我们需要加强进一步的教育、引导。

第三种类型（激进型）。这种类型的"呼喊派"狂热分子，其思想十分顽固，坚持不与政府接触，不服从政府的管理，极力抵制政府的宗教政策，拒绝加入三自爱国会，甚至反对另一派与政府合作，成为"呼喊派"作为"类基督教"邪教组织的重要基础。

在某些地区，"呼喊派"群体持守相对正统的信仰，但在某些地区却以李常受代替基督的地位，甚至有些传单明确写道："这位活基督就是李常受。""呼喊派"把李常受神化为当代"基督"，正是其作为异端组织的典型标志之一。

李常受否认圣父、圣子、圣灵的"三位一体"，认为圣子是圣父的化身，圣灵又是圣子的化身，神并非三而一，一而三的。同时，李常受还否定"天堂"的存在，贬低《圣经》的价值，宣称"神的话语"（"道"）的时代已经被"神的灵"时代所替代，认为《圣经》并非信徒必须研读的经典，信徒只要活在"灵"之中就行了，有着强烈而明确的"唯灵论"或"属灵论"说教。这种说教，成为"呼喊派"影响较大的核心观念之一。

激进的"呼喊派"作为"类基督教"的邪教组织，不仅有着狂妄的邪恶说教，存在着许多主要错谬之说，更在现实活动中带来许多严重的危害。大致来说，"呼喊派"的邪恶说教，主要有如下表现内容：

一是宣扬"基督过时论"，反对传统的基督论。

李常受及其"呼喊派"顽固宣称基督乃被造，在基督的肉体中存有撒旦性情。道成肉身的时代已经过去，这是典型的"基督过时论"。现在已经进入"灵的时代"，信徒应该"活在灵中"。而这个唯一的灵，就是李常受本人。

二是推崇以李常受为"教主"的个人崇拜，主张信徒得救必须相信李常受所诠释的真理，唯有"常受主"才是拯救世人的唯一者。因此，世人皆要敬拜赞美"常受主"。

1986 年 2 月，李常受在美国加州召开全球教会的"长老聚会"，竟然自称是"独一的教会带领"、"独一的圣徒"，是当代基督的代表，要求教会以他为准，与他完全一致。这种邪说表明"呼喊派"具有典型的"偶像崇拜论"特征。

三是公开宣扬"非教会论"或"教会无用论"。没有天家，天家是教会。这是"呼喊派"拒绝到合法教堂礼拜的主要理论依据。

四是坚持"非《圣经》"的立场，主张"《圣经》已过时"。通过这种对《圣经》的全面否定，抬高李常受的各种说教。这同样是"呼喊派"神化李常受的重要依据之一。

五是宣扬新时代"真理论"，全面抛弃把传统的基督论、教会论，宣称"一位一体"的神格论，说"子是父的化身，灵是子的化身"，而李常受则是"灵的化身"，信徒要"活在灵中"，"三位一体的信仰丢到太平洋去。"

六是对传统的教会仪式进行全面颠覆。这典型地体现于颠覆通行的讲道聚会方式，改变为所谓的"祷读"（边读经，边呼喊）的聚会方式。这种单调的聚会仪式，有利于"呼喊派"的内部控制，同时也是强化"信仰洗脑"的重要手段。

至于激进的"呼喊派"，不仅损害中国教会的整体形象，而且还造成了比较严重的社会危害。这些危害主要有如下四个方面的表现：

首先，冲击三自教会，制造信仰错乱。"呼喊派"对传统基督教观念的全面颠覆，不仅给当代中国教会的合法活动带来极大冲击，给广大基督教徒的现实生活造成极大的思想混乱，并且派生出诸多"呼喊派"的变异派别，"全能神"就是其中的一个典型事例。

其次，煽动闹事，扰乱社会秩序，破坏社会稳定。

再次，残害生命，影响家庭。由于"呼喊派"本身决非铁板一块，其非法活动经常使其成员的正常家庭生活受到严重影响。

最后，内外勾结，败坏国家的国际形象。"呼喊派"的渗透活动，往往因其"国际背景"而更显复杂。对于中国宗教事务经常指手画脚，通过其"国际化"败坏中国的国家形象。

"呼喊派"这一名称，虽然相当形象地表达了李常受及其聚会方式、仪式特征，但对其教义上的阐释，往往被正统教会组织认定为"一种邪灵运动"，导致鬼附不断，最终演成各种的惨剧。对此，有些基督教界人士指出，"呼喊派"活动的实质，其实是李常受搞魂刺激的发展，是他走向异端的大暴露，因此遭到了许多基督徒的拒绝和批判。但这并没有彻底杜绝"呼喊派"的渗透发展。其中，有着比较复杂的历史背景和宗教原因。

西方基督教传入中国中，其演进历史表现出两个引人注目的特征，一是本色化运动的充分展开，而其正果正是具有鲜明中国特色的、以三自爱国教会为基本的组织体制；二是随着本色化运动的深入展开，中国基督教的分化现象也同时并进。特别是近30年来，中国基督教的本色运动，正在朝多元并进的趋势发展。这种基督教格局的潜在变迁，成为我们考察"类基督教"邪教组织的重要背景之一。

中国本土教会结构的变化，在农村教会的迅猛扩展现象中表现得相对突出。政教关系的相对紧密的结构性关系，导致中国基督教实在无法离开政治的牵制。农村教会，由于农民的特别是，尽管却未能充分享受到改革发展的成果，教育水平的限制，包括医疗保险在内的社会保障体系正在完善之中，表现出不注重教义而注重仪式的"非教义化"及"仪式化"取向。更明确地说，所谓"非教义化"，即不注重教义正确性的理解。而所谓"仪式化"，则注重行动化或行为化的基督教实践。这一点，"呼喊派"的发展，正可以说是中国教会活动追求"仪式化"的典型组织之一。更严格地说，"全能神"与"呼喊派"有所不同。"全能神"除了注重"信仰仪式"之外，更妄图寻求"教义性"的突破或超越。在某种意义上说，

"全能神"将比"呼喊派"更难对付。这也正是我们在防范、处理"全能神"问题中的最大挑战之一。

从教会原因上看，中国教会的本色化进程中，反复出现"属灵派"与"属事派"的划分，这也可以为我们辨析当前"类基督教型"邪教组织及其活动提供一种相对有效的参照。

基督教信仰论意义上的属灵问题，向来是中国本色化基督教神学的重要理论问题之一，"灵修主义"对于基督教狂热信仰者来说，是一个有着高度宗教感的理想。属灵的信仰论立场，在其传布初期可以取得引人注目的聚众效应。最近若干年以来，"属灵"的信仰论活动重新有所抬头。特别是通过在一些农村地区展开传布基督教信仰的"拓荒工作"，取得了较大的进展，使教徒人数大为增加，对原先的基督教主要以城镇为中心的传教方式提出挑战。一些调查数据表明，有些原本对基督教几无所知的偏远地区，竟然成为基督教的重点地区。"全能神"邪教的渗透工作，与自20世纪80年代以来基督教的急速扩展有着一定的关联。更为明确地说，这些年间基督教的扩展，成为"全能神"活动加以利用的时代环境。

另一个宗教背景，就是中国基督教环境中所形成的"地下教派"或者"小群派"问题。

"地下教派"或"小群派"，无论是以家庭教会的方式，还是以地下教会的形式，都一直是中国基督教活动格局中的一大历史遗留问题，并对中国基督教的社会形象、国际形象产生了重要影响。作为外来宗教的典型，基督教在中国社会文化环境中，面临着活动空间受到限制的问题。这就迫使它们必须不断地适应社会环境，调整自身的传教策略、活动仪式、教义阐释。在这种调适过程中，抛弃系统神学的"教义"，推广简单易行的"仪式"，张扬灵修信仰，逐渐成为教派成员强化其组织认同的重要手段。与此同时，基督教教派散播的关注地区，并不在城市地区，而是在农村或城郊结合部。人口流动性的加强，"正统或正确的信仰"（orthodody）或者说"正统主义"取向，从来没有成为这些地方教派所关注的核心话题。相反，"正确的礼仪"（orthoprady）和"正确的情感表达"（orthopathy），则成为愈来愈强烈的诉求。在仪式化（如"蒙头会"、"呼喊派"等）、情感化的表达方式中，不仅需要表达其固执地认为终极真理的宗教情感，同时也需要表达其对社会体制的现实情感。显然，在过分追求"仪式"与"情感"过程中，这些教派所注重的，与其说是神学思想及其观念的理性表达，倒不如说是情绪或信仰意志的诉求。

总之，中国基督教本土教派的生存环境，明显体现出重仪式实践而轻教义理论，在神学观念上缺乏理论尝试，在社会认同上则缺乏体制意义上的广泛认同。随着这些"类基督教"组织越来越疏远于社会，最终必将导致与社会对立甚至对抗的境地。在现实宗教生活中，由于教堂布点的不合理、教徒整体素质的限制、社会环境的客观制约等因素，都在一定程度上使基督教的仪式化需求大于或高于教义的建设。近年来，三自教会一直主张推进"神学思想建设"，这对于大多数农村教会来说，至少从现状来看，还是过高甚至是不切实际的要求。在此意义说，"全能神"组织及其活动，在一定程度上，其实可以理解为三自教会"神学建设运动"的一个挑战。

从中国基督教演进的历史环境意义上，包括"呼喊派"在内的"类基督教"组织及其活动，可以说是 20 世纪上半叶以来蓬勃展开的中国基督教本土教会运动推进过程所出现的宗教变异现象。

这些"类基督教"的邪教异端组织，一般皆称自己的信仰为"生命"，或者准确地说"属灵的生命"。但"全能神"则更极端地称为"属神的生命"。"属神的生命"与"属灵的生命"，虽然只有一字之差，却反映了二者之间对基督教信仰理解的严重差异。对于"全能神"的"教义理论"及其错谬，我们将在下文中详加讨论，兹不赘述。

在追求信仰实践的意义上说，正是由于注重"灵性生命"的活动取向，使"呼喊派"等"类基督教"邪教组织，作为一种本土化更具实践性的调适，成为一种"处境化的教会"类型，而不是"现实化的教会"类型。所谓"处境化的教会"，是指适应本土社会诸环境的教会组织。"小群"活动的灵活性，更注重灵性的交通。正如有学者指出，"小群"（或称"小群派"），与其说是以人数的多寡作为描述的标准，倒不如说是以小博大，其注重内在凝聚性，远胜于大教会。其传教热忱比大教会强烈，其人数的增长也可能高于大教会。

由中国基督教本土化运动所派生或变异而成的"小群"现象，在其内部同样一直存在着"分化"现象。在"小群"的宗教活动中，往往坚持原先具有宗派特色的做法，如反对牧师的称谓、主张擘饼、女性教徒在聚会中要蒙头（故有"戴帽的蒙头会"之称）、不庆祝圣诞节，等等。通过这些仪式，以强调"我群"（"我派"）与"他群"（"他派"）的区别。正是这些排他性的仪式做法，做"小群"较为简单易行地判识出，同时追随者也能够从中体现出对该群派的组织认同。

总之，"呼喊派"高举李常受，推尊为"常受主"。曾有"长老"宣称，有圣灵启示他们，"耶稣是以前的人，并不会再来救世人，而是李常受要再来拯救他们。"他们主张不用看《圣经》。他们认为信徒在颂唱诗歌中应不停地敬拜李常受。他们把150篇"你们要赞美耶和华"，改为"你们要赞美常受主"。他们扬言李常受是主，是王，是万王之王，又尊贵又荣耀。至于主再来和信徒应如何警醒预备，等候被提迎见主的事，却几乎只字不提。这是典型的异端态度。传统基督教信仰一直坚持严格的一神论。除此之外，任何高举个人为神的"类基督教"邪说，都是异端邪说的典型表现。这可以说是人们判识"类基督教"邪教组织的一个基本标准。

三 "呼喊派"与"全能神"的异同

"呼喊派"与"全能神"都是 20 世纪中国基督教本土化格局中演进分化而成的"类基督教"的"教派"（sect）组织。"呼喊派"产生在先，至今已有半个多世纪的历史，其内部形成了不同的类型；"全能神"形成于后，影响范围日益扩大，目前正处于迅速渗透的扩展期，其社会危害更令人侧目。

如果我们把"呼喊派"与"全能神"加以比较，可以看到这两种"类基督教"的极端组织，既有其共同之处，更有其相异的地方。

第一，从时间上来说，作为 20 世纪中国基督教本土化格局中分化而成的"类基督教"教派组织，"呼喊派"先于"全能神"而形成。在许多方面可以看出，"呼喊派"与"全能神"都有着相互间的渊源关系。

第二，"呼喊派"和"全能神"都可以归结于基督教类型中"小群派"分化的历史产物。两大极端教派组织都具有极强的社会对立性与政治对抗性，往往通过与中国本土教会建设中的对抗，实施其与中国社会的对立活动。为了强调或推崇其"类基督教"组织及其活动的现实合理性，在信仰观念、仪式行为、教会理论等方面，都提出种种煽动性和挑战性的论证与说明。在此意义上说，"呼喊派"与"全能神"可谓如出一辙。它们都斥责中国的三自教会是"大淫妇"、"巴比伦"，甚至谴责一切教会皆已腐化败坏，以"非教会"、"无教会"的方式提出"反教会论"或"新教会论"的抗议。这是"呼喊派"与"全能神"极其类似之处，都通过以"反对教会"或"对抗教会"的方式，来表达它们与中国政府、中国社会的对立情绪。

更进一步地说，正如其他"小群派"的历史处境一样，在作为"大宗派"的基督教会组织面前，无不长期地处于"边缘化"状态，加之标新立异式的信仰实践，"边缘化"反过来强化了这种日益扩展的"边缘性"处境，反过来强化了"小群"的。为了坚持自己所谓的信仰立场，"地下性"更明显，从而加深了与"大宗派"教会、社会体制之间的沟壑。

如20世纪80年代前后，"呼喊派"在浙江等沿海地区蔓延活动，尽管有其复杂的影响因素，但与"大宗派"教会之间的不公开待遇，从对宗教管理政策的不满，转化对政府与社会体制的不满。当然，"呼喊派"与"全能神"等组织，其自身观念、行为的极端，并非如"大宗派"教会那样有着相对开明、自由的神学观念，有着更为健全正统的仪式规范、教职建制，落实宗教政策时，往往向"大宗派"倾斜，使"大宗派"教会不仅成为"既得利益者"，而且更是"多得利益者"，甚至是"独得利益者"。这种宗教利益论意义上的现实落差或弱势，成为内在而历史的动因，可能大大强化这些"非大宗派"组织在其信仰观念、行为仪式上过度夸大的"强势"，更加深了与"大宗派"教会的对立情绪，以此来补偿其在教会利益上的失势，最终加剧了二者之间水火难容的对立局面。

不止如此，这些"小群派"往往偏激地追究"大宗派"教会的政治力量，随着境外基督教组织的夸大宣传，推波助澜，"大宗派"教会的政治色彩日益浓厚，成为"政府化的教会"、"附属于政党的教会"，是不折不扣的属世教会，而不是属神的圣殿。通过对"大宗派"教会的社会属性的政治化认定，拒绝与"大宗派"教会和解，益增其反感。

再次，"全能神"和"呼喊派"都具有中国教会与中国社会的双重对抗性，同时在境外都有一定程度的影响。在教会论上，"全能神"比"呼喊派"走得更远，其社会对立性与政治对抗性亦更强烈而直接。此外，境外的"全能神"、"呼喊派"与国内的邪教组织及其活动都有着密切的联系，对于国内"全能神"、"呼喊派"有着直接的影响。

最后，"呼喊派"与"全能神"产生与形成的具体环境虽有所不同，但都存在着以"拉人入教"为主体的现象。现实地说，由于持续发生着一定程度的历史演变，目前国内有些地方的"呼喊派"的组织及其人员，已经在相当程度上出现了分化现象，正在争取合法的宗教地位。在这一点上，我们必须把这些"呼喊派"与"全能神"区别对待。相对来说，"全能神"邪教组织的政治对抗性与社会对立性，在整体上强过"呼喊派"。

与"呼喊派"不同的是，"全能神"主要并不是通过仪式的改造而进行扩展的"类基督教"邪教，而更具有全面改造的类型，既有组织活动上的改造，更有实践仪式上的改造。

四 "类基督教"邪教的共同特征

基督教的异端或邪教现象，古已有之。古今中外，概莫能外。当前中国的"类基督教"组织、说教及其非法活动，主要表现出如下几个方面的基本特征。

第一，"类基督教"或"傍基督教起家"的邪教组织，从其类型上看，往往有着"唯信仰论"或"信仰至上论"的观念特征。

通过强调对"神"的至上信仰，在重新建立教会组织上具有较强而自觉的追随性，传教工作的影响范围日益扩大。如韩国的"统一教会"（全称"世界基督教统一神灵协会"），是文鲜明于1954在韩国创设一个典型的"类基督教"组织。20世纪50年代后期，文鲜明移居美国。在韩国、日本等东亚国家有着重要影响，在我国台湾地区也有其活动。"全能神"与"统一教"最外在的共同之处，都是"傍基督教"而起家，成为"类基督教"的邪教组织。

第二，从教义思想上看，"类基督教"邪教组织的基本特征，具体表现为一种极端的"原理主义"、"信仰主义"，即强调对原理、信仰的根本认同，强调对教主的绝对顺从，把狂热的"原教旨主义"观念与对教主的绝对迷从高度结合。

"类基督教"组织大都有其"神学经典"。如"统一教"的，"全能神"的《话在肉身显现》、《东方发出的闪电》、《神在宝座的发声》，等等。这些依傍传统基督教而出现的组织，大都具有源出于"福音主义"的强炽的传教使命感，无不致力于扩展其组织的影响，大有取代传统基督教组织之势。"类基督教"邪教组织之所以"类基督教"，很基本的一点就是强调"上帝的启示"或"神的启示"，属于一种"启示宗教"或"天启宗教"类型，而不是中国传统的"教化宗教"类型。这些"类基督教"

的邪教组织，既极其偏颇地强调人的罪恶性，同时又高抬"神"的完美性与超能力，通过贬抑人性的罪恶来主张神的超越性，因此，大都表现出反人类、反文明的基本倾向。

第三，"类基督教"的邪教组织，在组织方式与政治理念上，往往表现出与共产主义思想的组织对抗性与政治对立性。因此，大都具有反对社会主义民主体制的共同特征。韩国的"统一教会"，其"创教"初衷即为"胜共联合"，以所谓"基督教化信仰"对抗共产主义。痛恨共产主义学说，视之为不共戴天的死敌，这可以是"类基督教"邪教组织的一大共同政治基础。"全能神"邪教则公开以中国共产党为直接敌手，叫嚣灭绝"大红龙的统治"等，同样是其中的典型反映。

第四，"类基督教"邪教组织，往往宣扬、强化对"教主"的绝对忠诚、信从与追随，对于异己者则严加惩治，实施严酷洗脑的精神控制。

在行为方式上，既然淫棍也是对神的忠诚的表达，那么邪淫则可以是对神的信奉的表示。大凡"类基督教"的邪教组织及其非法活动，总是通过败坏宗教风气，进而败坏社会风气，对于社会伦理、家庭伦理有着直接的冲击性影响。

如韩国的统一教向来就有"淫教"的恶名，一直为许多非政府组织所谴责，甚至成为一些国家法庭的常客，骂名不断。"类基督教"邪教组织"道德上的败坏"，也是其严重社会危害的表现。为了达到他们的目的，这些组织往往不择手段地拉人入教。"全能神"也不例外。它借用各种关系，以各种方式进入各派教会内部，进行摸底。其成员每当进入别人的家里，总是先表现出超常的爱心，博得别人的称赞和信任，然后就拉人下水。被引诱者一旦加入"全能神"犹如陷入泥潭，无法自拔。如果有人比较警觉，想了解他们的身份，他们要么隐藏，要么报个假名及假地址来迷惑人。用说谎话来欺骗人，可见他们连起码的诚实都没有，还谈什么人格、道德和尊严。这些组织不仅利用金钱、物质诱惑人，致使一些人坠入异端，更卑鄙的是用色情手段引诱人入教。倘若是男性，就以女色勾引；倘若是女性，就以男人强逼，迫人入教。种种行径，无不可以看出他们在道德上极其败坏。通过有组织有计划的活动，根据不同的宗派，采取相应的手段引人入教。加入"全能神"的人要绝对地顺服并效忠于"女基督"，要求人全身奉献，不要家庭，不要婚姻、儿女，钱财全部奉献，青年人都要弃家外出传扬他们所谓的"女基督"。若不顺服，就受到威逼，恐吓，甚至遭受毒打。这些被"闪电"所引诱的人失去了人身自由，妻离子散，家破人亡。

第五，"类基督教"邪教组织往往具有推崇"全能神"及其组织活动的地下性，使其无时无刻不面临着政府组织的挤压，同时又有着自身的"宗教经验"，这种外在环境与内在经验的冲突，使暴烈的改变，怀有一种强烈的改造感，而这种现实的改变逆境，最有效的方式莫过于运用更具有实践特征的仪式方式。为了配合仪式上的改造，它们必然要夸大其组织与合法教会机构之间的差异性和对立性，鼓吹"无教会论"或"反教会论"，为其活动、思想观念提供辩护。

"呼喊派"、"全能神"等"类基督教"的邪教组织及其活动，其实就是通过对教会的强力颠覆而达到对政府体制的颠覆。"无教会主义"在日本等东亚国家，经历了较长的演进过程，形成了比较明确的思想理论。随着传统基督教内部不同利益关系的不同变化，具有一定的比较意义。

从基督教演进的历史上看，"教会无用论"、"传统教会不合时宜论"乃至于"非教会论"、"反教会论"等等思想观念，都是对传统基督教（特别是新教）组织的一个重要挑战，只不过新教意义上的"教会无用论"所面对的是中世纪传统的天主教会。而现代意义上的"无教会论"所针对的却是"新教会"本身。在基督教新教看来，个人性的灵魂得救，可以不通过或借助于天主教会组织，这种"后基督教会"（指马丁·路德以来的基督教新教）思潮，对于基督教类型的"宗教更新运动"有着较大的影响。

包括三自教会在内的中国基督教组织正在受到挑战，这种情况的存在，基督教会组织本身固然需要加强自身的组织建设、神学思想建设。既然"全能神"邪教组织及其成员对于教会组织极怀反感，又如何才能借用基督教的方式而驱除信仰的迷雾，这正是合法教会在防范、处理"全能神"邪教成员活动和现实帮教工作中的一个两难问题。

由于"全能神"采用全面改造的极端行为，借鉴了包括"呼喊派"在内许多"类基督教"异端教派的传教方式，目标明确，针对性强，注重实践效果。因此，对当前中国基督教的格局及其活动产生了严重的冲击，进而对当地教会甚至社会秩序发生一定的影响。

第六，"类基督教"邪教组织作为"基督教改信"的典型组织，既有其传统基督教改信类型的某些特征，更有着中国基督教改信组织的特点所在。

从传统基督教（此指"新教"）的教义思想来看，长期激烈而紧张的冲突环境，使从"全能神"邪教组织"脱呼喊派"的演变轨迹来看，也可以探寻其中的一些印迹。

宗教社会学认为，"全能神"出于自身利益被相对剥夺的现实环境，顽固认为其绝对利益的被彻底剥夺，从而引发甚至加剧了"类基督教"组织与教会的对抗，而政府的定性打压则促使其与政府的对立。这是"类基督教"的邪教组织及其活动的内在结构性动因。

对于教会组织的结构分析，"类基督教"邪教组织与官方教会的对抗性结构，及其与社会政府的公开对立，决定这些组织的结构性具有动力源。这种理论上的描述，也许有空洞之嫌，但结合"全能神"邪教组织及其相关活动，就会看到上述理论描述的合理性。

我们应该看到，"类基督教"邪教组织，往往较能适应传教环境的变化，有着较强的组织调适机制，"全能神"组织中许多针对性的"工作策略"，正是这种组织调适性的方式体现。"类基督教"组织像传统的基督教组织一样，具有一定的等级性。等级越高者通过对"神话"的理解力的不同，成为更能掌握"神话"者。因此，这些人就相应地具有更多的"解释权"。这种"话语解释权"在实践中可以转化为更强大的"行政权力"或"控制力量"。这种实践中的"强权"甚至会影响到"末世审判"的最终结果。这些掌握"神话解释权"的神棍们，可以为所欲为，而下层成员则深受其精神与行政的双重控制。于此，我们不难理解为何在"全能神"组织活动中会出现如此众多的违法活动方式，同时也可以说明为何这些相对"强权者"能够如此为所欲为。

通过持续而强制性的洗脑后，普通成员完全被剥夺了包括人身自由在内的一切生命权利，身心受到严重摧残，加之这些成员往往文化层次较低，迷信心理较重，缺乏自主思考的能力。

此外，有些成员则充满了政治投机心理，强化对政府体制的不满情绪，成为与政府对抗的力量，同样需要借"全能神"的组织力量，以达到其最不可告人的政治颠覆目的。

至于受到"灵性主义"观念影响，以获救为终极的宗教追寻，可以满足其传统神学说教的挑战心理。如"全能神"邪教在《宝座的发声》中称，对于基督教的"实际信仰"来说，其根本就在于"神的发声"的现实性。声称："神如果只在天上说话发声，不实际地来在地上，人还是不能认识神，只能有空洞的理论来传说神的作为，并不能有神的话作实际。神来在地上主要是为神得着的人立一个标杆、做一个模型，这样，人才能实际地认识神、摸着神、看见神，才能真正被神得着。"这段话表明了"全能神"的三层含义。首先是"神"不在天上发声，而是在地上（亦即是在人间）发声，这层含义可称之为"全能神的属世性或人间性"，即"全能神"在人间"经营"。第二层含义，可称之为"全能神的可认识性"，从而为人与神之间的沟通创造了可能。第三层含义，可称之为"全能神"的属世性，强烈暗示神就在人的中间，把基督的中保形象直接置身于人们中间，有着鲜明的亲临性。

在上述"全能神"的多重含义中，其强调重点正是在于神与人的实际关联。这种关联，主要表现为人的作工与神的工作的密切关系。

"全能神"的诸多含义，往往被理解为"神的实际存在"。这里所说的"神的实际存在"，当然是神第二次成为肉身的"女基督"形象。但我们更应该看到的是，"神的实际存在"还有一种更为关键的含义，却是指"神通过话语而实际存在"。事实上，对于讹传中的"女基督"，几乎没有亲眼见过或接触过，都是道听途说，以讹传讹。然而，那些白纸黑字、大量印发的"神的话语"，却可以成为人们与"神"交通的直接媒介。因此，"全能神"必将更多地强调"神的话语"来灌输"全能神"的能力，加强"文字传教"，大肆宣扬"国度时代就是（神）的话语时代"，也就是理所当然之事了。

"国度时代即话语时代"，还有一个重要的作用，那就是通过霸占"（神）的话语"的解释权，从而提高并巩固带领者的权威性，更为其谋取邪恶利益提供了更多的便利条件。我们也就不难理解为何在"全能神"内部总是如此龌龊不堪了，已经成为一个典型的"邪教王国"。

五　如何应对"类基督教"邪教挑战

当代中国宗教变迁的现实复杂性和具体多样性，在社会转型、变迁过程中，也导致在传统宗教的现实复兴中，出现了某些宗教变异现象。随着对外开放的进一步深化，西方的某些文化思潮，特别是国际上新兴宗教运动的影响也不同程度地渗透进来，某些地区出现了若干值得高度警惕的新现象。所有这些现象，都可说是宗教人类学所说的宗教统摄运动以及宗教本土化运动的现实表现。

从 20 世纪 80 年代末至 90 年代初，宗教统摄运动往往以盛行一时的气功宗教化或宗教化气功（其中包括大量的伪气功、甚至有害气功组织）为主要表现，而宗教本土化运动则体现未经政府主管部门登记的非法宗教组织以及现代民间造神运动。从宗教社会学理论上看，宗教世俗化进程中的非神圣性，为现代民间造神运动的再兴提供了滋生的土壤。宗教变异形态表面上通过对生存价值的现实性的否定，转归对超人间的神秘力量的信奉、渴望与追求，骨子里却隐含着俗世利欲。我们必须高度重视当前宗教变异现象的形式、内容、特征、趋势等的研究，更好地理解当代宗教的复杂多样性。特别是对于"末世论"与神秘论相结合的潜在暗流，密切地关注它对于社会发展的负面影响。

宗教作为一种历史久远的社会意识，是随着社会存在的变迁而变化的。宗教的历史发展表明，世界宗教具有极强的适应性。它总是根据不同时代、不同社会环境和需要而作出相应的调整与变通，以求得自身的生存与发展。在现代社会中，世界政治、经济、科技、文化等各方面都发生了巨大而深刻的变化，与此相适应，宗教领域同样也发生了深刻的变化，呈现出了宗教世俗化、宗教多元化、宗教与科学和解等主要演变趋势。

在世纪之交，面对全球化的经济一体化时代的到来，在以政治稳定为根本的社会稳定中，宗教的稳定是其中一个重要的构成方面。这就要求我们更加重视在政治稳定基础上的宗教稳定，从政治全局观、政治大局观的高度上看待宗教的稳定，从而赋予社会稳定以新的、全面的含义。从我国宗教的现状来说，维护社会稳定，是保护宗教信仰的一个现实的社会基础。没有一个安定团结的社会环境，宗教活动的正常开展，是无法想象的事情。同时，在另一方面，没有宗教的稳定，社会的稳定也将得不到理想的实现。社会稳定与宗教稳定，相辅相成。因此，稳定同时也可以说是广大信教群众的一个普遍心愿。在维护社会稳定的政治高度上，同样体现了信教群众维护宗教稳定的心愿，从而得到不同宗教信仰的信教群众的一致拥护，才能真正维护正常、稳定的社会秩序，才能真正保障"宗教信仰自由"的文明权利。

六 正确认识当前中国宗教管理所面临的挑战及趋势

当今世界，宗教领域与社会其他领域一样，也发生了深刻的变化，并且日益呈现出宗教世俗化、宗教多元化、宗教与科学和解等趋势。在这些趋势下，我们的宗教管理并不是单纯的宗教工作，宗教管理同时也是社会管理学的一个分支领域，而宗教工作则是政府部门的职能之一。这就意味着宗教管理的理论探讨，相对于实际的宗教工作而言，可以具有一定的前瞻性。据此，我们结合上面的论述，可以更进一步地提出中国宗教管理的一些动向性思考。

当前中国宗教管理所面临的主要挑战，表现为如下三个方面。其一，中国宗教现状的复杂多样性，将随着全球化的日益扩展，而更具国际性；其二，宗教与社会风险的关系将更加密切，在某些时期及一些地区，宗教可能成为社会风险的酵母；其三，最近数十年来，世界范围内的新兴宗教现象层出不穷，必将不同程度地影响中国宗教的格局。对于上述问题，需要我们进行前瞻性的关注。

针对宗教管理所面临的挑战，我们在理论性研究及实际工作中，需要更加重视宗教管理，面对新形势，解决新问题，为此，要认真对待、处理宗教政策的若干问题。

首先，要进一步完善宗教社会管理的体制，在充分认识宗教社会功能的基础上，更广泛地团结宗教力量，使其发挥更大的社会效能。其根本前提就是必须全面正确地贯彻党的宗教信仰自由政策，这是我国宗教管理中必将长期坚持的一项基本纲领。所谓"宗教事务"，即是"对有关宗教的法律、法规和政策的贯彻实施进行行政管理和监督"。这一认识，表明了政教分离的深刻含义，同时也对政府宗教事务部门行政管理的内容和范围作了明确的界定，是新中国成立后党和政府对宗教工作的一个创新，应当坚决贯彻执行。

其次，必须更加重视宗教与社会主义社会相适应的理论原则，在维护尊重宗教信仰自由的法律原则下，探讨宗教与中国特色社会主义的道路选择相适应的有效作用。应当更具现实意识地运用宗教社会功能的诸多理论，切实关注宗教不同面向的社会功能。

再次，必须更加从社会稳定的政治高度对待宗教与社会的互动关系。宗教稳定是社会稳定的重要环节，如何加强宗教稳定是政策导向，在对待宗教稳定问题上，必须充分认识到宗教组织本身是抑制、抵制"类宗教"邪教的基础力量。由于"类宗教"的邪教组织及其活动，往往假借"宗教"的名义行其非法之事，如果宗教界内部不稳定，必将导致"类宗教"

的邪教组织有机可乘，不利于宗教界的稳定，以至于影响社会的稳定。

复次，从政治全局的高度认真、严肃地对待宗教问题，在加强宗教事务管理的同时，正确对待宗教与科学无神论的关系问题，加强社会大众的宗教观教育，对于当今宗教的不同趋势进行有针对性的关注，以便更好地处理好宗教管理与社会综合治理的关系。

最后，各级政府，特别是宗教管理部门，必须在实际工作中坚持处理好宗教团结、宗教引导、宗教稳定三者的相互关系，真正做到贯彻、落实党的宗教政策，促进民族团结，维护国家形象。

当前对于"全能神"邪教的批驳工作，主要以基督教徒为主体。在基督教会通过不同途径印制的有关批驳性资料中，早就公开以"邪教"称呼"全能神"。如《批驳邪教"东方闪电"》这本小册子的"内容梗概"称："本书是对一个地地道道的邪教组织'东方闪电'的揭晓与批驳，为的是让我们看清撒旦犯罪的伎俩，并使我们真实地意识到：这一个时代的基督门徒若不对真理绝对单纯、对罪恶彻底杜绝、在异端兴起时不能奋不顾身为真理正义而战的话，中国教会将一直软弱！正当'东方闪电'此异端狂澜的激流撞击神的教会之际，愿本书的信息如同立于洪流中的砥柱，给读者带来一些帮助。"

这些教会人士所撰写的批驳"全能神"的文字，主要流传于教会内部，并得到了不少热心信徒的持续翻印，可见在具有一定知识水平的基督教徒中拥有不少读者，显然有着维护教会的现实考量。另外，这些文字则通过网络进行传播，同样引起了社会各界的一定关注。

"全能神"作为传统基督教的"异端"组织，其非法活动的严重危害，表明它完全属于"敌基督的恶势力"，是"假基督的现身"，遭到了基督教有识之士的共同谴责和一致批驳。然而，由于基督教徒的批驳文字有着明显的护教立场，可能并不适应中国特色社会主义核心价值体系的全面建构。对此，我们还有必要处理好基督教界人士批驳"全能神"邪教的同时公开或公开宣传基督教教义的关系问题。或许，我们还需要相关理论宣传机构和研究机构，更多地参与到批驳"全能神"歪理邪说的现实工作之中，从更全面、更整体的意义上避免"单打一"的论战方式。

（原载于《科学与无神论》2013 年第 5、6 期）

科学无神论宣传教育工作

论高等学校马克思主义科学无神论教育的主要内容

何虎生

马克思主义科学无神论，是建立在辩证唯物主义和历史唯物主义基础之上的无神论，揭示了宗教等有神论的起源和本质，回答了人与神关系的基本问题，指出了世界是物质的和无神的，神是人本质异化的结果，是支配人的客观力量在人头脑中颠倒的虚幻反映。高等学校是培养中国特色社会主义事业接班人的重要阵地，肩负着人才培养、科学研究、社会服务、文化传承创新的重要职责，大学生更是建设中国特色社会主义事业的重要接班人，是国家的宝贵人才资源。在世情、国情、党情发生深刻变化的新形势下，我国高校思想政治教育既面临有利条件，也面临严峻挑战，所以加强高校马克思主义科学无神论教育，巩固马克思主义在高校意识形态领域的指导地位，已成为高校党建和思想政治教育工作的一项重大而紧迫的战略任务。而加强高校马克思主义科学无神论教育，必须首先明确其主要内容。

一 辩证唯物主义和历史唯物主义的教育是科学无神论教育的基本点

辩证唯物主义揭示了世界的本原是物质的和无神的。辩证唯物主义是马克思、恩格斯在批判吸收黑格尔辩证法的"合理内核"和费尔巴哈人本唯物主义的"基本内核"的情况下，在总结人类自然科学、社会科学和思维科学知识的基础上而创立的现代唯物主义，深刻揭示了物质与意识辩证关系、实践与认识辩证关系、内因与外因辩证关系等基本规律，科学阐述了世界的物质统一性原理、认识的实践检验标准、对立统一规律、否定之否定规律等基本原理，正确回答了"世界上根本不存在神，神只是客观世界的主观映象"的重大问题。那种认为世界是由意识构成、世界存在鬼神的唯心主义思想观点是违背科学常识和违反科学精神的，是根本错误的。必须大力加强教育和引导大学生自觉运用辩证唯物主义的基本观点和方法去认识自然、社会和人的思维世界，真正懂得世界的统一性是在于它的物质性。

历史唯物主义批判了把人类社会主观化的唯心主义历史观。历史唯物主义是马克思、恩格斯将辩证唯物主义应用于人类社会历史领域而形成的科学理论即唯物史观，深刻揭示了社会存在与社会意识辩证关系、生产力与生产关系辩证关系、经济基础与上层建筑辩证关系、社会和自然辩证关系、人的发展和社会发展辩证关系、价值和真理辩证关系等基本规律，科学阐述了社会基本结构、社会发展规律、人的自由全面发展等基本原理，强调指出了宗教等有神论是人类社会发展一定阶段的产物，有一个消亡的长期过程。认为历史是由神创造和主宰的唯心主义历史观是错误的，必须教育和引导大学生自觉运用辩证唯物主义和历史唯物主义的基本观点和方法去认识自然和人类社会，懂得人民群众才是历史的创造者，才是推动社会历史发展的决定性力量，逐渐树立群众观点。

坚持实事求是的思想路线，坚决反对有神论。"辩证唯物主义和历史唯物主义就是彻底的无神论"[①] 是共产党人必须坚持的思想原则。对大学生进行辩证唯物主义和历史唯物主义的教育，是党和国家的长期战略任务。中国共产党是马克思主义政党，"用马克思主义哲学批判唯心论（包括有神论），向人民群众特别是广大青少年进行辩证唯物论和历史唯物论的科学世界观（包括无神论）的教育，加上有关自然现象、社会进化以及人的生老病死、吉凶祸福的科学文化知识的宣传，是党在宣传战线上的重要任务之一。"[②] 我国宪法第二十四条也明确规定，国家对人民"进行辩证唯物主义和历史唯物主义的教育"[③]。而开展大学生辩证唯物主义和历史唯物主义的教育，关键要引导他们认真学习和掌握马克思主义的实事求是的思想路线。"实事求是"是辩证唯物主义和历史唯物主义的根本要求，是

---

① 龚学增、李申编：《马克思主义无神论干部读本》，人民出版社 2004 年版，第 32 页。
② 《新时期宗教工作文献选编》，宗教文化出版社 1995 年版，第 72 页。
③ 《中华人民共和国宪法》，中国法制出版社 2011 年版，第 49 页。

马克思主义的精髓，是毛泽东思想和中国特色社会主义理论体系的精髓，要求大学生坚持一切从实际出发，理论联系实际，主观与客观相符，用马克思主义的立场、观点和方法去分析问题，努力树立马克思主义的科学无神论思想，而不能从自己的主观想象出发，坚决摒弃有神论思想。

二 崇尚科学与反对迷信的教育是科学无神论教育的关键点

崇尚科学与反对愚昧

以崇尚科学为荣，以愚昧无知为耻，是社会主义荣辱观的重要内容，是马克思主义科学无神论教育的必然要求。所谓科学，一般包括自然科学和社会科学，自然科学是以自然界现象为研究对象、以探究自然规律为目的的科学，社会科学是以人的活动和社会现象为研究对象、以探究人类社会产生和发展规律为目的的科学。科学是推动社会进步的基石，"是关于自然、社会和思维的知识体系"①，反映了自然、社会和人的思维发展的客观规律。一段时期里，伪科学、反科学、封建迷信等社会沉渣泛起，严重危害了大学生的身心健康和校园文化，严重危害了马克思主义在高校思想领域的指导地位。科学敌不过愚昧、无神论敌不过有神论，就会出问题。要大力"弘扬科学精神，普及科学知识，倡导移风易俗、抵制封建迷信"②，教育和引导大学生牢固树立马克思主义的科学世界观、人生观、价值观和荣辱观，增强科学文化素养，敏锐识别封建迷信和形形色色的伪科学、反科学，敢于揭穿各种反科学、反马克思主义的欺骗和宣传，真正战胜愚昧迷信，自觉地从愚昧无知的桎梏中解放出来。

反对迷信与尊重风俗

崇尚科学，就要反对和破除迷信。科学注重实践、推崇理性、实事求是，迷信却排斥理性、盲目信奉、顶礼膜拜。一般而言，迷信是人们相信

---

① 《任继愈宗教论集》，中国社会科学出版社2010年版，第201页。
② 《中国共产党第十七届中央委员会第六次全体会议文件汇编》，人民出版社2011年版，第25页。

有神灵、鬼怪、妖魔等超自然生物存在的错误认识，是人类进化到一定时期而产生的认识误区。大学时期正是青年学生学习科学文化知识、树立正确世界观的重要时期，一些人在高校宣传封建迷信和伪科学，给大学生的身心健康带来了极大危害，对正常的宗教信仰产生了极坏的影响。对此，要教育和引导大学生对待封建迷信必须旗帜鲜明，敢于揭穿、坚决反对。党和国家在尊重和保护公民宗教信仰自由的同时，也一贯强调"不但不妨碍而且应当加强普及科学教育的努力，加强反迷信的宣传"①，用科学战胜迷信。在反迷信的同时还要注意尊重风俗。风俗是历史形成的传统习惯，包括民族风俗、节日习俗、传统礼仪等，是社会道德与法律的重要基础，是与封建迷信有根本区别的。还要教育大学生认识到，风俗习惯是构成民族特点和民族差异的重要标志，尊重少数民族风俗习惯就是尊重民族感情，"风俗习惯的保持或改革，都应该由本民族成员自己去决定，别的民族和个人不得干预，更不能以行政命令强迫改革"。②

正确区分宗教与邪教

宗教是人类社会发展一定阶段的社会文化现象，本质上是有神论的唯心主义世界观，但同时宗教又是一种由宗教信仰、宗教情感、宗教组织、宗教行为等因素构成的社会实体，经常与政治、经济、文化、民族等相互联系，具有长期性、群众性和复杂性。所以党和国家对于宗教信仰自由是尊重和保护的，只要不"利用宗教进行破坏社会秩序、损害公民身体健康、妨碍国家教育制度，以及其他损害国家利益、社会公共利益和公民合法权益的活动"③，国家就不会干涉宗教信仰自由。在尊重和保护宗教信仰自由的同时，要教育大学生学会识别邪教、坚决反对邪教。邪教不是宗教，而是冒用宗教、气功或者其他名义建立、神化首要分子，利用制造、散布迷信邪说等手段蛊惑、蒙骗他人，发展、控制成员，危害社会的非法组织，是我国法律禁止的，也是我们必须坚决反对的。宗教与邪教有着根本的显著区别，宗教是关于神的信仰，邪教是典型的教主崇拜；宗教是信仰自由，邪教是精神控制；宗教有系统学说，邪教是歪理邪说；宗教拥有

---

① 《新时期宗教工作文献选编》，宗教文化出版社 1995 年版，第 103 页。
② 《党和国家民族政策宣传教育提纲》，民族出版社 2009 年版，第 11 页。
③ 《宗教事务条例》，宗教文化出版社 2010 年版，第 3 页。

合法组织，邪教非法敛财害命。

三 马克思主义宗教观的教育是
科学无神论教育的核心点

马克思主义关于宗教基本问题理论的教育

马克思主义宗教观，是由马克思恩格斯创立的关于正确认识和对待宗教及宗教问题的总的看法和根本观点，"从辩证唯物主义和历史唯物主义出发，在人类历史上第一次真正揭示了世界宗教发展的普遍规律"①。马克思主义关于宗教基本问题的理论，是关于宗教起源、本质特征、发展规律和社会作用的思想观点，主要包括：宗教是人类社会发展到一定阶段的历史产物，是人类认识世界和改造世界的一种特殊方式，"是支配着人们日常生活的外部力量在人们头脑中的幻象的反映"②，本质上是属于有神论的信仰文化和复杂的社会实体；宗教的产生和存在，有着重要的认识根源、社会根源和心理根源，宗教不是凭空产生的，也不会永久存在下去，有一个产生、发展和消亡的过程和规律；宗教具有积极和消极的双重社会作用。那种认为可以用行政力量打击甚至取消宗教，宗教很快就会消亡的观点是错误的，必须坚持用辩证唯物主义和历史唯物主义的观点和方法教育和引导大学生，正确认识宗教在社会主义社会仍将长期存在的重要原因，既要充分认识宗教信仰是人们精神领域的问题，是"人民内部的思想问题"、"精神世界的问题"③，又要教育大学生牢固树立科学的世界观、人生观和价值观，从而正确认识和对待宗教问题。

党和国家宗教政策的教育

党和国家的宗教政策，是对马克思主义宗教观的运用和发展。这些政策主要包括：全面正确地贯彻宗教信仰自由的政策，公民有信仰宗教或不信仰宗教的自由，有信仰这个派别或那个派别的自由，有过去信教现在不

---

① 何虎生：《中国化马克思主义宗教观研究》，华文出版社 2007 年版，第 8 页。
② 《马克思恩格斯选集》第 3 卷，人民出版社 1995 年版，第 666 页。
③ 《毛泽东文集》第 7 卷，人民出版社 1999 年版，第 232 页。

信教或过去不信教现在信教的自由，任何组织或个人不得强制公民信教或不信教，不得歧视信教公民或不信教公民；依法管理宗教事务的政策，"政府对有关宗教的法律、法规和政策的贯彻实施进行行政管理和监督"①，宗教不得干涉国家政治、教育和司法，宗教人士和信教徒不得在公共场所传教，不得利用宗教危害国家稳定、社会秩序和公民身心健康；坚持独立自主自办的原则和政策，"中国的宗教事业由中国的宗教信徒自主办理，中国的宗教团体和宗教事务不受外国势力的支配"②，既要积极开展宗教方面的国际友好往来，又要坚决抵制宗教渗透、维护国家安全；积极引导宗教与社会主义社会相适应的方针政策，发挥宗教界人士和信教群众在建设中国特色社会主义中的积极作用，构建和谐宗教关系；扩大新时期党同宗教界的统一战线政策，坚持信仰上相互尊重、政治上团结合作，共同致力于中国特色社会主义建设和民族复兴；坚持党对宗教工作领导的政策，这是做好宗教工作的根本保证。因此，要用完整的准确的宗教政策教育和引导大学生，任何人既不许到宗教活动场所进行无神论的宣传，又要自觉与宗教的唯心主义世界观划清界限，努力树立马克思主义的科学世界观、人生观和价值观。

学生党员不得信仰宗教

党中央多次指出，宗教界人士和信教群众是建设中国特色社会主义的积极力量，与其他人民群众在根本利益上是一致的，决不能把信仰差异问题抬高到不应该有的位置，也不能歧视信教者，必须尊重公民的宗教信仰自由，这是宪法赋予公民的基本权利。同时也要教育大学生深刻地认识到，宗教在本质上是一种唯心主义的世界观，是有神论的思想体系；而我们党的思想基础是马克思主义，是建立在辩证唯物主义和历史唯物主义之上的科学思想体系，是彻底的无神论，是科学的世界观。因此，共产主义信仰和宗教信仰在世界观上是不可调和的，是根本对立的，共产党员不得信仰宗教，"不信仰宗教是做一名合格共产党员的起码条件"③，认为党员也可以信仰宗教的观点是错误的和有害的，必须用科学无神论来教育大学

---

① 《新时期宗教工作文献选编》，宗教文化出版社1995年版，第216页。
② 《宗教政策法规读本》，宗教文化出版社2012年版，第15页。
③ 《江泽民文选》第3卷，人民出版社2006年版，第395页。

生，用社会主义核心价值体系教育和武装大学生。

四 社会主义核心价值体系的教育是 科学无神论教育的着力点

社会主义核心价值体系是科学无神论教育的重要平台

社会主义核心价值体系是社会主义意识形态的本质体现，是全党全国各族人民团结奋斗的共同思想基础，是党的十六届六中全会首次明确提出的一个科学命题。马克思主义指导思想、中国特色社会主义共同理想、以爱国主义为核心的民族精神和以改革创新为核心的时代精神、以"八荣八耻"为主要内容社会主义荣辱观构成的社会主义核心价值体系，"鲜明地回答了在新的历史条件下，我们党用什么样的精神旗帜团结带领全体人民开拓前进、中华民族以什么样的精神风貌屹立于世界民族之林的重大问题"[1]，所以建设社会主义核心价值体系是一项重要的基础工程、政治工程、灵魂工程，必须教育大学生认识到社会主义核心价值体系四个组成部分相辅相成、相互贯通、相互促进，共同构成辩证统一的有机整体，并且"在社会主义核心价值体系中，无神论的唯物世界观和人生观，占有重要地位"[2]，要在学习中树立科学无神论的思想。

马克思主义指导思想是社会主义核心价值体系的灵魂

马克思主义是我们立党立国的根本指导思想，是社会主义意识形态的灵魂和旗帜，是科学的世界观和方法论，只有用马克思主义的立场、观点和方法来认识包括宗教在内的各种有神论和形形色色的迷信、伪科学，大学生才能在错综复杂的社会现象中看清本质、认清方向，才能掌握认识世界和改造世界的强大思想武器，不为唯心主义和封建迷信所迷惑。因此，马克思主义是科学，是坚持科学无神论、批判有神论的锐利武器，应该成为全体大学生特别是学生党员的坚定信念。

---

① 《社会主义核心价值体系学习读本》，学习出版社 2009 年版，第 1 页。
② 习五一：《科学无神论与宗教研究》，中国社会科学出版社 2012 年版，第 9 页。

中国特色社会主义共同理想是社会主义核心价值体系的主题

在党的坚强有力领导下，高举中国特色社会主义伟大旗帜，坚定中国特色社会主义道路，坚持中国特色社会主义理论体系，巩固中国特色社会主义制度，从而实现中华民族伟大复兴，是现阶段我国各族人民的共同理想，也是当代大学生的共同理想。中国特色社会主义共同理想，"集中反映了全体人民对国家和民族未来发展美好前景的向往，代表了全体人民的根本利益，揭示了国家富强、民族振兴、人民幸福、社会和谐的必由之路。"① 要教育和引导大学生坚定这一共同理想，把实现人生价值与坚定共同理想很好地结合起来，切实把人生价值建立在现实的艰苦奋斗和共同理想的土壤中，牢固树立科学无神论，不应把人生追求置于有神论的虚幻世界里。

民族精神和时代精神是社会主义核心价值体系的精髓

以爱国主义为核心的团结统一、爱好和平、勤劳勇敢、自强不息的民族精神，和以改革创新为核心的与时俱进、开拓进取、求真务实、奋勇争先的时代精神，是社会主义核心价值体系的精髓，是中华民族的强大精神支柱，是推进中国特色社会主义事业的精神动力，也是开展社会主义荣辱观教育的重要内容。要教育和引导大学生坚持和弘扬民族精神和时代精神，以爱国主义和改革创新的精神状态和精神风貌鼓舞斗志，自觉投入到学习中去，为中国特色社会主义事业做出自己的贡献。

社会主义荣辱观是社会主义核心价值体系的基础

以"八荣八耻"为主要内容的社会主义荣辱观，旗帜鲜明地指出了在社会主义市场经济条件下，应当坚持和提倡什么、反对和抵制什么，为大学生判断行为得失、作出道德选择、确定价值取向，提供了基本的价值准则和行为规范。要教育大学生自觉以社会主义荣辱观引领社会风尚，批判社会歪风邪气，努力践行中华民族传统美德、优秀革命道德与时代精神，分清是非荣辱，远离封建迷信。

---

① 《社会主义核心价值体系学习读本》，学习出版社 2009 年版，第 13 页。

五　实现人的自由全面发展的教育是
科学无神论教育的落脚点

人的自由全面发展是社会主义的核心价值和马克思主义的最高价值追求

马克思在批判资本主义价值、创立历史唯物主义和剩余价值学说的基础上，提出了人的自由全面发展并视之为未来新社会价值目标和崇高理想的思想观点，蕴含了人的自由全面发展就是社会主义核心价值的理论。为摆脱"宗教奴役、专制政治奴役、私有制奴役、旧式分工奴役以及旧式劳动的奴役"[①] 等一切奴役人的关系，马克思主义主张在消灭旧式分工和私有制的基础上，以"自由人的联合体"的新社会取代存在着阶级和阶级对立的资本主义的旧社会，实现"人终于成为自己的社会结合的主人，从而也就成为自然界的主人，成为自身的主人——自由的人"[②]。"自由人的联合体"就是共产主义社会，目的是实现人的自由全面发展。因此，人的自由全面发展是马克思主义的最高价值准则，也是中国共产党人在革命、建设和改革中为之奋斗的崇高理想，体现了社会主义的本质要求，反映了人类自身发展的必然趋势。

人的发展问题也是马克思主义科学无神论的出发点和归宿

马克思主义科学无神论是从批判吸收费尔巴哈人本主义宗教观开始的，"'宗教的本质是人的本质的异化'和'世界的二重化'——马克思主义科学无神论批判旧社会的入口"[③]。马克思主义认为，"人的本质不是单个人所固有的抽象物，在其现实性上，它是一切社会关系的总和"[④]，而宗教是"还没有获得自身或已经再度丧失了自身的人的自我意识和自我感觉"，"包含有人类本质的永恒规定性"[⑤]，"宗教里的苦难既是现实的苦难

---

① 林永民：《"人的解放"与共产主义》，《复旦学报》（社会科学版）1983 年第 2 期。
② 《马克思恩格斯选集》第 3 卷，人民出版社 1995 年版，第 760 页。
③ 李士菊：《马克思主义科学无神论的当代阐释》，人民出版社 2006 年版，第 2 页。
④ 《马克思恩格斯选集》第 1 卷，人民出版社 1995 年版，第 56 页。
⑤ 《马克思恩格斯选集》第 3 卷，人民出版社 2002 年版，第 520 页。

的表现，又是对这种现实的苦难的抗议。宗教是被压迫生灵的叹息，是无情世界的心境，正像它是无精神活力的制度的精神一样。宗教是人民的鸦片。"① 可以看出，马克思、恩格斯的宗教观充满了马克思主义的人道主义关怀，"揭示了宗教信仰的虚幻性，主张在'现世关怀'和'人间关怀'中实现'终极关怀'，这是它同宗教信仰的一大区别"。② 因此，摆脱宗教等有神论对人的思想奴役，极大地提高人的科学文化素质和精神境界，大力发展生产力，才能不断地促进和实现人的自由全面发展。这是马克思主义宗教观和科学无神论的出发点和落脚点，也是马克思主义批判宗教和有神论的终极目的。

综上所述，马克思主义科学无神论教育十分重要，五点内容相互联系、不可分割。辩证唯物主义和历史唯物主义是科学无神论教育的基础，要求大学生解放思想、实事求是，一切从实际出发，牢固树立科学的世界观、人生观和价值观；崇尚科学和反对迷信是科学无神论教育的关键，要求大学生加强学习科学知识，大力弘扬科学精神，反对一切伪科学和封建迷信；马克思主义宗教观是科学无神论教育的核心，要求大学生既要尊重宗教信仰自由，学生党员不得信仰宗教，又要坚决与宗教有神论划清界限，正确认识和对待宗教问题；社会主义核心价值体系是科学无神论教育的重要平台，要求大学生运用马克思主义的科学理论武装自己，坚定中国特色社会主义共同理想；促进和实现人的自由全面发展是科学无神论的归宿，要求大学生努力提高科学文化素质，努力提高思想道德素质，做一名社会主义的合格建设者和可靠接班人。

（原载《科学与无神论》2013 年第 3 期）

---

① 《马克思恩格斯选集》第 1 卷，人民出版社 1995 年版，第 2 页。
② 何虎生：《中国化马克思主义宗教观研究》，华文出版社 2007 年版，第 48 页。

中国需要的是世俗道德，不是宗教

刘　仰

"中国人缺宗教"，近来这句话时常能听到。其实二十多年前，某个待在海外的华裔知识分子说，中国人只有祖国母亲，没有精神父亲，他认为要给中国人找一个精神父亲，那便是基督教。现在很多人说"中国人缺宗教"一般都是被流行舆论牵着鼻子的结果，例如到处在说当今中国道德滑坡，为挽救所谓的道德沦丧，便人云亦云地搬出这个神器。一群被愚弄的知识分子在这个被流行塑造的灵丹妙药面前抱团取暖，被别人当作木偶和傀儡，还自以为搭上先进文明的班车，甚至还在为国分忧呢！

一个社会当然需要道德建设，但如果因此就随波逐流地应和"中国人缺宗教"的判断，显然是鼠目寸光。说起西方的先进和伟大，人们绝对避不开文艺复兴和启蒙运动。这一思想解放运动核心在于以人为本，其重要内容便是摆脱宗教的束缚，包括宗教道德及律令对人们思想和行为的束缚。那为何现在又要将西方的宗教枷锁以先进文明的名义送给中国人，要中国人乖乖套上？

西方历史上，社会的道德建设和管理几乎都由宗教承担。但西方宗教的愚民政策将道德变成人们思想和行为自由的禁锢，造成文艺复兴、启蒙运动对它的强烈反弹。然而，任何一个社会都不能没有道德，当文艺复兴、启蒙运动把斗争矛头之一指向宗教时，自然带来一个问题：如果没有宗教，社会道德如何建设？伏尔泰等人当时给出的解决之道就是借鉴中国。启蒙运动的大师们认为，中国几千年来没有占绝对统治地位的宗教，但中国一直是道德治理非常成功的国家。关键在于，中国几千年的社会，道德建设和治理不依靠宗教，而是有非常合理的世俗道德体系，例如以家庭为核心的孝道。他们认为，欧洲人可像中国人一样建立强大的世俗道德，未必需要宗教来建设道德。

　　事实上，启蒙运动之后，欧美随着工业革命而进入现代社会后，道德建设也一直很重要。但它们在这个问题上较少具有宗教色彩，而具有更多的世俗道德内容。例如，美国开国元勋之一富兰克林长期从事道德说教工作，他在自己印行的年历、台历上，写满各种世俗的道德训诫，包括勤奋、节约等。被人推崇的马克斯·韦伯阐述的"新教伦理"，一定程度上也是对欧洲传统宗教反叛后的新道德体系，有相当明显的世俗道德色彩。号称是美国心灵导师的戴尔·卡耐基，他的作品中充满了世俗道德的规劝，与宗教没多大关系。

　　中国有强大的世俗道德体系，本来这是令西方羡慕的卓越之处。但在崇洋媚外风行百年的势头下，我们错误对待自己的传统，没能意识到传统文化的价值，轻易把自己的传统扔进垃圾堆。当社会出现道德滑坡现象时，反而受人蛊惑，要去拣西方的垃圾当作宝贝。

　　今天的中国说要实现"中华民族的伟大复兴"，要实现"中国梦"，首先要实现"文化自信"，那么重拾对传统的自信，重新认识传统文化的价值，在此基础上，用去粗取精、去伪存真的方式发展适合现代中国的道德价值体系，才是唯一正确的做法。用西方早已失效的药方来治疗中国，那是本末倒置。再说，中国真的缺宗教吗？全世界各国大约只有中国，自古以来便什么宗教都不缺，宗教品种琳琅满目。它们可以成为社会道德建设的补充和辅助，而不能成为主导。以宗教为主来建设道德的不良后果，在西方乃至当今世界不胜枚举，我们又何必去重蹈覆辙？

（原载《环球时报》2014 年 1 月 3 日）

宗教支撑不起现代社会价值

沈桂萍

在经济快速发展的当代中国社会，各种制假售假、贪污腐败、社会冷漠等负面现象伴随各种民族宗教纷争、时隐时现的分裂活动和暴力恐怖事件，在冲击经济健康发展、社会和谐稳定乃至国家安全的同时，也带来人们心理困惑、道德危机甚而信仰迷失。于是，越来越多的人开始从宗教中寻求心理慰藉，对宗教的道德教化表现出浓厚兴趣。一些人期望利用宗教信仰、宗教敬畏来化解社会问题，拯救社会危机，维护社会和谐，甚而希望从宗教中寻求价值支撑，推动文化昌明、政治和谐和国家长治久安。

那么，宗教能否化解现代化进程中的社会问题？或者我们能借助宗教拯救社会危机？答案是否定的。

一般说来，宗教具有心理调适、道德教化、文化传承、群体凝聚、社会控制与整合等方面的功能。纵观宗教在人类历史长河中所起的作用，宗教既可以成为推动社会稳定和谐、推动社会变革的积极力量，也可以是导致分离族群、愚化民智、妨碍革新的消极力量。尤其是在一个深刻变革、快速转型的社会中，宗教的这种双刃剑作用表现尤为突出。世界范围因宗教因素引发冲突动乱的严酷现实，以及我国开放条件下借宗教聚敛钱财等种种无序现象，都警示我们要十分慎重地认识宗教的两重性。

毋庸置疑，近代西方社会的启蒙和现代化的推进，是宗教影响日益弱化的过程。近代西方的资本主义革命是从反神权开始的，标志是政教分离与宪政的现代政治制度的确立。随着社会世俗化的发展，宗教早已不占据西方社会的中心位置。马克斯·韦伯把西方近代思想的发展轨迹概括为"世界的解魅"。现代化就是一个逐渐摆脱宗教影响的"解魅"过程。所谓解魅，意指整个社会走出宗教的全能控制，人生活在一个理性主义的世界。宗教的影响力更多地表现在个人信仰层面，属于私人领域。在公共领域，法律信仰是社会共识，也是国家治理的基本准则。

宗教在当代中国社会现代化发展中同样不具有价值支撑、重要引领或者主导性作用。唯物史观认为，是人创造了宗教，不是宗教创造了人，是社会发展决定宗教发展，不是宗教发展决定社会发展。当然，宗教利用其特有资源，对社会发展进程发生影响，但这种影响也只是争取在新的社会环境中生存和发展的空间。

过去我们曾经长期迷失在对宗教的简单化否定中，今天我们也不能陷入对宗教过分推崇的新误读中。宗教的本质属性是对超自然力的信仰，正如任继愈先生所言："宗教的思想基础是盲目信仰，而不是理性、思辨。""宗教继续存在这个事实，可以找到科学的说明，但决不能由此证明它有科学性。"

法治是现代社会的标志，法治源于以科学和理性为基础的法律信仰和法律敬畏，而法律信仰建立在社会核心价值共识之上。在西方国家的核心价值共识主要表现为自由、民主、平等、博爱等。当代中国的国家治理和社会治理是以公平、正义、平等、包容为主要内容的社会主义核心价值为支撑的。当代社会承认宗教价值观对一部分公民的特殊价值导向作用，但不意味着把宗教看作人类文明的支撑、国家和社会发展的核心价值而弘扬倡导。无论是以宗教物态文化形式来建构产业战略，还是以宗教伦理来建构社会价值支撑，都将带来不同宗教之间的紧张。在当前复杂的环境下，执政党对宗教社会作用的把握必须头脑清醒，意志坚定，行动有力。

（原载《环球时报》2014 年 1 月 23 日）

弘扬科学精神任重道远

何祚庥

我国科技界和科技工作者一直提倡要弘扬科学精神。1996年，我就在《科技日报》上发表过一篇文章《科学精神和科学思想是第一精神力量》，支持著名理论家龚育之先生关于弘扬科学精神的观点。这么多年过去了，虽然我们一直在提倡弘扬科学精神，但社会上的封建迷信思想和各种伪科学仍然十分流行。

什么是伪科学？科学哲学领域的专家波普尔有一个关于伪科学的定义：凡是不具有"可证伪性"的理论、学说、观点均是伪科学。龚育之先生曾指出：我们所集中反对的是假借科学的名义，宣扬封建迷信、诈骗钱财、坑害国家的伪科学。为了防止伪科学的帽子过大，必须要指出，当前要集中反对的伪科学有两个基本特征：一是盗用科学的名义；二是祸国殃民。

伪科学是科学的敌人，对其我们一要揭露；二要批评。在揭露伪科学在科学上是错误的基础上，还要批评宣扬伪科学的人所持的价值观，不批评就难以让社会公众真正识别真与假、善与恶、美与丑。此外，反对伪科学还必须弘扬科学精神。科学精神是真理的助产士。真理一旦被群众掌握，就能转化为改天换地的巨大物质力量，伪科学自然也就无处藏匿了。

马克思主义是最讲科学精神的。我们党的领导人长期以来一直提倡要弘扬科学精神。早在1940年，毛泽东同志在《新民主主义论》里曾讨论过何谓"科学的"新民主主义的文化。他说，"它是反对一切封建思想和迷信思想，主张实事求是，主张客观真理，主张理论和实践一致的。"这一重要论述，对何谓科学精神做了最好的阐释。在这里，毛泽东同志把反对封建迷信放在了第一位。

邓小平同志也一直提倡弘扬科学精神，主张"实事求是"。他多次指出"实事求是是马克思主义的精髓",强调要把科学精神落实到行动中。他说:"经济发展得快一点,必须依靠科技和教育……要提倡科学,靠科学才有希望……"

江泽民同志更是把弘扬科学精神提升到发展战略的高度。他指出:"科学精神是人们科学文化素质的灵魂。""应在全党全社会大力弘扬科学精神,普及科学知识,树立科学观念,提倡科学方法。弘扬科学精神更带根本性和基础性。有了科学精神的武装,大家就会更加自觉地学习科学知识,树立科学观念,掌握科学方法。"

胡锦涛同志对于弘扬科学精神一直高度重视。他强调"科学精神是科学技术的灵魂",提出"要在全社会大力普及科技知识,弘扬科学精神,不断提高全民族的科学文化素质"。

习近平同志也非常强调科学精神,要求广大青年科技工作者"恪守科学精神,脚踏实地、埋头苦干,坚韧不拔、不畏挫折,淡泊名利、不浮不躁,始终保持探索真知的坚定意志和创新创业的高昂激情"。

在这里列举我们党的领导人关于弘扬科学精神的论述,目的是为了表明我们党在弘扬科学精神上一直是旗帜鲜明的。总结下来,可以将科学精神概括为以下四个方面的特征:一是主张实事求是;二是主张客观真理;三是主张解放思想;四是主张理论与实践一致。

虽然我们党一直提倡弘扬科学精神,但我们也要看到,由于我国教育、科技、文化的发展水平还不是很高,而且由于长期存在的封建主义文化残余的影响,所以封建迷信和伪科学总还有一定的市场。比如,一些人假借气功的名义来宣传封建迷信,诈骗钱财,坑害老百姓。所以,弘扬科学精神,反对封建迷信和伪科学,仍然任重而道远。

现在反对伪科学,应该有一个更高的站位,要各方面共同努力,否则收效甚微。像伪科学中许许多多虚假的说法,需要由不仅科学水平较高而且哲学水平也较高的科学工作者来参与揭露。对一些伪科学的错误观点,不仅需要有科学工作者根据科学知识来揭露,而且要上升到哲学的高度,指出其错误所在。弘扬科学精神,需要我们大家一起努力,用行动去落实。

(原载《人民日报》2013 年 9 月 15 日)

中国需要一场新无神论思想运动[*]

方舟子

　　大家应该能够听得懂我的话吧？不会像《南方周末》说的我讲的很多话有多么难听懂。其实《南方周末》的那篇报道挖我的思想根源，有一点他们没有挖出来，就是我这个反宗教这种做法，或者用一个贬义词——反宗教的行径，是由来已久的，比我做所谓的学术打假，甚至比我做科普都要更早。因为那是从1993年，我刚刚上网的时候就已经开始。到美国留学必过的一关，就是会有人来拉你入教。或者是华人教会的，或者是美国本土的一些宗教派别，像耶和华见证人、摩门教等，他们要挨家挨户地去敲门然后传教，因为他们一个人必须在死之前至少拉两个人入教（笑声），所以它这样就呈指数增长，否则就上不了天堂。当时也是经常有人来拉我入教，拉我肯定是拉不动的，但是我就看到有朋友有同学被拉进去了。后来上了网，就是中文网，就是《南方周末》挖出来的那个ACT新闻组，他们也在那里面传这些宗教的东西。一开始把我惹怒的，是他们去传播那些神创论的东西，而为了传播神创论又来攻击进化论。那么，作为一个学生物出身的，碰到这种造进化论谣的，让我觉得难以容忍，所以我最开始是从批神创论开始。然后接下来，我觉得应该把基督教这个根也给拔掉，所以，我接下去就去批他们的《圣经》。其实，我对《圣经》是蛮熟悉的，在1990年，在出国前已经把它给通读过。当时是想去改变我的一个亲戚，他被一个从澳大利亚来的外教拉进去信了基督教。当时就想跟他辩论，看能不能把他给转化过来，（这也是）他父母交给我的一个任务。所以我当时为了跟他辩论，就把《圣经》给通读了。但是，这个转化的工作

　　[*] 方舟子于2012年7月14日下午在科学公园和中华无神论者主题活动"无神论的未来"的演讲，本文根据录音整理。

是很不成功的，直到现在他还是信基督教（笑声）。所以这对我也是一个教训，不要去试图转化某一个教徒，如果某一个教徒因为你对宗教的批判而改变了他的信仰，那只是一种意外，一种意外的惊喜，你千万不要把它作为一个目标，不要自信自己辩论能力多么强、口才多么好，那没用的。后来，我就在1993年、1994年的时候写了一系列的批判基督教的文章，那些文章在网上流传得非常广，一开始是在留学生群体流传，后来又流传到台湾、香港，像很多台湾香港的网友知道我是因为读了我那些批基督教的文章，像写圣经一百个错误的类似的这些文章。后来又传回了大陆，等到大陆有了互联网以后，一开始就在像网易、天涯这样有宗教板块的（网站）上面流传，直到现在也还在流传，所以说起来，那可能是我影响力最大的一批文章了。华文的教会也是把我当成头号敌人的（笑声），在美国的那些华人教会他们会把我的文章印出来，作为一个反面的教材。在国内有一个以前很活跃的网友，现在不太活跃了，叫作"安替"，后来搞新闻去了，做了一个媒体人。他人比较奇特，他是回族，就是回民，按道理他应该信的是伊斯兰教，但是他又信基督教，他又特别佩服我，所以这完全是有一种三重矛盾全部都纠结在一块（的状况）。他曾经说过一句话，他认为我批基督教的这些文章写得很好，认为金陵神学院，就是中国最好的神学院，应该把我的这些批基督教的文章作为教材来用，只有能够把我这些文章给批倒了，才能够毕业（大笑）。当然，金陵神学院没有采纳他的建议，不然很多人都毕不了业了。

所以，我跟宗教、特别是基督教的论战是由来已久了。后来做得少了，我把这个重点慢慢又转移到做科普方面去了。我在十年前曾经写过一篇文章，里面提到我们做科普的时候，在中国面临着四大敌人，就是中国科学面临的四大敌人。第一个敌人，是中国科学界的浮夸腐败；第二个敌人呢，是中国人文学界的反科学的倾向；第三个敌人呢，是新闻界、教育界对伪科学的热衷；第四个敌人，就是民间宗教、迷信的盛行。

科学和无神论实际上是亲兄弟，无神论的发展要比科学早一些，科学在某种程度上是建立在无神论的基础上的，因为无神论是科学的一个预设。所以在中国科学面临的这些敌人，无神论也或多或少面临着，都面临着相似的处境。中国无神论也面临着四大敌人，第一个敌人是来自官方的。在国外经常把中国说成是一个无神论国家，这是因为官方的哲学是认可无神论的，但实际上无神论在中国是很不受重视的，无神论者是一个弱势群体，而且这种倾向是越来越严重。我举个例子，官方政府有一个叫宗教事务局（的机构），它本来的意义就是控制、管理宗教，但是这几年来，政府已经是出于要利用宗教的目的，觉得宗教利用得好可以作为维稳的一支力量，所以宗教事务局现在就慢慢地变成了扶持宗教的机构，当然它还有管理的一面，但是这已经变得不是它们的重点了。宗教事务局的官员的发言、文章，还有他们出的一些资料，其实在某种程度上都是在鼓励、扶持他们认可的宗教，或者他们说的所谓的正教，特别是自从"法轮功"事件以后，他们的一个反省就是觉得"法轮功"邪教之所以在中国一下子流传开去，是因为正教不兴，所以想通过扶持正教来反邪教，这实际上是一种饮鸩止渴的、玩火的行为。中国在新闻出版方面，政策的把握上是有问题的，是存在着误区的，这个未必是官方那么认为，有时候是编辑、总编他们自己的把握，他们认为如果批评了宗教就是在干预宗教信仰的自由，然而宣传宗教的话，他们反而能够容忍，所以传教的文章、传教的书在中国是很容易出版的，只要不触及政府的底线，但是批宗教的文章是很难出版的，书现在是没有看到过，有一些翻译的而且是很早以前的，现在基本上不出了，但是在书店可以看到很多宗教的读物、传教的书籍。包括我出的书，我2005年出的《江山无限》这本书，总算收了几篇批宗教的文章，比如把《无神论者是什么》收进去了，但是其中有一个问答，他们坚决要求删掉，就是"宗教有没有危害"，他们说不能讲宗教的危害，那个章节就非要删掉不可。这篇文章最近又收到《我的两个世界》这本书中，幸好现在这个出版社倒把它都给保留了。《我的两个世界》改得比较少，改的几个地方主要都是跟政治有关的，跟宗教方面有关的大多没有要求我改。所以这种（把关）基本上靠编辑来把握的，编辑的这种做法甚至要比官方的政策更严，怕惹事，所以这是目前面临的一个很大的困境，对中国无神论的传播来说，也就是渠道是很少的，要比宗教的宣传，比传教少得多。

第二个面临的挑战或者说敌人，同样是来自于人文学界的，或者更扩大一点，是来自于文化界的。现在文化界是把信教当成了一种时髦，特别是信基督教。一个很奇怪的现象，以前被我批过的一些人，像余杰、王怡啊，后来都纷纷去信教了，都宣布自己变成一个基督教徒了，而且他们信的都是最保守的原教旨的基督教。因为一般来说只有这种保守的原教旨宗教才会很热衷于拉人入教，如果是自由派的基督教，他们信自己的，甚至可能他们自己根本就不信，口头上说信，内心不信，他们不会硬要拉人入教，只有这些很保守的原教旨的基督教徒他们才很热衷于拉人进来，拉你一同下水，这可能也是自己心里没底气的一种表现，总觉得我拉得越多的人，我信的这个教比较真一样的。所以，现在就把这种信教，信原教旨基督教作为一种时髦，自称是文化基督徒。文化界的一些人，他们虽然本身不信教，但是，他们很推崇信教，号称是尊重宗教信仰，他们认为中国现在存在的很多问题，是因为没有信仰，所以觉得说有信仰比没有信仰好，这是他们经常说的一句话。我就觉得奇怪了，既然说有信仰比没有信仰好，你自己又不信，这不自相矛盾吗？自己口口声声说我不信，又希望别人去信，这不是很不自洽的、很虚伪的一种做法嘛！这些人不管你信不信教，他们同样把信教作为一种时髦的表现，作为一种西方先进文化的代表，认为我们这些无神论者是过时的，这种无神论的信仰也好，观念也好，是过时，是因为你在中国受的这种党的教育，把我们培养成了一个无神论者，是些落伍的、保守的人士……其实这些人根本就不知道现在新无神论运动在西方发达国家，正在蓬勃地兴起，那才是一种时髦。所以，这是我们面临的第二个挑战。

第三个挑战是来自教育界的，扩大一点也来自于新闻界的。科教界对无神论教育的忽视，甚至蔑视，这是很大的一个问题，造成了很多学生在宗教、科学、无神论观念上的困惑，思想的混乱。大家回想一下我们受的教育，我们是从来没有受过比较系统的无神论教育的，最多在一些哲学课上讲那么几句，言不由衷地讲几句，甚至连很多老师自己都不信政治课上的内容。对宗教是缺乏免疫力的，一旦遇到这种传教的人，给你一些似是而非的理论来向你传教的时候，你就很容易变成他们的俘虏，这就是为什么我的那些留学生同学、朋友一出国之后就会很快入教的一个原因所在。当然这其中另外一个因素是，他们想找一个群体，加入进去，觉得我要融入美国的主流社会，我就要也跟着信教，像一些在国内是党员的，出了国之后，还更容易就加入基督教。这些也是我们面临着的一个挑战，缺乏对无神论的认识，很多人是通过我那篇《无神论是什么》才对无神论有一些思考，才有一些比较系统的看法，知道碰到传教的时候怎么跟他们对着干、怎么跟他们辩论。当然那个写的是很粗糙的，因为我那个《无神论者是什么》只是一个基本问题的问答，我最初想写一本书，如何系统阐述无神论的这些问题，但估计这本书写出来也没法出版，所以就一直没有写的动力。这就是我们面临的第三个挑战。

　　第四个挑战是来自传统的，来自民间的，也就是民间宗教、迷信的盛行。我一直讲宗教和迷信，它们实际上是一个东西，宗教只不过更形而上一些，更系统化一些，就是成体系的迷信。我们这个民族是没有科学传统的，甚至也没有理性的传统，这些都是从西方传过来的东西。在历史上中国的这些传统的文人、古人，他们没有真正意义上的无神论者，没有这种理性的思考。谈起中国古代最著名的无神论者，大家想想，可能就是汉朝的王充，《论衡》的作者，但是大家仔细看《论衡》的话，会发现里面也含有很多神神道道的东西，就是他对神秘、灵异现象同样是很迷信的，他不是我们今天说的现代意义上的无神论者。所以，中国历史上从来没有像古希腊古罗马出现过这种真正的无神论的哲学家、思想家。我们今天讲的这些问题，像无神论、有神论，还有不可知论，我把它翻译成"疑神论"，所有这些看法、观点，都是从国外传过来的，中国没有这种理性的传统，他们在讨论问题的时候，往往都是稀里糊涂的，马马虎虎就这么过去就行了，不会去提出某个术语去做很清楚的界定。刚才有个网友问我，中国有没有这种不可知论，认为中国可能在传统上属于不可知论，我认为不是。中国在传统上都会受孔子的影响，就是"敬鬼神而远之"。"敬鬼神而远之"是不是一种不可知论，我认为不是，因为它的基础是"敬"，就是对鬼神还是"敬"的，只不过认为不值得去谈，认为它没法去谈，但是这跟不可知论是不一样的，不可知论的基础是不相信，也不会去敬这些鬼神，因为他都不信这种鬼神的存在，不会去接受它。我们的这个传统，最最开明的像孔子，他也是敬，把"敬"摆在第一位，所以这不是严格意义上的不可知论，或者我说的疑神论。我们没有这样的文化的传统，导致大家都很轻信，轻信的结果就是迷信，迷信再上一个层次就变成了宗教。所以在民间宗教就特别流行。然后那些发了财的成功人士，觉得必须要提高一下档次，然后也都要去信一种宗教，信佛教、信密宗、信基督教，还有像潘石屹他们信巴哈伊教什么的，觉得必须要拿一种教来信一信才觉得自己比较上层次。我们现在面临的就是这四个挑战。

　　宗教在中国实际上是很流行的，它的种类也不少，我们现在面临的最大的敌人是什么？首先，邪教不谈了，因为包括那些所谓正教本身也是在反（邪教）的，我们就谈这些所谓的正教。中国传统的本土的宗教，道教，现在实际上是基本上没有人信了，即使相信的人也是出于迷信的原因，已经不是在思想上信了。现在相信道教的人已经不是说要得道成仙了，像央视某编导那样相信世上有神仙的，估计已经非常少了；像很多人去李一那里去辟谷、交钱什么的，更多的是想去学养生方法，受骗上当交钱学个养生，未必是真的相信道教。所以道教肯定不会是我们的主要敌人，在民间信的人也不多，最多是有时候要捉捉鬼什么的，在农村可能还会有，但是只要有一定的文化档次的人已经不太相信这些了。所以道教不是我们的一个对手。

还有伊斯兰教。伊斯兰教在世界范围内是无神论者的一个强大的对手，但是伊斯兰教在中国有它的特殊性，中国的伊斯兰教是一种自我封闭的宗教，它不会热衷于传教，因为它是局限于家族内部，或者是局限于少数民族的内部，它不具有侵略性和攻击性。它所谓的"闹事"的话，往往是因为政治的原因，或者是其他比如觉得自己受到了侮辱，然后采取的一种从他们的角度来说自卫的方法，国内有发生过几次的这种回民闹事，从他们的角度这都是一种自卫的行为，它已经不会主动拉不信教的人入教。所以，从思想层面来说，它不是一种威胁，根本没必要跟他们去辩。网上有一些基督徒老是说你为什么不去批伊斯兰教，是不是因为你怕死，怕伊斯兰教来报复啊，来跟你同归于尽，这完全不是这个原因，因为在我看来伊斯兰教在思想上根本不构成威胁。

还有就是佛教。佛教目前在中国可能还是信的人最多，但是，中国的佛教有个特点，它已经世俗化了，完全世俗化了。信佛教的人虔诚的很少，信佛教的很多都是一种功利性，就是想得到一个保佑啊什么的。除了极个别的知识分子、文化人有一种形而上的追求、思想的追求，绝大部分人信佛教是出于一种功利的目的，把佛教变成了生活中的一部分，已经世俗化了。寺庙也完全世俗化了，比如现在老说少林寺怎么敛财、变成了商人，变成一个公司，甚至要上市，这对无神论来说是个好事，宗教色彩已经非常淡了，完全把宗教当作一门生意来做，这对我们来说不构成威胁，人家现在是要赚钱，他们本身可能都不信，像那些敛财的方丈都把这个当作一个公司来经营了，本人可能都不信这些了，你去跟他们辩有什么用？所以，它不构成威胁。

那么，最大的威胁，最重要的敌人，还是来自于基督教，来自于原教旨的基督教。首先，这是由基督教的本性所决定的，因为基督教跟佛教、跟道教不一样，它在教义上是排他性的，它就是唯我独尊的。像中国传统的这些宗教，道教也好，佛教也好，实际上包容性很强的，你不信的话它也不会千方百计地拉你信。比如佛教比较讲缘分，它也许也会来拉你，来传教，你不信的话，它也不会很坚持。道教更不会了，不会说非要拉你跟我一起炼丹啊、修道什么的，它不会，更多的是强调自己的这种修养。而基督教是不一样的，我觉得这其中一个很大的原因，是基督教的理论基础是非常浅陋的，跟佛教不一样，佛教（理论）在某种程度上是一种很复杂很精致的理论体系，所以它在某种程度上有一种自信，佛教能够满足不同层面、不同层次的人的需求。那些喜欢研究佛学的，他们有一种自信，觉得我层次比你要高，所以你不信的话，我也不会来强求你，只是觉得你的缘分不够，你悟性不够，还没有开悟，所以它不会强求你。但基督教不一样，它基本上没有理论，总结起来就那么几句话，所以信基督教的人心里是很虚的，很虚的一种表现就是攻击性特别强，排他性也特强，要把其他宗教给干掉，对他们来说，其他宗教构成了一种威胁。正是因为缺乏自信，特别担心会被其他宗教给消灭掉，所以就表现出这种排他性和攻击性。正因此，基督教、原教旨的基督教也把科学当成了它们的敌人，不仅把其他宗教当成敌人，又把科学当成敌人。佛教是不会把科学当成敌人的，它甚至想把科学也给包容进去，大家看佛教的传教文章，有时候还说你们科学的某一个观点证明了我们佛经上的哪一句话，它不会去反科学，这是一般来说的，比如它们不会去反进化论的东西。但是基督教就会，就是因为它这种排他性、攻击性，只要跟我的教义有冲突的，它就更讲究宗教的纯洁性，教义的纯洁性，所以会进行攻击，这就是为什么我一直要跟基督教干的原因。它们很有攻击性，很有侵略性，所以在某种程度上我是一种自卫（笑声），你攻击的时候我反击回去嘛。

原教旨基督教势力最强大的是在美国，原教旨基督教在美国变成了妨碍美国社会进步的一个很重要的因素，比如说，美国一些社会问题，涉及同性恋的权利问题、人工流产合法化的问题、避孕的问题，还有一些科学的问题，干细胞研究的问题、克隆研究的问题，还有科学教育的问题，涉及进化论教育问题，现在都面临着很大的阻力，这个阻力就是来自于原教旨的基督教，美国有三分之一的人口是信原教旨的基督教的，所以它变成了美国社会发展的一大障碍。现在因为美国是世界第一强国，随着美国文化的扩张——因为文化有强势弱势之分，它是属于一种强势的文化——进入中国，这些宗教的东西、原教旨基督教的东西也跟着进来了，会被当成一种时髦、一种时尚被中国人所接受。这是（基督教）跟其他宗教不一样的地方，像伊斯兰教也有扩张性，但是信伊斯兰教的国家都是那些比较落后的国家，中国人本身瞧不起他们，所以他们没有什么影响力。而美国不一样，中国人中虽然很多人是恨美国的，有一种仇美（心理），但是这种仇美，在某种程度上是羡慕嫉妒恨，是因为羡慕美国，这是另一角度、另一层次的亲美。就像一枚硬币的两面。所以，就是这种针对美国的又爱又恨的心态，会给美国这些文化当中的糟粕，美国原教旨基督教就是美国文化中的糟粕，给它们提供了土壤，提供了空间，这就是为什么我认为应该把基督教作为无神论的头号敌人的另外一个原因。

我刚才已经说了，原教旨基督教已经变成了妨碍美国社会进步、科学发展的一个重要因素，那么，随着原教旨基督教进入中国，现在是越来越时髦，不仅是文化界这样，在底层，在农村现在也是非常盛行，而且这还不太一样，因为文化界接受的那些至少不算是很邪的，虽然也是一些很保守的原教旨，但是在农村流传的都是那些比较邪的，甚至可以说是邪教，就是在基督教原教旨里面比较邪门的派别，在农村传得很广，像呼喊派、东方闪电等等，就是这种很极端的派别，在美国可能没有什么市场，在中国的农村传播得非常广。而且这个趋势是越来越严重，就是因为我刚才提到的那四大敌人给原教旨基督教在中国的传播制造了空间、给它们提供了便利，所以以后的挑战会越来越严重，宗教，特别是基督教会越来越成为妨碍中国社会进步、中国变成一个现代化国家、中国科学发展的一个重要因素。现在在美国，在欧洲、澳洲的一些国家，有了一场新无神论的运动，就是他们本身也意识到了基督教的破坏力量。我觉得在中国也该有类似的运动，就是应该来一场新无神论的思想运动。在本质上这是一场启蒙运动。中国从来没有过启蒙运动，没有真正意义上的启蒙运动，不像西方的文艺复兴，文艺复兴完了来一场思想的启蒙。这场思想启蒙运动奠定了西方国家现代化的基础，中国没有，一说起来都是"五四"的时候，欢迎"德先生""赛先生"，但那是出于救国的需要，从来没有上升到思想启蒙的层面。而且那段时期很短，马上大家都忙着去救国了，都去搞政治去了，已经不是搞思想启蒙了。而且影响力非常小，大家谈起来说那时候曾经有过科学和玄学之争，那其实就是在文化圈里那几个文人在那里争来争去，然后报纸登了，当时没多少人知道，根本没有什么影响力。所以，中国从来就没有过一场启蒙运动，缺的是思想的启蒙，如果没有思想的启蒙，中国就不可能真正变成一个现代化的国家。那么，这个新无神论运动，就应该变成启蒙运动的一个很重要的组成部分。它应该是一个思想的运动，我们说新无神论运动，不是说要去把神庙给砸了，或者去拉人去什么教堂去跟他们辩论，不是，最主要是一个思想的运动，因为思想的运动是通过辩论的方式、批判的方式、传播的方式，来体现的。所以，第一点是思想的运动。

第二个，它的渠道应该是以网络为基础的，就目前来说你要通过传统的媒体是很难做到的，原因我一开始就谈到了，中国现在有传教的自由，没有批教的自由，它会以你不尊重宗教的信仰自由为理由，不让你说。但是在网络上，相对来说是比较宽松的，至少目前来说还没有人因为批宗教就把你给封杀掉了，至少目前没有。以后，互联网的影响会越来越大，所以，我们应该把这个作为一个最重要的传播的工具。这是第二个。

第三个，我们面对的人群，应该是旁观者，就是我们不是去试图改变那些信教的人，跟他们辩论的目的是要给旁观者看的，所以言辞再怎么激烈都没关系。如果是从要说服对方的目的的话，那最好不要用太激烈的言辞，给他们留一个面子，他还有可能被我们改变过来，你如果用很激烈的言辞的话，他们肯定是为了一张脸，即使内心被你说动了，他们也会死撑着。但这个不是我们的目的，我们的目的是为了给旁观者看。所以你为了让旁观者觉得好看，为了让大家围观，为了有欣赏的价值（笑声），就用这种很激烈的、很锐利的言辞，这种锐利的言辞往往更具有打动人心的力量，就会让旁观者一下子被触动了，内心被触动了，所以可能就转化过来了。我说的这些旁观者，还是应该有一定的层次的，我不是说让大家现在马上组织一个什么宣传队，然后跑到农村去（笑声），向农民传播，这完全是没有必要的，我们要达到这种事半功倍的效果，所以我们要争取的那些人是有一定话语权的人，有一定影响力的人，所以这个网络就很重要，因为在网络上比较活跃的这些人往往还是有一定话语权的。还有一个很重要的一点，就是要争取下一代青少年，这也是非常重要的。

我觉得我们在辩论的时候，要造声势，就是要在道德上、在智力上要压倒对方，要觉得我们档次就是比你们高，因为传教的那些人老觉得档次比我们高，觉得我们是很愚昧的，他们已经开悟了，已经上了层次了，然后觉得他们是更有道德的，觉得你们无神论者就是没有道德的。我们应该是反过来，就觉得我们是更上层次的，我们就是比你们更有道德的。所以，我发明了一些说法，"文傻"啊什么的，这实际上就是从智力的角度就觉得我比你高，觉得他们这些人就是很傻。所以，不要怕，跟他们这种辩论，这种争论，不是平等的争论，在智力上完全是不平等的（笑声），没有必要说降低自己的身份，觉得我跟你们平起平坐，来跟你作一番学术的交流，那不是的，就是要批判他们，用"文革"的词汇来说就是要把他们搞倒搞臭对吧（笑声），因为我以前在网上说过这句话，本来是带着开玩笑性质说的，我们跟这些搞伪科学的搞迷信的搞宗教的辩论，不是这种和风细雨的、春风般的温暖的，都不是，而是就是要把他们搞倒搞臭，把他们当敌人，像秋风扫落叶一样的。本来就是故意的，用一些"文革"的词汇来调侃，《南方周末》把这些词挖出来，说我在网上搞"文革"，没有这种幽默感，所以这就没有办法（笑声）。但是实际上确实是这样，我们不要用"文革"的语言的话，我们就是要觉得比他们高一档次，在道德上也是要比他们高。刚才像太簇、oztiger 都从道德的角度，论证了无神论的道德基础比有神论要高得多，比宗教要高的。现在面临的一个问题，就是在网上愿意跟这些宗教人士、跟有神论者辩论的人，很少，说来说去也就是那么几个人，大多数人都是出于旁观的心态，在思想上还是有点混乱，觉得你跟他们辩论的话，好像就不尊重他们，好像就是不宽容。很多人有一个误解，就觉得我们批判别人，是不宽容的一种表现，就觉得你作为一个讲科学的人，讲理性的人，应该宽容，但这是不对的。我们说的宽容，是在政治上的宽容、法律上的宽容，不会因为你信教，就把你抓起来，就在政治上打压你，这肯定不对。但是在思想上我们是不宽容的，科学是不宽容的，因为科学是讲证据的，讲逻辑的，所以，对那些没有证据、没有逻辑、胡说八道的，我们就是不应该宽容他，就是应该揭露他们，就是应该批判他们。所以就是要抱着这种不宽容的心态向有神论、宗教人士进行反击，本质上我们就是在反击他。以前，就是特异功能很时兴的时候，就是80年代，气功很流行的时候，当时中宣部有过一个政策，叫"三不"政策，"不批评、不争论、不宣传"，对一些气功的东西不要去宣传、不要批评、也不要争论，结果是怎么样，他们去宣传这些东西没人管，一有人批评，或者争论，他们都把你给打压下去，最后的结果就是特异功能、伪气功越来越泛滥，到最后就出现了邪教，才引起震动，那时候再来处理就已经晚了。其实，在无神论的思想运动方面，我们应该反过来的，不搞"三不"，我们要搞"三要"，就是要批判，不只是批评，要争论，要传播，我们不讲宣传，宣传这个名字现在都臭掉了，一说到宣传就觉得是不正当的方式就是不讲证据什么的。要传播，就是要跟他们去争夺地盘，你不跟他们争夺地盘的话，他们宗教的势力，就会越来越大，越来越强盛，到时候再跟他们争的话，就会处于劣势，就会越来越困难。所以就要趁现在宗教的势力还没有那么大的时候，我们就应该起来去反抗他们，去抵制他们。

　　无神论是很空（泛）的、很大的一个概念，所以，无神论者也是各种各样的人也有，也许一些很不道德的无神论也有，更多的人是一种朴素的无神论，对这个东西没有怎么样的思考，有一些有深度思考的人可能采取的是一种洁身自好的态度，觉得你们信不信教跟我什么关系。你去传播一个无神论，没有什么好处的，不像传教，传教可能有经济上的好处，因为宗教团体在某种程度上也是一个经济的团体，在某种程度上都是一种敛财的工具，所以有一种经济上的好处。然后还有一种认同感，就是群体认同感。而无神论是没有群体、团体，我们不会说搞一个无神论的教堂，大家每周到那里去，对吧？他们那个教堂的作用，就是起到一个凝聚力的作用，大家每周都聚在一块，就形成一个团体，我们无神论没有这样的团体的认同感。也没有获得这种心理的安慰，不会说因为你信了无神论，死后可以上天堂（笑声），不会给你提供一个心理的安慰。所以，为什么传播无神论的人那么少，不像这些传教的人那么热衷、狂热的一个原因。愿意传播无神论的人往往是出于公益，出于对社会正义的追求，出于社会责任感，都是出于个人的目的，这种人，就叫作"战斗的无神论者"，愿意传播自己的理念。我记得达尔文晚年曾经接待过两个无神论者，达尔文本身也是无神论者，但是在公开的场合他都说自己是不可知论者，然而他本身是一个无神论。我看过他跟两位无神论者的对话，那两个无神论者就希望达尔文能够出来公开地表示自己是个无神论者，然后，达尔文说了一句很有意思的话，他说："无神论的信仰是仅适合于有教养的人的，对于那些没有教养的普通的人，向他们传播无神论的时机还不成熟。"从这句话就可以看出，他是一个无神论者，他肯定是把自己当作一个有教养的人，他只不过认为没必要去讲、去传播无神论。在他那个时候，也许是处于这种情况，因为在他们的时代有神论势力是非常强大的，那么他出于传播进化论，要为进化论生存空间的角度来看，他会是尽量地低调，尽量地不去讲这些无神论的东西。包括在美国也有，科学界也有这种讲"科学和宗教是可以调和的，是可以共存的"的人，他们可能本身也是无神论者，也是出于为科学争取生存空间这么一个现实的考虑。但是在中国，我们目前不需要这样的考虑，而且我们中国现在有教养的人是越来越多，所谓有教养是受过教育的，不是文盲，不像说一两百年前那个时候了。这些人，通过与他们说理、辩论，是有可能来让他们接受无神论的。在网上，更是如此，所以，目前来说我们应该利用网上这个阵地，做一名"战斗的无神论者"。这是我送给大家的一句话。我今天送给大家的一本书，上面都写了这么一句话，"做战斗的无神论者"。今天就讲到这。

　　谢谢！（掌声）

　　（此文是方舟子于 2012 年 7 月 14 日在科学公园第一届中国无神论者论坛上的演讲，根据录音整理。来源：http：//www.scipark.net/archives/2696）。